ŒUVRES COMPLÈTES

DE

JOSEPH DE MAISTRE

PROPRIÉTÉ DES ÉDITEURS

Lyon. — Imprimerie VITTE & PERRUSSEL, rue Sala, 58.

ŒUVRES COMPLÈTES
DE
J. DE MAISTRE

NOUVELLE EDITION

Contenant ses Œuvres posthumes et toute sa Correspondance inédite

TOME PREMIER

Considérations sur la France. — Fragments sur la France. — Essai sur le Principe générateur des Constitutions politiques. — Etude sur la Souveraineté.

LYON

LIBRAIRIE GÉNÉRALE CATHOLIQUE et CLASSIQUE

VITTE et PERRUSSEL, ÉDITEURS-IMPRIMEURS

3 et 5. Place Bellecour

1884

NOTICE BIOGRAPHIQUE

DE

JOSEPH DE MAISTRE

Le comte Joseph-Marie de Maistre naquit à Chambéry en 1754 : son père, le comte François-Xavier, était président du sénat de Savoie et conservateur des apanages des princes (1). Le comte de Maistre

---

(1) La famille de Maistre est originaire du Languedoc, on trouve son nom répété plusieurs fois dans la liste des anciens capitouls de Toulouse ; au commencement du dix-septième siècle, elle se divisa en deux branches, dont l'une vint s'établir en Piémont : c'est celle dont le comte Joseph descend ; l'autre demeura en France. Le comte Joseph de Maistre attachait beaucoup de prix à ses relations de parenté avec la branche française : il eut soin de les cultiver constamment, et aujourd'hui même les descendants actuels des deux branches sont unis par les liens d'affection autant que par leur communauté de principes et d'origine.

était l'aîné de dix enfants : cinq filles et cinq garçons, dont trois ont suivi la carrière des armes ; un entra dans les ordres, tandis que celui dont nous écrivons la notice biographique suivit l'état de son père dans la magistrature ; il s'adonna à l'étude dès sa plus tendre enfance, avec un goût marqué, sous la direction des révérends pères jésuites, pour lesquels il a toujours conservé la plus reconnaissante affection et la plus haute estime.

Son père jouissait d'une réputation très-grande dans la magistrature de Savoie ; à sa mort le sénat crut devoir annoncer au roi la perte qu'il venait de faire par un message solennel, auquel Sa Majesté répondit par un billet royal de condoléance, comme dans une calamité publique. Le comte Joseph parcourut successivement les différents degrés de la magistrature : étant substitut de l'avocat général, il prononça le discours de rentrée sur le *Caractère extérieur du magistrat*, qui fut le premier jet de son talent comme écrivain et commença sa réputation. Il siégea comme sénateur sous la présidence de son père.

Le trait principal de l'enfance du comte de Maistre fut une soumission amoureuse pour ses parents. Présents ou absents, leur moindre désir était pour lui une loi imprescriptible. Lorsque l'heure de l'étude marquait la fin de la récréation, son père paraissait sur le pas de la porte du jardin sans dire un mot, et il se plaisait à voir tomber les joucts des mains de son fils, sans qu'il se permit même de lancer une dernière fois la boule ou le volant. Pendant tout le temps que le jeune Joseph passa à Turin pour suivre le cours de droit à l'Université, il ne se permit jamais la lecture d'un livre sans avoir écrit à son père ou à sa mère à Chambéry pour en obtenir l'autorisation. Sa mère, Christine de Motz, femme d'une haute distinction, avait su gagner de bonne heure le cœur et l'esprit de son fils, et exercer sur lui la sainte influence maternelle. Rien n'égalait la vénération et l'amour du comte de Maistre pour sa mère. Il avait coutume de dire : « Ma mère était un ange à qui Dieu avait prêté « un corps; mon bonheur était de deviner ce qu'elle « désirait de moi, et j'étais dans ses mains autant « que la plus jeune de mes sœurs. » Il avait neuf ans lorsque parut le funeste édit du parlement de Paris (1763); il jouait un peu bruyamment dans la chambre de sa mère, qui lui dit : « Joseph, ne soyez « pas si gai; il est arrivé un grand malheur ! » Le ton solennel dont ces paroles furent prononcées frappa le jeune enfant, qui s'en souvenait encore à la fin de sa vie.

Le comte de Maistre épousa en 1786 mademoiselle

de Morand, dont il eut un fils, le comte Rodolphe, qui suivit la carrière des armes, et deux filles, Adèle, mariée à M. Terray, et Constance, qui épousa le duc de Laval-Montmorency.

Il vivait à Chambéry, paisiblement occupé de ses devoirs, dont il se délassait par l'étude ; et il était déjà père de deux enfants lorsque la révolution éclata.

Les opinions du comte de Maistre étaient pour ces libertés justes et honnêtes qui empêchent les peuples d'en convoiter de coupables. Cette manière de voir, qu'il ne cachait nullement, ne lui fut pas favorable dans un temps où les esprits échauffés et portés aux extrêmes regardaient la modération comme un crime. M. de Maistre fut soupçonné de *jacobinisme* et représenté à la cour comme un esprit enclin aux nouveautés, et dont il fallait se garder. Il était membre de la *Loge réformée* de Chambéry, simple loge blanche parfaitement insignifiante : cependant, lorsque l'orage révolutionnaire commença à gronder en France et à remuer sourdement les pays limitrophes, les membres de la loge s'assemblèrent ; et, jugeant que toutes réunions pourraient à cette époque devenir dangereuses ou inquiéter le gouvernement, ils députèrent M. de Maistre pour porter au roi la parole d'honneur de tous les membres qu'ils ne s'assembleraient plus, et la loge fut dissoute de fait.

L'invasion de la Savoie arriva : les frères de M. de Maistre rejoignirent leurs drapeaux, et lui-même partit pour la cité d'Aoste avec sa femme et ses enfants dans l'hiver de 1793. Alors parut ce qu'on appelait la *loi des Allobroges*, laquelle enjoignait à tous les *émigrés* de rentrer avant le 25 janvier, sans distinction d'âge ni de sexe, et sous la peine ordinaire de la confiscation de tous leurs biens. Madame de Maistre se trouvait dans le neuvième mois de sa grossesse : connaissant la manière de penser et les sentiments de son mari, elle savait fort bien qu'il s'exposerait à tout plutôt que de l'exposer elle-même dans cette saison et dans ce pays : mais, poussée par l'espoir de sauver quelques débris de fortune en demandant ses droits, elle profita d'un voyage que le comte de Maistre fit à Turin, et partit sans l'avertir. Elle traversa le grand Saint-Bernard le 5 Janvier, à dos de mulet, accompagnée de ses deux petits enfants, qu'on portait enveloppés dans des couvertures. Le comte de Maistre, de retour à la cité d'Aoste deux ou trois jours après, courut sans retard sur les pas de cette femme courageuse, tremblant de la trouver morte ou mourante dans quelque chétive cabane des Alpes. Elle arriva cependant à Chambéry, où le comte de

Maistre la suivit de près. Il fut obligé de se présenter à la municipalité, mais il refusa toute espèce de serment, toute promesse même ; le procureur syndic lui présenta le livre où s'inscrivaient tous les citoyens actifs, il refusa d'écrire son nom ; et, lorsqu'on lui demanda la contribution volontaire qui se payait alors *pour la guerre*, il répondit franchement : « Je « ne donne point d'argent pour faire tuer mes frères « qui servent le roi de Sardaigne. » Bientôt on vint faire chez lui une visite domiciliaire ; quinze soldats entrèrent, les armes hautes, accompagnant cette invasion de la brutale phraséologie révolutionnaire, de coups de crosse sur les parquets, et de jurons patriotiques. Madame de Maistre accourt au bruit, elle s'effraye : sur-le-champ les douleurs la saisissent, et le lendemain, après un travail alarmant, M. de Maistre vit naître son troisième enfant, qu'il ne devait connaître qu'en 1814. Il n'attendait que cet évènement : il partit, l'âme pénétrée d'indignation, après avoir pourvu le mieux qu'il put à la sûreté de sa famille. Il s'en sépara, abandonna ses biens et sa patrie, et se retira à Lausanne. Il y fut bientôt chargé d'une mission confidentielle auprès des autorités locales, pour la protection des sujets du roi, et surtout d'une quantité de jeunes gens du duché de Savoie qui allaient en Piémont s'enrôler dans les régiments provinciaux. Ce passage leur fut bientôt fermé par la Suisse ; mais les sentiers des Alpes étaient connus de ces braves gens, et leurs drapeaux furent toujours bien entourés. Ces corps furent ainsi maintenus au complet pendant la guerre par des enrôlements volontaires, malgré l'occupation du duché par les Français, et malgré la création de la *république des Allobroges.*

Madame de Maistre, son fils et sa fille ainée vinrent successivement rejoindre le comte à Lausanne ; mais sa fille cadette, trop enfant pour être exposée aux dangers d'une fuite clandestine, demeura chez sa grand'mère.

Pendant son séjour à Lausanne, le comte de Maistre eut une correspondance amicale et suivie avec un bon serviteur de son maître qui résidait à Berne en qualité de ministre du roi, M. le baron Vignet des Etoles. Cette correspondance n'ayant trait qu'aux évènements d'alors, à la guerre, aux difficultés de sa position, à la protection des sujets du roi, nous n'en avons que deux ou trois lettres d'un intérêt plus général, où l'on retrouve l'auteur des *Considérations.* Parmi celles que le temps a dépourvues d'intérêt, il en est une où il apprend à son ami que « *ses biens sont confisqués, mais qu'il n'en dor-*« *mira pas moins.* » Dans une autre, tout aussi

simplement laconique, il s'exprime ainsi : « *Tous
« mes biens sont vendus, je n'ai plus rien.* » Cette
légère nouvelle n'occupe qu'une ligne au milieu des
affaires générales, et n'est accompagnée d'aucune
réflexion.

Le même œil qui avait *considéré* la révolution
française pénétra de bonne heure la politique de
l'Autriche à l'égard du Piémont, et les fatales maximes
qui dirigeaient à cette époque le cabinet de Vienne.

Ces maximes étaient :

1° De ne jamais prendre sur l'ennemi ce que
l'Autriche ne pouvait pas garder ;

2° De ne jamais défendre pour l'ami ce qu'elle
espérait reprendre sur l'ennemi.

C'est par une suite de la première de ces maximes
que les Autrichiens ne voulurent jamais tirer un coup
de fusil au delà des Alpes. Lorsque les troupes du
roi entrèrent en Savoie dans l'été de 1793, les Autrichiens, qui avaient des troupes en Piémont, ne donnèrent pas un soldat, mais seulement le général
d'Argentau, dont les instructions secrètes ne le furent
pas longtemps. On trouvera dans deux lettres que
nous citons le jugement de M. de Maistre sur la coalition en général, et sur l'Autriche en particulier.
(*Voyez* les lettres des 6 et 15 août et du 28 octobre
1794 à M. le baron Vignet des Etoles. — Berne.)

Ce fut pendant son séjour en Suisse que le comte de Maistre publia les *Considérations sur la France*, les *Lettres d'un royaliste savoisien*, l'*Adresse des émigrés à la Convention nationale*, le *Discours à la marquise de Costa*, et *Jean-Claude Têtu*. Il travaillait aussi à deux autres ouvrages : l'un sur la *Souveraineté*, et l'autre intitulé *Bienfaits de la Révolution* ou *la République peinte par elle-même*. Ces deux ouvrages n'ont pas été achevés et sont restés à l'état de fragments. *Les cinq Paradoxes, à madame la marquise N.*, datent aussi de cette époque.

En 1797, le comte de Maistre passa à Turin avec sa famille. Le roi, réduit à ses faibles forces, après avoir soutenu pendant quatre ans l'effort de la France, succomba, et fut obligé de quitter ses Etats de terre ferme. Les Français occupèrent Turin : M. de Maistre était émigré, il fallait fuir. Muni d'un passe-port prussien comme Neufchâtelois, le 28 décembre 1798, il s'embarqua sur un petit bateau pour descendre le Pô et rejoindre à Casal la grande barque du capitaine Gobbi, qui transportait du sel à Venise. Le patron Gobbi avait sa barque remplie d'émigrés français de haute distinction : il y avait des dames, des prêtres, des moines, des militaires, un évêque (Mgr. l'évêque de Nancy); toutes ces personnes occupaient l'intérieur du navire, ayant pour leur domicile *légal* l'espace enfermé entre deux ou trois membrures du bâtiment, suivant le nombre des personnes dont se composait le ménage : cet espace suffisait strictement pour y coucher; la nuit, des toiles suspendues à des cordes transversales marquaient les limites des habitations. Au milieu régnait une coursive de jouissance commune, avec un brasier en terre où tous les passagers venaient se chauffer et faire la cuisine; le froid était excessif. Un peu au-dessous de Casal-Maggiore, le Pô prit pendant la nuit; et, quoiqu'il fût libre encore vers le milieu, la barque se trouva enfermée d'une ceinture de glace. Le comte Karpoff, ministre de Russie, descendait aussi le Pô dans une barque plus légère; il accueillit à son bord le comte de Maistre, qui put ainsi continuer son voyage. Les deux rives étaient bordées de postes militaires.

Depuis la Polisela, la rive gauche du Pô était occupée par les Autrichiens, et la rive droite par les Français. A chaque instant la barque était appelée à obéissance, tantôt sur une rive, tantôt sur l'autre. Les glaçons empêchaient d'arriver, et les menaces de faire feu qui partaient des deux bords alternativement ne facilitaient pas la manœuvre. La voiture de M. Karpoff était sur le pont, et les deux enfants de M. de Maistre s'y étaient juchés. Tout à coup un poste français appelle, et l'équipage s'efforce d'obéir;

mais les courants et les glaçons retardent la manœuvre : le poste prend les armes, et, à l'ordinaire, couche en joue les matelots. Enfin on aborde avec peine. — Vos passe-ports? — On les présente; personne ne savait lire. Le chef de poste propose de retenir la barque, et d'envoyer les passe-ports à l'officier commandant à la prochaine ville; mais le caporal s'approche du sergent et lui dit : « A quoi cela sert-il? « on dira que tu es une... bête, et voilà tout. » Sur cette observation, on laissa partir la barque; mais un des soldats apostrophant le comte de Maistre : « Citoyen, vous dites que vous êtes sujet du roi de « Prusse; cependant vous m'avez un accent... Je « suis fâché de n'avoir pas envoyé une balle dans « cette voiture d'aristocrate. » — « Vous auriez fait « une belle action, » lui répondit M. de Maistre, « vous auriez blessé ou tué deux jeunes enfants, et « je suis sûr que cela vous aurait causé du chagrin. » — « Vous avez bien raison, citoyen, » répliqua le fusilier; « j'en aurais été plus fâché que la mère. »

Arrivés au Papozze, les voyageurs se séparèrent. M. de Maistre, sur un chariot de village avec sa famille, traversa l'Adigetto sur la glace, et vint s'embarquer à Chioggia pour Venise.

Le séjour de Venise fut, sous le rapport des angoisses physiques, le temps le plus dur de son émigration. Réduit pour tout moyen d'existence à quelques débris d'argenterie échappés au grand naufrage, sans relations avec sa cour, sans relations avec ses parents, sans amis, il voyait jour par jour diminuer ses dernières ressources, et au delà plus rien. Parmi les nombreux émigrés français qui étaient à Venise, se trouvait le cardinal Maury. M. de Maistre a laissé par écrit quelques souvenirs de ses conversations avec ce personnage, dont les idées et la portée d'esprit l'avaient singulièrement étonné. (*Voy.* t. VII. *S. E. le cardinal Maury;* Venise, 1799.)

Avant de partir pour Venise, le comte de Maistre avait écrit à M. le comte de Chalembert, ministre d'État, pour le prier de faire savoir à S. M. qu'il ne la suivait pas en Sardaigne, de crainte d'être à charge dans ces tristes circonstances; mais qu'il mettait sa personne comme toujours aux pieds du roi, prêt, au premier appel, à se rendre partout où il pourrait lui consacrer sa vie et ses services.

Après la brillante campagne de Souwaroff, le roi de Sardaigne, rappelé dans ses États par la Russie et l'Angleterre, s'embarqua à Cagliari sur la foi de ces deux puissances, et revint sur le continent. Le comte de Maistre quitta alors Venise; mais, en arrivant à Turin, il n'y trouva pas le roi. Le grand maréchal, par ses manifestes multipliés, rétablissait solennellement l'autorité du roi, énonçant même les ordres précis de l'empereur son maître sur ce point; mais l'Autriche s'y opposa avec tant d'ardeur et d'obstination, qu'elle fit plier ses deux grands alliés, et qu'elle arrêta le roi à Florence. C'est de là que le comte de Maistre reçut sa nomination au poste de régent de la chancellerie royale en Sardaigne (première place de la magistrature dans l'île). Cette nomination, en faisant cesser ses tortures physiques, lui préparait des peines d'un autre genre. Pendant les malheureuses années de la guerre, l'administration de la justice s'était affaiblie dans l'île de Sardaigne; les vengeances s'étant multipliées, les impôts rentraient difficilement, et il régnait dans la haute classe une répugnance extrême à payer ses dettes. Le comte de Maistre eut à lutter contre de grandes difficultés, qu'il ne fut pas toujours à même de vaincre; malgré cela, son départ fut accompagné des regrets publics d'un pays où sa mémoire fut encore longtemps en vénération.

Etant en Sardaigne, le comte de Maistre eut connaissance par les journaux du décret de 1802 sur les émigrés, qui enjoignait à tous les individus natifs des pays réunis à la France de rentrer dans un délai déterminé, et, en attendant, de se présenter au résident français le plus rapproché de leur domicile,

pour y faire la déclaration prescrite et prêter serment de fidélité à la république. M. de Maistre adressa alors à M. Alquier, ambassadeur de la république française à Naples, un mémoire dans lequel il exposait « qu'il n'était pas né Français, qu'il ne voulait
« pas l'être, et que, n'ayant jamais mis le pied dans
« les pays conquis par la France, il n'avait pu le
« devenir; que puisque, aux termes du décret du
« 6 floréal, c'était dans ses mains qu'il devait prêter
« le serment requis, c'était aussi à lui qu'il croyait
« déclarer qu'il ne voulait pas le prêter; qu'ayant
« suivi constamment le roi son maître dans tous ses
« malheurs, son intention était de mourir à son ser-
« vice; que si par suite de cette déclaration il pou-
« vait être rayé de la liste des émigrés comme étran-
« ger, et obtenir éventuellement la liberté de revoir
« ses amis, ses parents et le lieu de sa naissance,
« cette faveur ou plutôt cet acte de justice lui serait
« précieux. »

Dans cette même année 1802, il reçut du roi l'ordre de se rendre à Pétersbourg, en qualité d'envoyé extraordinaire et ministre plénipotentiaire. Ce fut une nouvelle douleur, un nouveau sacrifice, le plus pénible sans doute que son dévouement à son maître pût lui imposer. Il fallait se séparer de sa femme et de ses enfants sans prévoir un terme à ce cruel veuvage, entreprendre une nouvelle carrière et des fonctions que le malheur des temps rendait difficiles et dépouillées de tout éclat consolateur. Il partit pour Pétersbourg ; c'était au commencement du règne d'Alexandre, jeune prince plein de douceur, de sentiments généreux et d'amour du bien. Il conservait au fond du cœur des principes sincèrement religieux, que son précepteur La Harpe n'avait pu étouffer. M. de Maistre parut dans la société avec l'humble fierté d'un haut caractère ; son amabilité enjouée, son esprit naturel, ses connaissances profondes et variées, l'intérêt qui s'attache toujours à un dévouement sans bornes, lui attirèrent cette considération personnelle, apanage du vrai mérite. Il eut, dans les hautes classes de la société, de nombreux et de véritables amis. Connu bientôt et distingué par l'auguste souverain auprès duquel il était accrédité, l'empereur lui-même daigna lui donner de nombreuses preuves de son estime. Les officiers piémontais qui se rendirent en Russie pour continuer à servir la cause de leur maître sous les drapeaux de son auguste allié, ressentirent les effets de la faveur personnelle dont le comte de Maistre jouissait : ils furent reçus avec leurs grades et leur ancienneté, et placés honorablement. L'un d'eux, le chevalier Vayra, étant malheureusement mort en route, et par conséquent avant d'être entré au service de Russie, sa veuve reçut cependant une pension qu'elle conserva toute sa vie. Parmi ces officiers, il en était un qui, après avoir servi en Italie comme officier d'état-major dans l'armée de Souwaroff, avait accompagné le maréchal dans sa malheureuse retraite : c'était le frère du comte de Maistre ; il avait quitté le service et s'était retiré à Moscou, charmant son exil par la société d'excellents amis, par la société tout aussi fidèle des sciences et des beaux-arts. Par une faveur souveraine, souverainement délicate, Alexandre réunit les deux frères en nommant le comte Xavier lieutenant-colonel directeur de la bibliothèque et du musée de l'Amirauté. Ce fut une joie sensible pour le comte de Maistre ; nous en trouvons l'expression dans la lettre qu'il adressa alors à l'empereur Alexandre, et que nous insérons ici avec la réponse de Sa Majesté Impériale :

A SA MAJESTÉ IMPÉRIALE L'EMPEREUR DE
TOUTES LES RUSSIES.

« Sire,

« Son Excellence monsieur le Ministre de la ma-
« rine vient de me faire connaître que Votre Majesté
« avait daigné attacher mon frère à son service, en

« lui confiant la place de directeur de la bibliothèque
« et du musée de l'Amirauté.

« Votre Majesté Impériale, en me le rendant, me
« rend la vie moins amère. C'est un bienfait accordé
« à moi autant qu'à lui. J'espère donc qu'elle me
« permettra de mettre à ses pieds les sentiments dont
« cette faveur m'a pénétré. Si je pouvais oublier les
« fonctions que j'ai l'honneur d'exercer auprès de
« Votre Majesté Impériale, j'envierais à mon frère le
« bonheur qu'il aura de lui consacrer toutes ses fa-
« cultés. Jamais au moins il ne me surpassera dans
« la reconnaissance, le dévouement sans bornes, et
« le très-profond respect avec lequel, etc.

« Saint-Pétersbourg, ce 18 avril 1805.

« DE MAISTRE. »

RÉPONSE DE SA MAJESTÉ IMPÉRIALE.

« Monsieur le comte de Maistre,

« J'ai lu avec plaisir la lettre que vous m'avez
« écrite, à la suite de l'emploi que j'ai confié à votre
« frère. Il m'a été agréable d'avoir pu, par ce que j'ai
« fait pour lui, vous donner aussi une preuve de
« mes dispositions à votre égard. Le dévouement

« sans bornes avec lequel vous servez Sa Majesté
« Sarde est un titre à mon estime particulière, dont
« j'aime à vous réitérer ici le témoignage certain.

« *Signé,* ALEXANDRE.

« Saint-Pétersbourg, ce 19 avril 1805. »

M. de Maistre avait oublié tout à fait la déclaration envoyée à M. Alquier avant son départ de Sardaigne, lorsqu'il reçut une dépêche ministérielle avec un décret dont M. Cacault, consul de France à Naples, venait de donner communication officielle au premier secrétaire d'Etat de Sa Majesté. Ce décret portait, sans aucun considérant, que *M. de Maistre était rayé de la liste des émigrés, et autorisé à rentrer en France sans obligation de prêter serment, avec liberté entière de rester au service du roi de Sardaigne, et de garder les emplois et décorations qu'il tenait de Sa Majesté, en conservant tous ses droits de citoyen français.* Ce décret, transmis avec la solennité d'une note ministérielle, émut le ministère du roi, qui cherchait à se rendre compte des motifs qui pouvaient avoir amené une telle faveur d'exception. Le comte de Maistre fut formellement invité à donner des explications. — Il envoya copie du mémoire que nous avons cité plus haut.

En 1806, le comte de Maistre reçut une nouvelle preuve de la faveur impériale, bien plus précieuse encore que les précédentes. Il avait appelé auprès de lui son fils âgé de seize ans, et qu'il ne pouvait pas laisser à Turin, exposé par la conscription à servir contre son roi, sa famille et ses parents. Au mois de décembre 1806, Sa Majesté Impériale recevait le comte Rodolphe à son service, comme officier dans le régiment des chevaliers-gardes. Quelques jours après il partait avec son corps pour la campagne de 1807, suivie de celle de 1808 en Finlande, et plus tard de celles de 1812, 13 et 14. On lira dans la correspondance quelques-unes des lettres que le comte de Maistre écrivait à son fils, dans ces absences aussi cruelles pour un père que pour une mère. — Mais le comte de Maistre se soutenait en pensant que son fils faisait son devoir, et qu'il était à la place où l'appelaient l'honneur et la conscience.

Il paraît que, pendant son séjour en Russie, M. de Maistre avait conservé des relations amicales avec un fidèle serviteur de Louis XVIII, *courtisan de l'exil*: c'est au moins ce qu'indiquerait une lettre autographe de ce prince, ainsi que la réponse du comte de Maistre. Le comte de Blacas, représentant confidentiel du roi à Saint-Pétersbourg, était aussi très-lié avec M. de Maistre. Une similitude de position, d'infortune et de dévouement avait cimenté ces liens.

Le comte de Maistre, inflexible sur les principes, était, dans les relations sociales, bienveillant, facile, et d'une grande tolérance : il écoutait avec calme les opinions les plus opposées aux siennes, et les combattait avec sang-froid, courtoisie, et sans la moindre aigreur. Partout où il demeura quelque temps, il laissa des amis : à Lausanne, à Pétersbourg, aussi bien qu'à Rome et à Florence. Il se plaisait à considérer les hommes par leur côté louable.

On voit dans ses lettres de quel œil le sujet, le ministre du roi de Sardaigne considérait les succès de Bonaparte, qu'il appelle quelquefois *Dæmonium meridianum;* mais le génie et le capitaine furent toujours appréciés par lui à leur haute valeur. Il *s'étonnait* que l'on pût *s'étonner* de l'attachement du soldat français pour celui qui le menait à la victoire.

En passant à Naples en 1802, il s'entretint un jour longuement avec M. Alquier, ambassadeur de la république française : « Après avoir entendu très-at-
« tentivement ce que je lui dis sur les affaires en
« général et sur le roi de Sardaigne en particulier,
« M. Alquier me dit avec beaucoup de vivacité : —
« *Monsieur le comte, qu'allez-vous faire à Péters-*
« *bourg? Allez à Paris dire ces raisons au premier con-*

« *sul, qui ne les a jamais entendues.* » (Extrait d'une lettre confidentielle.)

Cette idée avait fait impression sur le comte de Maistre ; car, après la bataille de Friedland et la paix qui la suivit, il demanda une audience à Bonaparte comme simple particulier. Le mémoire qu'il écrivit à cette occasion exprimait en substance le désir de communiquer à l'empereur des Français quelques idées relatives aux intérêts de son souverain (*voyez* la lettre au chevalier de ....., 28 décembre 1807, et l'autre au même, mai 1808), et que, s'il voulait l'entendre personnellement sans l'entremise d'aucun ministre, il irait à Paris sans titre et par conséquent sans défense, se remettant absolument entre ses mains pour faire de lui tout ce qui lui plairait. Le comte de Maistre donnait de plus sa parole d'honneur que le roi son maître n'avait pas la moindre idée de sa détermination, et qu'il n'avait pour faire ce voyage aucune autorisation. Ce mémoire fut transmis et appuyé par le général Savary, dont la franchise et la fougue militaire étaient cependant très-accessibles au raisonnement calme, et très-susceptibles de sentir et d'apprécier l'honneur et le dévouement. Laissons parler le comte de Maistre : « Le général Savary envoie mon
« mémoire à Paris, et l'appuie de toutes ses forces.
« Vous me demanderez comment un homme tel que

« je vous l'ai dépeint est capable d'un procédé de
« telle nature? Cela arrive, comme dit Cicéron,
« *propter multiplicem hominis voluntatem.* L'homme
« est un amas de contradictions et de volontés discor-
« dantes. Tout l'art est de savoir et de vouloir saisir
« celles qui peuvent vous être utiles. — Qu'arrivera-
« t-il? Je n'en sais rien! Si Bonaparte dit que non,
« tout est dit. S'il m'appelle, je ne sais en vérité, vu
« le caractère de l'homme et ce que je veux lui dire
« (ce que personne ne saura jamais), je ne sais,
« dis-je, s'il y a plus d'espérance que de crainte...
« Mais deux raisons me décident à prendre ce parti :
« 1° la certitude où je crois être que S. M. n'a pas
« seulement été nommée à Tilsitt. Le traité présenté
« par la victoire a été signé par l'effroi : voilà tout ;
« 2° la certitude encore plus évidente où je suis que
« je puis être utile à S. M., et que je ne puis lui nuire,
« puisque j'ai donné ma parole d'honneur écrite
« qu'elle n'avait pas seulement le plus léger soupçon
« de ma détermination. S'il m'arrivait malheur,
« veuillez prier S. M. de faire arriver ici ma femme
« et mes deux filles ; elles vivront bien ou mal avec
« mon fils et mon frère. *Jacta est alea!* rien ne peut
« être utile au roi qu'une sage témérité, jamais on
« n'a joué plus sagement une plus terrible carte. »

Bonaparte ne fit aucune réponse ; mais les égards

singuliers dont le comte de Maistre fut l'objet à Pétersbourg, de la part de l'ambassade française, firent voir que sa démarche n'avait pas déplu.

En suivant pas à pas le comte de Maistre, on remarque deux traits caractéristiques qui ont dirigé toute sa carrière politique : un dévouement à toute épreuve à son souverain, et une espérance, ou plutôt une foi constante dans une restauration inévitable, dont il faisait profession de n'*ignorer que la date*. Ni l'exil loin de sa patrie, ni une longue et douloureuse séparation d'avec sa femme et ses enfants, ni la perte de sa fortune, ne lui semblèrent des obstacles ; l'assurance d'une position brillante qui lui fut plusieurs fois offerte ne lui parut pas digne d'attention. La reconnaissance ne put l'attirer, ni l'ingratitude le repousser. La presque certitude d'un avenir amer pour lui et pour sa famille entière était sans doute un long et continuel tourment pour son cœur ; mais rien ne put le détacher du service de son roi, ni amortir un instant son zèle. Après les conférences de Tilsitt et d'Erfurt, un ministre de l'empereur Alexandre lui demanda : « A présent, qu'allez-vous faire ? » — « Tant qu'il y aura une maison de Savoie et qu'elle « voudra agréer mes services, je resterai tel que « vous me voyez. » Ce fut sa réponse.

Le comte de Maistre ne réservait pas ces maximes

de fidélité pour son usage personnel. Voici en quels termes il expliquait à ses compatriotes la doctrine du dévouement au roi dans une des lettres qu'il leur adressait, en 1793, de son exil de Lausanne :

« Sujets fidèles de toutes les classes et de toutes
« les provinces, sachez être royalistes. Autrefois
« c'était un instinct, aujourd'hui c'est une science.
« Serrez-vous autour du trône, et ne pensez qu'à le
« soutenir : si vous n'aimez le roi qu'à titre de bien-
« faiteur, et si vous n'avez d'autres vertus que celles
« qu'on veut bien vous payer, vous êtes les der-
« niers des hommes. Elevez-vous à des idées plus
« sublimes, et faites tout pour l'ordre général. La
« majesté des souverains se compose des respects de
« chaque sujet. Des crimes et des imprudences pro-
« longées ayant porté un coup à ce caractère auguste,
« c'est à nous à rétablir l'opinion, en nous rappro-
« chant de cette loyauté exaltée de nos ancêtres :
« la philosophie a tout glacé, tout rétréci ; elle a
« diminué les dimensions morales de l'homme, et si
« nos pères renaissaient parmi nous, ces géants au-
« raient peine à nous croire de la même nature.
« Ranimez dans vos cœurs l'enthousiasme de la fidé-
« lité antique, et cette flamme divine qui faisait les
« grands hommes. Aujourd'hui on dirait que nous
« craignons d'aimer, et que l'affection solennelle

« pour le souverain a quelque chose de romanesque
« qui n'est plus de saison : si l'homme distingué par
« ces sentiments vient à souffrir quelque injustice
« de ce souverain qu'il défend, vous verrez l'homme
« au cœur desséché jeter le ridicule sur le sujet
« loyal, et quelquefois même celui-ci aura la fai-
« blesse de rougir : voilà comment la fidélité n'est
« plus qu'une affaire de calcul. Croyez-vous que, du
« temps de nos pères, les gouvernements ne com-
« missent point de fautes? Vous ne devez point
« aimer votre souverain parce qu'il est infaillible, car
« il ne l'est pas ; ni parce qu'il aura pu répandre sur
« vous des bienfaits, car s'il vous avait oubliés, vos
« devoirs seraient les mêmes. Il est heureux, sans
« doute, de pouvoir joindre la reconnaissance indi-
« viduelle à des sentiments plus élevés et plus désin-
« téressés : mais quand vous n'auriez pas cet avan-
« tage, n'allez pas vous laisser corrompre par un vil
« dépit qu'on appelle NOBLE ORGUEIL. Aimez le souve-
« rain comme vous devez aimer l'*ordre*, avec toutes
« les forces de votre intelligence ; s'il vient à se trom-
« per à votre égard, vengez-vous par de nouveaux ser-
« vices : est-ce que vous avez besoin de lui pour être
« honnêtes ? ou ne l'êtes-vous que pour lui plaire?

. . . .
. . . .

« Le roi n'est pas seulement le souverain, il est
« l'ami de la Savoie ; servons-le donc comme ses
« pères furent servis par les nôtres. Vous surtout,
« membres du premier ordre de l'Etat, souvenez-
« vous de vos hautes destinées.

« Que vous dirai-je ? Si l'on vous avait demandé
« votre vie, vous l'auriez offerte sans balancer : eh
« bien, la patrie demande quelquefois des sacrifices
« d'un autre genre et non moins héroïques, peut-
« être précisément parce qu'ils n'ont rien de solennel,
« et qu'ils ne sont pas rendus faciles par les jouis-
« sances de l'orgueil. Aimer et servir, voilà votre
« rôle. Souvenez-vous-en, et oubliez tout le reste.
« Comment pourriez-vous balancer ? vos ancêtres
« ont promis pour vous (1). »

Quant à la chute de Bonaparte et à la restauration des maisons souveraines de France et de Savoie, il y a peu de ses lettres particulières ou officielles où il ne les annonce avec assurance ; seulement, il n'espérait pas en être témoin. Nombre des compatriotes du comte de Maistre, sans faire des conjectures aussi

---

(1) *Lettres d'un royaliste savoisien à ses compatriotes;* Lausanne, 1793-94.

raisonnées, partageaient cet espoir d'une manière instinctive. On leur donnait en Piémont le sobriquet de *coui d' la semana ch' ven* (messieurs de la semaine prochaine). Enfin la semaine arriva. Aussi la chute de Bonaparte ne surprit qu'à demi M. de Maistre. Cet évènement rétablissait le souverain auquel il avait consacré tous les instants de sa vie; il ramenait dans ses bras sa famille, après une absence de douze ans, et lui permettait de voir et d'embrasser pour la première fois une fille de vingt ans, qu'il ne connaissait pas encore. Cet évènement, dis-je, dans le premier moment dut le remplir de joie et combler ses longues espérances; mais la publication du traité de Paris vint détruire en grande partie son bonheur. Nous croyons qu'on lira avec plaisir un discours que le comte de Maistre composa dans ce premier moment d'exaltation, mais qui ne fut pas prononcé, comme il nous l'apprend lui-même, dans la notice dont il a fait précéder le manuscrit de ce discours. (*Voyez* t. VIII.)

Comme tout homme éminent, M. de Maistre ne pouvait manquer d'avoir à la cour d'officieux amis occupés à le desservir auprès du roi, et à saisir les moindres bagatelles pour en faire des défauts et des torts. Les occupations, les préoccupations, les chagrins l'avaient rendu sujet, pendant les dernières années de son séjour en Russie, à de cruelles insomnies, et à la suite de ces nuits fatigantes il lui arrivait fréquemment de s'endormir en société. C'était un sommeil subit et de quelques instants. Cette légère indisposition fut représentée à la cour comme un affaiblissement des facultés intellectuelles. Voici comment le comte de Maistre s'expliquait à ce sujet avec le ministère du roi :

« On m'a mandé plus d'une fois qu'à Turin et
« même à Paris il a été dit qu'à la suite d'une grande
« maladie que j'avais faite, l'esprit m'avait totalement
« baissé. Voici la base de cette narration. Depuis une
« demi-douzaine d'années, plus ou moins, j'ai été
« sujet à des accidents de sommeil entièrement
« inexplicables, qui me surprenaient souvent dans
« le monde et dont je riais le premier : ce n'était
« qu'un éclair, et, ce qu'il y a d'étrange, c'est que
« ce sommeil n'avait rien de commun avec celui de
« la nuit. Par nature, je dors très-peu ; trois heures
« sur les vingt-quatre, et même moins, me suffisent,
« et la moindre inquiétude m'en prive. Dans l'état
« douloureux où m'ont jeté les déterminations
« prises à mon égard, il m'est arrivé de passer deux
« et même trois nuits sans dormir. D'où venait donc
« ce sommeil subit et passager d'une minute ou
« deux ? c'est ce que je n'ai jamais compris. Depuis

« plusieurs mois, ces *coups de sommeil* (car je ne
« sais pas dire autrement) ont fort diminué, et j'ai
« tout lieu d'espérer que bientôt j'en serai entière-
« ment délivré. Souvent je disais en riant : *Bientôt
« on écrira au roi que je suis apoplectique*. Mais je
« vois que mes protecteurs ont mieux aimé dire
« *radoteur*. Si jamais je le suis, V. E., qui lit mes
« lettres, en sera avertie la première; et S. M. en
« attendant me rendra le sommeil, si elle le juge
« convenable. » Le comte de Maistre écrivait alors
les *Soirées*.

Pendant son long séjour à Pétersbourg, dans les
intervalles que la politique lui laissait, M. de Maistre
se livra de nouveau aux études philosophiques et
religieuses, pour lesquelles il avait toujours eu du
penchant. Il est probable que les conversations sur
les articles controversés, qui sont fort communes
dans tous les pays catholiques, eurent une influence
directe sur les travaux du comte de Maistre, qui se
trouva ainsi porté à réunir et coordonner dans un
but déterminé le fruit de ses longues études et le
résultat de ses entretiens journaliers. Ce fut à Pétersbourg qu'il composa : *Des délais de la justice divine;
— Essai sur le principe générateur des institutions
humaines;— Du Pape; — De l'Eglise gallicane; — les
Soirées de Saint-Pétersbourg; — Examen de la phi-*

losophie de Bacon (posthume). Cependant ces quatre derniers ouvrages ne reçurent les derniers coups de lime qu'après le retour de l'auteur à Turin. Plusieurs autres opuscules sortirent aussi de sa plume dans le même espace de temps : *Les deux lettres à une dame protestante et à une dame russe;* — *Les lettres sur l'Education publique en Russie;* — *Lettres sur l'Inquisition espagnole;* — *l'Examen d'une édition des lettres de madame de Sévigné.* Ces ouvrages ont été en partie provoqués par des personnes de la société, qui s'adressaient au comte de Maistre pour éclaircir une question, pour avoir son avis, pour résumer des conversations intéressantes et fixer l'enchainement des idées. Il lisait beaucoup, et il lisait systématiquement, la plume à la main, écrivant, dans un volume relié posé à côté de lui, les passages qui lui paraissaient remarquables, et les courtes réflexions que ces passages faisaient naitre; lorsque le volume était à sa fin, il le terminait par une table des matières par ordre alphabétique, et il en commençait un autre. Le premier de ces recueils est de 1774, le dernier de 1818. C'était un arsenal où il puisait les souvenirs les plus variés, les citations les plus heureuses, et qui lui fournissait un moyen prompt de retrouver l'auteur, le chapitre et la page, sans perdre de temps en recherches inutiles.

Depuis que les guerres, les voyages, les négociations, avaient mis les Russes plus en contact avec les autres peuples européens, le goût des études sérieuses et de la haute littérature s'infiltrait peu à peu dans les classes élevées. Dès que la science paraît dans un pays non catholique, tout de suite la société se divise, la masse roule au déisme, tandis qu'une certaine tribu s'approche de nous. Il ne pouvait en arriver autrement en Russie ; la science, injectée dans le grand corps de l'Eglise nationale, en avait commencé la désorganisation ; et, tandis que les systèmes philosophiques de la nébuleuse Allemagne dissolvaient sans bruit les dogmes dans les cloîtres et les universités, la logique limpide et serrée de l'Eglise catholique entraînait quelques cœurs droits, fatigués de chercher inutilement cette vie spirituelle dont leur âme sentait le besoin. Toutes les Eglises séparées ayant pour dogme commun la haine de Rome, ce retour de quelques personnes à la vérité excita une fermentation dont on pouvait déjà prévoir les suites funestes à l'époque du célèbre traité de la Sainte-Alliance ; et cet acte, dont la tendance mystique, d'après l'esprit qui le dicta, devait être favorable à la liberté de conscience, fut immédiatement suivi, *dans l'empire du rédacteur*, de mesures violentes d'intolérance et de spoliation. Le comte de Maistre, reçu

partout avec plaisir parce qu'il ne choquait personne et louait avec franchise tout ce qui était bon, avait pourtant contracté des liaisons plus amicales avec les personnes qui partageaient plus ou moins ses doctrines. Sa supériorité d'ailleurs dans toutes les branches de la philosophie rationnelle et dans l'art de la parole n'était pas contestable, et, de plus, on lui accordait assez généralement des connaissances particulières dans le genre qui faisait peur à cette époque. Il n'est donc point surprenant que le comte de Maistre se soit trouvé alors en butte à quelques soupçons, et que les ennemis du catholicisme, et surtout le prince Galitzin, ministre des cultes, se soient imaginé qu'il exerçait une sorte de prosélytisme, attribuant à lui, autant qu'aux jésuites, les nombreuses conversions qui s'opéraient chaque jour. Ils s'arrêtaient à une cause locale et imaginaire pour expliquer un mouvement européen auquel la Russie participait à son insu. Le fait est que le comte de Maistre, comme il eut l'honneur de l'assurer de vive voix à l'empereur lui-même, « ne se permit jamais
« d'attaquer la foi d'aucun de ses sujets; mais que,
« si par hasard quelqu'un d'eux lui avait fait cer-
« taines confidences, la probité et la conscience lui
« auraient défendu de dire qu'il avait tort. » L'empereur parut convaincu, mais la situation du comte

de Maistre était changée : « Le simple soupçon pro-
« duit une inquiétude, un malaise qui gâte la vie.
« Dans tous les pays du monde et surtout en Russie,
« il ne faut pas qu'il y ait le moindre nuage entre le
« maître et un ministre étranger. Les catholiques,
« du moins ceux de cette époque, étaient devenus aux
« yeux de l'empereur une espèce de caste suspecte.
« Toutes les choses de ce monde ont leurs inconvé-
« nients ; la souveraineté, qui est la plus précieuse
« de toutes, doit subir les siens. La lutte des conver-
« sations est au-dessous d'elle : d'un côté, sa gran-
« deur défend à son égard non-seulement la dispute,
« mais la discussion même; de l'autre, elle ne peut,
« elle ne doit pas même lire, puisque tout son temps
« appartient aux peuples. Qui donc la détromperait
« sur des matières que les passions et l'erreur ont
« embrouillées à l'envi ? » Le comte de Maistre, attaché personnellement à l'empereur par les liens
d'une sincère reconnaissance, tout à fait habitué à ce
pays où le retenaient des liens multipliés, et où il
avait souvent formé le vœu de finir ses jours..., demanda son rappel. Le roi daigna le lui accorder avec
le titre et le grade de premier président dans ses
cours suprêmes. Au mois de mai 1817, Sa Majesté
Impériale envoyait dans la Manche une escadre de
bâtiments de guerre pour ramener les soldats dont

elle déchargeait la France. Ces vaisseaux partaient dans la plus belle saison pour la navigation. Sa Majesté Impériale permit au comte de Maistre de s'embarquer sur cette escadre avec toute sa famille. Ce fut le 27 mai qu'il monta à bord du vaisseau de 74 le *Hambourg*, pour revenir dans sa patrie, après vingt-cinq ans d'absence, en passant par Paris. Il arriva à Calais le 20 juin, et le 24 à Paris.

Le comte de Maistre se trouvait alors le chef d'une famille, l'une des plus nombreuses de l'ancien duché de Savoie, qui était demeurée tout entière au service du roi pendant tout le cours de la révolution, qui avait suivi sa cause, et toujours, et sans intérêt, et contre ses intérêts, sans qu'un seul de ses membres fût entré au service du vainqueur. A l'époque du traité de 1814, le chevalier Nicolas, son frère, qui, après avoir fait brillamment la guerre, était rentré en Savoie lorsque ses services ne pouvaient plus être utiles à son maître, se dévoua de nouveau, et partit pour Paris avec MM. d'Oncieux et le comte Costa, comme députés de la Savoie, pour demander aux souverains alliés la restitution de leur patrie à ses anciens maîtres. Heureusement la demande fut accueillie, sans quoi il aurait dû, avec ses deux compagnons, émigrer de nouveau et s'exiler volontairement.

Arrivé à Turin, M. de Maistre s'occupa à donner la dernière main aux ouvrages qu'il avait apportés en portefeuille de Pétersbourg. Il fit paraître successivement *le Pape, l'Eglise gallicane*, et *les Soirées de Saint-Pétersbourg*, ouvrages qui ont produit une véritable explosion dans le monde littéraire. Malgré les nombreuses éditions, ces livres sont toujours recherchés, et l'auditoire de M. de Maistre grandit encore de jour en jour : c'est un fait remarquable qu'à la tribune, comme dans la chaire ou dans les livres, dès qu'on aborde les matières théologiques ou philosophiques traitées par le comte de Maistre, on est forcé de le citer, ou pour le combattre, ou pour s'appuyer de son autorité. Parmi les nombreuses lettres d'admiration et d'approbation sur le livre du *Pape*, nous en avons trouvé une d'un style badin, écrite par un saint prélat bien connu en France par ses talents autant que par ses travaux apostoliques, Mgr Rey, évêque d'Annecy, qui honorait la famille de Maistre d'une amitié particulière. Nous croyons qu'elle intéressera par son esprit et par son originalité. (*Voyez* aux Annexes, t.XII, la lettre du 5 février 1820 de M. le vicaire général Rey.)

Le comte de Maistre, nommé chef de la grande chancellerie du royaume avec le titre de ministre de l'Etat, fut arrêté dans sa carrière littéraire par les affaires publiques, dont il s'occupait avec ardeur. Il avait esquissé l'épilogue des *Soirées de Saint-Pétersbourg* dans les derniers jours de sa vie. On trouve encore, dans cette première ébauche, la verve de son style. Nous croyons faire plaisir à nos lecteurs en publiant ce fragment.

Le comte de Maistre était d'un abord facile, d'une conversation enjouée, constant dans sa conduite comme dans ses principes, étranger à toute espèce de finesse, ferme dans l'expression de ses opinions; du reste méfiant de lui-même, docile à la critique, sans autre ambition que celle d'un accomplissement irréprochable de tous ses devoirs. Il refusa longtemps de se charger de la mission de Pétersbourg, et voilà comment il racontait à un de ses amis sa promotion inattendue :

« Elevé dans le fond d'une petite province, livré
« de bonne heure à des études graves et épineuses,
« vivant au milieu de ma famille, de mes livres et de
« mes amis, peut-être n'étais-je bon que pour la vie
« patriarcale, où j'ai trouvé autant de bonheur qu'un
« homme en peut goûter sur la terre : la révolution
« en a ordonné autrement ! Après quelques expé-
« riences malheureuses, je m'étais arrangé pour
« terminer paisiblement ma carrière en Sardaigne :
« me tenant pour mort, ce pays me plaisait assez

« comme tombeau. Point du tout, il a fallu venir
« représenter sur ce grand théâtre. »

Cependant les fatigues de l'âme, les travaux de l'esprit, les peines de cœur avaient usé peu à peu une constitution des plus robustes. Le comte de Maistre perdit, dans l'année 1818, son frère André (évêque nommé d'Aoste), ecclésiastique d'une haute distinction par ses talents et son caractère ; ce fut une immense douleur. Depuis lors sa santé, qui avait résisté au climat de Pétersbourg comme à celui de Sardaigne, devint chancelante, sa démarche incertaine : sa tête conservait seule toute sa force et sa fraîcheur, et il continuait l'expédition des affaires avec la même assiduité. Au commencement de 1821, lorsque de sourdes rumeurs annonçaient déjà l'ignoble échauffourée révolutionnaire du Piémont, le comte de Maistre assistait au conseil des ministres, où l'on agitait d'importants changements dans la législation. Son avis était que la chose était bonne, peut-être même nécessaire, mais que le moment n'était pas opportun. Il s'échauffa peu à peu, et improvisa un véritable discours. Ses derniers mots furent : « Messieurs, la terre tremble, et vous voulez bâtir ! »

Le 26 février, le comte de Maistre s'endormit dans le Seigneur, et le 9 mars la révolution éclatait. Le comte de Maistre succomba à une paralysie lente, après une vie de soixante-sept ans de travaux, de souffrance et de dévouement ; il pouvait dire avec confiance : *Bonum certamen certavi, fidem servavi.* Son corps repose dans l'église des Jésuites, à Turin. Sa femme et un de ses petits-fils ont déjà été le rejoindre dans le froid caveau, ou plutôt dans le séjour bienheureux.

Le comte de Maistre, en entrant au service à l'âge de dix-huit ans, avait une fortune suffisante pour jouir d'une honnête aisance dans sa ville natale. Après avoir servi son roi pendant cinquante ans, il rentra en Piémont dans une honorable et complète pauvreté. Tous ses biens ayant été vendus, il eut part à l'indemnité des émigrés ; mais une bonne partie des terres qu'il avait possédées, étant situées en France, ne fut point portée en compte. Avec la modeste compensation qui lui fut allouée, et *un millier de louis que lui prêta le comte de Blacas*, il acheta une terre de cent mille francs environ, seul héritage matériel qu'il légua à ses enfants.

Deux motifs puissants m'ont engagé à la publication des lettres du comte de Maistre : d'abord l'utilité dont elles peuvent être par les vérités qu'elles défendent, par les saines doctrines qu'elles contiennent ; ensuite le désir de tracer du comte de Maistre un portrait vivant et animé qui le fasse aimer de ceux qui ne l'ont qu'admiré. Rien, sans doute, ne fait mieux connaître un homme que de se trouver ainsi introduit dans son intimité, de l'observer librement et sans témoins, d'entendre le père parler de ses enfants, l'époux de la douce compagne de sa vie; d'écouter l'homme d'Etat, le sujet fidèle s'adressant à son roi, l'ami s'entretenant avec ses amis. Il m'a paru que c'était élever un simple et noble monument à la mémoire d'un père vénéré, que c'était mettre en lumière l'élévation de son génie, l'étendue de ses connaissances, l'ingénuité de ses vertus.

Le comte Rodolphe DE MAISTRE.

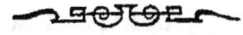

CONSIDÉRATIONS

SUR

LA FRANCE

AVIS DE L'ÉDITEUR

SUR CETTE NOUVELLE ÉDITION

Des Considérations sur la France.

Les Français ayant paru lire avec une certaine attention le livre des *Considérations sur la France*, on croit faire une chose qui ne leur sera pas désagréable, en publiant une nouvelle édition de cet Ouvrage, expressément avouée par l'auteur, et faite même sur un exemplaire apostillé de sa main. Aucune des nombreuses éditions qui ont précédé n'ayant été faite sous ses yeux, il n'est pas étonnant qu'elles soient toutes plus ou moins incorrectes; mais il a droit surtout de se plaindre de celle de Paris, publiée en 1814, in-8°, où l'on s'est permis des retranchements et des additions également contraires aux lois de la délicatesse; personne assurément n'ayant le droit de toucher à l'ouvrage d'un auteur vivant, sans sa participation. L'édition que nous présentons aujourd'hui au public est faite sur celle de Bâle (1), qui commence à devenir rare, et contient d'ailleurs, comme nous venons de le dire, des corrections qui la mettent fort au-dessus de toutes les autres. Le temps, au reste, a prononcé sur ce livre et sur les principes qu'on y expose. Aujourd'hui il ne s'agit plus de disserter; il suffit de regarder autour de soi.

---

(1) Sous la date apocryphe de *Londres*, 1797, in-8º de 256 pages.

Monsieur le Comte,

J'ai l'honneur de vous renvoyer votre ouvrage sur la France. Cette lecture a produit sur moi une sensation si vive, que je ne puis m'empêcher de vous communiquer les idées qu'elle a fait naître.

Votre ouvrage, Monsieur le Comte, est un axiome de la classe de ceux qui ne se prouvent pas, parce qu'ils n'ont pas besoin de preuve ; mais qui se sentent, parce qu'ils sont des rayons de la science naturelle. Je m'explique ; quand on me dit : « Le « carré de l'hypothénuse est égal à la somme des « carrés construits sur les deux côtés du triangle, » j'en demande la démonstration, je la suis, et je me laisse convaincre. Mais quand on s'écrie : « Il est un Dieu ! » ma raison le voit ou se perd dans une foule d'idées ; mais mon âme le sent invinciblement. Il en est de même des grandes vérités dont votre ouvrage est rempli. Ces vérités sont d'un ordre élevé. Ce livre n'est point, comme on me l'a défini avant que je l'aie lu, *un bon ouvrage de circonstance*, mais ce sont les circonstances qui ont dicté le seul bon ouvrage que j'aie trouvé sur la révolution française.

Le *Moniteur* est le développement le plus volumineux de votre livre. C'est là où sont consignés les efforts des hommes en actions et en paroles, et la nullité de ces efforts. S'il y avait un titre philosophique à donner au *Moniteur*, je le nommerais volontiers : *Recueil de la sagesse humaine, et preuve de son insuffisance*. Votre livre, le *Moniteur*, l'histoire, sont le développement de ce proverbe devenu commun, mais qui renferme en lui la loi la plus féconde en applications et en conséquences : « L'homme propose, et Dieu dispose. »

Oui, l'homme ne peut que proposer ; c'est une immense vérité. La faculté de combiner a été laissée à l'homme avec la puissance du libre arbitre ; mais les évènements ont été soustraits à son pouvoir, et leur marche n'obéit qu'à la main créatrice. C'est donc en vain que les hommes s'agitent et *délibèrent* pour gouverner ou être gouvernés de telle ou telle manière. Les nations sont comme les particuliers ; elles peuvent s'agiter, mais non se constituer. Quand aucun principe divin ne préside à leurs efforts, les convulsions politiques sont le résultat de leur libre volonté ; mais le pouvoir de s'organiser n'est point une puissance humaine : l'ordre dérive de la source de tout ordre.

L'époque de la révolution française est une grande époque : c'est l'âge de l'homme et de la raison. La fin est aussi digne de remarque : c'est la main de Dieu et le siècle de la foi. Du fond de cette immense catastrophe, je vois sortir une leçon sublime aux peuples et aux rois. C'est un exemple donné pour ne pas être imité. Il rentre dans la classe des grandes plaies dont a été frappé le genre humain, et forme la suite de votre éloquent chapitre qui traite de la destruction violente de l'espèce humaine. Ce chapitre, à lui seul, est un ouvrage ; il est digne de la plume de Bossuet.

La partie prophétique de l'ouvrage m'a également frappé. Voilà ce que c'est que d'étudier d'une manière spéculative en Dieu ; ce qui n'est pour la raison qu'une conséquence obscure, devient révélation. Tout se comprend, tout s'explique quand on remonte à la grande cause. Tout se devine, quand on se base sur elle.

Vous m'avez fait l'honneur de me dire que dans le moment où je vous écris, on s'occupe à réimprimer cet ouvrage à Paris. Certainement il sera très-utile tel qu'il est ; mais si vous me permettez de vous dire mon opinion, je vous ferai une seule observation. Je pars de ce principe, votre ouvrage est un ouvrage classique qu'on ne saurait trop étudier ; il est classique pour la foule d'idées profondes et grandes qu'il contient. Il est de circonstance par un ou deux chapitres, nommément celui qui traite de la *Déclaration du roi de France, en* 1795. Ces chapitres ont été faits pour l'année 1797 où l'on croyait à la contre-révolution. Maintenant quelle foule d'idées nouvelles se présentent ! quelles grandes conséquences l'histoire ne fournit-elle pas à vos principes ? Cette révolution concentrée en une seule tête est tombée avec elle ; la main de Dieu qui a sanctifié jusqu'aux fautes des alliés ; cette stupeur répandue sur une nation jadis si active et si terrible ; ce Roi inconnu dans Paris jusqu'à la veille de notre entrée ; ce grand général vaincu dans son art même ; cette génération nouvelle élevée dans les principes de la nouvelle dynastie ;

cette noblesse factice, qui devait être son premier appui, et qui a été la première à l'abandonner; l'Eglise fatiguée et haletante des coups qui lui ont été portés; son chef abaissé jusqu'à sanctifier l'usurpation, et élevé depuis à la puissance du martyre; le génie le plus vigoureux, armé de la force la plus terrible, employé vainement à consolider l'édifice des hommes : voilà le tableau que je voudrais voir tracé par votre plume, et qui serait la démonstration évidente des principes que vous avez posés. Je voudrais le voir à la place de ces chapitres que je vous ai indiqués, et alors l'ouvrage présenterait au lecteur attentif les causes et les effets, les actions des hommes et la réaction divine. Mais il n'appartient qu'à vous, Monsieur le Comte, d'entreprendre cette péroraison frappante sur vos propres principes. Ce que j'ai pris la liberté d'esquisser ici, peut devenir sous votre main un recueil de vérités sublimes; et si j'ai réussi par cette lettre à vous encourager à ce grand travail, je croirais par cela seul avoir mérité de ceux qui lisent pour s'instruire.

Quant à moi, je me borne à faire des vœux pour que vous voulussiez bien, par un nouvel *Essai*, me procurer de nouveau la puissance de m'éclairer, persuadé qu'il ne sortira rien de votre plume qui ne soit plein de grandes et de fortes leçons.

Je vous prie d'agréer les assurances de la haute considération, et du profond respect avec lesquels j'ai l'honneur d'être,

Monsieur le Comte,

DE VOTRE EXCELLENCE,

Le très-humble et très-obéissant serviteur.

M. O.....

Général au service de S. M. l'empereur de toutes les Russies.

Saint-Pétersbourg, ce 24 décembre 1814.

CONSIDÉRATIONS

SUR

LA FRANCE

CHAPITRE PREMIER

Des révolutions.

Nous sommes attachés au trône de l'Être suprême par une chaîne souple qui nous retient sans nous asservir.

Ce qu'il y a de plus admirable dans l'ordre universel des choses, c'est l'action des êtres libres sous la main divine. Librement esclaves, ils opèrent tout à la fois volontairement et nécessairement : ils font réellement ce qu'ils veulent, mais sans pouvoir déranger les plans généraux. Chacun de ces êtres occupe le centre d'une sphère d'activité, dont le diamètre varie au gré de l'*éternel géomètre*, qui sait étendre, restreindre, arrêter ou diriger la volonté, sans altérer sa nature.

Dans les ouvrages de l'homme, tout est pauvre comme l'auteur : les vues sont restreintes, les moyens raides,

des ressorts inflexibles, les mouvements pénibles et les résultats monotones. Dans les ouvrages divins, les richesses de l'infini se montrent à découvert jusque dans le moindre élément ; sa puissance opère en se jouant ; dans ses mains tout est souple, rien ne lui résiste ; pour elle tout est moyen, même l'obstacle ; et les irrégularités produites par l'opération des agents libres, viennent se ranger dans l'ordre général.

Si l'on imagine une montre dont tous les ressorts varieraient continuellement de force, de poids, de dimension, de forme et de position, et qui montrerait cependant l'heure invariablement, on se formera quelque idée de l'action des êtres libres relativement aux plans du Créateur.

Dans le monde politique et moral, comme dans le monde physique, il y a un ordre commun, et il y a des exceptions à cet ordre. Communément nous voyons une suite d'effets produits par les mêmes causes ; mais à certaines époques, nous voyons des actions suspendues, des causes paralysées et des effets nouveaux.

Le *miracle* est un effet produit par une cause divine ou surhumaine, qui suspend ou contredit une cause ordinaire. Que dans le cœur de l'hiver, un homme commande à un arbre, devant mille témoins, de se couvrir subitement de feuilles et de fruits, et que l'arbre obéisse, tout le monde criera au miracle, et s'inclinera devant le thaumaturge. Mais la révolution française, et tout ce qui se passe en Europe dans ce moment, est tout aussi merveilleux dans son genre que la fructification instantanée d'un arbre au mois de janvier : cependant les hommes, au lieu d'admirer, regardent ailleurs ou déraisonnent.

Dans l'ordre physique où l'homme n'entre point comme cause, il veut bien admirer ce qu'il ne comprend pas ; mais dans la sphère de son activité, où il sent qu'il est cause libre, son orgueil le porte aisément à voir le *désordre* partout où son action est suspendue ou dérangée.

Certaines mesures qui sont au pouvoir de l'homme, produisent régulièrement certains effets dans le cours ordinaire des choses ; s'il manque son but, il sait pourquoi, ou il croit le savoir ; il connaît les obstacles, il les apprécie, et rien ne l'étonne.

Mais dans les temps de révolutions, la chaîne qui lie l'homme se raccourcit brusquement, son action diminue, et ses moyens le trompent. Alors entraîné par une force inconnue, il se dépite contre elle, et au lieu de baiser la main qui le serre, il la méconnaît ou l'insulte.

Je n'y comprends rien, c'est le grand mot du jour. Ce mot est très-sensé, s'il nous ramène à la cause première qui donne dans ce moment un si grand spectacle aux hommes : c'est une sottise, s'il n'exprime qu'un dépit ou un abattement stérile.

« Comment donc (s'écrie-t-on de tous côtés)? les
« hommes les plus coupables de l'univers triomphent
« de l'univers ! Un régicide affreux a tout le succès que
« pouvaient en attendre ceux qui l'ont commis ! La
« monarchie est engourdie dans toute l'Europe ! Ses
« ennemis trouvent des alliés jusque sur les trônes !

« Tout réussit aux méchants ! Les projets les plus gi-
« gantesques s'exécutent de leur part sans difficulté,
« tandis que le bon parti est malheureux et ridicule
« dans tout ce qu'il entreprend ! L'opinion poursuit la
« fidélité dans toute l'Europe ! Les premiers hommes
« d'État se trompent invariablement ! les plus grands
« généraux sont humiliés ! etc. »

Sans doute, car la première condition d'une révolution décrétée, c'est que tout ce qui pouvait la prévenir n'existe pas, et que rien ne réussisse à ceux qui veulent l'empêcher. Mais jamais l'ordre n'est plus visible, jamais la Providence n'est plus palpable que lorsque l'action supérieure se substitue à celle de l'homme et agit toute seule : c'est ce que nous voyons dans ce moment.

Ce qu'il y a de plus frappant dans la révolution française, c'est cette force entraînante qui courbe tous les obstacles. Son tourbillon emporte comme une paille légère tout ce que la force humaine a su lui opposer : personne n'a contrarié sa marche impunément. La pureté des motifs a pu illustrer l'obstacle, mais c'est tout ; et cette force jalouse, marchant invariablement à son but, rejette également Charette, Dumouriez et Drouet.

On a remarqué, avec grande raison, que la révolution française mène les hommes plus que les hommes ne la mènent. Cette observation est de la plus grande justesse ; et quoiqu'on puisse l'appliquer plus ou moins à toutes les grandes révolutions, cependant elle n'a jamais été plus frappante qu'à cette époque.

Les scélérats même qui paraissent conduire la révolution, n'y entrent que comme de simples instruments :

et dès qu'ils ont la prétention de la dominer, ils tombent ignoblement. Ceux qui ont établi la république, l'ont fait sans le vouloir et sans savoir ce qu'ils faisaient ; ils y ont été conduits par les évènements : un projet antérieur n'aurait pas réussi.

Jamais Robespierre, Collot ou Barrère, ne pensèrent à établir le gouvernement révolutionnaire et le régime de la terreur ; ils furent conduits insensiblement par les circonstances, et jamais on ne reverra rien de pareil. Ces hommes, excessivement médiocres, exercèrent sur une nation coupable le plus affreux despotisme dont l'histoire fasse mention, et sûrement ils étaient les hommes du royaume les plus étonnés de leur puissance.

Mais au moment même où ces tyrans détestables eurent comblé la mesure de crimes nécessaires à cette phase de la révolution, un souffle les renversa. Ce pouvoir gigantesque qui faisait trembler la France et l'Europe ne tint pas contre la première attaque ; et comme il ne devait y avoir rien de grand, rien d'auguste dans une révolution toute criminelle, la Providence voulut que le premier coup fût porté par des *septembriseurs*, afin que la justice même fût infâme (1).

---

(1) Par la même raison, l'honneur est déshonoré. Un journaliste (le Républicain) a dit avec beaucoup d'esprit et de justesse : *Je comprends fort bien comment on peut dépanthéoniser Marat ; mais je ne concevrai jamais comment on pourra démaratiser le Panthéon.* On s'est plaint de voir le

Souvent on s'est étonné que des hommes plus que médiocres aient mieux jugé la révolution française que des hommes du premier talent; qu'ils y aient cru fortement, lorsque des politiques consommés n'y croyaient point encore. C'est que cette persuasion était une des pièces de la révolution, qui ne pouvait réussir que par l'étendue et l'énergie de l'esprit révolutionnaire, ou, s'il est permis de s'exprimer ainsi, par la *foi* à la révolution. Ainsi, des hommes sans génie et sans connaissances ont fort bien conduit ce qu'ils appelaient *le char révolutionnaire*; ils ont toujours marché en avant, sans regarder derrière eux; et tout leur a réussi, parce qu'ils n'étaient que les instruments d'une force qui en savait plus qu'eux. Ils n'ont pas fait de fautes dans leur carrière révolutionnaire, par la raison que le flûteur de Vaucanson ne fit jamais de notes fausses.

Le torrent révolutionnaire a pris successivement différentes directions; et les hommes les plus marquants dans la révolution n'ont acquis l'espèce de puissance et de célébrité qui pouvait leur appartenir, qu'en suivant le cours du moment : dès qu'ils ont voulu le contrarier, ou seulement s'en écarter en s'isolant, en travaillant trop pour eux, ils ont disparu de la scène.

---

corps de Turenne oublié dans le coin d'un *museum*, à côté du squelette d'un animal : quelle imprudence? il y en avait assez pour faire naître l'idée de jeter au Panthéon ces restes vénérables.

Voyez ce Mirabeau qui a tant marqué dans la révolution : au fond, c'était *le roi de la halle*. Par les crimes qu'il a faits, et par ses livres qu'il a fait faire, il a secondé le mouvement populaire : il se mettait à la suite d'une masse déjà mise en mouvement, et la poussait dans le sens déterminé ; son pouvoir ne s'étendit jamais plus loin : il partageait avec un autre héros de la révolution le pouvoir d'agiter la multitude, sans avoir celui de la dominer, ce qui forme le véritable cachet de la médiocrité dans les troubles politiques. Des factieux moins brillants, et en effet plus habiles et plus puissants que lui, se servaient de son influence pour leur profit. Il tonnait à la tribune, et il était leur dupe. Il disait en mourant, *que s'il avait vécu, il aurait rassemblé les pièces éparses de la monarchie ;* et lorsqu'il avait voulu, dans le moment de sa plus grande influence, viser seulement au ministère, ses subalternes l'avaient repoussé comme un enfant.

Enfin, plus on examine les personnages en apparence les plus actifs de la révolution, et plus on trouve en eux quelque chose de passif et de mécanique. On ne saurait trop le répéter, ce ne sont point les hommes qui mènent la révolution, c'est la révolution qui emploie les hommes. On dit fort bien, quand on dit qu'*elle va toute seule*. Cette phrase signifie que jamais la Divinité ne s'était montrée d'une manière si claire dans aucun évènement humain. Si elle emploie les instruments les plus vils, c'est qu'elle punit pour régénérer.

CHAPITRE II.

Conjectures sur les voies de la Providence dans la révolution française.

Chaque nation, comme chaque individu, a reçu une mission qu'elle doit remplir. La France exerce sur l'Europe une véritable magistrature, qu'il serait inutile de contester, dont elle a abusé de la manière la plus coupable. Elle était surtout à la tête du système religieux, et ce n'est pas sans raison que son roi s'appelait *très-chrétien* : Bossuet n'a rien dit de trop sur ce point. Or, comme elle s'est servie de son influence pour contredire sa vocation et démoraliser l'Europe, il ne faut pas être étonné qu'elle y soit ramenée par des moyens terribles.

Depuis longtemps on n'avait vu une punition aussi effrayante, infligée à un aussi grand nombre de coupables. Il y a des innocents, sans doute, parmi les malheureux ; mais il y en a bien moins qu'on ne l'imagine communément.

Tous ceux qui ont travaillé à affranchir le peuple de sa croyance religieuse ; tous ceux qui ont opposé des sophismes métaphysiques aux lois de la propriété ; tous ceux qui ont dit : *Frappez, pourvu que nous y gagnions;* tous ceux qui ont touché aux lois fondamentales de l'Etat ; tous ceux qui ont conseillé, approuvé, favorisé les mesures violentes employées contre le roi, etc. ; tous ceux-là ont voulu la révolution, et tous ceux qui l'ont voulue en ont été très-justement les victimes, même suivant nos vues bornées.

On gémit de voir des savants illustres tomber sous la hache de Robespierre. On ne saurait humainement les regretter trop ; mais la justice divine n'a pas le moindre respect pour les géomètres ou les physiciens. Trop de savants français furent les principaux auteurs de la révolution ; trop de savants français l'aimèrent et la favorisèrent, tant qu'elle n'abattit, comme le bâton de Tarquin, que les têtes dominantes. Ils disaient comme tant d'autres : *Il est impossible qu'une grande révolution s'opère sans amener des malheurs.* Mais lorsqu'un philosophe se console de ces malheurs en vue des résultats ; lorsqu'il dit dans son cœur : *Passe pour cent mille meurtres, pourvu que nous soyons libres;* si la Providence répond : *J'accepte ton approbation, mais tu feras nombre,* où est l'injustice ? Jugerions-nous autrement dans nos tribunaux ?

Les détails seraient odieux ; mais qu'il est peu de Français, parmi ceux qu'on appelle *victimes innocentes de la révolution,* à qui leur conscience n'ait pu dire :

> Alors, de vos erreurs voyant les tristes fruits,
> Reconnaissez les coups que vous avez conduits.

Nos idées sur le bien et le mal, sur l'innocent et le coupable, sont trop souvent altérées par nos préjugés. Nous déclarons coupables et infâmes deux hommes qui se battent avec un fer long de trois pouces ; mais si le fer a trois pieds, le combat devient honorable. Nous flétrissons celui qui vole un centime dans la poche de son ami ; s'il ne lui prend que sa femme, ce n'est rien. Tous les crimes brillants, qui supposent un développement de qualités grandes ou aimables ; tous ceux surtout qui sont honorés par le succès, nous les pardonnons, si même nous n'en faisons pas des vertus ; tandis que les qualités brillantes qui environnent le coupable, le noircissent aux yeux de la véritable justice, pour qui le plus grand crime est l'abus de ses dons.

Chaque homme a certains devoirs à remplir, et l'étendue de ces devoirs est relative à sa position civile et à l'étendue de ses moyens. Il s'en faut de beaucoup que la même action soit également criminelle de la part de deux hommes donnés. Pour ne pas sortir de notre objet, tel acte qui ne fut qu'une erreur ou un trait de folie de la part d'un homme obscur, revêtu brusquement d'un pouvoir illimité, pouvait être un forfait de la part d'un évêque ou d'un duc et pair.

Enfin, il est des actions excusables, louables même suivant les vues humaines, et qui sont dans le fond infiniment criminelles. Si l'on nous dit, par exemple : *J'ai embrassé de bonne foi la révolution française, par un amour pur de la liberté et de ma patrie ; j'ai cru en mon âme et conscience qu'elle amènerait la réforme des abus et le bonheur public;* nous n'avons rien à répondre. Mais l'œil, pour qui tous les cœurs sont diaphanes, voit la fibre coupable ; il découvre, dans une brouillerie ridicule, dans un petit froissement de l'orgueil, dans une passion basse ou criminelle, le premier mobile de ces résolutions qu'on voudrait illustrer aux yeux des hommes ; et pour lui le mensonge de l'hypocrisie greffée sur la trahison est un crime de plus. Mais parlons de la nation en général.

Un des plus grands crimes qu'on puisse commettre, c'est sans doute l'attentat contre la *souveraineté*, nul n'ayant des suites plus terribles. Si la souveraineté réside sur une tête, et que cette tête tombe victime de l'attentat, le crime augmente d'atrocité. Mais si ce souverain n'a mérité son sort par aucun crime ; si ses vertus même ont armé contre lui la main des coupables, le crime n'a plus de nom. A ces traits on reconnaît la mort de Louis XVI ; mais ce qu'il est important de remarquer, c'est que *jamais un plus grand crime n'eut plus de complices*. La mort de Charles Ier en eut bien moins, et cependant il était possible de lui faire des reproches que Louis XVI ne mérita point. Cependant on lui donna des preuves de l'intérêt le plus tendre et le plus courageux ; le bourreau même, qui ne faisait qu'obéir, n'osa pas se faire connaître. En France, Louis XVI marcha à la mort au milieu de 60,000 hommes armés, qui n'eurent pas un coup de fusil pour *Santerre* : pas une voix ne s'éleva pour l'infortuné monarque, et les provinces furent aussi muettes que la capitale. *On se serait exposé*, disait-on. Français ! si vous trouvez cette raison bonne, ne parlez pas tant de votre courage, ou convenez que vous l'employez bien mal.

L'indifférence de l'armée ne fut pas moins remarquable. Elle servit les bourreaux de Louis XVI bien mieux qu'elle ne l'avait servi lui-même, car elle l'avait trahi. On ne vit pas de sa part le plus léger témoignage de mécontentement. Enfin, jamais un plus grand crime n'appartint (à la vérité avec une foule de gradations) à un plus grand nombre de coupables.

Il faut encore faire une observation importante : c'est que tout attentat commis contre la souveraineté, *au nom de la nation*, est toujours plus ou moins un crime national; car c'est toujours plus ou moins la faute de la nation, si un nombre quelconque de factieux s'est mis en état de commettre le crime en son nom. Ainsi, tous les Français, sans doute, n'ont pas *voulu* la mort de Louis XVI ; mais l'immense majorité du peuple a *voulu*, pendant plus de deux ans, toutes les folies, toutes les injustices, tous les attentats qui amenèrent la catastrophe du 21 janvier.

Or, tous les crimes nationaux contre la souveraineté sont punis sans délai et d'une manière terrible ; c'est une loi qui n'a jamais souffert d'exception. Peu de jours après l'exécution de Louis XVI, quelqu'un écrivait dans le Mercure universel : *Peut-être il n'eût pas fallu en venir là ; mais puisque nos législateurs ont pris l'événement sur leur responsabilité, rallions-nous autour d'eux : éteignons toutes les haines, et qu'il n'en soit plus question.* Fort bien : il eût fallu peut-être ne pas assassiner le roi ; mais puisque la chose est faite, n'en parlons plus, et soyons tous bons amis. O démence ! Shakespeare en savait un peu plus lorsqu'il disait : *La vie de tout individu est précieuse pour lui ; mais la vie de qui dépendent tant de vies, celle des souverains, est précieuse pour* tous. *Un crime fait-il disparaître la majesté royale ? à la place qu'elle occupait, il se forme un gouffre effroyable, et tout ce qui l'environne s'y précipite* (1). Chaque goutte du sang de Louis XVI en coûtera des torrents à la France ; quatre millions de Français, peut-être, payeront de leurs têtes le grand crime national d'une insurrection anti-religieuse et anti-sociale, couronnée par un régicide.

Où sont les premières gardés nationales, les premiers généraux, qui prêtèrent serment à la nation ? Où sont les chefs, les idoles de cette première assemblée si coupable, pour qui l'épithète de *constituante* sera une épigramme éternelle ? Où est Mirabeau ? où est Bailly, avec son *beau jour ?* où est Thouret qui inventa le mot *exproprier ?* où est Osselin, le rapporteur de la première loi qui proscrivit les émigrés ? On nommerait par milliers les instruments actifs de la révolution, qui ont péri d'une mort violente.

C'est encore ici où nous pouvons admirer l'ordre dans le désordre ; car il demeure évident, pour peu qu'on y réfléchisse, que les grands coupables de la révolution ne pouvaient tomber que sous les coups de leurs complices. Si la force seule avait opéré ce qu'on appelle la *contre-révolution*, et replacé le roi sur le trône, il n'y aurait eu aucun moyen de faire justice. Le plus grand malheur qui pût arriver à un homme délicat, ce serait

---

(1) Hamlet, acte 3, scène 8.

d'avoir à juger l'assassin de son père, de son parent, de son ami, ou seulement l'usurpateur de ses biens. Or, c'est précisément ce qui serait arrivé dans le cas d'une contre-révolution, telle qu'on l'entendait ; car les juges supérieurs, par la nature seule des choses, auraient presque tous appartenu à la classe offensée, et la justice, lors même qu'elle n'aurait fait que punir, aurait eu l'air de se venger. D'ailleurs, l'autorité légitime garde toujours une certaine modération dans la punition des crimes qui ont une multitude de complices. Quand elle envoie cinq ou six coupables à la mort pour le même crime, c'est un massacre : si elle passe certaines bornes, elle devient odieuse. Enfin, les grands crimes exigent malheureusement de grands supplices ; et, dans ce genre, il est aisé de passer les bornes, lorsqu'il s'agit de crime de lèse-majesté, et que la flatterie se fait bourreau. L'humanité n'a point encore pardonné à l'ancienne législation française l'épouvantable supplice de Damiens (1). Qu'auraient donc fait les magistrats français de trois ou quatre cents *Damiens*, et de tous les monstres qui couvraient la France ? Le glaive sacré de la justice serait-il donc tombé sans relâche comme la guillotine de Robespierre ? Aurait-on convoqué à Paris tous les bourreaux du

---

(1) *Avertere omnes à tantâ fœditate spectaculi oculos. Primum ultimumque illud supplicium apud Romanos exempli parum memoris legum humanarum fuit.* Tit. Liv. I, 28, de suppl. Mettii.

royaume et tous les chevaux de l'artillerie, pour écarteler des hommes ? Aurait-on fait dissoudre dans de vastes chaudières le plomb et la poix, pour en arroser des membres déchirés par des tenailles rougies ? D'ailleurs, comment caractériser les différents crimes ? comment graduer les supplices ? et surtout comment punir sans lois ? *On aurait choisi, dira-t-on, quelques grands coupables, et tout le reste aurait obtenu grâce.* C'est précisément ce que la Providence ne voulait pas. Comme elle peut tout ce qu'elle veut, elle ignore ces grâces produites par l'impuissance de punir. Il fallait que la grande épuration s'accomplît, et que les yeux fussent frappés ; il fallait que le métal français, dégagé de ses scories aigres et impures, parvînt plus net et plus malléable entre les mains du roi futur. Sans doute, la Providence n'a pas besoin de punir dans le temps pour justifier ses voies ; mais, à cette époque, elle se met à notre portée, et punit comme un tribunal humain.

Il y a eu des nations condamnées à mort au pied de la lettre comme des individus coupables, et nous savons pourquoi (1). S'il entrait dans les desseins de Dieu de nous révéler ses plans à l'égard de la révolution française, nous lirions le châtiment des Français comme

---

(1) *Levit.* XVIII, 21 *et seq.* XX, 23. — *Deuter.* XVIII, 9 *et seq.* — I. *Reg.* XV, 24. — IV. *Reg.* XVII, 7 *et seq. et* XXI, 2. — *Herodot. lib.* II, § 46, et la note de M. Larcher sur cet endroit.

l'arrêt d'un parlement. — Mais que saurions-nous de plus? Ce châtiment n'est-il pas visible? N'avons-nous pas vu la France déshonorée par plus de cent mille meurtres? le sol entier de ce beau royaume couvert d'échafauds? et cette malheureuse terre abreuvée du sang de ses enfants par les massacres judiciaires, tandis que des tyrans inhumains le prodiguaient au dehors pour le soutien d'une guerre cruelle, soutenue pour leur propre intérêt? Jamais le despote le plus sanguinaire ne s'est joué de la vie des hommes avec tant d'insolence, et jamais peuple passif ne se présenta à la boucherie avec plus de complaisance. Le fer et le feu, le froid et la faim, les privations, les souffrances de toute espèce, rien ne le dégoûte de son supplice; tout ce qui est dévoué doit accomplir son sort; on ne verra point de désobéissance, jusqu'à ce que le jugement soit accompli.

Et cependant dans cette guerre si cruelle, si désastreuse, que de points de vue intéressants! et comme on passe tour à tour de la tristesse à l'admiration! Transportons-nous à l'époque la plus terrible de la révolution; supposons que, sous le gouvernement de l'infernal comité, l'armée, par une métamorphose subite, devienne tout à coup royaliste; supposons qu'elle convoque de son côté ses assemblées primaires, et qu'elle nomme librement les hommes les plus éclairés et les plus estimables, pour lui tracer la route qu'elle doit tenir dans cette occasion difficile; supposons, enfin, qu'un de ces élus de l'armée se lève, et dise:

« Braves et fidèles guerriers, il est des circonstances
« où toute la sagesse humaine se réduit à choisir entre

« différents maux. Il est dur, sans doute, de combattre
« pour le comité de salut public ; mais il y aurait quel-
« que chose de plus fatal encore, ce serait de tourner
« nos armes contre lui. A l'instant où l'armée se mêlera
« de la politique, l'état sera dissous ; et les ennemis de
« la France, profitant de ce moment de dissolution, la
« pénètreront et la diviseront. Ce n'est point pour ce
« moment que nous devons agir, mais pour la suite
« des temps : il s'agit surtout de maintenir l'intégrité de
« la France, et nous ne le pouvons qu'en combattant
« pour le gouvernement, quel qu'il soit ; car de cette
« manière la France, malgré ses déchirements inté-
« rieurs, conservera sa force militaire et son influence
« extérieure. A le bien prendre, ce n'est point pour le
« gouvernement que nous combattons, mais pour la
« France et pour le roi futur, qui nous devra un empire
« plus grand peut-être que ne le trouva la révolution.
« C'est donc un devoir pour nous de vaincre la ré-
« pugnance qui nous fait balancer. Nos contemporains
« peut-être calomnieront notre conduite ; mais la pos-
« térité lui rendra justice. »

Cet homme aurait parlé en grand philosophe. Eh bien, cette hypothèse chimérique, l'armée l'a réalisée, sans savoir ce qu'elle faisait ; et la terreur d'un côté, l'immoralité et l'extravagance de l'autre, ont fait précisément ce qu'une sagesse consommée et presque prophétique aurait dicté à l'armée.

Qu'on y réfléchisse bien, on verra que le mouvement révolutionnaire une fois établi, la France et la monarchie ne pouvaient être sauvées que par le jacobinisme.

Le roi n'a jamais eu d'allié ; et c'est un fait assez évident, pour qu'il n'y ait aucune imprudence à l'énoncer, que la coalition en voulait à l'intégrité de la France. Or, comment résister à la coalition? Par quel moyen surnaturel briser l'effort de l'Europe conjurée ? Le génie infernal de Robespierre pouvait seul opérer ce prodige. Le gouvernement révolutionnaire endurcissait l'âme des Français, en la trempant dans le sang : il exaspérait l'esprit des soldats, et doublait leurs forces par un désespoir féroce et un mépris de la vie, qui tenaient de la rage. L'horreur des échafauds poussant le citoyen aux frontières, alimentait la force extérieure, à mesure qu'elle anéantissait jusqu'à la moindre résistance dans l'intérieur. Toutes les vies, toutes les richesses, tous les pouvoirs étaient dans les mains du pouvoir révolutionnaire ; et ce monstre de puissance, ivre de sang et de succès, phénomène épouvantable qu'on n'avait jamais vu, et que sans doute on ne reverra jamais, était tout à la fois un châtiment épouvantable pour les Français et le seul moyen de sauver la France.

Que demandaient les royalistes, lorsqu'ils demandaient une contre-révolution telle qu'ils l'imaginaient, c'est-à-dire, faite brusquement et par la force ? Ils demandaient la conquête de la France ; ils demandaient donc sa division, l'anéantissement de son influence et l'avilissement de son roi, c'est-à-dire, des massacres de trois siècles, peut-être ; suite infaillible d'une telle rupture d'équilibre. Mais nos neveux, qui s'embarrasseront très-peu de nos souffrances, et qui danseront sur nos tombeaux, riront de notre ignorance actuelle ; ils se consoleront aisément des excès que nous avons vus, et qui auront conservé l'intégrité *du plus beau royaume après celui du ciel* (1).

Tous les monstres que la révolution a enfantés, n'ont travaillé, suivant les apparences, que pour la royauté. Par eux, l'éclat des victoires a forcé l'admiration de l'univers, et environné le nom français d'une gloire dont les crimes de la révolution n'ont pu le dépouiller entièrement ; par eux, le roi remontera sur le trône avec tout son éclat et toute sa puissance, peut-être même avec un surcroît de puissance. Et qui sait si, au lieu d'offrir misérablement quelques-unes de ses provinces pour obtenir le droit de régner sur les autres, il n'en rendra peut-être pas, avec la fierté du pouvoir qui donne ce qu'il peut retenir ? Certainement on a vu arriver des choses moins probables.

Cette même idée, que tout se fait pour l'avantage de la monarchie française, me persuade que toute révolution royaliste est impossible avant la paix ; car le rétablissement de la royauté détendrait subitement tous les ressorts de l'état. La magie noire qui opère dans ce moment, disparaîtrait comme un brouillard devant le soleil. La bonté, la clémence, la justice, toutes les vertus douces et paisibles, reparaîtraient tout à coup, et ramèneraient avec elles une certaine douceur générale

---

(1) Grotius, *de jure belli ac pacis, Epist. ad Ludovicum XIII*.

dans les caractères, une certaine allégresse entièrement opposée à la sombre rigueur du pouvoir révolutionnaire. Plus de réquisitions, plus de vols palliés, plus de violences. Les généraux, précédés du drapeau blanc, appelleraient-ils *révoltés* les habitants des pays envahis, qui se défendraient légitimement? et leur enjoindraient-ils de ne pas remuer, sous peine d'être fusillés comme rebelles? Ces horreurs, très-utiles au roi futur, ne pourraient cependant être employées par lui; il n'aurait donc que des moyens *humains*. Il serait au pair avec ses ennemis; et qu'arriverait-il dans ce moment de suspension qui accompagne nécessairement le passage d'un gouvernement à l'autre? Je n'en sais rien. Je sens bien que les grandes conquêtes des Français semblent mettre l'intégrité du royaume à l'abri (je crois même toucher ici la raison de ces conquêtes). Cependant il paraît toujours plus avantageux à la France et à la monarchie, que la paix, et une paix glorieuse pour les Français, se fasse par la république; et qu'au moment où le roi remontera sur son trône, une paix profonde écarte de lui toute espèce de danger.

D'un autre côté, il est visible qu'une révolution brusque, loin de guérir le peuple, aurait confirmé ses erreurs; qu'il n'aurait jamais pardonné au pouvoir qui lui aurait arraché ses chimères. Comme c'était du *peuple* proprement dit, ou de la multitude, que les factieux avaient besoin pour bouleverser la France, il est clair qu'en général ils devaient l'épargner, et que les grandes vexations devaient tomber d'abord sur la classe aisée. Il fallait donc que le pouvoir usurpateur pesât longtemps sur le peuple pour l'en dégoûter. Il n'avait vu que la révolution : il fallait qu'il en sentît, qu'il en savourât, pour ainsi dire, les amères conséquences. Peut-être, au moment où j'écris, ce n'est point encore assez.

La réaction, d'ailleurs, devant être égale à l'action, ne vous pressez pas, hommes impatients, et songez que la longueur même des maux vous annonce une *contre-révolution* dont vous n'avez pas d'idée. Calmez vos ressentiments, surtout ne vous plaignez pas des rois, et ne demandez pas d'autres miracles que ceux que vous voyez. Quoi ! vous prétendez que des puissances étrangères combattent philosophiquement pour relever le trône de France, et sans aucun espoir d'indemnité ? Mais vous voulez donc que l'homme ne soit pas homme : vous demandez l'impossible. Vous consentiriez, direz-vous peut-être, au démembrement de la France *pour ramener l'ordre* : mais savez-vous ce que c'est que *l'ordre ?* C'est ce qu'on verra dans dix ans, peut-être plutôt, peut-être plus tard. De qui tenez vous, d'ailleurs, le droit de stipuler pour le roi, pour la monarchie française et pour votre postérité ? Lorsque d'aveugles factieux décrètent l'indivisibilité de la république, ne voyez que la Providence qui décrète celle du royaume.

Jetons maintenant un coup d'œil sur la persécution inouïe, excitée contre le culte national et ses ministres : c'est une des *faces* les plus intéressantes de la révolution.

On ne saurait nier que le sacerdoce, en France, n'eût besoin d'être régénéré ; et quoique je sois fort loin d'adopter les déclamations vulgaires sur le clergé, il ne me paraît pas moins incontestable que les richesses, le luxe et la pente générale des esprits vers le relâchement, avaient fait décliner ce grand corps ; qu'il était possible souvent de trouver sous le camail un chevalier au lieu d'un apôtre ; et qu'enfin, dans les temps qui précédèrent immédiatement la révolution, le clergé était descendu, à peu près autant que l'armée, de la place qu'il avait occupée dans l'opinion générale.

Le premier coup porté à l'Eglise fut l'envahissement de ses propriétés ; le second fut le serment constitutionnel ; et ces deux opérations tyranniques commencèrent la régénération. Le serment cribla les prêtres, s'il est permis de s'exprimer ainsi. Tout ce qui l'a prêté, à quelques exceptions près, dont il est permis de ne pas s'occuper, s'est vu conduit par degrés dans l'abîme du crime et de l'opprobre : l'opinion n'a qu'une voix sur ces apostats.

Les prêtres fidèles, recommandés à cette même opinion par un premier acte de fermeté, s'illustrèrent encore davantage par l'intrépidité avec laquelle ils surent braver les souffrances, et la mort même, pour la défense de leur foi. Le massacre des Carmes est comparable à tout ce que l'histoire ecclésiastique offre de plus beau dans ce genre.

La tyrannie qui les chassa de leur patrie par milliers, contre toute justice et toute pudeur, fut sans doute ce qu'on peut imaginer de plus révoltant ; mais, sur ce point comme sur tous les autres, les crimes des tyrans de la France devenaient les instruments de la Providence. Il fallait probablement que les prêtres français fussent montrés aux nations étrangères ; ils ont vécu parmi des nations protestantes, et ce rapprochement a beaucoup diminué les haines et les préjugés. L'émigration considérable du clergé, et particulièrement des évêques français, en Angleterre, me paraît surtout une époque remarquable. Sûrement, on aura prononcé des paroles de paix ! sûrement, on aura formé des projets de rapprochements pendant cette réunion extraordinaire ! Quand on n'aurait fait que désirer ensemble, ce serait beaucoup. Si jamais les chrétiens se rapprochent, comme tout les y invite, il semble que la *motion* doit partir de l'église d'Angleterre. Le presbytérianisme fut une œuvre française, et par conséquent une œuvre exagérée. Nous sommes trop éloignés des sectateurs d'un culte trop peu substantiel : il n'y a pas moyen de nous entendre. Mais l'église anglicane, qui nous touche d'une main, touche de l'autre ceux que nous ne pouvons toucher ; et quoique, sous un certain point de vue, elle soit en butte aux coups des deux partis, et qu'elle présente le spectacle un peu ridicule d'un révolté qui prêche l'obéissance, cependant elle est très-précieuse sous d'autres aspects, et peut être considérée comme un de ces intermèdes chimiques, capables de rapprocher des éléments inassociables de leur nature.

Les biens du clergé étant dissipés, aucun motif méprisable ne peut de longtemps lui donner de nouveaux membres ; en sorte que toutes les circonstances concourent à relever ce corps. Il y a lieu de croire, d'ailleurs, que la contemplation de l'œuvre dont il paraît chargé, lui donnera ce degré d'exaltation qui élève l'homme au-dessus de lui-même, et le met en état de produire de grandes choses.

Joignez à ces circonstances la fermentation des esprits en certaines contrées de l'Europe, les idées exaltées de quelques hommes remarquables, et cette espèce d'inquiétude qui affecte les caractères religieux, surtout dans les pays protestants, et les pousse dans des routes extraordinaires.

Voyez en même temps l'orage qui gronde sur l'Italie ; Rome menacée en même temps que Genève par la puissance qui ne veut point de culte, et la suprématie nationale de la religion, abolie en Hollande par un décret de la Convention nationale. Si la Providence *efface*, sans doute c'est pour *écrire*.

J'observe de plus, que lorsque de grandes croyances se sont établies dans le monde, elles ont été favorisées par de grandes conquêtes, par la formation de grandes souverainetés ; on en voit la raison.

Enfin, que doit-il arriver, à l'époque où nous vivons, de ces combinaisons extraordinaires qui ont trompé toute la prudence humaine ? En vérité, on serait tenté de croire que la révolution politique n'est qu'un objet secondaire du grand plan qui se déroule devant nous avec une majesté terrible.

J'ai parlé, en commençant, de cette *magistrature* que la France exerce sur le reste de l'Europe. La Providence, qui proportionne toujours les moyens à la fin, et qui donne aux nations, comme aux individus, les organes nécessaires à l'accomplissement de leur destination, a précisément donné à la nation française deux instruments, et pour ainsi dire, deux *bras*, avec lesquels elle remue le monde, sa langue et l'esprit de prosélytisme qui forme l'essence de son caractère ; en sorte qu'elle a constamment le besoin et le pouvoir d'influencer les hommes

La puissance, j'ai presque dit la *monarchie* de la langue française, est visible : on peut, tout au plus, faire semblant d'en douter. Quant à l'esprit de prosélytisme, il est connu comme le soleil ; depuis la marchande de modes jusqu'au philosophe, c'est la partie saillante du caractère national.

Ce prosélytisme passe communément pour un ridicule, et réellement il mérite souvent ce nom, surtout par les formes : dans le fond cependant, c'est une *fonction*.

Or, c'est une loi éternelle du monde moral, que toute *fonction* produit un devoir. L'Église gallicane était une pierre angulaire de l'édifice catholique, ou, pour mieux dire, *chrétien* ; car, dans le vrai, il n'y a qu'un édifice. Les églises ennemies de l'église universelle ne subsistent cependant que par celle-ci, quoique peut-être elles s'en doutent peu, semblables à ces plantes parasites, à ces guis stériles qui ne vivent que de la substance de l'arbre qui les supporte, et qu'ils appauvrissent

De là vient que la réaction entre les puissances opposées étant toujours égale à l'action, les plus grands efforts de la *déesse Raison* contre le christianisme se sont faits en France : l'ennemi attaquait la citadelle.

Le clergé de France ne doit donc point s'endormir ; il a mille raisons de croire qu'il est appelé à une grande mission ; et les mêmes conjectures qui lui laissent apercevoir pourquoi il a souffert, lui permettent aussi de se croire destiné à une œuvre essentielle.

En un mot, s'il ne se fait pas une révolution morale en Europe, si l'esprit religieux n'est pas renforcé dans cette partie du monde, le lien social est dissous. On ne peut rien deviner, et il faut s'attendre à tout. Mais s'il se fait un changement heureux sur ce point, ou il n'y a plus d'analogie, plus d'induction, plus d'art de conjecturer, ou c'est la France qui est appelée à le produire.

C'est surtout ce qui me fait penser que la révolution française est une grande époque, et que ses suites, dans tous les genres, se feront sentir bien au delà du temps de son explosion et des limites de son foyer.

Si on l'envisage dans ses rapports politiques, on se confirme dans la même opinion. Combien les puissances de l'Europe se sont trompées sur la France! combien elles ont *médité de choses vaines!* O vous qui vous croyez indépendants, parce que vous n'avez point de juges sur la terre, ne dites jamais : *Cela me convient ;* DISCITE JUSTITIAM MONITI! Quelle main, tout à la fois sévère et paternelle, écrasait la France de tous les fléaux imaginables, et soutenait l'empire par des moyens surnaturels, en tournant tous les efforts de ses ennemis contre eux-mêmes? Qu'on ne vienne point nous parler des assignats, de la force du nombre, etc.; car la possibilité des assignats et de la force du nombre est précisément hors de la nature. D'ailleurs, ce n'est ni par le papier-monnaie, ni par l'avantage du nombre, que les vents conduisent les vaisseaux des Français, et repoussent ceux de leurs ennemis ; que l'hiver leur fait des ponts de glace au moment où ils en ont besoin ; que les souverains qui les gênent meurent à point nommé ; qu'ils envahissent l'Italie sans canons ; et que des phalanges, réputées les plus braves de l'univers, jettent les armes à égalité de nombre et passent sous le joug.

Lisez les belles réflexions de M. Dumas sur la guerre actuelle ; vous y verrez parfaitement *pourquoi*, mais point du tout *comment* elle a pris le caractère que nous voyons. Il faut toujours remonter au comité de salut public, qui fut un miracle, et dont l'esprit gagne encore les batailles.

Enfin, le châtiment *des Français* sort de toutes les règles ordinaires, et la protection accordée *à la France* en sort aussi ; mais ces deux prodiges réunis se multiplient l'un par l'autre, et présentent un des spectacles les plus étonnants que l'œil humain ait jamais contemplés.

A mesure que les évènements se déploieront, on verra d'autres raisons et des rapports plus admirables. Je ne vois, d'ailleurs, qu'une partie de ceux qu'une vue plus perçante pourrait découvrir dès ce moment.

L'horrible effusion du sang humain, occasionnée par cette grande commotion, est un moyen terrible ; cependant c'est un moyen autant qu'une punition, et il peut donner lieu à des réflexions intéressantes.

CHAPITRE III.

De la destruction violente de l'espèce humaine.

Il n'avait malheureusement pas si tort ce roi de Dahomey, dans l'intérieur de l'Afrique, qui disait il n'y a pas longtemps à un Anglais : *Dieu a fait ce monde pour la guerre ; tous les royaumes, grands et petits, l'ont pratiquée dans tous les temps, quoique sur des principes différents* (1).

L'histoire prouve malheureusement que la guerre est l'état habituel du genre humain dans un certain sens ; c'est-à-dire, que le sang humain doit couler sans interruption sur le globe, ici où là ; et que la paix, pour chaque nation, n'est qu'un répit.

On cite la clôture du temple de Janus, sous Auguste ; on cite une année du règne guerrier de Charlemagne (l'année 790) où il ne fit pas la guerre (2). On cite une courte époque après la paix de Ryswick, en 1697, et une autre tout aussi courte après celle de Carlowitz, en

---

(1) The history of Dahomey, by Archibald Dalzel, Biblioth. Brit. Mai 1796, vol. 2, n° 1, pag. 87.

(2) Histoire de Charlemagne, par M. Gaillard, tome II, livre I, chap. V.

1699, où il n'y eut point de guerre, non-seulement dans toute l'Europe, mais même dans tout le monde connu.

Mais ces époques ne sont que des moments. D'ailleurs, qui peut savoir ce qui se passe sur le globe entier à telle ou telle époque ?

Le siècle qui finit commença, pour la France, par une guerre cruelle, qui ne fut terminée qu'en 1714 par le traité de Rastadt. En 1719, la France déclara la guerre à l'Espagne ; le traité de Paris y mit fin en 1727. L'élection du roi de Pologne ralluma la guerre en 1733 ; la paix se fit en 1736. Quatre ans après, la guerre terrible de la succession autrichienne s'alluma, et dura sans interruption jusqu'en 1748. Huit années de paix commençaient à cicatriser les plaies de huit années de guerre, lorsque l'ambition de l'Angleterre força la France à prendre les armes. La guerre de sept ans n'est que trop connue. Après quinze ans de repos, la révolution d'Amérique entraîna de nouveau la France dans une guerre dont toute la sagesse humaine ne pouvait prévoir les conséquences. On signe la paix en 1782 ; sept ans après, la révolution commence : elle dure encore ; et peut-être que dans ce moment elle a coûté trois millions d'hommes à la France.

Ainsi, à ne considérer que la France, voilà quarante ans de guerre sur quatre-vingt-seize. Si d'autres nations ont été plus heureuses, d'autre l'ont été beaucoup moins.

Mais ce n'est point assez de considérer un point du temps et un point du globe ; il faut porter un coup d'œil rapide sur cette longue suite de massacres, qui souille toutes les pages de l'histoire. On verra la guerre sévir sans interruption, comme une fièvre continue marquée par d'effroyables redoublements. Je prie le lecteur de suivre ce tableau depuis le déclin de la république romaine.

Marius extermine, dans une bataille, deux cent mille Cimbres et Teutons. Mithridate fait égorger quatre-vingt-dix mille hommes, dans un combat livré en Béotie, où il en perd lui-même dix mille. Bientôt on voit les guerres civiles et les proscriptions. César à lui seul fait mourir un million d'hommes sur le champ de bataille (avant lui Alexandre avait eu ce funeste honneur) : Auguste ferme un instant le temple de Janus ; mais il l'ouvre pour des siècles, en établissant un empire électif. Quelques bons princes laissent respirer l'état ; mais la guerre ne cesse jamais, et sous l'empire du *bon* Titus six cent mille hommes périssent au siége de Jérusalem. La destruction des hommes opérée par les armes des Romains est vraiment effrayante (1). Le Bas-Empire ne présente qu'une suite de massacres. A commencer par Constantin, quelles guerres et quelles batailles ! Licinius perd vingt mille hommes à Cibalis, trente-quatre mille à Andrinople, et cent mille à Chrysopolis. Les nations du nord commencent à s'ébranler. Les Francs, les Goths, les Huns, les Lombards, les Alains, les Vandales, etc., attaquent l'empire et le déchirent successivement. Attila met l'Europe à feu et à sang. Les Français lui tuent plus

---

(1) Montesquieu, Esprit des Lois, livre XXIII, chap. XIX.

de deux cent mille hommes près de Châlons ; et les Goths, l'année suivante, lui font subir une perte encore plus considérable. En moins d'un siècle, Rome est prise et saccagée trois fois ; et dans une sédition qui s'élève à Constantinople, quarante mille personnes sont égorgées. Les Goths s'emparent de Milan, et y tuent trois cent mille habitants. Totila fait massacrer tous les habitants de Tivoli, et quatre-vingt-dix mille hommes au sac de Rome. Mahomet paraît ; le glaive et l'alcoran parcourent les deux tiers du globe. Les Sarrasins courent de l'Euphrate au Guadalquivir. Ils détruisent de fond en comble l'immense ville de Syracuse ; ils perdent trente mille hommes près de Constantinople, dans un seul combat naval ; et Pélage leur en tue vingt mille dans une bataille de terre. Ces pertes n'étaient rien pour les Sarrasins ; mais le torrent rencontre le génie des Francs dans les plaines de Tours, où le fils du premier Pepin, au milieu de trois cent mille cadavres, attache à son nom l'épithète terrible qui le distingue encore. L'islamisme porté en Espagne, y trouve un rival indomptable. Jamais peut-être on ne vit plus de gloire, plus de grandeur et plus de carnage. La lutte des chrétiens et des musulmans, en Espagne, est un combat de huit cents ans. Plusieurs expéditions, et même plusieurs batailles y coûtent vingt, trente, quarante et jusqu'à quatre-vingt mille vies.

Charlemagne monte sur le trône, et combat pendant un demi-siècle. Chaque année il décrète sur quelle partie de l'Europe il doit envoyer la mort. Présent partout et partout vainqueur, il écrase des nations de fer comme César écrasait les hommes-femmes de l'Asie. Les Normands commencent cette longue suite de ravages et de cruautés qui nous font encore frémir. L'immense héritage de Charlemagne est déchiré : l'ambition le couvre de sang, et le nom des Francs disparait à la bataille de Fontenay. L'Italie entière est saccagée par les Sarrasins, tandis que les Normands, les Danois et les Hongrois ravageaient la France, la Hollande, l'Angleterre, l'Allemagne et la Grèce. Les nations barbares s'établissent enfin et s'apprivoisent. Cette veine ne donne plus de sang ; une autre s'ouvre à l'instant : les croisades commencent. L'Europe entière se précipite sur l'Asie ; on ne compte plus que par myriades le nombre des victimes. Gengis-Kan et ses fils subjuguent et ravagent le globe depuis la Chine jusqu'à la Bohême. Les Français qui s'étaient croisés contre les musulmans se croisent contre les hérétiques : guerre cruelle des Albigeois. Bataille de Bouvines, où trente mille hommes perdent la vie. Cinq ans après quatre-vingt mille Sarrasins périssent au siége de Damiette. Les Guelphes et les Gibelins commencent cette lutte qui devait ensanglanter si longtemps l'Italie. Le flambeau des guerres civiles s'allume en Angleterre. Vêpres siciliennes. Sous les règnes d'Edouard et de Philippe-de-Valois, la France et l'Angleterre se heurtent plus violemment que jamais, et créent une nouvelle ère de carnage. Massacre des Juifs ; bataille de Poitiers ; bataille de Nicopolis : le vainqueur tombe sous les coups de Tamerlan qui répète Gengis-Kan. Le duc de Bourgogne fait assassiner le duc d'Orléans, et commence la sanglante rivalité des deux familles. Bataille d'Azincourt. Les Hussites mettent à feu et à sang une grande partie de l'Allemagne. Mahomet II règne et combat trente ans. L'Angleterre, repoussée dans ses limites, se déchire de ses propres mains. Les maisons d'Yorck et de Lancastre la baignent dans le sang. L'héritière de Bourgogne porte ses États dans la maison d'Autriche ; et dans ce contrat de mariage, il est écrit que les hommes s'égorgeront pendant trois siècles, de la Baltique à la Méditerranée. Découverte du Nouveau-Monde : c'est l'arrêt de mort de trois millions d'Indiens. Charles V et François Ier paraissent sur le théâtre du monde : chaque page de leur histoire est rouge de sang humain. Règne de Soliman ; bataille de Mohatz ; siége de Vienne ; siége de Malte, etc. Mais c'est de l'ombre d'un cloître que sort un des plus grands fléaux du genre humain. Luther paraît ; Calvin le suit. Guerre des paysans ; guerre de trente ans ; guerre civile de France ; massacre des Pays-Bas ; massacre d'Irlande ; massacre des Cévennes ; journée de la St-Barthélemi ; meurtre de Henri III, de Henry IV, de Marie-Stuart, de Charles Ier ; et de nos jours, enfin la révolution française, qui part de la même source.

Je ne pousserai pas plus loin cet épouvantable tableau : notre siècle et celui qui l'a précédé sont trop connus. Qu'on remonte jusqu'au berceau des nations ; qu'on descende jusqu'à nos jours ; qu'on examine les peuples dans toutes les positions possibles, depuis l'état de barbarie jusqu'à celui de civilisation la plus raffinée ; toujours on trouvera la guerre. Par cette cause, qui est la principale, et par toutes celles qui s'y joignent, l'effusion du sang humain n'est jamais suspendue dans l'univers : tantôt elle est moins forte sur une plus grande surface, et tantôt plus abondante sur une surface moins étendue ; en sorte qu'elle est à peu près constante. Mais de temps en temps il arrive des événements extraordinaires qui l'augmentent prodigieusement comme les guerres puniques, les triumvirats, les victoires de César, l'irruption des barbares, les croisades, les guerres de religion, la succession d'Espagne, la révolution française, etc. Si l'on avait des tables de massacres comme on a des tables météorologiques, qui sait si l'on n'en découvrirait point la loi au bout de quelques siècles d'observation (1) ? Buffon a fort bien prouvé qu'une grande partie des animaux est destinée a mourir de mort violente. Il aurait pu, suivant les apparences, étendre sa démonstration à l'homme ; mais on peut s'en rapporter aux faits.

---

(1) Il conste, par exemple, du rapport fait par le chirurgien en chef des armées de S. M. I., que sur deux cent cinquante mille hommes employés par l'empereur Joseph II contre les Turcs, depuis le 1er juin 1788 jusqu'au 1er mai 1789, il en était péri trente-trois mille cinq cent quarante-trois par les maladies, et quatre-vingt mille par le fer. (*Gazette nationale et étrangère de* 1790, n° 34.) Et l'on voit, par un calcul approximatif fait en Allemagne, que la guerre actuelle avait déjà coûté, au mois d'octobre 1795, un million d'hommes à la France, et cinq cent mille aux puissances coalisées. (*Extrait d'un ouvrage périodique allemand, dans le Courrier de Francfort du* 28 *octobre* 1795, *n*° 296.)

Il y a lieu de douter, au reste, que cette destruction violente soit, en général, un aussi grand mal qu'on le croit : du moins, c'est un de ces maux qui entrent dans un ordre de choses où tout est violent et *contre nature*, et qui produisent des compensations. D'abord lorsque l'âme humaine a perdu son ressort par la mollesse, l'incrédulité et les vices gangreneux qui suivent l'excès de la civilisation, elle ne peut être retrempée que dans le sang. Il n'est pas aisé, à beaucoup près, d'expliquer pourquoi la guerre produit des effets différents, suivant les différentes circonstances. Ce qu'on voit assez clairement, c'est que le genre humain peut être considéré comme un arbre qu'une main invisible taille sans relâche, et qui gagne souvent à cette opération. A la vérité, si l'on touche le tronc, ou si l'on coupe en *tête de saule*, l'arbre peut périr; mais qui connaît les limites pour l'arbre humain? Ce que nous savons, c'est que l'extrême carnage s'allie souvent avec l'extrême population, comme on l'a vu surtout dans les anciennes républiques grecques, et en Espagne sous la domination des Arabes (1). Les lieux communs sur la guerre ne signi-

---

(1) L'Espagne, à cette époque, a contenu jusqu'à quarante millions d'habitants; aujourd'hui elle n'en a que dix. — *Autrefois la Grèce florissait au sein des plus cruelles guerres; le sang y coulait à flots, et tout le pays était couvert d'hommes. Il semblait, dit Machiavel, qu'au milieu des meurtres, des proscriptions, des guerres civiles, notre république en devînt plus puissante, etc.* Rousseau, Contrat social, liv. III, chap. X.

fient rien : il ne faut pas être fort habile pour savoir que plus on tue d'hommes, et moins il en reste dans le moment ; comme il est vrai que plus on coupe de branches, et moins il en reste sur l'arbre ; mais ce sont les suites de l'opération qu'il faut considérer. Or, en suivant toujours la même comparaison, on peut observer que le jardinier habile dirige moins la taille à la végétation absolue qu'à la fructification de l'arbre : ce sont des fruits, et non du bois et des feuilles, qu'il demande à la plante. Or les véritables fruits de la nature humaine, les arts, les sciences, les grandes entreprises, les hautes conceptions, les vertus mâles, tiennent surtout à l'état de guerre. On sait que les nations ne parviennent jamais au plus haut point de grandeur dont elles sont susceptibles, qu'après de longues et sanglantes guerres. Ainsi le point rayonnant pour les Grecs fut l'époque terrible de la guerre du Péloponèse ; le siècle d'Auguste suivit immédiatement la guerre civile et les proscriptions ; le génie français fut dégrossi par la Ligue et poli par la Fronde : tous les grands hommes du siècle de la reine Anne naquirent au milieu des commotions politiques. En un mot, on dirait que le sang est l'engrais de cette plante qu'on appelle *génie*.

Je ne sais si l'on se comprend bien, lorsqu'on dit que *les arts sont amis de la paix*. Il faudrait au moins s'expliquer, et circonscrire la proposition ; car je ne vois rien de moins pacifique que les siècles d'Alexandre et de Périclès, d'Auguste, de Léon X et de François Ier, de Louis XIV et de la reine Anne.

Serait-il possible que l'effusion du sang humain n'eût

pas une grande cause et de grands effets? Qu'on y réfléchisse : l'histoire et la fable, les découvertes de la physiologie moderne, et les traditions antiques, se réunissent pour fournir des matériaux à ces méditations. Il ne serait pas plus honteux de tâtonner sur ce point que sur mille autres plus étrangers à l'homme.

Tonnons cependant contre la guerre, et tâchons d'en dégoûter les souverains ; mais ne donnons pas dans les rêves de Condorcet, de ce philosophe si cher à la révolution, qui employa sa vie à préparer le malheur de la génération présente, léguant bénignement la perfection à nos neveux. Il n'y a qu'un moyen de comprimer le fléau de la guerre, c'est de comprimer les désordres qui amènent cette terrible purification.

Dans la tragédie grecque d'Oreste, Hélène, l'un des personnages de la pièce, est soustraite par les dieux au juste ressentiment des Grecs, et placée dans le ciel à côté de ses deux frères, pour être avec eux un signe de salut aux navigateurs. Apollon paraît pour justifier cette étrange apothéose (1). *La beauté d'Hélène*, dit-il, *ne fut qu'un instrument dont les dieux se servirent pour mettre aux prises les Grecs et les Troyens, et faire couler leur sang, afin d'étancher* (2) *sur la terre l'iniquité des hommes devenus trop nombreux* (3).

---

(1) *Dignus vindice nodus.* Hor. A. P. 191.
(2) ὡς ἀπαντλοῖεν.
(3) Eurip. Orest. 1655. — 58.

Apollon parlait fort bien. Ce sont les hommes qui assemblent les nuages, et ils se plaignent ensuite des tempêtes.

C'est le courroux des rois qui fait armer la terre,
C'est le courroux des cieux qui fait armer les rois.

Je sens bien que, dans toutes ces considérations, nous sommes continuellement assaillis par le tableau si fatigant des innocents qui périssent avec les coupables. Mais, sans nous enfoncer dans cette question qui tient à tout ce qu'il y a de plus profond, on peut la considérer seulement dans son rapport avec le dogme universel, et aussi ancien que le monde, *de la réversibilité des douleurs de l'innocence au profit des coupables.*

Ce fut de ce dogme, ce me semble, que les anciens dérivèrent l'usage des sacrifices qu'ils pratiquèrent dans tout l'univers, et qu'ils jugeaient utiles non-seulement aux vivants, mais aux morts (1) : usage typique que l'habitude nous fait envisager sans étonnement, mais dont il n'est pas moins difficile d'atteindre la racine.

Les dévouements, si fameux dans l'antiquité, tenaient encore au même dogme. Décius avait la *foi* que le sacrifice de sa vie serait accepté par la Divinité, et qu'il pou-

---

(1) Ils sacrifiaient, au pied de la lettre, *pour le repos des âmes; et ces sacrifices,* dit Platon, *sont d'une grande efficace, à ce que disent des villes entières, et les poètes enfants des dieux, et les prophètes inspirés par les dieux.* Plato, de Republicâ, lib. II.

vait faire équilibre à tous les maux qui menaçaient sa patrie (1).

Le christianisme est venu consacrer ce dogme, qui est infiniment naturel à l'homme, quoiqu'il paraisse difficile d'y arriver par le raisonnement.

Ainsi, il peut y avoir eu dans le cœur de Louis XVI, dans celui de la céleste Elisabeth, tel mouvement, telle acceptation capable de sauver la France.

On demande quelquefois à quoi servent ces austérités terribles, pratiquées par certains ordres religieux, et qui sont aussi des dévouements ; autant vaudrait précisément demander à quoi sert le christianisme, puisqu'il repose tout entier sur ce même dogme agrandi, de l'innocence payant pour le crime.

L'autorité qui approuve ces ordres, choisit quelques hommes, et les *isole* du monde pour en faire des *conducteurs*.

Il n'y a que violence dans l'univers ; mais nous sommes gâtés par la philosophie moderne, qui a dit que *tout est bien*, tandis que le mal a tout souillé, et que, dans un sens très-vrai, *tout est mal*, puisque rien n'est à sa place. La note tonique du système de notre création ayant baissé, toutes les autres ont baissé proportionnellement, suivant les règles de l'harmonie. *Tous les êtres*

---

(1) *Piaculum omnis deorum iræ.* — *Omnes minas periculaque ab diis superis inferisque, in se unum vertit.* Tit. Liv. VIII, 9 et 10.

gémissent (1) et tendent, avec effort et douleur, vers un autre ordre de choses.

Les spectateurs des grandes calamités humaines sont conduits surtout à ces tristes méditations ; mais gardons-nous de perdre courage : il n'y a point de châtiment qui ne purifie ; il n'y a point de désordre que l'AMOUR ÉTERNEL ne tourne contre le principe du mal. Il est doux, au milieu du renversement général, de pressentir les plans de la Divinité. Jamais nous ne verrons tout pendant notre voyage, et souvent nous nous tromperons ; mais dans toutes les sciences possibles, excepté les sciences exactes, ne sommes-nous pas réduits à conjecturer ? Et si nos conjectures sont plausibles, si elles ont pour elles l'analogie, si elles s'appuient sur des idées universelles, si surtout elles sont consolantes et propres à nous rendre meilleurs, que leur manque-t-il ? Si elles ne sont pas vraies, elles sont bonnes ; ou plutôt, puisqu'elles sont bonnes, ne sont-elles pas vraies ?

Après avoir envisagé la révolution française sous un point de vue purement moral, je tournerai mes conjectures sur la politique, sans oublier cependant l'objet principal de mon ouvrage.

---

(1) Saint Paul aux Romains, VIII, 22 et suiv.

Le système de la Palingénésie de Charles Bonnet a quelques points de contact avec ce texte de saint Paul ; mais cette idée ne l'a pas conduit à celle d'une dégradation antérieure : elles s'accordent cependant fort bien.

CHAPITRE IV.

La république française peut-elle durer ?

Il vaudrait mieux faire cette autre question : *La république peut-elle exister ?* On le suppose, mais c'est aller trop vite, et la *question préalable* semble très-fondée ; car la nature et l'histoire se réunissent pour établir qu'une grande république indivisible est une chose impossible. Un petit nombre de républicains renfermés dans les murs d'une ville, peuvent sans doute avoir des millions de sujets : ce fut le cas de Rome ; mais il ne peut exister une grande nation libre sous un gouvernement républicain. La chose est si claire d'elle-même, que la théorie pourrait se passer de l'expérience ; mais l'expérience, qui décide toutes les questions en politique comme en physique, est ici parfaitement d'accord avec la théorie.

Qu'a-t-on pu dire aux Français pour les engager à croire à la république de vingt-quatre millions d'hommes ? Deux choses seulement : 1° Rien n'empêche qu'on ne voie ce qu'on n'a jamais vu ; 2° la découverte du système représentatif rend possible pour nous ce qui ne l'était pas pour nos devanciers. Examinons la force de ces deux arguments.

Si l'on nous disait qu'un dé, jeté cent millions de fois, n'a jamais présenté, en se reposant, que cinq nombres,

1, 2, 3, 4 et 5, pourrions-nous croire que le 6 se trouve sur l'une des faces? Non, sans doute ; et il nous serait démontré, comme si nous l'avions vu, qu'une des six faces est blanche, ou que l'un des nombres est répété.

Eh bien, parcourons l'histoire ; nous y verrons ce qu'on appelle *la Fortune*, jetant le dé sans relâche depuis quatre mille ans : a-t-elle jamais amené GRANDE RÉPUBLIQUE? Non. Donc ce *nombre* n'était point sur le dé.

Si le monde avait vu successivement de nouveaux gouvernements, nous n'aurions nul droit d'affirmer que telle ou telle forme est impossible, parce qu'on ne l'a jamais vue ; mais il en est tout autrement : on a vu toujours la monarchie et quelquefois la république. Si l'on veut ensuite se jeter dans les sous-divisions, on peut appeler *démocratie* le gouvernement où la masse exerce la souveraineté, et *aristocratie* celui où la souveraineté appartient à un nombre plus ou moins restreint de familles privilégiées.

Et tout est dit.

La comparaison du dé est donc parfaitement exacte : les mêmes nombres étant toujours sortis du cornet de la fortune, nous sommes autorisés, par la théorie des probabilités, à soutenir qu'il n'y en a pas d'autres.

Ne confondons point les essences des choses avec leurs modifications : les premières sont inaltérables et reviennent toujours ; les secondes changent et varient un peu le spectacle, du moins pour la multitude ; car tout œil exercé pénètre aisément l'habit variable dont l'éternelle nature s'enveloppe suivant les temps et les lieux.

Qu'y a-t-il, par exemple, de particulier et de nouveau dans les trois pouvoirs qui constituent le gouvernement d'Angleterre ? les noms de *Pairs* et celui de *Communes*, la robe des Lords, etc. Mais les trois pouvoirs considérés d'une manière abstraite, se trouvent partout où se trouve la liberté sage et durable ; on les trouve surtout à Sparte, où le gouvernement, avant Lycurgue, *estoit toujours en branle, inclinant tantost à tyrannie, quand les roys y avoyent trop de puissance, et tantost à confusion populaire, quand le commun peuple venoit à y usurper trop d'authorité.* Mais Lycurgue mit entre deux le sénat, *qui fut,* ainsi qué dit Platon, *un contre-poids salutaire... et une forte barrière tenant les deux extrémités en égale balance, et donnant pied ferme et asseuré à l'estat de la chose publique, pour ce que les sénateurs... se rengeoyent aucunefois du costé des roys tant que besoing estoit pour résister à la témérité populaire : et au contraire aussi fortifioyent aucune fois la partie du peuple à l'encontre des roys, pour les garder qu'ils n'usurpassent une puissance tyrannique* (1).

Ainsi, il n'y a rien de nouveau, et la grande république est impossible, parce qu'il n'y a jamais eu de grande république.

Quant au système représentatif qu'on croit capable de résoudre le problème, je me sens entraîné dans une digression qu'on voudra bien me pardonner.

---

(1) Plutarque, Vie de Lycurgue, traduct. d'Amyot.

Commençons par remarquer que ce système n'est point du tout une découverte moderne, mais une *production*, ou, pour mieux dire, une *pièce* du gouvernement féodal, lorsqu'il fut parvenu à ce point de maturité et d'équilibre qui le rendit, à tout prendre, ce qu'on a vu de plus parfait dans l'univers (1).

L'autorité royale, ayant formé les communes, les appela dans les assemblées nationales ; elles ne pouvaient y paraître que par leurs mandataires ; de là le système représentatif.

Pour le dire en passant, il en fut de même du jugement par jurés. La hiérarchie des mouvances appelait les vassaux du même ordre dans la cour de leurs suzerains respectifs ; de là naquit la maxime que tout homme devait être jugé par ses pairs (*Pares curtis*) (2) ; maxime que les Anglais ont retenue dans toute sa latitude, et qu'ils ont fait survivre à sa cause génératrice ; au lieu que les Français, moins tenaces, ou cédant peut-être à des circonstances invincibles, n'en ont pas tiré le même parti.

Il faudrait être bien incapable de pénétrer ce que Bacon appelait *interiora rerum*, pour imaginer que les hommes ont pu s'élever par un raisonnement antérieur

---

(1) *Je ne crois pas qu'il y ait eu sur la terre de gouvernement si bien tempéré*, etc. Montesquieu, Esprit des Lois, liv. XI, chap. VIII.

(2) Voyez le livre des Fiefs, à la suite du droit Romain.

à de pareilles institutions, et qu'elles peuvent être le fruit d'une délibération.

Au reste, la représentation nationale n'est point particulière à l'Angleterre : elle se trouve dans toutes les monarchies de l'Europe ; mais elle est vivante dans la Grande-Bretagne ; ailleurs, elle est morte ou elle dort ; et il n'entre point dans le plan de ce petit ouvrage d'examiner si c'est pour le malheur de l'humanité qu'elle a été suspendue, et s'il conviendrait de se rapprocher des formes anciennes. Il suffit d'observer, d'après l'histoire, 1° qu'en Angleterre, où la représentation nationale a obtenu et retenu plus de force que partout ailleurs, il n'en est pas question avant le milieu du treizième siècle (1) ; 2° qu'elle ne fut point une invention, ni l'effet d'une délibération, ni le résultat de l'action du peuple usant de ses droits antiques ; mais qu'un soldat ambitieux, pour satisfaire ses vues particulières, créa réellement la balance des trois pouvoirs après la bataille de Lewes, sans savoir ce qu'il faisait, comme il arrive toujours ; 3° que non-seulement la convocation des communes dans le conseil national fut une concession du monarque, mais que, dans le principe, le roi

---

(1) Les démocrates d'Angleterre ont tâché de faire remonter beaucoup plus haut les droits des communes, et ils ont vu le peuple jusque dans les fameux WITTENAGEMOTS ; mais il a fallu abandonner de bonne grâce une thèse insoutenable. HUME, tome I. Append. I, pag. 144. Append. II, pag. 407. Edit. in-4°. London, Millar, 1762.

nommait les représentants des provinces, cités et bourgs ; 4° qu'après même que les communes se furent arrogées le droit de députer au parlement, pendant le voyage d'Edouard Ier en Palestine, elles y eurent seulement voix consultative ; qu'elles présentaient leurs *doléances* comme les états-généraux de France, et que la formule des concessions émanant du trône ensuite de leurs pétitions, était constamment *accordée par le roi et les seigneurs spirituels et temporels, aux humbles prières des communes ;* enfin, que la puissance co-législative attribuée à la chambre des communes, est encore bien jeune, puisqu'elle remonte à peine au milieu du quinzième siècle.

Si l'on entend donc par ce mot de représentation nationale, un *certain* nombre de représentants envoyés par *certains* hommes, pris dans *certaines* villes ou bourgs, en vertu d'une ancienne concession du souverain, il ne faut pas disputer sur les mots, ce gouvernement existe, et c'est celui d'Angleterre.

Mais si l'on veut que *tout* le peuple soit représenté, qu'il ne puisse l'être qu'en vertu d'un mandat (1), et

---

(1) On suppose assez souvent, par mauvaise foi ou par inattention, que le *mandataire* seul peut être *représentant :* c'est une erreur. Tous les jours, dans les tribunaux, l'enfant, le fou et l'absent sont représentés par des hommes qui ne tiennent leur mandat que de la loi : or le *peuple* réunit éminemment ces trois qualités ; car il est toujours *enfant*, toujours *fou* et toujours *absent*. Pourquoi donc ses *tuteurs* ne pourraient-ils se passer de ces mandats ?

que *tout* citoyen soit habile à donner ou à recevoir de ces mandats, à quelques exceptions près, physiquement et moralement inévitables ; et si l'on prétend encore joindre à un tel ordre de choses l'abolition de toute distinction et fonction héréditaire, cette représentation est une chose qu'on n'a jamais vue, et qui ne réussira jamais.

On nous cite l'Amérique ; je ne connais rien de si impatientant que les louanges décernées à cet enfant au maillot : laissez-le grandir.

Mais pour mettre toute la clarté possible dans cette discussion, il faut remarquer que les fauteurs de la république française ne sont pas tenus seulement de prouver que la représentation *perfectionnée*, comme disent les novateurs, est possible et bonne, mais encore que le peuple, par ce moyen, peut retenir *sa souveraineté* (comme ils disent encore) et former, dans sa totalité, une république. C'est le nœud de la question ; car si la *république* est dans la capitale, et que le reste de la France soit *sujet* de la république, ce n'est pas le compte du *peuple souverain*.

La commission, chargée en dernier lieu de présenter un mode pour le renouvellement du tiers, porte le nombre des Français à trente millions. Accordons ce nombre, et supposons que la France garde ses conquêtes. Chaque année, aux termes de la constitution, deux cent cinquante personnes sortant du corps législatif seront remplacées par deux cent cinquante autres. Il s'ensuit que si les quinze millions de mâles que suppose cette population étaient immortels, habiles à la représentation et nommés par ordre, invariablement, chaque Français viendrait exercer à son tour la souveraineté nationale tous les soixante mille ans (1).

Mais comme on ne laisse pas que de mourir de temps en temps dans un tel intervalle ; que d'ailleurs on peut répéter les élections sur les mêmes têtes, et qu'une foule d'individus, de par la nature et le bon sens, seront toujours inhabiles à la représentation nationale, l'imagination est effrayée du nombre prodigieux de souverains condamnés à mourir sans avoir régné.

Rousseau a soutenu que *la volonté nationale ne peut être déléguée ;* on est libre de dire oui et non, et de disputer mille ans sur ces questions de collège. Mais ce qu'il y a de sûr, c'est que le système représentatif exclut directement l'exercice de la souveraineté, surtout dans le système français, où les droits du peuple se bornent à nommer ceux qui nomment ; où non-seulement il ne peut donner de mandats spéciaux à ses représentants, mais où la loi prend soin de briser toute relation entre eux et leurs provinces respectives, en les avertissant qu'*ils ne sont point envoyés par ceux qui les ont envoyés*, mais par la *nation* ; grand mot infiniment commode, parce qu'on en fait ce qu'on veut. En un mot, il n'est pas possible d'imaginer une législation mieux calculée pour anéantir les droits du peuple. Il

---

(1) Je ne tiens point compte des cinq places de Directeurs. A cet égard, la chance est si petite, qu'elle peut être considérée comme zéro.

avait donc bien raison, ce vil conspirateur jacobin, lorsqu'il disait rondement dans un interrogatoire judiciaire : *Je crois le gouvernement actuel usurpateur de l'autorité, violateur de tous les droits du peuple qu'il a réduit au plus déplorable esclavage. C'est l'affreux système du bonheur d'un petit nombre, fondé sur l'oppression de la masse. Le peuple est tellement emmuselé, tellement environné de chaînes par ce gouvernement aristocratique, qu'il lui devient plus difficile que jamais de les briser* (1).

Eh! qu'importe à la *nation* le vain honneur de la représentation, dont elle se mêle si indirectement, et auquel des milliards d'individus ne parviendront jamais ? la souveraineté et le gouvernement lui sont-ils moins étrangers?

Mais, dira-t-on, en rétorquant l'argument, qu'importe à la nation le vain honneur de la représentation, si le système reçu établit la liberté publique ?

Ce n'est pas de quoi il s'agit ; la question n'est pas de savoir si le peuple français peut être *libre* par la constitution qu'on lui a donnée, mais s'il peut être *souverain*. On change la question pour échapper au raisonnement. Commençons par exclure l'exercice de la souveraineté ; insistons sur ce point fondamental, que le souverain sera toujours à Paris, et que tout ce fracas de représentation ne signifie rien ; que le *peuple* de-

---

(1) Voyez l'interrogatoire de Babœuf, juin 1796.

meure parfaitement étranger au gouvernement ; qu'il est plus sujet que dans la monarchie, et que les mots de *grande république* s'excluent comme ceux de *cercle carré*. Or, c'est ce qui est démontré arithmétiquement.

La question se réduit donc à savoir s'il est de l'intérêt du peuple français d'être *sujet* d'un directoire exécutif et de deux conseils institués suivant la constitution de 1795, plutôt que d'un roi régnant suivant les formes anciennes.

Il y a bien moins de difficulté à résoudre un problème qu'à le poser.

Il faut donc écarter ce mot de *république*, et ne parler que du *gouvernement*. Je n'examinerai point s'il est propre à faire le bonheur public ; les Français le savent si bien ! Voyons seulement si tel qu'il est, et de quelque manière qu'on le nomme, il est permis de croire à sa durée.

Elevons-nous d'abord à la hauteur qui convient à l'être intelligent, et de ce point de vue élevé, considérons la source de ce gouvernement.

Le mal n'a rien de commun avec l'existence ; il ne peut créer, puisque sa force est purement négative : *Le mal est le schisme de l'être ; il n'est pas vrai.*

Or, ce qui distingue la révolution française, et ce qui en fait un *évènement* unique dans l'histoire, c'est qu'elle est *mauvaise* radicalement ; aucun élément de bien n'y soulage l'œil de l'observateur : c'est le plus haut degré de corruption connu ; c'est la pure impureté.

Dans quelle page de l'histoire trouvera-t-on une aussi grande quantité de vices agissant à la fois sur le même théâtre ? Quel assemblage épouvantable de bassesse et de cruauté ! quelle profonde immoralité ! quel oubli de toute pudeur !

La jeunesse de la liberté a des caractères si frappants, qu'il est impossible de s'y méprendre. A cette époque, l'amour de la patrie est une religion, et le respect pour les lois est une superstition : les caractères sont fortement prononcés, les mœurs sont austères : toutes les vertus brillent à la fois ; les factions tournent au profit de la patrie, parce qu'on ne se dispute que l'honneur de la servir ; tout jusqu'au crime, porte l'empreinte de la grandeur.

Si l'on rapproche de ce tableau celui que nous offre la France, comment croire à la durée d'une liberté qui commence par la gangrène ? ou, pour parler plus exactement, comment croire que cette liberté puisse naître (car elle n'existe point encore) et que du sein de la corruption la plus dégoûtante puisse sortir cette forme de gouvernement qui se passe de vertus moins que toutes les autres ? Lorsqu'on entend ces prétendus républicains parler de liberté et de vertu, on croit voir une courtisane fanée, jouant les airs d'une vierge avec une pudeur de carmin.

Un journal républicain nous a transmis l'anecdote suivante sur les mœurs de Paris. « On plaidait devant
« le tribunal civil une cause de séduction ; une jeune
« fille de 14 ans étonnait les juges par un degré de
« corruption qui le disputait à la profonde immoralité
« de son séducteur. *Plus de la moitié de l'auditoire était*
« *composée de jeunes femmes et de jeunes filles ; parmi*

« *celles-ci, plus de vingt n'avaient pas 13 à 14 ans.*
« *Plusieurs étaient à côté de leurs mères ; et au lieu de*
« *se couvrir le visage, elles riaient avec éclat aux détails*
« *nécessaires mais dégoûtants qui faisaient rougir les*
« *hommes* (1). »

Lecteur, rappelez-vous ce Romain qui, dans les beaux jours de Rome, fut puni pour avoir embrassé sa femme devant ses enfants. Faites le parallèle, et concluez.

La révolution française a parcouru, sans doute, une période dont tous les moments ne se ressemblent pas ; cependant, son caractère général n'a point varié, et dans son berceau même elle prouva tout ce qu'elle devait être. C'était un certain délire inexplicable, une impétuosité aveugle, un mépris scandaleux de tout ce qu'il y a de respectable parmi les hommes ; une atrocité d'un nouveau genre, qui plaisantait de ses forfaits ; surtout une prostitution impudente du raisonnement et de tous les mots faits pour exprimer des idées de justice et de vertu.

Si l'on s'arrête en particulier sur les actes de la Convention nationale, il est difficile de rendre ce qu'on éprouve. Lorsque j'assiste par la pensée à l'époque de son rassemblement, je me sens transporté, comme le Barde sublime de l'Angleterre, dans un monde intellectuel ; je vois l'ennemi du genre humain séant au manège et convoquant tous les *esprits mauvais* dans ce

---

(1) Journal de l'Opposition, 1795, n° 173, page 705.

nouveau *Pandæmonium*; j'entends distinctement *il rauco suon delle tartaree trombe*; je vois tous les vices de la France accourir à l'appel, et je ne sais si j'écris une allégorie.

Et maintenant encore, voyez comment le crime sert de base à tout cet échafaudage républicain ; ce mot de *citoyen* qu'ils ont substitué aux formes antiques de la politesse, ils le tiennent des plus vils des humains ; ce fut dans une de leurs orgies législatrices que des brigands inventèrent ce nouveau titre. Le calendrier de la république, qui ne doit point seulement être envisagé par son côté ridicule, fut une conjuration contre le culte ; leur ère date des plus grands forfaits qui aient déshonoré l'humanité : ils ne peuvent dater un acte sans se couvrir de honte, en rappelant la flétrissante origine d'un gouvernement dont les fêtes mêmes font pâlir.

Est-ce donc de cette fange sanglante que doit sortir un gouvernement durable ? Qu'on ne nous objecte point les mœurs féroces et licencieuses des peuples barbares, qui sont cependant devenus ce que nous voyons. L'ignorance barbare a présidé, sans doute, à nombre d'établissements politiques ; mais la barbarie savante, l'atrocité systématique, la corruption calculée, et surtout l'irréligion, n'ont jamais rien produit. La verdeur mène à la maturité ; la pourriture ne mène à rien.

A-t-on vu, d'ailleurs, un gouvernement, et surtout une constitution libre, commencer malgré les membres de l'état, et se passer de leur assentiment ? C'est cependant le phénomène que nous présenterait ce météore qu'on appelle *république française*, s'il pouvait durer. On croit ce gouvernement fort, parce qu'il est violent ; mais la force diffère de la violence autant que de la faiblesse, et la manière étonnante dont il opère dans ce moment, fournit peut-être seule la démonstration qu'il ne peut opérer longtemps. La nation française ne *veut* point ce gouvernement ; elle le *souffre*, elle y demeure soumise, ou parce qu'elle ne peut le secouer, ou parce qu'elle craint quelque chose de pire. La république ne repose que sur ces deux colonnes, qui n'ont rien de réel ; on peut dire qu'elle porte en entier sur deux négations. Aussi, il est bien remarquable que les écrivains amis de la république ne s'attachent point à montrer la bonté de ce gouvernement : ils sentent bien que c'est le faible de la cuirasse : ils disent seulement, aussi hardiment qu'ils peuvent, qu'il est possible ; et, passant légèrement sur cette thèse comme sur des charbons ardents, ils s'attachent uniquement à prouver aux Français qu'ils s'exposeraient aux plus grands maux, s'ils revenaient à leur ancien gouvernement. C'est sur ce chapitre qu'ils sont diserts ; ils ne tarissent pas sur les inconvénients des révolutions. Si vous les pressiez, ils seraient gens à vous accorder que celle qui a créé le gouvernement actuel, fut un crime, pourvu qu'on leur accorde qu'il n'en faut pas faire une nouvelle. Ils se mettent à genoux devant la nation française, ils la supplient de garder la république. On sent, dans tout ce qu'ils disent sur la stabilité du gouvernement, non la conviction de la raison, mais le rêve du désir.

Passons au grand anathème qui pèse sur la république.

CHAPITRE V.

De la révolution française considérée dans son caractère anti-religieux. — Digression sur le christianisme.

Il y a dans la révolution française un caractère *satanique* qui la distingue de tout ce qu'on a vu et peut-être de tout ce qu'on verra.

Qu'on se rappelle les grandes séances, le discours de Robespierre contre le sacerdoce, l'apostasie solennelle des prêtres, la profanation des objets du culte, l'inauguration de la déesse Raison, et cette foule de scènes inouïes où les provinces tâchaient de surpasser Paris : tout cela sort du cercle ordinaire des crimes, et semble appartenir à un autre monde.

Et maintenant même que la révolution a beaucoup rétrogradé, les grands excès ont disparu, mais les principes subsistent. Les *législateurs* (pour me servir de leur terme) n'ont-ils pas prononcé ce mot isolé dans l'histoire : *La nation ne salarie aucun culte ?* Quelques hommes de l'époque où nous vivons m'ont paru, dans certains moments, s'élever jusqu'à la haine pour la Divinité ; mais cet affreux tour de force n'est pas néces saire pour rendre inutiles les plus grands efforts constituants : l'oubli seul du grand Etre (je ne dis pas le mépris) est un anathème irrévocable sur les ouvrages humains qui en sont flétris. Toutes les institutions imaginables reposent sur une idée religieuse, ou ne font que passer. Elles sont fortes et durables à mesure qu'elles sont *divinisées*, s'il est permis de s'exprimer ainsi. Non-seulement la raison humaine, ou ce qu'on appelle la *philosophie*, sans savoir ce qu'on dit, ne peut suppléer à ces bases qu'on appelle *superstitieuses*, toujours sans savoir ce qu'on dit; mais la philosophie est, au contraire, une puissance essentiellement désorganisatrice.

En un mot, l'homme ne peut représenter le Créateur qu'en se mettant en rapport avec lui. Insensés que nous sommes, si nous voulons qu'un miroir réfléchisse l'image du soleil, le tournons-nous vers la terre ?

Ces réflexions s'adressent à tout le monde, au croyant comme au sceptique : c'est un fait que j'avance, et non une thèse. Qu'on rie des idées religieuses, ou qu'on les vénère, n'importe : elles ne forment pas moins, vraies ou fausses, la base unique de toutes les institutions durables.

Rousseau, l'homme du monde peut-être qui s'est le plus trompé, a cependant rencontré cette observation, sans avoir voulu en tirer les conséquences.

La loi judaïque, dit-il, *toujours subsistante ; celle de l'enfant d'Ismaël, qui depuis dix siècles régit la moitié du monde, annoncent encore aujourd'hui les grands hommes qui les ont dictées... l'orgueilleuse philosophie ou l'aveugle esprit de parti ne voit en eux que d'heureux imposteurs* (1).

Il ne tenait qu'à lui de conclure, au lieu de nous parler de ce *grand et puissant génie qui préside aux établissements durables* (2) ; comme si cette poésie expliquait quelque chose !

Lorsqu'on réfléchit sur des faits attestés par l'histoire entière ; lorsqu'on envisage que, dans la chaîne des établissements humains, depuis ces grandes institutions qui sont des époques du monde, jusqu'à la plus petite organisation sociale, depuis l'empire jusqu'à la confrérie, tous ont une base divine, et que la puissance humaine, toutes les fois qu'elle s'est isolée, n'a pu donner à ses œuvres qu'une existence fausse et passagère : que penserons-nous du nouvel édifice français et de la puissance qui l'a produit ? Pour moi, je ne croirai jamais à la fécondité du néant.

Ce serait une chose curieuse d'approfondir successivement nos institutions européennes, et de montrer comment elles sont toutes *christianisées;* comment la religion, se mêlant à tout, anime et soutient tout. Les passions humaines ont beau souiller, dénaturer même les créations primitives ; si le principe est divin, c'en est assez pour leur donner une durée prodigieuse. Entre mille exemples, on peut citer celui des ordres mili-

---

(1) Contrat social, liv. II, chap. VII.
(2) *Ibid.*

taires. Certainement on ne manquera point aux membres qui les composent, en affirmant que l'objet religieux n'est peut-être pas le premier dont ils s'occupent : n'importe, ils subsistent, et cette durée est un prodige. Combien d'esprits superficiels rient de cet amalgame si étrange d'un moine et d'un soldat ! Il vaudrait mieux s'extasier sur cette force cachée, par laquelle ces ordres ont percé les siècles, comprimé des puissances formidables, et résisté à des chocs qui nous étonnent encore dans l'histoire. Or, cette force, c'est le *nom* sur lequel ses institutions reposent ; car rien n'*est* que par *celui qui est*. Au milieu du bouleversement général dont nous sommes témoins, le défaut d'éducation fixe surtout l'œil inquiet des amis de l'ordre. Plus d'une fois on les a entendus dire qu'il faudrait rétablir les Jésuites. Je ne discute point ici le mérite de l'ordre ; mais ce vœu ne suppose pas des réflexions bien profondes. Ne dirait-on pas que saint Ignace est là prêt à servir nos vues? Si l'ordre est détruit, quelque frère cuisinier peut-être pourrait le rétablir par le même esprit qui le créa ; mais tous les souverains de l'univers n'y réussiraient pas.

Il est une loi divine aussi certaine, aussi palpable que les lois du mouvement.

Toutes les fois qu'un homme se met, suivant ses forces, en rapport avec le Créateur, et qu'il produit une institution quelconque au nom de la Divinité ; quelle que soit d'ailleurs sa faiblesse individuelle, son ignorance, sa pauvreté, l'obscurité de sa naissance, en un mot, son dénûment absolu de tous les moyens humains, il participe en quelque manière à la toute-puissance, dont il s'est fait l'instrument ; il produit des œuvres dont la force et la durée étonnent la raison.

Je supplie tout lecteur attentif de vouloir bien regarder autour de lui ; jusque dans les moindres objets, il trouvera la démonstration de ces grandes vérités. Il n'est pas nécessaire de remonter au *fils d'Ismaël*, à Lycurgue, à Numa, à Moïse, dont les législations furent toutes religieuses ; une fête populaire, une danse rustique, suffisent à l'observateur. Il verra dans quelques pays protestants certains rassemblements, certaines réjouissances populaires, qui n'ont plus de causes apparentes, et qui tiennent à des usages catholiques absolument oubliés. Ces sortes de fêtes n'ont en elles-mêmes rien de moral, rien de respectable : n'importe ; elles tiennent, quoique de très-loin, à des idées religieuses ; c'en est assez pour les perpétuer. Trois siècles n'ont pu les faire oublier.

Mais vous, maîtres de la terre ! princes, rois, empereurs, puissantes majestés, invincibles conquérants ! essayez seulement d'amener le peuple un tel jour de chaque année, dans un endroit marqué, POUR Y DANSER. Je vous demande peu, mais j'ose vous donner le défi solennel d'y réussir, tandis que le plus humble missionnaire y parviendra, et se fera obéir deux mille ans après sa mort. Chaque année, au nom de *Saint* Jean, de *Saint* Martin, de *Saint* Benoît, etc., le peuple se rassemble autour d'un temple rustique : il arrive, animé d'une allégresse bruyante et cependant innocente. La religion sanctifie la joie, et la joie embellit la religion ; il oublie ses peines ; il pense, en se retirant, au plaisir qu'il aura l'année suivante au même jour, et ce jour pour lui est une date (1).

A côté de ce tableau, placez celui des maîtres de la France, qu'une révolution inouïe a revêtus de tous les pouvoirs, et qui ne peuvent organiser une simple fête. Ils prodiguent l'or, ils appellent tous les arts à leur secours, et le citoyen reste chez lui, ou ne se rend à l'appel que pour rire des ordonnateurs. Ecoutez le dépit de l'impuissance! écoutez ces paroles mémorables d'un de ces *députés du peuple*, parlant au *corps législatif* dans une séance du mois de janvier 1796 : « Quoi donc!
« s'écriait-il, des hommes étrangers à nos mœurs, à nos
« usages, seraient parvenus à établir des fêtes ridicules
« pour des événements inconnus, en l'honneur d'hom-
« mes dont l'existence est un problème! Quoi! ils au-
« ront pu obtenir l'emploi de fonds immenses, pour
« répéter chaque jour, avec une triste monotonie, des
« cérémonies insignifiantes et souvent absurdes! et les
« hommes qui ont renversé la Bastille et le Trône, les
« hommes qui ont vaincu l'Europe, ne réussiront point
« à conserver, par des fêtes nationales, le souvenir des
« grands événements qui immortalisent notre révolu-
« tion ! »

O délire! ô profondeur de la faiblesse humaine! Lé-

---

(1) *Ludis publicis... popularem lætitiam in cantu et fidibus et tibiis moderanto*, EAMQUE CUM DIVUM HONORE JUNGUNTO. Cic. De Leg. II, 9.

gislateurs, méditez ce grand aveu ; il vous apprend ce que vous êtes et ce que vous pouvez.

Maintenant, que nous faut-il de plus pour juger le système français ? Si sa nullité n'est pas claire, il n'y a rien de certain dans l'univers.

Je suis si persuadé des vérités que je défends, que lorsque je considère l'affaiblissement général des principes moraux, la divergence des opinions, l'ébranlement des souverainetés qui manquent de base, l'immensité de nos besoins et l'inanité de nos moyens, il me semble que tout vrai philosophe doit opter entre ces deux hypothèses, ou qu'il va se former une nouvelle religion, ou que le christianisme sera rajeuni de quelque manière extraordinaire. C'est entre ces deux suppositions qu'il faut choisir, suivant le parti qu'on a pris sur la vérité du christianisme.

Cette conjecture ne sera repoussée dédaigneusement que par ces hommes à courte vue, qui ne croient possible que ce qu'ils voient. Quel homme de l'antiquité eût pu prévoir le christianisme ? et quel homme étranger à cette religion eût pu, dans ses commencements, en prévoir les succès ? Comment savons-nous qu'une grande révolution morale n'est pas commencée ? Pline, comme il est prouvé par sa fameuse lettre, n'avait pas la moindre idée de ce géant dont il ne voyait que l'enfance.

Mais quelle foule d'idées viennent m'assaillir dans ce moment, et m'élèvent aux plus hautes contemplations !

La génération présente est témoin de l'un des plus grands spectacles qui jamais ait occupé l'œil humain:

c'est le combat à outrance du christianisme et du philosophisme. La lice est ouverte, les deux ennemis sont aux prises, et l'univers regarde.

On voit, comme dans Homère, *le père des Dieux et des hommes* soulevant les balances qui pèsent les deux grands intérêts ; bientôt l'un des bassins va descendre.

Pour l'homme prévenu, et dont le cœur surtout a convaincu la tête, les évènements ne prouvent rien ; le parti étant pris irrévocablement en oui ou en non, l'observation et le raisonnement sont également inutiles. Mais vous tous, hommes de bonne foi, qui niez ou qui doutez, peut-être que cette grande époque du christianisme fixera vos irrésolutions. Depuis dix-huit siècles, il règne sur une grande partie du monde et particulièrement sur la portion la plus éclairée du globe. Cette religion ne s'arrête pas même à cette époque antique : arrivée à son fondateur, elle se noue à un autre ordre de choses, à une religion typique qui l'a précédée. L'une ne peut être vraie sans que l'autre le soit ; l'une se vante de promettre ce que l'autre se vante de tenir ; en sorte que celle-ci, par un enchaînement qui est un fait visible, remonte à l'origine du monde.

ELLE NAQUIT LE JOUR QUE NAQUIRENT LES JOURS.

Il n'y a pas d'exemple d'une telle durée ; et, à s'en tenir même au christianisme, aucune institution, dans l'univers, ne peut lui être opposée. C'est pour chicaner qu'on lui compare d'autres religions : plusieurs caractères frappants excluent toute comparaison ; ce n'est pas ici le lieu de les détailler : un mot seulement, et c'est assez. Qu'on nous montre une autre religion fondée sur des faits miraculeux et révélant des dogmes incompréhensibles, crue pendant dix-huit siècles par une grande partie du genre humain, et d'âge en âge par les premiers hommes du temps, depuis Origène jusqu'à Pascal, malgré les derniers efforts d'une secte ennemie, qui n'a cessé de rugir depuis Celse jusqu'à Condorcet.

Chose admirable ! lorsqu'on réfléchit sur cette grande institution, l'hypothèse la plus naturelle, celle que toutes les vraisemblances environnent, c'est celle d'un établissement divin. Si l'œuvre est humain, il n'y a plus moyen d'en expliquer le succès : en excluant le prodige, on le ramène.

Toutes les nations, dit-on, ont pris du cuivre pour de l'or. Fort bien ; mais ce cuivre a-t-il été jeté dans le creuset européen, et soumis, pendant dix-huit siècles, à notre chimie observatrice ? ou, s'il a subi cette épreuve, s'en est-il tiré à son honneur ? Newton croyait à l'incarnation ; mais Platon, je pense, croyait peu à la naissance merveilleuse de Bacchus.

Le christianisme a été prêché par des ignorants et cru par des savants, et c'est en quoi il ne ressemble à rien de connu.

De plus, il s'est tiré de toutes les épreuves. On dit que la persécution est un vent qui nourrit ou propage la flamme du fanatisme. Soit : Dioclétien favorisa le christianisme ; mais, dans cette supposition, Constantin devait l'étouffer, et c'est ce qui n'est pas arrivé. Il a résisté à tout, à la paix, à la guerre, aux échafauds, aux triomphes, aux poignards, aux délices, à l'orgueil, à l'humiliation, à la pauvreté, à l'opulence, à la nuit du moyen âge et au grand jour des siècles de Léon X et de Louis XIV. Un empereur tout-puissant et maître de la plus grande partie du monde connu épuisa jadis contre lui toutes les ressources de son génie ; il n'oublia rien pour relever les dogmes anciens ; il les associa habilement aux idées platoniques, qui étaient à la mode. Cachant la rage qui l'animait sous le masque d'une tolérance purement extérieure, il employa contre le culte ennemi les armes auxquelles nul ouvrage humain n'a résisté : il le livra au ridicule ; il appauvrit le sacerdoce pour le faire mépriser ; il le priva de tous les appuis que l'homme peut donner à ses œuvres : diffamations, cabales, injustice, oppression, ridicule, force et adresse, tout fut inutile : *le Galiléen* l'emporta sur Julien *le philosophe*.

Aujourd'hui, enfin, l'expérience se répète avec des circonstances encore plus favorables ; rien n'y manque de tout ce qui peut la rendre décisive. Soyez donc bien attentifs, vous tous que l'histoire n'a point assez instruits. Vous disiez que le sceptre soutenait la tiare ; eh bien, il n'y a plus de sceptre dans la grande arène, il est brisé, et les morceaux sont jetés dans la boue. Vous ne saviez pas jusqu'à quel point l'influence d'un sacerdoce riche et puissant pouvait soutenir les dogmes qu'il prêchait : je ne crois pas trop qu'il y ait une puissance de faire croire ; mais passons. Il n'y a plus de prêtres ; on les a chassés, égorgés, avilis ; on les a dépouillés ; et ceux qui ont échappé à la guillotine, aux bûchers, aux poignards, aux fusillades, aux noyades, à la déportation, reçoivent aujourd'hui l'aumône qu'ils donnaient jadis. Vous craigniez la force de la coutume, l'ascendant de l'autorité, les illusions de l'imagination : il n'y a plus rien de tout cela ; il n'y a plus de coutume ; il n'y a plus de maître ; l'esprit de chaque homme est à lui. La philosophie ayant rongé le ciment qui unissait les hommes, il n'y a plus d'agrégations morales. L'autorité civile, favorisant de toutes ses forces le renversement du système ancien, donne aux ennemis du christianisme tout l'appui qu'elle lui accordait jadis ; l'esprit humain prend toutes les formes imaginables pour combattre l'ancienne religion nationale. Ces efforts sont applaudis et payés, et les efforts contraires sont des crimes. Vous n'avez plus rien à craindre de l'enchantement des yeux, qui sont toujours les premiers trompés ; un appareil pompeux, de vaines cérémonies, n'en imposent plus à des hommes devant lesquels on se joue de tout depuis sept ans. Les temples sont fermés, ou ne s'ouvrent qu'aux délibérations bruyantes et aux bacchanales d'un peuple effréné. Les autels sont renversés ; on a promené dans les rues des animaux immondes sous les vêtements des pontifes ; les coupes sacrées ont servi à d'abominables orgies ; et sur ces autels que la foi antique environne de chérubins éblouis, on a fait monter des prostituées nues. Le philosophisme n'a donc plus de plaintes à faire ; toutes les chances humaines sont en sa faveur ; on fait tout pour lui et tout contre sa rivale. S'il est vainqueur, il ne dira pas comme César : *Je suis venu, j'ai vu et j'ai vaincu* ; mais enfin il aura vaincu : il peut battre des mains et s'asseoir fièrement sur une croix renversée. Mais si le christianisme sort de cette épreuve terrible plus pur et plus vigoureux, si, Hercule chrétien, fort de sa seule force, il soulève *le fils de la terre*, et l'étouffe dans ses bras, *patuit Deus*. — Français ! faites place au Roi très-chrétien, portez-le vous-mêmes sur son trône antique ; relevez son oriflamme, et que son or, voyageant d'un pôle à l'autre, porte de toutes parts la devise triomphale :

LE CHRIST COMMANDE, IL RÈGNE,
IL EST VAINQUEUR !

CHAPITRE VI.

De l'influence divine dans les constitutions politiques.

L'homme peut tout modifier dans la sphère de son activité, mais il ne crée rien : telle est sa loi, au physique comme au moral.

L'homme peut sans doute planter un pepin, élever un arbre, le perfectionner par la greffe, et le tailler en cent manières ; mais jamais il ne s'est figuré qu'il avait le pouvoir de faire un arbre.

Comment s'est-il imaginé qu'il avait celui de faire une constitution ? Serait-ce par l'expérience ? Voyons donc ce qu'elle nous apprend.

Toutes les constitutions libres, connues dans l'univers, se sont formées de deux manières. Tantôt elles ont, pour ainsi dire, *germé* d'une manière insensible, par la réunion d'une foule de ces circonstances que nous nommons fortuites ; et quelquefois elle ont un auteur unique qui paraît comme un phénomène, et se fait obéir.

Dans les deux suppositions, voici par quels caractères Dieu nous avertit de notre faiblesse et du droit qu'il s'est réservé dans la formation des gouvernements.

1° Aucune constitution ne résulte d'une délibération; les droits des peuples ne sont jamais écrits, ou du moins les actes constitutifs ou les lois fondamentales écrites, ne sont jamais que des titres déclaratoires de droits antérieurs, dont on ne peut dire autre chose, sinon qu'ils existent parce qu'ils existent (1).

2° Dieu, n'ayant pas jugé à propos d'employer dans ce genre des moyens surnaturels, circonscrit au moins l'action humaine, au point que dans la formation des constitutions les circonstances font tout, et que les hommes ne sont que des circonstances. Assez communément même, c'est en courant à un certain but qu'ils en obtiennent un autre, comme nous l'avons vu dans la constitution anglaise.

3° Les droits du *peuple* proprement dit partent assez souvent de la concession des souverains, et dans ce cas il peut en conster historiquement ; mais les droits du souverain et de l'aristocratie, du moins les droits essentiels, constitutifs et *radicaux*, s'il est permis de s'exprimer ainsi, n'ont ni date ni auteurs.

4° Les concessions même du souverain ont toujours été précédées par un état de choses qui les nécessitait et qui ne dépendait pas de lui.

5° Quoique les lois écrites ne soient jamais que des déclarations de droits antérieurs, cependant il s'en faut de beaucoup que tout ce qui peut être écrit le soit ; il y

---

(1) *Il faudrait être fou pour demander qui a donné la liberté aux villes de Sparte, de Rome, etc. Ces républiques n'ont point reçu leurs chartes des hommes. Dieu et la nature les leur ont données.* Sidney, Disc. sur le gouv., tom. I, § 2. L'auteur n'est pas suspect.

a même toujours dans chaque constitution quelque chose qui ne peut être écrit (1), et qu'il faut laisser dans un nuage sombre et vénérable, sous peine de renverser l'état.

6° Plus on écrit, et plus l'institution est faible, la raison en est claire. Les lois ne sont que des déclarations de droits, et les droits ne sont déclarés que lorsqu'ils sont attaqués ; en sorte que la multiplicité des lois constitutionnelles écrites ne prouve que la multiplicité des chocs et le danger d'une destruction.

Voilà pourquoi l'institution la plus vigoureuse de l'antiquité profane fut celle de Lacédémone, où l'on n'écrivit rien.

7° Nulle nation ne peut se donner la liberté si elle ne l'a pas (2). Lorsqu'elle commence à réfléchir sur elle-même, ses lois sont faites. L'influence humaine ne s'é-

---

(1) Le sage Hume a souvent fait cette remarque. Je ne citerai que le passage suivant : *C'est ce point de la constitution anglaise* (le droit de remontrance) *qu'il est très-difficile, ou, pour mieux dire, impossible de régler par des lois : il doit être dirigé par certaines idées délicates d'à-propos et de décence, plutôt que par l'exactitude des lois et des ordonnances.* Hume, Hist. d'Angl., Charles I, chap. LIII, note B.

Thomas Payne est d'un autre avis, comme on sait. Il prétend qu'une constitution n'existe pas lorsqu'on ne peut la mettre dans sa poche.

(2) *Un popolo uso a vivere sotto un principe, se per qualche accidente diventa libero, con difficoltà mantiene la libertà.* Machiavel, Discorsi sopra Tito Livio, lib. I, cap. XVI.

tend pas au delà du développement des droits existants, mais qui étaient méconnus ou contestés. Si des imprudents franchissent ces limites par des réformes téméraires, la nation perd ce qu'elle avait, sans atteindre ce qu'elle veut. De là résulte la nécessité de n'innover que très-rarement, et toujours avec mesure et tremblement.

8° Lorsque la Providence a décrété la formation plus rapide d'une constitution politique, il paraît un homme revêtu d'une puissance indéfinissable : il parle, et il se fait obéir ; mais ces hommes merveilleux n'appartiennent peut-être qu'au monde antique et à la jeunesse des nations. Quoi qu'il en soit, voici le caractère distinctif de ces législateurs par excellence. Ils sont rois, ou éminemment nobles : à cet égard, il n'y a, et il ne peut y avoir aucune exception. Ce fut par ce côté que pécha l'institution de Solon, la plus fragile de l'antiquité (1). Les beaux jours d'Athènes, qui ne firent que passer (2),

---

(1) Plutarque a fort bien vu cette vérité. *Solon, dit-il, ne peut parvenir à maintenir longuement une cité en union et concorde... pour ce qu'il était né de race populaire, et n'était pas des plus riches de sa ville, ains des moyens bourgeois seulement.* Vie de Solon, trad. d'Amyot.

(2) *Hæc extrema fuit ætas imperatorum Atheniensium, Iphicratis, Chabriæ, Timothei : neque post illorum obitum quisquam dux in illâ urbe fuit dignus memoriâ.* Corn. Nep. Vit. Timoth., cap. IV. De la bataille de Marathon à celle de Leucade, gagnée par Timothée, il s'écoula 114 ans. C'est le *diapason* de la gloire d'Athènes.

furent encore interrompus par des conquêtes et par des tyrannies ; et Solon même vit les Pisistratides.

9° Ces législateurs même avec leur puissance extraordinaire ne font jamais que rassembler des éléments préexistants dans les coutumes et le caractère des peuples ; mais ce rassemblement, cette formation rapide, qui tiennent de la création, ne s'exécutent qu'au nom de la Divinité. La politique et la religion se fondent ensemble : on distingue à peine le législateur du prêtre ; et ses institutions publiques consistent principalement en *cérémonies et vacations religieuses* (1).

10° La liberté, dans un sens, fut toujours un don des rois ; car toutes les nations libres furent constituées par des rois. C'est la règle générale, et les exceptions qu'on pourrait indiquer, rentreraient dans la règle, si elles étaient discutées (2).

11° Jamais il n'exista de nation libre, qui n'eût dans sa constitution naturelle des germes de liberté aussi anciens qu'elle ; et jamais nation ne tenta efficacement de développer, par ses lois fondamentales écrites, d'autres droits que ceux qui existaient dans sa constitution naturelle.

---

(1) Plutarque, vie de Numa.
(2) *Neque ambigitur quin Brutus idem, qui tantùm gloriæ, superbo exacto rege, meruit, pessimo publico id facturus fuerit, si libertatis immaturæ cupidine priorum regum alicui regnum extorsisset, etc.* Tit. Liv. II, 1. Le passage entier est très-digne d'être médité.

12° Une assemblée quelconque d'hommes ne peut constituer une nation ; et même cette entreprise excède en folie ce que tous les *Bedlams* de l'univers peuvent enfanter de plus absurde et de plus extravagant (1).

Prouver en détail cette proposition, après ce que j'ai dit, serait, ce me semble, manquer de respect à ceux qui savent, et faire trop d'honneur à ceux qui ne savent pas.

13° J'ai parlé d'un caractère principal des véritables législateurs ; en voici un autre qui est très-remarquable, et sur lequel il serait aisé de faire un livre. C'est qu'ils ne sont jamais ce qu'on appelle des *savants*, qu'ils n'écrivent point, qu'ils agissent par instinct et par impulsion, plus que par raisonnement, et qu'ils n'ont d'autre instrument pour agir, qu'une certaine force morale qui plie les volontés comme le vent courbe une moisson.

En montrant que cette observation n'est que le corollaire d'une vérité générale de la plus haute importance, je pourrais dire des choses intéressantes, mais je crains de m'égarer : j'aime mieux supprimer les intermédiaires et courir aux résultats.

Il y a entre la politique théorique et la législation constituante la même différence qui existe entre la poétique et la poésie. L'illustre Montesquieu est à Lycurgue, dans l'échelle générale des esprits, ce que Batteux est à Homère ou à Racine.

---

(1) *E necessario chè uno solo sia quello che dia il modo, e della cui mente dipenda qualunque simile ordinazione.* Machiavel, Disc. sopr. Tit. Liv., lib. I, cap. IX.

Il y a plus : ces deux talents s'excluent positivement, comme on l'a vu par l'exemple de Locke, qui broncha lourdement lorsqu'il s'avisa de vouloir donner des lois aux Américains.

J'ai vu un grand amateur de la république se lamenter sérieusement de ce que les Français n'avaient pas aperçu dans les œuvres de Hume la pièce intitulée : *Plan d'une république parfaite.* — *O cœcas hominum mentes !* Si vous voyez un homme ordinaire qui ait du bon sens, mais qui n'ait jamais donné, dans aucun genre, aucun signe extérieur de supériorité, cependant vous ne pouvez pas assurer qu'il ne peut être législateur. Il n'y a aucune raison de dire oui ou non ; mais s'agit-il de Bacon, de Locke, de Montesquieu, etc., dites *non*, sans balancer ; car le talent qu'il a prouve qu'il n'a pas l'autre (1).

L'application des principes que je viens d'exposer à la constitution française, se présente naturellement ; mais il est bon de l'envisager sous un point de vue particulier.

Les plus grands ennemis de la révolution française doivent convenir, avec franchise, que la commission des onze qui a produit la dernière constitution, a, suivant toutes les apparences, plus d'esprit que son ouvrage, et

---

(1) Plutarque, Zénon, Chrysippe, ont fait des livres ; mais Lycurgue fit des actes. (PLUTARQUE, Vie de Lycurgue.) Il n'y a pas une seule idée saine en morale et en politique qui ait échappé au bon sens de Plutarque.

qu'elle a fait peut-être tout ce qu'elle pouvait faire. Elle disposait de matériaux rebelles, qui ne lui permettaient pas de suivre les principes ; et la division seule des pouvoirs, quoiqu'ils ne soient divisés que par une muraille (1), est cependant une victoire remportée sur les préjugés du moment.

Mais, il ne s'agit que du mérite intrinsèque de la constitution. Il n'entre pas dans mon plan de rechercher les défauts particuliers qui nous assurent qu'elle ne peut durer ; d'ailleurs, tout a été dit sur ce point. J'indiquerai seulement l'erreur de théorie qui a servi de base à cette constitution, et qui a égaré les Français depuis le premier instant de leur révolution.

La constitution de 1795, tout comme ses aînées, est faite pour l'*homme*. Or, il n'y a point d'*homme* dans le monde. J'ai vu, dans ma vie, des Français, des Italiens, des Russes, etc., je sais même, grâce à Montesquieu, *qu'on peut être Persan* : mais quant à l'*homme*, je déclare ne l'avoir rencontré de ma vie ; s'il existe, c'est bien à mon insu.

Y a-t-il une seule contrée de l'univers où l'on ne puisse trouver un conseil des Cinq-Cents, un conseil des Anciens et cinq Directeurs ? Cette constitution peut être présentée à toutes les associations humaines, depuis la Chine jusqu'à Genève. Mais une constitution qui est faite

---

(1) En aucun cas, les deux Conseils ne peuvent se réunir dans une même salle. *Constit. de* 1795, *tit. V, art.* 60.

pour toutes les nations, n'est faite pour aucune : c'est une pure abstraction, une œuvre scolastique faite pour exercer l'esprit d'après une hypothèse idéale, et qu'il faut adresser à l'*homme* dans les espaces imaginaires où il habite.

Qu'est-ce qu'une constitution ? n'est-ce pas la solution du problème suivant ?

Etant données *la population, les mœurs, la religion, la situation géographique, les relations politiques, les richesses, les bonnes et les mauvaises qualités d'une certaine nation, trouver les lois qui lui conviennent.*

Or, ce problème n'est pas seulement abordé dans la constitution de 1795, qui n'a pensé qu'à l'*homme*.

Toutes les raisons imaginables se réunissent donc pour établir que le sceau divin n'est pas sur cet ouvrage. — Ce n'est qu'un *thème*.

Aussi, déjà dans ce moment, combien de signes de destruction !

CHAPITRE VII.

Signes de nullité dans le Gouvernement français.

Le législateur ressemble au Créateur ; il ne travaille pas toujours ; il enfante, et puis il se repose. Toute législation vraie a son *sabbat*, et l'intermittence est son caractère distinctif ; en sorte qu'Ovide a énoncé une vérité du premier ordre, lorsqu'il a dit :

Quod caret alternâ requie durabile non est.

Si la perfection était l'apanage de la nature humaine, chaque législateur ne parlerait qu'une fois : mais, quoique toutes nos œuvres soient imparfaites, et qu'à mesure que les institutions politiques se vicient, le souverain soit obligé de venir à leur secours par de nouvelles lois, cependant la législation humaine se rapproche de son modèle par cette intermittence dont je parlais tout à l'heure. Son repos l'honore autant que son action primitive : plus elle agit, et plus son œuvre est humaine, c'est-à-dire fragile.

Voyez les travaux des trois assemblées nationales de France ; quel nombre prodigieux de lois ! Depuis le

1ᵉʳ juillet 1789 jusqu'au mois d'octobre 1791, l'assemblée nationale en a fait 2,557

L'assemblée législative en a fait, en onze mois et demi 1,712

La Convention nationale, depuis le premier jour de la république jusqu'au 4 brumaire an 4ᵉ (26 octobre 1795), en a fait en 57 mois 11,210

TOTAL 15,479 (1)

Je doute que les trois races des rois de France aient enfanté une collection de cette force. Lorsqu'on réfléchit sur ce nombre infini de lois, on éprouve successivement deux sentiments : le premier est celui de l'admiration, ou du moins de l'étonnement ; on s'étonne, avec M. Burke, que cette nation, dont la légèreté est un proverbe, ait produit des travailleurs aussi obstinés. L'édifice de ces lois est une œuvre atlantique dont l'aspect étourdit. Mais l'étonnement se change tout à coup en pitié, lorsqu'on songe à la nullité de ces lois ; et l'on ne

---

(1) Ce calcul, qui a été fait en France, est rappelé dans une gazette étrangère du mois de février 1796. Ce nombre de 15,479 en moins de six ans me paraissait déjà fort honnête, lorsque j'ai retrouvé dans mes tablettes l'assertion d'un très-aimable journaliste qui veut absolument, dans une de ses feuilles *scintillantes* (*Quotidienne du 30 novembre 1796*; n° 218), que la république française possède deux millions et quelques centaines de mille lois imprimées, et dix-huit cent mille qui ne le sont pas. — Pour moi, j'y consens.

voit plus que des enfants qui se font suer pour élever un grand édifice de cartes.

Pourquoi tant de lois ? C'est parce qu'il n'y a point de législateur.

Qu'ont fait les prétendus législateurs depuis six ans ? Rien ; car *détruire* n'est pas *faire*.

On ne peut se lasser de contempler le spectacle incroyable d'une nation qui se donne trois constitutions en cinq ans. Nul législateur n'a tâtonné ; il dit *fiat* à sa manière, et la machine va. Malgré les différents efforts que les trois assemblées ont faits dans ce genre, tout est allé de mal en pis, puisque l'assentiment de la nation a constamment manqué de plus en plus à l'ouvrage des législateurs.

Certainement, la constitution de 1791 fut un beau monument de folie ; cependant, il faut l'avouer, il avait passionné les Français ; et c'est de bon cœur, quoique très-follement, que la majorité de la nation prêta serment à *la nation, aux lois et au roi*. Les Français s'engouèrent même de cette constitution au point que, longtemps après qu'il n'en fut plus question, c'était un discours assez commun parmi eux, *que pour revenir à la véritable monarchie, il fallait passer par la constitution de 1791*. C'était dire, au fond, que pour revenir d'Asie en Europe, il fallait passer par la lune ; mais je ne parle que du fait (1).

---

(1) Un homme d'esprit qui avait ses raisons pour louer cette constitution, et qui veut absolument qu'elle soit un *mo-*

La constitution de Condorcet n'a jamais été mise à l'épreuve, et n'en valait pas la peine ; celle qui lui fut préférée, ouvrage de quelques coupe-jarrets, plaisait cependant à leurs semblables ; et cette phalange, grâce à la révolution, n'est pas peu nombreuse en France ; en sorte qu'à tout prendre, celle des trois constitutions qui a compté le moins de fauteurs, est celle d'aujourd'hui. Dans les assemblées primaires qui l'ont acceptée (à ce que disent les gouvernants), plusieurs membres ont écrit naïvement : *accepté, faute de mieux*. C'est en effet la disposition générale de toute la nation : elle s'est soumise par lassitude, par désespoir de trouver mieux : dans l'excès des maux qui l'accablaient, elle a cru respirer sous ce frêle abri ; elle a préféré un mauvais port à une mer courroucée ; mais nulle part on n'a vu la conviction et le consentement du cœur. Si cette constitution était

---

nument de la raison écrite, convient cependant que, sans parler de l'horreur pour les deux Chambres et de la restriction du *veto*, elle renferme encore *plusieurs autres principes d'anarchie* (20 ou 30 par exemple). Voyez *Coup d'œil sur la Révolution française par un ami de l'ordre et des lois*, par M. M.....*. Hambourg, 1794, *pages* 28 *et* 77.

Mais ce qui suit est plus curieux. *Cette constitution*, dit l'auteur, *ne pèche pas par ce qu'elle contient, mais par ce qui lui manque*. Ibid., page 27. Cela s'entend : la constitution de 1791 serait parfaite, si elle était faite : c'est l'Apollon du Belvédère, moins la statue et le piédestal.

* M. le général de Montesquiou.

faite pour les Français, la force invincible de l'expérience lui gagnerait tous les jours de nouveaux partisans : or, il arrive précisément le contraire ; chaque minute voit un nouveau déserteur de la démocratie : c'est l'apathie, c'est la crainte seule qui gardent le trône des pentarques ; et les voyageurs les plus clairvoyants et les plus désintéressés, qui ont parcouru la France, disent d'une commune voix : *C'est une république sans républicains.*

Mais si, comme on l'a tant prêché aux rois, la force des gouvernements réside tout entière dans l'amour des sujets ; si la crainte seule est un moyen insuffisant de maintenir les souverainetés, que devons-nous penser de la république française ?

Ouvrez les yeux, et vous verrez qu'elle ne *vit* pas. Quel appareil immense ! quelle multiplicité de ressorts et de rouages ! quel fracas de pièces qui se heurtent ! quelle énorme quantité d'hommes employés à réparer les dommages ! Tout annonce que la nature n'est pour rien dans ces mouvements ; car le premier caractère de ses créations, c'est la puissance jointe à l'économie des moyens : tout étant à sa place, il n'y a point de secousses, point d'ondulations : tous les frottements étant doux, il n'y a point de bruit, et ce silence est auguste. C'est ainsi que, dans la mécanique physique, la pondération parfaite, l'équilibre et la symetrie exacte des parties, font que de la célérité même du mouvement résultent pour l'œil satisfait les apparences du repos.

Il n'y a donc point de souveraineté en France ; tout est factice, tout est violent, tout annonce qu'un tel ordre de choses ne peut durer.

La philosophie moderne est tout à la fois trop matérielle et trop présomptueuse pour apercevoir les véritables ressorts du monde politique. Une de ses folies est de croire qu'une assemblée peut constituer une nation; qu'une *constitution,* c'est-à-dire, l'ensemble des lois fondamentales qui conviennent à une nation, et qui doivent lui donner telle ou telle forme de gouvernement, est un ouvrage comme un autre, qui n'exige que de l'esprit, des connaissances et de l'exercice ; qu'on peut apprendre *son métier de constituant,* et que des hommes, le jour qu'ils y pensent, peuvent dire à d'autres hommes : *Faites-nous un gouvernement,* comme on dit à un ouvrier : *Faites-nous une pompe à feu ou un métier à bas.*

Cependant il est une vérité aussi certaine, dans son genre, qu'une proposition de mathématiques, c'est que *nulle grande institution ne résulte d'une délibération,* et que les ouvrages humains sont fragiles en proportion du nombre d'hommes qui s'en mêlent, et de l'appareil de science et de raisonnement qu'on y emploie *à priori.*

Une constitution écrite telle que celle qui régit aujourd'hui les Français, n'est qu'un automate, qui ne possède que les formes extérieures de la vie. L'homme, par ses propres forces, est tout au plus un *Vaucanson* ; pour être *Prométhée,* il faut monter au ciel ; car *le législateur ne peut se faire obéir, ni par la force, ni par le raisonnement* (1).

---

(1) Rousseau, Contrat social, liv. II, chap. VII.
Il faut veiller cet homme sans relâche, et le surprendre lorsqu'il laisse échapper la vérité par distraction.

C. F.

On peut dire que, dans ce moment, l'expérience est faite ; car on manque d'attention, lorsqu'on dit que la constitution française *marche* : on prend la constitution pour le gouvernement. Celui-ci, qui est un despotisme fort avancé, ne marche que trop ; mais la constitution n'existe que sur le papier. On l'observe, on la viole, suivant les intérêts des gouvernants : le peuple est compté pour rien ; et les outrages que ses maitres lui adressent sous les formes du respect, sont bien propres à le guérir de ses erreurs.

La vie d'un gouvernement est quelque chose d'aussi réel que la vie d'un homme ; on la sent, ou, pour mieux dire, on la voit, et personne ne peut se tromper sur ce point. J'adjure tous les Français qui ont une conscience, de se demander à eux-mêmes s'ils n'ont pas besoin de se faire une certaine violence pour donner à leurs représentants le titre de *législateurs ;* si ce titre d'étiquette et de *courtoisie* ne leur cause pas un léger effort, à peu près semblable à celui qu'ils éprouvaient, lorsque, sous l'ancien régime, ils voulaient bien appeler *comte* ou *marquis* le fils d'un secrétaire du roi ?

Tout honneur vient de Dieu, dit le vieil Homère (1) ; il parle comme saint Paul, au pied de la lettre, toutefois sans l'avoir pillé. Ce qu'il y a de sûr, c'est qu'il ne dépend pas de l'homme de communiquer ce caractère indéfinissable qu'on appelle *dignité.* A la souveraineté

---

(1) Iliade, I, 178.

seule appartient l'*honneur* par excellence ; c'est d'elle, comme d'un vaste réservoir, qu'il est dérivé avec nombre, poids et mesure, sur les ordres et sur les individus.

J'ai remarqué qu'un membre de la législature, ayant parlé de son RANG dans un écrit public, les journaux se moquèrent de lui, parce qu'en effet il n'y a point de *rang* en France, mais seulement du *pouvoir*, qui ne tient qu'à la force. Le peuple ne voit dans un député que la sept-cent-cinquantième partie du pouvoir de faire beaucoup de mal. Le député respecté ne l'est point parce qu'il est *député*, mais parce qu'il est respectable. Tout le monde sans doute voudrait avoir prononcé le discours de M. Siméon sur le divorce ; mais tout le monde voudrait qu'il l'eût prononcé au sein d'une assemblée légitime.

C'est peut-être une illusion de ma part ; mais ce *salaire*, qu'un néologisme vaniteux appelle *indemnité*, me semble un préjugé contre la représentation française. L'Anglais, libre par la loi et indépendant par sa fortune, qui vient à Londres représenter la nation à ses frais, a quelque chose d'imposant. Mais ces *législateurs* français, qui lèvent cinq ou six millions tournois sur la nation pour lui faire des lois ; ces *facteurs* de décrets, qui exercent la souveraineté nationale moyennant huit *myriagrammes* de froment par jour, et qui vivent de leur puissance législatrice ; ces hommes-là, en vérité, font bien peu d'impression sur l'esprit ; et lorsqu'on vient à se demander ce qu'ils valent, l'imagination ne peut s'empêcher de les évaluer en froment.

En Angleterre, ces deux lettres magiques M. P.,

accolées au nom le moins connu, l'exaltent subitement, et lui donnent des droits à une alliance distinguée. En France, un homme qui briguerait une place de député pour déterminer en sa faveur un mariage disproportionné, ferait probablement un assez mauvais calcul.

C'est que tout représentant, tout instrument quelconque d'une souveraineté fausse, ne peut exciter que la curiosité ou la terreur.

Telle est l'incroyable faiblesse du pouvoir humain, isolé, qu'il ne dépend pas seulement de lui de consacrer un habit. Combien de rapports a-t-on faits au Corps législatif sur le costume de ses membres ? Trois ou quatre au moins, mais toujours en vain. On vend dans les pays étrangers la représentation de ces beaux costumes, tandis qu'à Paris l'opinion les annule.

Un habit ordinaire, contemporain d'un grand évènement, peut être consacré par cet évènement ; alors le caractère dont il est marqué le soustrait à l'empire de la mode : tandis que les autres changent, il demeure le même, et le respect l'environne à jamais. C'est à peu près de cette manière que se forment les costumes des grandes dignités.

Pour celui qui examine tout, il peut être intéressant d'observer que, de toutes les parures révolutionnaires, les seules qui aient une certaine consistance sont l'écharpe et le panache, qui appartiennent à la chevalerie. Elles subsistent, quoique flétries, comme ces arbres de qui la sève nourricière s'est retirée, et qui n'ont encore perdu que leur beauté. Le *fonctionnaire public*, chargé de ces signes déshonorés, ne ressemble pas mal au voleur qui brille sous les habits de l'homme qu'il vient de dépouiller.

Je ne sais si je lis bien, mais je lis partout la nullité de ce gouvernement.

Qu'on y fasse bien attention ; ce sont les conquêtes des Français qui ont fait illusion sur la durée de leur gouvernement ; l'éclat des succès militaires éblouit même de bons esprits, qui n'aperçoivent pas d'abord à quel point ces succès sont étrangers à la stabilité de la république.

Les nations ont vaincu sous tous les gouvernements possibles ; et les révolutions même, en exaltant les esprits, amènent les victoires. Les Français réussiront toujours à la guerre sous un gouvernement ferme qui aura l'esprit de les mépriser en les louant, et de les jeter sur l'ennemi comme des boulets, en leur promettant des épitaphes dans les gazettes.

C'est toujours Robespierre qui gagne les batailles dans ce moment ; c'est son despotisme de fer qui conduit les Français à la boucherie et à la victoire. C'est en prodiguant l'or et le sang, c'est en forçant tous les moyens, que les maîtres de la France ont obtenu les succès dont nous sommes les témoins. Une nation supérieurement brave, exaltée par un fanatisme quelconque, et conduite par d'habiles généraux, vaincra toujours, mais payera cher ses conquêtes. La constitution de 1793 a-t-elle reçu le sceau de la durée par ces trois années de victoires dont elle occupe le centre ? Pourquoi en serait-il autrement de celle de 1795 ? et pourquoi la victoire lui donnerait-elle un caractère qu'elle n'a pu imprimer à l'autre ?

D'ailleurs, le caractère des nations est toujours le même. Barclay, dans le seizième siècle, a fort bien deviné celui des Français sous le rapport militaire. *C'est une nation*, dit-il, *supérieurement brave, et présentant chez elle une masse invincible; mais lorsqu'elle se déborde, elle n'est plus la même. De là vient qu'elle n'a jamais pu retenir l'empire sur les peuples étrangers, et qu'elle n'est puissante que pour son malheur* (1).

Personne ne sent mieux que moi que les circonstances actuelles sont extraordinaires, et qu'il est très-possible qu'on ne voie point ce qu'on a toujours vu ; mais cette question est indifférente à l'objet de cet ouvrage. Il me suffit d'indiquer la fausseté de ce raisonnement : *La république est victorieuse; donc elle durera.* S'il fallait absolument prophétiser, j'aimerais mieux dire : *La guerre la fait vivre; donc la paix la fera mourir.*

L'auteur d'un système de physique s'applaudirait sans doute, s'il avait en sa faveur tous les faits de la nature, comme je puis citer à l'appui de mes réflexions tous les faits de l'histoire. J'examine de bonne foi les monuments qu'elle nous fournit, et je ne vois rien qui favorise ce système chimérique de délibération et de construction politique par des raisonnements antérieurs. On pourrait

---

(1) *Gens armis strenua, indomitæ intra se molis; at ubi in exteros exundat, statim impetûs sui oblita : eo modo nec diu externum imperium tenuit, et sola est in exilium suî potens.* J. Barclaius, Icon. animorum, cap. III.

tout au plus citer l'Amérique ; mais j'ai répondu d'avance, en disant qu'il n'est pas temps de la citer. J'ajouterai cependant un petit nombre de réflexions.

1° L'Amérique anglaise avait un roi, mais ne le voyait pas : la splendeur de la monarchie lui était étrangère, et le souverain était pour elle comme une espèce de puissance surnaturelle, qui ne tombe pas sous les sens.

2° Elle possédait l'élément démocratique qui existe dans la constitution de la métropole.

3° Elle possédait de plus ceux qui furent portés chez elle par une foule de ses premiers colons nés au milieu des troubles religieux et politiques, et presque tous esprits républicains.

4° Avec ces éléments, et sur le plan des trois pouvoirs qu'ils tenaient de leurs ancêtres, les Américains ont bâti, et n'ont point fait *table rase*, comme les Français.

Mais tout ce qu'il y a de véritablement nouveau dans leur constitution, tout ce qui résulte de la délibération commune, est la chose du monde la plus fragile ; on ne saurait réunir plus de symptômes de faiblesse et de caducité.

Non-seulement je ne crois point à la stabilité du gouvernement américain, mais les établissements particuliers de l'Amérique anglaise ne m'inspirent aucune confiance. Les villes, par exemple, animées d'une jalousie très-peu respectable, n'ont pu convenir du lieu où siégerait le congrès ; aucune n'a voulu céder cet honneur à l'autre. En conséquence, on a décidé qu'on bâtirait une ville nouvelle qui serait le siège du gouvernement. On a choisi l'emplacement le plus avantageux sur le bord d'un grand fleuve ; on a arrêté que la ville s'appellerait *Washington* ; la place de tous les édifices publics est marquée ; on a mis la main à l'œuvre, et le plan de la *cité-reine* circule déjà dans toute l'Europe. Essentiellement, il n'y a rien là qui passe les forces du pouvoir humain ; on peut bien bâtir une ville : néanmoins, il y a trop de délibération, trop d'*humanité* dans cette affaire ; et l'on pourrait gager mille contre un que la ville ne se bâtira pas, ou qu'elle ne s'appellera pas *Washington*, ou que le congrès n'y résidera pas.

CHAPITRE VIII.

De l'ancienne constitution française. — Digression sur le roi et sur sa déclaration aux Français, du mois de juillet 1795.

On a soutenu trois systèmes différents sur l'ancienne constitution française : les uns ont prétendu que la nation n'avait point de constitution ; d'autres ont soutenu le contraire ; d'autres enfin ont pris, comme il arrive dans toutes les questions importantes, un sentiment moyen : ils ont soutenu que les Français avaient véritablement une constitution, mais qu'elle n'était point observée.

Le premier sentiment est insoutenable ; les deux autres ne se contredisent point réellement.

L'erreur de ceux qui ont prétendu que la France n'avait point de constitution, tenait à la grande erreur sur le pouvoir humain, la délibération antérieure et les lois écrites.

Si un homme de bonne foi, n'ayant pour lui que le bon sens et la droiture, demande ce que c'était que l'ancienne constitution française, on peut lui répondre hardiment : « C'est ce que vous sentiez, lorsque vous « étiez en France ; c'est ce mélange de liberté et d'auto- « rité, de lois et d'opinions, qui faisait croire à l'étran- « ger, sujet d'une monarchie, voyageant en France, « qu'il vivait sous un autre gouvernement que le sien. »

Mais si l'on veut approfondir la question, on trouvera, dans les monuments du droit public français, des caractères et des lois qui élèvent la France au-dessus de toutes les monarchies connues.

Un caractère particulier de cette monarchie c'est qu'elle possède un certain élément théocratique qui lui est particulier, et qui lui a donné quatorze cents ans de durée : il n'y a rien de si national que cet élément. Les évêques, successeurs des Druides sous ce rapport, n'ont fait que le perfectionner.

Je ne crois pas qu'aucune autre monarchie européenne ait employé, pour le bien de l'état, un plus grand nombre de pontifes dans le gouvernement civil. Je remonte par la pensée depuis le pacifique Fleury jusqu'à ces St-Ouën, ces St-Léger, et tant d'autres si distingués sous le rapport politique dans la nuit de leur siècle ; véritables Orphées de la France, qui apprivoisèrent les tigres, et se firent suivre par les chênes : je doute qu'on puisse montrer ailleurs une série pareille.

Mais, tandis que le sacerdoce était en France une des trois colonnes qui soutenaient le trône, et qu'il jouait dans les comices de la nation, dans les tribunaux, dans le ministère, dans les ambassades, un rôle si imposant, on n'apercevait pas ou l'on apercevait peu son influence dans l'administration civile ; et lors même qu'un prêtre était premier ministre, on n'avait point en France un *gouvernement de prêtres*.

Toutes les influences étaient fort bien balancées, et tout le monde était à sa place. Sous ce point de vue, c'est l'Angleterre qui ressemblait le plus à la France. Si jamais elle bannit de sa langue politique ces mots : *Church and state*, son gouvernement périra comme celui de sa rivale.

C'était la mode en France (car tout est mode dans ce pays) de dire qu'on y était esclave : mais pourquoi donc trouvait-on dans la langue française le mot de *citoyen*, avant même que la révolution s'en fût emparée pour le déshonorer, mot qui ne peut être traduit dans les autres langues européennes ? Racine le fils adressait ce beau vers au roi de France, au nom de sa ville de Paris :

Sous un roi citoyen, tout citoyen est roi.

Pour louer le patriotisme d'un Français, on disait : *c'est un grand citoyen*. On essayerait vainement de faire passer cette expression dans nos autres langues ; *gross burger* en Allemand (1), *gran citadino* en italien, etc., ne seraient pas tolérables (2). Mais il faut sortir des généralités.

Plusieurs membres de l'ancienne magistrature ont réuni et développé les principes de la monarchie fran-

---

(1) Burger, *verbum humile apud nos et ignobile*. J. A. Ernesti, in Dedicat. Opp. Ciceronis, pag. 79.

(2) Rousseau a fait une note absurde sur ce mot de *citoyen*, dans son Contrat social, liv. I, chap. VI. Il accuse, sans se gêner, un très-savant homme d'avoir fait sur ce point *une lourde bévue*; et il fait, lui, Jean-Jacques, une lourde bévue à chaque ligne ; il montre une égale ignorance en fait de langues, de métaphysique et d'histoire.

çaise, dans un livre intéressant, qui paraît mériter toute la confiance des Français (1).

Ces magistrats commencent, comme il convient, par la prérogative royale ; et certes, il n'est rien de plus magnifique.

« La constitution attribue au roi la puissance légis-
« latrice ; de lui émane toute juridiction. Il a le droit
« de rendre justice, et de la faire rendre par ses offi-
« ciers ; de faire grâce, d'accorder des privilèges et des
« récompenses ; de disposer des offices, de conférer la
« noblesse ; de convoquer, de dissoudre les assemblées
« de la nation, quand sa sagesse le lui indique ; de
« faire la paix et la guerre, et de convoquer les ar-
« mées. » pag. 28.

Voilà, sans doute, de grandes prérogatives ; mais voyons ce que la constitution française a mis dans l'autre bassin de la balance.

« Le roi ne règne que par la loi, *et n'a puissance de*
« *faire toute chose à son appétit.* » pag. 364.

« Il est des lois que les rois eux-mêmes se sont avoué,
« suivant l'expression devenue célèbre, *dans l'heureuse*
« *impuissance de violer ;* ce sont *les lois du royaume*, à
« la différence des lois de circonstances ou non consti-
« tutionnelles, appelées *lois du roi.* » pag. 29 et 30.

« Ainsi, par exemple, la succession à la couronne est

---

(1) Développement des principes fondamentaux de la monarchie française, 1793, in-8°.

« une primogéniture masculine, d'une forme rigide. »

« Les mariages des princes du sang, faits sans l'au-
« torité du roi, sont nuls. » pag. 262. Si la dynastie
« régnante vient à s'éteindre, c'est la nation qui se
« donne un roi. » pag. 263, etc., etc.

« Les rois, comme législateurs suprêmes, ont tou-
« jours parlé affirmativement, en publiant leurs lois.
« Cependant il y a aussi un consentement du peuple ;
« mais ce consentement n'est que l'expression du vœu,
« de la reconnaissance et de l'acceptation de la nation. »
pag. 271 (1).

« Trois ordres, trois chambres, trois délibérations ;
« c'est ainsi que la nation est représentée. Le résultat
« des délibérations, s'il est unanime, présente le vœu
« des états généraux. » pag. 332.

« Les lois du royaume ne peuvent être faites qu'en
« générale assemblée de tout le royaume, avec le com-
« mun accord des gens des trois états. Le prince ne peut
« déroger à ces lois ; et, s'il ose y toucher, tout ce qu'il

---

(1) Si l'on examine bien attentivement cette intervention de la nation, on trouvera *moins* qu'une puissance co-législatrice, et *plus* qu'un simple consentement. C'est un exemple de ces choses, qu'il faut laisser dans une certaine obscurité, et qui ne peuvent être soumises à des règlements humains : c'est la partie *la plus divine* des constitutions, s'il est permis de s'exprimer ainsi. On dit souvent : *Il n'y a qu'à faire une loi pour savoir à quoi s'en tenir.* Pas toujours ; il y a *des cas réservés.*

« a fait peut être cassé par son successeur. » pag. 292, 293.

« La nécessité du consentement de la nation à l'éta-
« blissement des impôts, est une vérité incontestable,
« reconnue par les rois. » pag. 302.

« Le vœu de deux ordres ne peut lier le troisième, si
« ce n'est de son consentement. » pag. 302.

« Le consentement des états généraux est nécessaire
« pour la validité de toute aliénation perpétuelle du
« domaine. » pag. 303. « Et la même surveillance leur
« est recommandée pour empêcher tout démembrement
« partiel du royaume. » pag. 304.

« La justice est administrée, au nom du roi, par des
« magistrats qui examinent les lois, et voient si elles ne
« sont point contraires aux lois fondamentales. »
pag. 343. Une partie de leur devoir est de résister à la volonté égarée du souverain. C'est sur ce principe que le fameux chancelier de l'Hospital, adressant la parole au parlement de Paris en 1561, lui disait : *Les magistrats ne doivent point se laisser intimider par le courroux passager des souverains, ni par la crainte des disgrâces, mais avoir toujours présent le serment d'obéir aux ordonnances, qui sont les vrais commandements des rois.* pag. 345.

On voit Louis XI, arrêté par un double refus de son parlement, se désister d'une aliénation inconstitutionnelle, pag. 343.

On voit Louis XIV reconnaître solennellement ce droit de libre vérification, pag. 347, et ordonner à ses magistrats *de lui désobéir, sous peine de désobéissance,* s'il adressait des commandements contraires à la loi, pag. 345. Cet ordre n'est point un jeu de mots : le roi défend d'obéir à l'homme : il n'a pas de plus grand ennemi.

Ce superbe monarque ordonne encore à ses magistrats de tenir pour nulles toutes lettres patentes portant des évocations ou commissions pour le jugement des causes civiles et criminelles, *et même de punir les porteurs de ces lettres.* pag. 363.

Les magistrats s'écrient : *Terre heureuse où la servitude est inconnue!* pag. 361. Et c'est un prêtre distingué par sa piété et par sa science (Fleury) qui écrit en exposant le droit public de France : *En France, tous les particuliers sont libres ; point d'esclavage : liberté pour domiciles, voyages, commerces, mariages, choix de profession, acquisitions, dispositions de biens, successions.* pag. 362.

« La puissance militaire ne doit point s'interposer dans l'administration civile. *Les gouverneurs de provinces n'ont rien que ce qui concerne les armes ; et ils ne peuvent s'en servir que contre les ennemis de l'état, et non contre le citoyen qui est soumis à la justice de l'état.* » pag. 364.

« Les magistrats sont inamovibles, et ces offices
« importants ne peuvent vaquer que par la mort du
« titulaire, la démission volontaire ou la forfaiture
« jugée (1). » pag. 356.

---

(1) Etait-on bien dans la question, en déclamant si fort contre la vénalité des charges de magistrature ? La vénalité ne

« Le roi, pour les causes qui le concernent, plaide
« devant ses tribunaux contre ses sujets. On l'a vu con-
« damné à payer la dîme des fruits de son jardin, etc. »
pag. 367, etc.

Si les Français s'examinent de bonne foi dans le silence des passions, ils sentiront que c'en est assez, *et peut-être plus qu'assez*, pour une nation trop noble pour être esclave, et trop fougueuse pour être libre.

Dira-t-on que ces belles lois n'étaient point exécutées ? Dans ce cas, c'était la faute des Français, et il n'y a plus pour eux d'espérance de liberté : car lorsqu'un peuple ne sait pas tirer partie de ses lois fondamentales, il est fort inutile qu'il en cherche d'autres : c'est une marque qu'il n'est pas fait pour la liberté ou qu'il est irrémissiblement corrompu.

Mais en repoussant ces idées sinistres, je citerai, sur l'excellence de la constitution française, un témoignage irrécusable sous tous les points de vue : c'est celui d'un

---

devait être considérée que comme un moyen d'hérédité ; et le problème se réduit à savoir si, dans un pays tel que la France, ou tel qu'elle était depuis deux ou trois siècles, la justice pouvait être administrée mieux que par des magistrats héréditaires ? La question est très-difficile à résoudre ; l'énumération des inconvénients est un argument trompeur. Ce qu'il y a de mauvais dans une constitution, ce qui doit même la détruire, en fait cependant portion comme ce qu'elle a de meilleur. Je renvoie au passage de Cicéron : *Nimia potestas est tribunorum, quis negat, etc.* De Leg. III, 10.

grand politique et d'un républicain ardent ; c'est celui de Machiavel.

Il y a eu, dit-il, *beaucoup de rois et très-peu de bons rois : j'entends parmi les souverains absolus, au nombre desquels on ne doit point compter les rois d'Egypte, lorsque ce pays, dans les temps les plus reculés, se gouvernait par les lois; ni ceux de Sparte; ni ceux de France, dans nos temps modernes, le gouvernement de ce royaume étant, de notre connaissance, le plus tempéré par les lois* (1).

Le royaume de France, dit-il ailleurs, *est heureux et tranquille, parce que le roi est soumis à une infinité de lois qui font la sûreté des peuples. Celui qui constitua ce gouvernement* (2) *voulut que les rois disposassent à leur gré des armes et des trésors ; mais, pour le reste, il les soumit à l'empire des lois* (3).

Qui ne serait frappé de voir sous quel point de vue cette puissante tête envisageait, il y a trois siècles, les lois fondamentales de la monarchie française.

Les Français, sur ce point, ont été gâtés par les Anglais. Ceux-ci leur ont dit, sans le croire, que la France était esclave ; comme ils leur ont dit que Shakespeare valait mieux que Racine ; et les Français l'ont cru. Il n'y a pas jusqu'à l'honnête Blackstone qui n'ait mis sur la même ligne, vers la fin de ses Commentaires, la

---

(1) Disc. sopr. Tit. Liv. lib. I, cap. LVIII.
(2) Je voudrais bien le connaître.
(3) Disc. I, XVI.

C. F.

France et la Turquie : sur quoi il faut dire comme Montaigne : *On ne saurait trop bafouer l'impudence de cet accouplage.*

Mais ces Anglais, lorsqu'ils ont fait leur révolution, du moins celle qui a tenu, ont-ils supprimé la royauté ou la chambre des pairs pour se donner la liberté ? Nullement. Mais, de leur ancienne constitution mise en activité, ils ont tiré la déclaration de leurs droits.

Il n'y a point de nation chrétienne en Europe qui ne soit de droit *libre*, ou *assez libre*. Il n'y en a point qui n'ait, dans les monuments les plus purs de sa législation, tous les éléments de la constitution qui lui convient. Mais il faut surtout se garder de l'erreur énorme de croire que la liberté soit quelque chose d'absolu, non susceptible de plus ou de moins. Qu'on se rappelle les deux tonneaux de Jupiter ; au lieu du bien et du mal, mettons-y le repos et la liberté. Jupiter fait le lot des nations ; *plus de l'un et moins de l'autre :* l'homme n'est pour rien dans cette distribution.

Une autre erreur très-funeste, est de s'attacher trop rigidement aux monuments anciens. Il faut sans doute les respecter ; mais il faut surtout considérer ce que les jurisconsultes appellent *le dernier état*. Toute constitution libre est de sa nature variable, et variable en proportion qu'elle est libre (1) ; vouloir la ramener à ses rudi-

---

(1) *All the human governemens, particulary those of mixed frame, are in continual fluctuation*. Hume, Hist. d'Angl. Charles I, ch. L.

ments, sans en rien rabattre, c'est une entreprise folle.

Tout se réunit pour établir que les Français ont voulu passer le pouvoir humain ; que ces efforts désordonnés les conduisent à l'esclavage ; qu'ils n'ont besoin que de connaître ce qu'ils possèdent, et que s'ils sont faits pour un plus grand degré de liberté que celui dont ils jouissaient, il y a sept ans, ce qui n'est pas clair du tout, ils ont sous leur main, dans tous les monuments de leur histoire et de leur législation, tout ce qu'il faut pour les rendre l'honneur et l'envie de l'Europe (1).

---

(1) Un homme dont je considère également la personne et les opinions*, et qui n'est pas de mon avis sur l'ancienne constitution française, a pris la peine de me développer une partie de ses idées dans une lettre intéressante, dont je le remercie infiniment. Il m'objecte entre autres choses que *le livre des magistrats français, cité dans ce chapitre, eût été brûlé sous le règne de Louis XIV et de Louis XV, comme attentatoire aux lois fondamentales de la monarchie et du monarque.* — Je le crois : comme le livre de M. Delolme eût été brûlé à Londres (peut-être avec l'auteur), sous le règne de Henri VIII ou de sa rude fille.

Lorsqu'on a pris son parti sur les grandes questions, avec pleine connaissance de cause, on change rarement d'avis. Je me défie cependant de mes préjugés autant que je le dois ; mais je suis sûr de ma bonne foi. On voudra bien observer que je n'ai cité dans ce chapitre aucune autorité contemporaine, de crainte que les plus respectables ne parussent sus-

* Feu M. Mallet-Dupan.

Mais si les Français sont faits pour la monarchie, et s'il s'agit seulement d'asseoir la monarchie sur ses véritables bases, quelle erreur, quelle fatalité, quelle prévention funeste pourrait les éloigner de leur roi légitime ?

La succession héréditaire, dans une monarchie, est quelque chose de si précieux, que toute autre considération doit plier devant celle-là. Le plus grand crime que puisse commettre un Français royaliste, c'est de voir dans Louis XVIII autre chose que son roi, et de diminuer la faveur dont il importe de l'entourer, en discutant d'une manière défavorable les qualités de l'homme ou ses actions. Il serait bien vil et bien coupable, le Français qui ne rougirait pas de remonter aux temps passés pour y chercher des torts vrais ou faux ! L'accession au trône est une nouvelle naissance : on ne compte que de ce moment.

S'il est un lieu commun dans la morale, c'est que la puissance et les grandeurs corrompent l'homme, et que les meilleurs rois ont été ceux que l'adversité avait éprouvés. Pourquoi donc les Français se priveraient-ils de l'avantage d'être gouvernés par un prince formé à la terrible école du malheur ? Combien les six ans qui

---

pectes. Quant aux magistrats auteurs du *développement des principes fondamentaux, etc.*, si je me suis servi de leur ouvrage, c'est que je n'aime point faire ce qui est fait, et que ces messieurs n'ayant cité que des monuments, c'était précisément ce qu'il me fallait.

viennent de s'écouler ont dû lui fournir de réflexions ! combien il est éloigné de l'ivresse du pouvoir ! combien il doit être disposé à tout entreprendre pour régner glorieusement ! Quel prince dans l'univers pourrait avoir plus de motifs, plus de désirs, plus de moyens de fermer les plaies de la France !

Les Français n'ont-ils pas essayé assez longtemps le sang des Capets? Ils savent par une expérience de huit siècles que ce sang est doux; pourquoi changer? Le chef de cette grande famille s'est montré dans sa déclaration, loyal, généreux, profondément pénétré des vérités religieuses : personne ne lui dispute beaucoup d'esprit naturel et beaucoup de connaissances acquises. Il fut un temps, peut-être, où il était bon que le roi ne sût pas l'orthographe; mais dans ce siècle, où l'on croit aux livres, un roi lettré est un avantage. Ce qui est plus important, c'est qu'on ne peut lui supposer aucune de ces idées exagérées capables d'alarmer les Français. Qui pourrait oublier qu'il déplût à Coblentz? C'est un grand titre pour lui. Dans sa déclaration, il a prononcé le mot de *liberté*; et si quelqu'un objecte que ce mot est placé dans l'ombre, on peut lui répondre qu'un roi ne doit point parler le langage des révolutions. Un discours solennel qu'il adresse à son peuple, doit se distinguer par une certaine sobriété de projets et d'expressions qui n'ait rien de commun avec la précipitation d'un particulier systématique. Lorsque le roi de France a dit : *Que la constitution française soumet les lois à des formes qu'elle a consacrées, et le souverain lui-même à l'observation des lois, afin de prémunir la sagesse du législateur contre les piéges de la séduction, et de défendre* la liberté *des sujets contre les abus de l'autorité*, il a tout dit, puisqu'il a promis la *liberté par la constitution.* Le roi ne doit point parler comme un orateur de la tribune parisienne. S'il a découvert qu'on a tort de parler de la liberté comme de quelque chose d'absolu, qu'elle est au contraire quelque chose susceptible de plus et de moins ; et que l'art du législateur n'est pas de rendre le peuple *libre,* mais *assez libre,* il a découvert une grande vérité, et il faut le louer de sa retenue au lieu de le blâmer. Un célèbre Romain, au moment où il rendait la liberté au peuple le plus fait pour elle, et le plus anciennement libre, disait à ce peuple : *Libertate modicè utendum* (1). Qu'eût-il dit à des Français ? Sûrement le roi, en parlant sobrement de la liberté, pensait moins à ses intérêts qu'à ceux des Français.

La constitution, dit encore le roi, *prescrit des conditions à l'établissement des impôts, afin d'assurer le peuple que les tributs qu'il paye sont nécessaires au salut de l'état.* Le roi n'a donc pas le droit d'imposer arbitrairement, et cet aveu seul exclut le despotisme.

Elle confie aux premiers corps de magistrature le dépôt des lois, afin qu'ils veillent à leur exécution, et qu'ils éclairent la religion du monarque si elle était trompée. Voilà le dépôt des lois remis aux mains des magistrats supérieurs ; voilà le droit de remontrance consacré. Or,

---

(1) Tit. Liv. XXXIV, 49.

partout où un corps de grands magistrats héréditaires, ou au moins inamovibles, ont, par la constitution, le droit d'avertir le monarque, d'éclairer sa religion et de se plaindre des abus, il n'y a point de despotisme.

Elle met les lois fondamentales sous la sauvegarde du roi et des trois ordres, afin de prévenir les révolutions, la plus grande des calamités qui puissent affliger les peuples.

Il y a donc une constitution, puisque la constitution n'est que le recueil des lois fondamentales ; et le roi ne peut toucher à ces lois. S'il l'entreprenait, les trois ordres auraient sur lui le *veto*, comme chacun d'eux l'a sur les deux autres.

Et l'on se tromperait assurément, si l'on accusait le roi d'avoir parlé trop vaguement ; car ce vague est précisément la preuve d'une haute sagesse. Le roi aurait fait très-imprudemment, s'il avait posé des bornes qui l'auraient empêché d'avancer ou de reculer : en se réservant une certaine latitude d'exécution, il était un inspiré. Les Français en conviendront un jour : ils avoueront que le roi a promis tout ce qu'il pouvait promettre.

Charles II se trouva-t-il bien d'avoir adhéré aux propositions des Ecossais ? On lui disait, comme on a dit à Louis XVIII : « Il faut s'accommoder au temps ; il faut « plier : *C'est une folie de sacrifier une couronne pour « sauver la hiérarchie.* » Il le crut, et il fit très-mal. Le roi de France est plus sage : comment les Français s'obstinent-ils à ne pas lui rendre justice ?

Si ce prince avait fait la folie de proposer aux Français une nouvelle constitution, c'est alors qu'on aurait pu l'accuser de donner dans un vague perfide ; car dans le fait il n'aurait rien dit : s'il avait proposé son propre ouvrage, il n'y aurait eu qu'un cri contre lui, et ce cri eût été fondé. De quel droit, en effet, se serait-il fait obéir, dès qu'il abandonnait les lois antiques ? L'arbitraire n'est-il pas un domaine commun, auquel tout le monde a un droit égal ? Il n'y a pas de jeune homme en France qui n'eût montré les défauts du nouvel ouvrage et proposé des corrections. Qu'on examine bien la chose, et l'on verra que le roi, dès qu'il aurait abandonné l'ancienne constitution, n'avait plus qu'une chose à dire : *Je ferai ce qu'on voudra.* C'est à cette phrase indécente et absurde que se seraient réduits les plus beaux discours du roi, traduits en langage clair. Y pense-t-on sérieusement, lorsqu'on blâme le roi de n'avoir pas proposé aux Français une nouvelle révolution ? Depuis que l'insurrection a commencé les malheurs épouvantables de sa famille, il a vu trois constitutions, acceptées, jurées, consacrées solennellement. Les deux premières n'ont duré qu'un instant, et la troisième n'existe que de nom. Le roi devait-il en proposer cinq ou six à ses sujets pour leur laisser le choix ? Certes ! les trois essais leur coûtent assez cher, pour que nul homme sensé ne s'avisât de leur en proposer un autre. Mais cette nouvelle proposition, qui serait une folie de la part d'un particulier, serait, de la part du roi, une folie et un forfait.

De quelque manière qu'il s'y fût pris, le roi ne pouvait contenter tout le monde. Il y avait des inconvénients à ne publier aucune déclaration ; il y en avait à la publier telle qu'il l'a faite; il y en avait à la faire autrement. Dans le doute, il a bien fait de s'en tenir aux principes, et de ne choquer que les passions et les préjugés, en disant que la *constitution française serait pour lui l'arche d'alliance.*

Si les Français examinent de sang-froid cette déclaration, je suis fort trompé s'ils n'y trouvent de quoi respecter le roi. Dans les circonstances terribles où il s'est trouvé, rien n'était plus séduisant que la tentation de transiger avec les principes pour reconquérir le trône. Tant de gens ont dit et tant de gens croyaient que le roi se perdait en s'obstinant aux vieilles idées! Il paraissait si naturel d'écouter des propositions d'accommodement! il était surtout si aisé d'accéder à ces propositions, en conservant l'arrière-pensée de revenir à l'ancienne prérogative, sans manquer à la loyauté, et en s'appuyant uniquement sur la force des choses, qu'il y a beaucoup de franchise, beaucoup de noblesse, beaucoup de courage à dire aux Français : « Je ne puis vous rendre heu-
« reux ; je ne dois régner que par la constitution : je ne
« toucherai point à l'arche du Seigneur ; j'attends que
« vous ayez conçu cette vérité si simple, si évidente, et
« que vous vous obstinez cependant à repousser ; c'est-
« à-dire, *qu'avec la même constitution, je puis vous*
« *donner un régime tout différent.* »

Oh! que le roi s'est montré sage, lorsqu'en disant aux Français : *Que leur antique et sage constitution était pour lui l'arche sainte, et qu'il lui était défendu d'y porter une main téméraire* ; il ajoute cependant : *Qu'il veut lui rendre toute sa pureté que le temps avait corrompue, et toute sa vigueur que le temps avait affaiblie.* Encore une fois, ces mots sont inspirés ; car on y lit clairement ce qui est au pouvoir de l'homme, séparé de ce qui n'appartient qu'à Dieu. Il n'y a pas dans cette déclaration, trop peu méditée, un seul mot qui ne doive recommander le roi aux Français.

Il serait à désirer que cette nation impétueuse, qui ne sait revenir à la vérité qu'après avoir épuisé l'erreur, voulût enfin apercevoir une vérité bien palpable : c'est qu'elle est dupe et victime d'un petit nombre d'hommes qui se placent entre elle et son légitime souverain, dont elle ne peut attendre que des bienfaits. Mettons les choses au pis. *Le roi laissera tomber le glaive de la justice sur quelques parricides* ; *il punira par des humiliations quelques nobles qui ont déplu* : eh ! que t'importe à toi, bon laboureur, artisan laborieux, citoyen paisible, qui que tu sois, à qui le ciel a donné l'obscurité et le bonheur ? Songe donc que tu formes, avec tes semblables, presque toute la nation ; et que le peuple entier ne souffre tous les maux de l'anarchie que parce qu'une poignée de misérables lui fait peur de son roi dont elle a peur.

Jamais peuple n'aura laissé échapper une plus belle occasion, s'il continue à rejeter son roi, puisqu'il s'expose à être dominé par force, au lieu de couronner lui-même son souverain légitime. Quel mérite il aurait auprès de ce prince ! par quels efforts de zèle et d'amour le roi tâcherait de récompenser la fidélité de son peuple ! Toujours le vœu national serait devant ses yeux pour l'animer aux grandes entreprises, aux travaux obstinés que la régénération de la France exige de son chef, et tous les moments de sa vie seraient consacrés au bonheur des Français.

Mais s'ils s'obstinent à repousser leur roi, savent-ils quel sera leur sort ? Les Français sont aujourd'hui assez mûris par le malheur pour entendre une vérité dure : c'est qu'au milieu des accès de leur liberté fanatique, l'observateur froid est souvent tenté de s'écrier, comme Tibère : *O homines ad servitutem natos!* Il y a, comme on sait, plusieurs espèces de courage, et sûrement le Français ne les possède pas toujours. Intrépide devant l'ennemi, il ne l'est pas devant l'autorité, même la plus injuste. Rien n'égale la patience de ce peuple qui se dit *libre*. En cinq ans, on lui a fait accepter trois constitutions et le gouvernement révolutionnaire. Les tyrans se succèdent, et toujours le peuple obéit. Jamais on n'a vu réussir un seul de ses efforts pour se tirer de sa nullité. Ses maîtres sont allés jusqu'à le foudroyer en se moquant de lui. Ils lui ont dit : *Vous croyez ne pas vouloir cette loi, mais soyez sûrs que vous la voulez. Si vous osez la refuser, nous tirerons sur vous à mitraille pour vous punir de ne vouloir pas ce que vous voulez.* — Et ils l'ont fait.

Il n'a tenu à rien que la nation française ne soit encore sous le joug affreux de Robespierre. Certes ! elle peut bien se *féliciter*, mais non se *glorifier* d'avoir échappé à cette tyrannie ; et je ne sais si les jours de sa servitude furent plus honteux pour elle que celui de son affranchissement.

L'histoire du neuf thermidor n'est pas longue : *Quelques scélérats firent périr quelques scélérats.*

Sans cette brouillerie de famille, les Français gémiraient encore sous le sceptre du comité de salut public.

Et qui sait encore à quoi ils sont réservés ? Ils ont donné de telles preuves de patience, qu'il n'est aucun genre de dégradation qu'ils ne puissent craindre. Grande leçon, je ne dis pas pour le peuple français qui, plus que tous les peuples du monde, acceptera toujours ses maîtres et n˙ les choisira jamais, mais pour le petit nombre de bons Français que les circonstances rendront influents, de ne rien négliger pour arracher la nation à ces fluctuations avilissantes, en la jetant dans les bras de son roi. Il est homme sans doute, mais a-t-elle donc l'espérance d'être gouvernée par un ange ? Il est homme, mais aujourd'hui on est sûr qu'il le sait, et c'est beaucoup. Si le vœu des Français le replaçait sur le trône de ses pères, il épouserait sa nation, qui trouverait tout en lui : bonté, justice, amour, reconnaissance, et des talents incontestables, mûris à l'école sévère du malheur (1).

Les Français ont paru faire peu d'attention aux paroles de paix qu'il leur a adressées. Ils n'ont pas loué sa déclaration, ils l'ont critiquée même, et probablement ils l'ont oubliée ; mais un jour ils lui rendront justice : un jour la postérité nommera cette pièce comme un modèle de sagesse, de franchise et de style royal.

Le devoir de tout bon Français, en ce moment, est de

---

(1) Je renvoie au chapitre X l'article intéressant de l'amnistie.

travailler sans relâche à diriger l'opinion publique en faveur du roi, et de présenter tous ses actes quelconques sous un aspect favorable. C'est ici que les royalistes doivent s'examiner avec la dernière sévérité, et ne se faire aucune illusion. Je ne suis pas Français, j'ignore toutes les intrigues, je ne connais personne. Mais je suppose qu'un royaliste français dise : « Je suis prêt à verser « mon sang pour le roi : cependant, sans déroger à la « fidélité que je lui dois, je ne puis m'empêcher de « blâmer, etc. » Je réponds à cet homme ce que sa conscience lui dira sans doute plus haut que moi : *Vous mentez au monde et à vous-même ; si vous étiez capable de sacrifier votre vie au roi, vous lui sacrifieriez vos préjugés. D'ailleurs, il n'a pas besoin de votre vie, mais bien de votre prudence, de votre zèle mesuré, de votre dévouement passif, de votre indulgence même (pour faire toutes les suppositions) ; gardez votre vie dont il n'a que faire dans ce moment, et rendez-lui les services dont il a besoin : croyez-vous que les plus héroïques soient ceux qui retentissent dans les gazettes ? Les plus obscurs au contraire peuvent être les plus efficaces et les plus sublimes. Il ne s'agit point ici des intérêts de votre orgueil ; contentez votre conscience et celui qui vous l'a donnée.*

Comme ces fils qu'un enfant romprait en se jouant, formeront cependant par leur réunion le câble qui doit supporter l'ancre d'un vaisseau de haut bord, une foule de critiques insignifiantes peuvent créer une armée formidable. Combien ne peut-on pas rendre de services au roi de France, en combattant ces préjugés qui s'établissent on ne sait comment, et qui durent on ne sait pourquoi ! Des hommes qui croient avoir raison, n'ont-ils pas reproché au roi son inaction ? D'autres ne l'ont-ils pas comparé fièrement à Henry IV, en observant que, pour conquérir sa couronne, ce grand prince put bien trouver d'autres armes que des intrigues et des déclarations ? Mais, puisqu'on est en train d'avoir de l'esprit, pourquoi ne reproche-t-on pas au roi de n'avoir pas conquis l'Allemagne et l'Italie comme Charlemagne, pour y vivre noblement, en attendant que les Français veuillent bien entendre raison.

Quant au parti plus ou moins nombreux qui jette les hauts cris contre la monarchie et le monarque, tout n'est pas haine, à beaucoup près, dans le sentiment qui l'anime, et il semble que ce sentiment composé vaut la peine d'être analysé.

Il n'y a pas d'homme d'esprit en France qui ne se méprise plus ou moins. L'ignominie nationale pèse sur sur tous les cœurs (car jamais peuple ne fut méprisé par des maîtres plus méprisables) ; on a donc besoin de se consoler, et les bons citoyens le font à leur manière. Mais l'homme vil et corrompu, étranger à toutes les idées élevées, se venge de son abjection passée et présente, en contemplant avec cette volupté ineffable qui n'est connue que de la bassesse, le spectacle de la grandeur humiliée. Pour se relever à ses propres yeux, il les tourne sur le roi de France, et il est content de sa taille en se comparant à ce colosse renversé. Insensiblement, par un tour de force de son imagination déréglée, il parvient à regarder cette grande chute comme son ouvrage ; il s'investit à lui seul de toute la puissance de la république ; il apostrophe le roi ; il l'appelle fièrement *un prétendu Louis XVIII* ; et décochant sur la monarchie ses feuilles furibondes, s'il parvient à faire peur à quelques *chouans*, il s'élève comme un héros de la Fontaine : *Je suis donc un foudre de guerre.*

Il faut aussi tenir compte de la peur qui hurle contre le roi, de peur que son retour ne fasse tirer un coup de fusil de plus.

Peuple français, ne te laisse point séduire par des sophismes de l'intérêt particulier, de la vanité ou de la poltronnerie. N'écoute pas les raisonneurs : on ne raisonne que trop en France, et *le raisonnement en bannit la raison*. Livre-toi sans crainte et sans réserve à l'instinct infaillible de ta conscience. Veux-tu te relever à tes propres yeux ? veux-tu acquérir le droit de t'estimer ? veux-tu faire un acte de souverain ?... Rappelle ton souverain.

Parfaitement étranger à la France, que je n'ai jamais vue, et ne pouvant rien attendre de son roi, que je ne connaîtrai jamais, si j'avance des erreurs, les Français peuvent au moins les lire sans colère, comme des erreurs entièrement désintéressées.

Mais que sommes-nous, faibles et aveugles humains ! et qu'est-ce que cette lumière tremblotante que nous appelons *Raison* ? Quand nous avons réuni toutes les probabilités, interrogé l'histoire, discuté tous les doutes et tous les intérêts, nous pouvons encore n'embrasser qu'une nue trompeuse au lieu de la vérité. Quel décret a-t-il prononcé ce grand Être devant qui il n'y a rien de grand ; quels décrets a-t-il prononcés sur le roi, sur sa dynastie, sur sa famille, sur la France et sur l'Europe ? Où et quand finira l'ébranlement, et par combien de malheurs devons-nous encore acheter la tranquillité ? Est-ce pour détruire qu'il a renversé, ou bien ses rigueurs sont-elles sans retour ? Hélas ! un nuage sombre couvre l'avenir, et nul œil ne peut percer ces ténèbres. Cependant tout annonce que l'ordre de choses établi en France ne peut durer, et que l'invincible nature doit ramener la monarchie. Soit donc que nos vœux s'accomplissent, soit que l'inexorable Providence en ait décidé autrement, il est curieux et même utile de rechercher, en ne perdant jamais de vue l'histoire et la nature de l'homme, comment s'opèrent ces grands changements, et quel rôle pourra jouer la multitude dans un évènement dont la date seule paraît douteuse.

CHAPITRE IX.

Comment se fera la contre-révolution, si elle arrive?

En formant des hypothèses sur la contre-révolution, on commet trop souvent la faute de raisonner comme si cette contre-révolution devait être et ne pouvait être que le résultat d'une délibération populaire. *Le peuple craint,* dit-on ; *le peuple veut, le peuple ne consentira jamais ; il ne convient pas au peuple, etc.* Quelle pitié ! le peuple n'est pour rien dans les révolutions, ou du moins il n'y entre que comme instrument passif. Quatre ou cinq personnes, peut-être, donneront un roi à la France. Des lettres de Paris annonceront aux provinces que la France a un roi, et les provinces crieront: *Vive le roi !* A Paris même, tous les habitants, moins une vingtaine, peut-être, apprendront, en s'éveillant, qu'ils ont un roi. *Est-il possible,* s'écrieront-ils, *voilà qui est d'une singularité rare ! Qui sait par quelle porte il entrera ? Il sera bon, peut-être, de louer des fenêtres d'avance, car on s'étouffera.* Le peuple, si la monarchie se rétablit, n'en décrètera pas plus le rétablissement qu'il n'en décréta la destruction ou l'établissement du gouvernement révolutionnaire.

Je supplie qu'on veuille bien appuyer sur ces réflexions, et je les recommande surtout à ceux qui croient la révolution impossible, parce qu'il y a trop de Français attachés à la république, et qu'un changement ferait souffrir trop de monde. *Scilicet is superis labor est!* On peut certainement disputer la majorité à la république; mais qu'elle l'ait ou qu'elle ne l'ait pas, c'est ce qui n'importe point du tout : l'enthousiasme et le fanatisme ne sont point des états durables. Ce degré d'éréthisme fatigue bientôt la nature humaine ; en sorte qu'à supposer même qu'un peuple, et surtout le peuple français, puisse vouloir une chose longtemps, il est sûr au moins qu'il ne saurait la vouloir longtemps avec passion. Au contraire, l'accès d'une fièvre l'ayant lassé, l'abattement, l'apathie, l'indifférence, succèdent toujours aux grands efforts de l'enthousiasme. C'est le cas où se trouve la France qui ne désire plus rien avec passion, excepté le repos. Quand on supposerait donc que la république a la majorité en France (ce qui est indubitablement faux), qu'importe ? Lorsque le roi se présentera, sûrement on ne comptera pas les voix, et personne ne remuera ; d'abord par la raison que celui même qui préfère la république à la monarchie, préfère cependant le repos à la république ; et encore parce que les volontés contraires à la royauté ne pourront se réunir.

En politique, comme en mécanique, les théories trompent, si l'on ne prend en considération les différentes qualités des matériaux qui forment *les machines*. Au premier coup d'œil, par exemple, cette proposition paraît vraie : *Le consentement préalable des Français est nécessaire au rétablissement de la monarchie.* Cependant rien n'est plus faux. Sortons des théories, et représentons-nous des faits.

Un courrier arrivé à Bordeaux, à Nantes, à Lyon, etc., apporte la nouvelle que *le roi est reconnu à Paris; qu'une faction quelconque* (qu'on nomme ou qu'on ne nomme pas) *s'est emparée de l'autorité, et a déclaré qu'elle ne la possède qu'au nom du roi: qu'on a dépêché un courrier au souverain, qui est attendu incessamment, et que de toutes parts on arbore la cocarde blanche.* La renommée s'empare de ces nouvelles, et les charge de mille circonstances imposantes. Que fera-t-on? pour donner plus beau jeu à la république, je lui accorde la majorité, et même un corps de troupes républicaines. Ces troupes prendront, peut-être, dans le premier moment, une attitude mutine; mais ce jour-là même elles voudront dîner, et commenceront à se détacher de la puissance qui ne paye plus. Chaque officier qui ne jouit d'aucune considération, et qui le sent très-bien, quoi qu'on dise, voit tout aussi clairement, que le premier qui criera : *Vive le roi*, sera un grand personnage : l'amour-propre lui dessine, d'un crayon séduisant, l'image d'un général des armées de *Sa Majesté très-chrétienne*, brillant des signes honorifiques, et regardant du haut de sa grandeur ces hommes qui le mandaient naguère à la barre de la municipalité. Ces idées sont si simples, si naturelles, qu'elles ne peuvent échapper à personne : chaque officier le sent ; d'où il suit qu'ils sont tous suspects les uns pour les autres. La crainte et la défiance produisent la délibération et la froideur. Le soldat, qui n'est pas électrisé par son officier, est encore plus découragé : le lien de la discipline reçoit ce coup inexplicable, ce coup magique qui le relâche subitement. L'un tourne les yeux vers le payeur royal qui s'avance ; l'autre profite de l'instant pour rejoindre sa famille : on ne sait ni commander ni obéir ; il n'y a plus d'ensemble.

C'est bien autre chose parmi les citadins : on va, on vient, on se heurte, on s'interroge : chacun redoute celui dont il aurait besoin ; le doute consume les heures, et les minutes sont décisives : partout l'audace rencontre la prudence ; le vieillard manque de détermination, et le jeune homme de conseil : d'un côté sont des périls terribles, de l'autre une amnistie certaine et des grâces probables. Où sont d'ailleurs les moyens de résister ? où sont les chefs ? à qui se fier ? Il n'y a pas de danger dans le repos, et le moindre mouvement peut être une faute irrémissible : il faut attendre. On attend ; mais le lendemain on reçoit l'avis qu'une telle ville de guerre a ouvert ses portes ; raison de plus pour ne rien précipiter. Bientôt on apprend que la nouvelle était fausse ; mais deux autres villes, qui l'ont crue vraie, ont donné l'exemple, en croyant le recevoir ; elles viennent de se soumettre, et déterminent la première, qui n'y songeait pas. Le gouverneur de cette place a présenté au roi les clefs de *sa bonne ville de*...... C'est le premier officier qui a eu l'honneur de le recevoir dans une citadelle de son royaume. Le roi l'a créé, sur la porte, maréchal de France ; un brevet immortel a couvert son écusson *de fleurs de lis sans nombre* ; son nom est à jamais le plus beau de la France. A chaque minute, le mouvement royaliste se renforce ; bientôt il devient irrésistible.

Vive le roi ! s'écrient l'amour et la fidélité, au comble de la joie : Vive le roi ! répond l'hypocrite républicain, au comble de la terreur. Qu'importe ? il n'y a qu'un cri. — Et le roi est sacré.

Citoyens ! voilà comment se font les contre-révolutions. Dieu, s'étant réservé la formation des souverainetés, nous en avertit en ne confiant jamais à la multitude le choix de ses maîtres. Il ne l'emploie, dans ces grands mouvements qui décident le sort des empires, que comme un instrument passif. Jamais elle n'obtient ce qu'elle veut : toujours elle accepte, jamais elle ne choisit. On peut même remarquer une *affectation* de la Providence (qu'on me permette cette expression), c'est que les efforts du peuple, pour atteindre un objet, sont précisément le moyen qu'elle emploie pour l'en éloigner. Ainsi, le peuple romain se donna des maîtres en croyant combattre l'aristocratie à la suite de César. C'est l'image de toutes les insurrections populaires. Dans la révolution française, le peuple a constamment été enchaîné, outragé, ruiné, mutilé par toutes les factions ; et les factions, à leur tour, jouet les unes des autres, ont constamment dérivé, malgré tous leurs efforts, pour se briser enfin sur l'écueil qui les attendait.

Que si l'on veut savoir le résultat probable de la révolution française, il suffit d'examiner en quoi toutes ont voulu l'avilissement, la destruction même du christianisme universel et de la monarchie ; *d'où il suit* que tous leurs efforts n'aboutiront qu'à l'exaltation du christianisme et de la monarchie.

Tous les hommes qui ont écrit ou médité l'histoire,

ont admiré cette force secrète qui se joue des conseils humains. Il était des nôtres ce grand capitaine de l'antiquité, qui l'honorait comme une puissance intelligente et libre, et qui n'entreprenait rien sans se recommander à elle (1).

Mais c'est surtout dans l'établissement et le renversement des souverainetés que l'action de la Providence brille de la manière la plus frappante. Non-seulement les peuples en masse n'entrent dans ces grands mouvements que comme le bois et les cordages employés par un machiniste ; mais leurs chefs même ne sont tels que pour les yeux étrangers : dans le fait, ils sont dominés comme ils dominent le peuple. Ces hommes, qui, pris ensemble, semblent les tyrans de la multitude, sont eux-mêmes tyrannisés par deux ou trois hommes, qui le sont par un seul. Et si cet individu unique pouvait et voulait dire son secret, on verrait qu'il ne sait pas lui-même comment il a saisi le pouvoir : que son influence est un plus grand mystère pour lui que pour les autres, et que des circonstances, qu'il n'a pu ni prévoir ni amener, ont tout fait pour lui ou sans lui.

Qui eût dit au fier Henri VI qu'une servante de cabaret lui arracherait le sceptre de la France ? Les explications niaises qu'on a données de ce grand évènement ne le

---

(1) *Nihil rerum humanarum sine Deorum numine geri putabat Timoleon ; itaque suæ domi sacellum* Αὐτοματίας *constituerat, idque sanctissimè colebat.* Corn. Nep. Vit. Timol. cap. IV.

dépouillent point de son merveilleux ; et quoiqu'il ait été déshonoré deux fois, d'abord par l'absence et ensuite par la prostitution du talent, il n'est pas moins demeuré le seul sujet de l'histoire de France véritablement digne de la muse épique.

Croit-on que le *bras*, qui se servit jadis d'un si faible instrument, *soit raccourci;* et que le suprême ordonnateur des empires prenne l'avis des Français pour leur donner un roi ? Non : il choisira encore, comme il l'a toujours fait, *ce qu'il y a de plus faible pour confondre ce qu'il y a de plus fort*. Il n'a pas besoin des légions étrangères, il n'a pas besoin de la *coalition;* et comme il a maintenu l'intégrité de la France, malgré les conseils et la force de tant de princes, *qui sont devant ses yeux comme s'ils n'étaient pas*, quand le moment sera venu, il rétablira la monarchie française malgré ses ennemis ; il chassera ces insectes bruyants *pulveris exigui jactu :* le roi viendra, verra et vaincra.

Alors on s'étonnera de la profonde nullité de ces hommes qui paraissaient si puissants. Aujourd'hui, il appartient aux sages de prévenir ce jugement, et d'être sûrs, avant que l'expérience l'ait prouvé, que les dominateurs de la France ne possèdent qu'un pouvoir factice et passager, dont l'excès même prouve le néant ; *qu'ils n'ont été ni plantés, ni semés ; que leur tronc n'a point jeté de racines dans la terre, et qu'un souffle les emportera comme la paille* (1).

---

(1) Isaïe, XL, 24.

C'est donc bien en vain que tant d'écrivains insistent sur les inconvénients du rétablissement de la monarchie ; c'est en vain qu'ils effraient les Français sur les suites d'une contre-révolution ; et lorsqu'ils concluent, de ces inconvénients, que les Français, qui les redoutent, ne souffriront jamais le rétablissement de la monarchie, ils concluent très-mal ; car les Français ne délibèreront point, et c'est peut-être de la main d'une femmelette qu'ils recevront un roi.

Nulle nation ne peut se donner un gouvernement : seulement, lorsque tel ou tel droit existe dans sa constitution (1), et que ce droit est méconnu ou comprimé, quelques hommes, aidés de quelques circonstances, peuvent écarter les obstacles et faire reconnaître les droits du peuple : le pouvoir humain ne s'étend pas au delà.

Au reste, quoique la Providence ne s'embarrasse nullement de ce qu'il en doit coûter aux Français pour avoir un roi, il n'est pas moins très-important d'observer qu'il y a certainement erreur ou mauvaise foi de la part des écrivains qui font peur aux Français des maux qu'entraînerait le rétablissement de la monarchie.

---

(1) J'entends sa constitution *naturelle ;* car sa constitution *écrite* n'est que du papier.

CHAPITRE X.

Des prétendus dangers d'une contre-révolution.

§ 1er. — *Considérations générales.*

C'est un sophisme très-ordinaire à cette époque, d'insister sur les dangers d'une contre-révolution, pour établir qu'il ne faut pas en revenir à la monarchie.

Un grand nombre d'ouvrages destinés à persuader aux Français de s'en tenir à la république, ne sont qu'un développement de cette idée. Les auteurs de ces ouvrages appuient sur les maux inséparables des révolutions ; puis, observant que la monarchie ne peut se rétablir en France sans une nouvelle révolution, ils en concluent qu'il faut maintenir la république.

Ce prodigieux sophisme, soit qu'il tire sa source de la peur ou de l'envie de tromper, mérite d'être soigneusement discuté.

Les mots engendrent presque toutes les erreurs. On s'est accoutumé à donner le nom de *contre-révolution* au mouvement quelconque qui doit tuer la révolution ; et parce que ce mouvement sera contraire à l'autre, on en conclut qu'il sera du même genre. Il faudrait conclure tout le contraire.

Se persuaderait-on, par hasard, que le retour de la maladie à la santé est aussi pénible que le passage de la santé à la maladie ? et que la monarchie, renversée par des monstres, doit être rétablie par leurs semblables ? Ah ! que ceux qui emploient ce sophisme lui rendent bien justice dans le fond de leur cœur ! Ils savent assez que les amis de la religion et de la monarchie ne sont capables d'aucun des excès dont leurs ennemis se sont souillés ; ils savent assez qu'en mettant tout au pis, et en tenant compte de toutes les faiblesses de l'humanité, le parti opprimé renferme mille fois plus de vertus que celui des oppresseurs ! Ils savent assez que le premier ne sait ni se défendre ni se venger : souvent même ils se sont moqués de lui assez haut sur ce sujet.

Pour faire la révolution française, il a fallu renverser la religion, outrager la morale, violer toutes les propriétés, et commettre tous les crimes : pour cette œuvre diabolique, il a fallu employer un tel nombre d'hommes vicieux, que jamais peut-être autant de vices n'ont agi ensemble pour opérer un mal quelconque. Au contraire, pour rétablir l'ordre, le roi convoquera toutes les vertus : il le voudra, sans doute ; mais, par la nature même des choses, il y sera forcé. Son intérêt le plus pressant sera d'allier la justice à la miséricorde ; les hommes estimables viendront d'eux-mêmes se placer aux postes où ils peuvent être utiles ; et la religion, prêtant son sceptre à la politique, lui donnera les forces qu'elle ne peut tenir que de cette sœur auguste.

Je ne doute pas qu'une foule d'hommes ne demandent qu'on leur montre le fondement de ces magnifiques espérances ; mais croit-on donc que le monde politique marche au hasard, et qu'il ne soit pas organisé, dirigé, animé par cette même sagesse qui brille dans le monde physique ? Les mains coupables qui renversent un état opèrent nécessairement des déchirements douloureux ; car nul agent libre ne peut contrarier les plans du Créateur, sans attirer, dans la sphère de son activité, des maux proportionnés à la grandeur de l'attentat ; et cette loi appartient plus à la bonté du grand Être qu'à sa justice.

Mais, lorsque l'homme travaille pour rétablir l'ordre, il s'associe avec l'auteur de l'ordre, il est favorisé par la *nature*, c'est-à-dire, par l'ensemble des causes secondes, qui sont les ministres de la Divinité. Son action a quelque chose de divin ; elle est tout à la fois douce et impérieuse ; elle ne force rien, et rien ne lui résiste : en disposant, elle rassainit : à mesure qu'elle opère, on voit cesser cette inquiétude, cette agitation pénible, qui est l'effet et le signe du désordre : comme, sous la main du chirurgien habile, le corps animal luxé est averti du replacement par la cessation de la douleur.

Français, c'est au bruit des chants infernaux, des blasphèmes de l'athéisme, des cris de mort et des longs gémissements de l'innocence égorgée, c'est à la lueur des incendies, sur les débris du trône et des autels, arrosés par le sang du meilleur des rois et par celui d'une foule innombrable d'autres victimes ; c'est au mépris des mœurs et de la foi publique, c'est au milieu de tous les forfaits, que vos séducteurs et vos tyrans ont fondé ce qu'ils appellent *votre liberté.*

C'est au nom du Dieu TRÈS-GRAND ET TRÈS-BON, à la suite des hommes qu'il aime et qu'il inspire, et sous l'influence de son pouvoir créateur, que vous reviendrez à votre ancienne constitution, et qu'un roi vous donnera la seule chose que vous deviez désirer sagement, *la liberté par le monarque.*

Par quel déplorable aveuglement vous obstinez-vous à lutter péniblement contre cette puissance qui annule tous vos efforts pour vous avertir de sa présence? Vous n'êtes impuissants que parce que vous avez osé vous séparer d'elle, et même la contrarier: du moment où vous agirez de concert avec elle, vous participerez en quelque manière à sa nature; tous les obstacles s'aplaniront devant vous, et vous rirez des craintes puériles qui vous agitent aujourd'hui. Toutes les pièces de la machine politique ayant une tendance naturelle vers la place qui leur est assignée, cette tendance, qui est divine, favorisera tous les efforts du roi; et l'ordre étant l'élément naturel de l'homme, vous y trouverez le bonheur que vous cherchez vainement dans le désordre. La révolution vous a fait souffrir, parce qu'elle fut l'ouvrage de tous les vices, et que les vices sont très-justement les bourreaux de l'homme. Par la raison contraire, le retour à la monarchie, loin de produire les maux que vous craignez pour l'avenir, fera cesser ceux qui vous consument aujourd'hui; tous vos efforts seront positifs; vous ne détruirez que la destruction.

Détrompez-vous une fois de ces doctrines désolantes,

qui ont déshonoré notre siècle et perdu la France. Déjà vous avez appris à connaître les prédicateurs de ces dogmes funestes ; mais l'impression qu'ils ont faite sur vous n'est pas effacée. Dans tous vos plans de création et de restauration, vous n'oubliez que Dieu ; ils vous ont séparés de lui : ce n'est plus que par un effort de raisonnement que vous élevez vos pensées jusqu'à la source intarissable de toute existence. Vous ne voulez voir que l'homme ; son action si faible, si dépendante, si circonscrite ; sa volonté si corrompue, si flottante : et l'existence d'une cause supérieure n'est pour vous qu'une théorie. Cependant elle vous presse, elle vous environne : vous la touchez, et l'univers entier l'annonce. Quand on vous dit que sans elle vous ne serez forts que pour détruire, ce n'est point une vaine théorie qu'on vous débite, c'est une vérité pratique fondée sur l'expérience de tous les siècles, et sur la connaissance de la nature humaine. Ouvrez l'histoire, vous ne verrez pas une création politique ; que dis-je ! vous ne verrez pas une institution quelconque, pour peu qu'elle ait de force et de durée, qui ne repose sur une idée divine ; de quelque nature qu'elle soit, n'importe : car il n'est point de système religieux entièrement faux. Ne nous parlez donc plus des difficultés et des malheurs qui vous alarment sur les suites de ce que vous appelez *contre-révolution*. Tous les malheurs que vous avez éprouvés viennent de vous ; pourquoi n'auriez-vous pas été blessés par les ruines de l'édifice que vous avez renversé sur vous-mêmes ? La reconstruction est un autre ordre de choses ; rentrez seulement dans la voie qui peut vous y conduire. Ce n'est pas par le chemin du néant que vous arriverez à la création.

Oh ! qu'ils sont coupables ces écrivains trompeurs ou pusillanimes, qui se permettent d'effrayer le peuple de ce vain épouvantail qu'on appelle *contre-révolution !* qui, tout en convenant que la révolution fut un fléau épouvantable, soutiennent cependant qu'il est impossible de revenir en arrière. Ne dirait-on pas que les maux de la révolution sont terminés, et que les Français sont arrivés au port? Le règne de Robespierre a tellement écrasé ce peuple, a tellement frappé son imagination, qu'il tient pour supportable et presque pour heureux tout état de choses où l'on n'égorge pas sans interruption. Durant la ferveur du terrorisme, les étrangers remarquaient que toutes les lettres de France qui racontaient les scènes affreuses de cette cruelle époque, finissaient par ces mots : *A présent on est tranquille,* c'est-à-dire *les bourreaux se reposent : ils reprennent des forces; en attendant tout va bien.* Ce sentiment a survécu au régime infernal qui l'a produit. Le Français pétrifié par la terreur, et découragé par les erreurs de la politique étrangère, s'est renfermé dans un égoïsme qui ne lui permet plus de voir que lui-même, et le lieu et le moment où il existe : on assassine en cent endroits de la France ; n'importe, car ce n'est pas lui qu'on a pillé ou massacré : si c'est dans sa rue, à côté de chez lui qu'on ait commis quelqu'un de ces attentats ; qu'importe encore ? Le moment est passé ; *maintenant tout est tranquille* : il doublera ses verroux, et n'y pensera plus : en un mot, tout Français est suffisamment heureux le jour où on ne le tue pas.

Cependant les lois sont sans vigueur, le gouvernement reconnaît son impuissance pour les faire exécuter ; les crimes les plus infâmes se multiplient de toutes parts ; le démon révolutionnaire relève fièrement la tête ; la constitution n'est qu'une toile d'araignée, et le pouvoir se permet d'horribles attentats. Le mariage n'est qu'une prostitution légale ; il n'y a plus d'autorité paternelle, plus d'effroi pour le crime, plus d'asile pour l'indigence. Le hideux suicide dénonce au gouvernement le désespoir des malheureux qui l'accusent. Le peuple se démoralise de la manière la plus effrayante ; et l'abolition du culte, jointe à l'absence totale d'éducation publique, prépare à la France une génération dont l'idée seule fait frissonner.

Lâches optimistes ! voilà donc l'ordre de choses que vous craignez de voir changer ! Sortez, sortez de votre malheureuse léthargie ! au lieu de montrer au peuple les maux imaginaires qui doivent résulter d'un changement, employez vos talents à lui faire désirer la commotion douce et rassainissante, qui ramènera le roi sur son trône, et l'ordre dans la France.

Montrez-nous, hommes trop préoccupés, montrez-nous ces maux si terribles, dont on vous menace pour vous dégoûter de la monarchie ; ne voyez-vous pas que vos institutions républicaines n'ont point de racines, et qu'elles ne sont que *posées* sur votre sol, au lieu que les précédentes y étaient *plantées*. Il a fallu la hache pour renverser celles-ci ; les autres céderont à un souffle et ne laisseront point de traces. Ce n'est pas tout à fait la même chose, sans doute, d'ôter à un président à mortier sa dignité héréditaire qui était une propriété, ou de faire descendre de son siège un juge temporaire qui n'a point de dignité. La révolution a beaucoup fait souffrir, parce qu'elle a beaucoup détruit ; parce qu'elle a violé brusquement et durement toutes les propriétés, tous les préjugés et toutes les coutumes ; parce que toute tyrannie plébéienne étant, de sa nature, fougueuse, insultante, impitoyable, celle qui a opéré la révolution française a dû pousser ce caractère à l'excès, l'univers n'ayant jamais vu de tyrannie plus basse et plus absolue.

L'opinion est la fibre sensible de l'homme : on lui fait pousser les hauts cris quand on le blesse dans cet endroit ; c'est ce qui a rendu la révolution si douloureuse, parce qu'elle a foulé aux pieds toutes les grandeurs d'opinion. Or, quand le rétablissement de la monarchie causerait à un aussi grand nombre d'hommes les mêmes privations réelles, il y aurait toujours une différence immense, en ce qu'elle ne détruirait aucune dignité ; car il n'y a point de dignité en France, par la raison qu'il n'y a point de souveraineté.

Mais, à ne considérer même que les privations physiques, la différence ne serait pas moins frappante. La puissance usurpatrice immolait les innocents ; le roi pardonnera aux coupables : l'une abolissait les propriétés légitimes ; l'autre réfléchira sur les propriétés illégitimes. L'une a pris pour devise : *Diruit, œdificat, mutat quadrata rotundis.* Après sept ans d'efforts elle n'a pu encore organiser une école primaire ou une fête champêtre : il n'est pas jusqu'à ses partisans qui ne se moquent de ses lois, de ses emplois, de ses institutions, de ses fêtes, et même de ses habits. L'autre, bâtissant sur une base vraie, ne tâtonnera point : une force inconnue présidera à ses actes ; il n'agira que pour restaurer : or, toute action régulière ne tourmente que le mal.

C'est encore une grande erreur d'imaginer que le peuple ait quelque chose à perdre au rétablissement de la monarchie : car le peuple n'a gagné qu'en idée au bouleversement général : *Il a droit à toutes les places*, dit-on ; qu'importe ? Il s'agit de savoir ce qu'elles valent. Ces places, dont on fait tant de bruit et qu'on offre au peuple comme une grande conquête, ne sont rien dans le fait au tribunal de l'opinion ; l'état militaire même, honorable en France par-dessus tous les autres, a perdu son éclat : il n'a plus de grandeur d'opinion, et la paix l'abaissera encore. On menace les militaires du rétablissement de la monarchie, et personne n'y a plus d'intérêt qu'eux. Il n'y a rien de si évident que la nécessité où sera le roi de les maintenir à leur poste ; et il dépendra d'eux, plus tôt ou plus tard, de changer cette nécessité de politique en nécessité d'affection, de devoir et de reconnaissance. Par une combinaison extraordinaire de circonstances, il n'y a rien dans eux qui puisse choquer l'opinion la plus royaliste. Personne n'a droit de les mépriser, puisqu'ils ne combattent que pour la France : il n'y a entre eux et le roi aucune barrière de préjugés capable de gêner ses devoirs : il est Français avant tout. Qu'ils se souviennent de Jacques II, durant le combat de la *Hogue*, applaudissant, du bord de la mer, à la valeur de ces Anglais qui achevaient de le détrôner : pourraient-ils douter que le roi ne soit fier de leur valeur, et ne les regarde dans son cœur comme les défenseurs de l'intégrité de son royaume ? N'a-t-il pas applaudi publiquement à cette valeur, en regrettant (il le fallait bien) *qu'elle ne se déployât pas pour une meilleure cause ?* N'a-t-il pas félicité les braves de l'armée de Condé *d'avoir vaincu des haines que l'artifice le plus profond travaillait depuis si longtemps à nourrir* (1)? Les militaires français, après leurs victoires, n'ont plus qu'un besoin : c'est que la souveraineté légitime vienne légitimer leur caractère ; maintenant on les craint et on les méprise. La plus profonde insouciance est le prix de leurs travaux, et leurs concitoyens sont les hommes de l'univers les plus indifférents aux triomphes de l'armée : ils vont souvent jusqu'à détester ces victoires qui nourrissent l'humeur guerrière de leurs maîtres. Le rétablissement de la monarchie donnera subitement aux militaires une haute place dans l'opinion ; les talents recueilleront sur leur route une dignité réelle, une illustration toujours croissante, qui sera la propriété des guerriers, et qu'ils transmettront à leurs enfants ; cette gloire pure, cet éclat tranquille, vaudront bien les mentions honorables, et l'ostracisme de l'oubli qui a succédé à l'échafaud.

---

(1) Lettre du roi au prince de Condé, du 3 janvier 1797, imprimée dans tous les papiers publics.

Si l'on envisage la question sous un point de vue plus général, on trouvera que la monarchie est, sans contredit, le gouvernement qui donne le plus de distinction à un plus grand nombre de personnes. La souveraineté, dans cette espèce de gouvernement, possède assez d'éclat pour en communiquer une partie, avec les gradations nécessaires, à une foule d'agents qu'elle distingue plus ou moins. Dans la république, la souveraineté n'est point palpable comme dans la monarchie ; c'est un être purement moral, et sa grandeur est incommunicable : aussi les emplois ne sont rien dans les républiques hors de la ville où réside le gouvernement ; et ils ne sont rien encore qu'en tant qu'ils sont occupés par des membres du gouvernement ; alors c'est l'homme qui honore l'homme : celui-ci ne brille point comme *agent*, mais comme *portion* du souverain.

On peut voir dans les provinces qui obéissent à des républiques, que les emplois (si l'on excepte ceux qui sont réservés aux membres du souverain) élèvent très-peu les hommes aux yeux de leurs semblables, et ne signifient presque rien dans l'opinion ; car la république, par sa nature, est le gouvernement qui donne le plus de droits au plus petit nombre d'hommes qu'on appelle *le souverain*, et qui en ôte le plus à tous les autres qu'on appelle les *sujets*.

Plus la république approchera de la démocratie pure, et plus l'observation sera frappante.

Qu'on se rappelle cette foule innombrable d'emplois (en faisant même abstraction de toutes les places abusives) que l'ancien gouvernement de France présentait à l'ambition universelle. Le clergé séculier et régulier, l'épée, la robe, les finances, l'administration, etc., que de portes ouvertes à tous les talents et à tous les genres d'ambition ! Quelles gradations incalculables de distinctions personnelles ! De ce nombre infini de places, aucune n'était mise par le droit au-dessus des prétentions du simple citoyen (1) : il y en avait même une quantité énorme qui étaient des propriétés précieuses, qui faisaient réellement du propriétaire un *notable*, et qui n'appartenaient exclusivement qu'au tiers-état.

Que les premières places fussent de plus difficile abord au simple citoyen, c'était une chose très-raisonnable. Il y a trop de mouvement dans l'état, et pas assez de subordination, lorsque *tous* peuvent prétendre à *tout*. L'ordre exige qu'en général les emplois soient gradués comme l'état des citoyens, et que les talents, et quelquefois même la simple protection, abaissent les différentes classes. De cette manière, il y a émulation sans humiliation, et mouvement sans destruction ; la distinction attachée à un emploi n'est même produite, comme le mot le dit, que par la difficulté plus ou moins grande d'y parvenir.

Si l'on objecte que ces distinctions sont mauvaises, on change l'état de la question ; mais je dis : Si vos

---

(1) La fameuse loi qui excluait le tiers-état du service militaire, ne pouvait être exécutée ; c'était simplement une gaucherie ministérielle, dont la passion a parlé comme d'une loi fondamentale.

emplois n'élèvent point ceux qui les possèdent, ne vous vantez pas de les donner à tout le monde ; car vous ne donnerez rien. Si, au contraire, les emplois sont et doivent être des distinctions, je répète ce qu'aucun homme de bonne foi ne pourra me nier, que la monarchie est le gouvernement qui, par les seules charges, et indépendamment de la noblesse, *distingue* un plus grand nombre d'hommes du reste de leurs concitoyens.

Il ne faut pas être la dupe, d'ailleurs, de cette égalité idéale qui n'est que dans les mots. Le soldat qui a le privilège de parler à son officier avec un ton grossièrement familier, n'est pas pour cela son égal. L'aristocratie des places, qu'on ne pouvait apercevoir d'abord dans le bouleversement général, commence à se former ; la noblesse même reprend son indestructible influence. Les troupes de terre et de mer sont déjà commandées en partie par des gentilshommes, ou par des élèves que l'ancien régime avait ennoblis en les agrégeant à une profession noble. La république a même obtenu par eux ses plus grands succès. Si la délicatesse, peut-être malheureuse, de la noblesse française ne l'avait pas écartée de la France, elle commanderait déjà partout ; et c'est une chose assez commune d'y entendre dire : *Que si la noblesse avait voulu, on lui aurait donné tous les emplois.* Certes, au moment où j'écris (4 janvier 1797) la république voudrait bien avoir sur ses vaisseaux les nobles qu'elle a fait massacrer à Quiberon.

Le peuple, ou la masse des citoyens, n'a donc rien à perdre ; et, au contraire, il a tout à gagner au rétablissement de la monarchie, qui ramènera une foule de distinctions réelles, lucratives et même héréditaires, à la place des emplois passagers et sans dignité que donne la république.

Je n'ai point insisté sur les émoluments attachés aux places, puisqu'il est notoire que la république ne paye point ou paye mal. Elle n'a produit que des fortunes scandaleuses : le vice seul s'est enrichi à son service.

Je terminerai cet article par des observations qui prouvent clairement (ce me semble) que le danger qu'on voit dans la contre-révolution, se trouve précisément dans le retard de ce grand changement.

La famille des Bourbons ne peut être atteinte par les chefs de la république : elle existe ; ses droits sont visibles, et son silence parle plus haut, peut-être, que tous les manifestes possibles.

C'est une vérité qui saute aux yeux, que la république française, même depuis qu'elle semble avoir adouci ses maximes, ne peut avoir de véritables alliés. Par sa nature, elle est ennemie de tous les gouvernements : elle tend à les détruire tous ; en sorte que tous ont un intérêt à la détruire. La politique peut sans doute donner des alliés à la république (1) ; mais ces alliances

---

(1) *Scimus, et hanc veniam petimusque damusque vicissim,*
   Sed non ut placidis coeant immitia, non ut
   Serpentes avibus geminentur, tigribus agni.

C'est ce que certains cabinets peuvent dire de mieux à l'Europe qui les interroge.

sont contre nature, ou, si l'on veut, la *France* a des alliés, mais *la république française* n'en a point.

Amis et ennemis s'accorderont toujours pour donner un roi à la France. On cite souvent le succès de la révolution anglaise dans le dernier siècle ; mais quelle différence ! La monarchie n'était pas renversée en Angleterre. Le monarque seul avait disparu pour faire place à un autre. Le sang même des Stuarts était sur le trône ; et c'était de lui que le nouveau roi tenait son droit. Ce roi était de son chef un prince fort de toute la puissance de sa maison et de ses relations de famille. Le gouvernement d'Angleterre n'avait d'ailleurs rien de dangereux pour les autres, c'était une monarchie comme avant la révolution : cependant, il s'en fallut de bien peu que Jacques II ne retînt le sceptre ; et s'il avait eu un peu plus de bonheur ou seulement un peu plus d'adresse, il ne lui aurait point échappé ; et quoique l'Angleterre eût un roi, quoique les préjugés religieux se réunissent aux préjugés politiques pour exclure le prétendant, quoique la situation seule de ce royaume le défendît contre une invasion ; néanmoins, jusqu'au milieu de ce siècle, le danger d'une seconde révolution a pesé sur l'Angleterre. Tout a tenu, comme on sait, à la bataille de *Culloden*.

En France, au contraire, le gouvernement n'est pas monarchique ; il est même l'ennemi de toutes les monarchies environnantes ; ce n'est point un prince qui commande ; et si jamais l'état est attaqué, il n'y a pas d'apparence que les parents étrangers des pentarques lèvent des troupes pour les défendre. La France sera donc dans un danger habituel de guerre civile : et ce danger aura deux causes constantes ; car elle aura sans cesse à redouter les justes droits des Bourbons, ou la politique astucieuse des autres puissances qui pourraient essayer de mettre à profit les circonstances. Tant que le trône de France sera occupé par le souverain légitime, nul prince dans l'univers ne peut songer à s'en emparer ; mais, tant qu'il est vacant, toutes les ambitions royales peuvent le convoiter et se heurter. D'ailleurs, le pouvoir est à la portée de tout le monde, depuis qu'il est placé dans la poussière. Le gouvernement régulier exclut une infinité de projets ; mais, sous l'empire d'une souveraineté fausse, il n'y a point de projets chimériques ; toutes les passions sont déchaînées, et toutes ont des espérances fondées. Les poltrons qui repoussent le roi, de peur de la guerre civile, en préparent justement les matériaux. C'est parce qu'ils veulent follement *le repos et la constitution*, qu'ils n'auront ni le repos ni la constitution. Il n'y a point de sécurité parfaite pour la France dans l'état où elle est. Le roi seul, et le roi légitime, en élevant du haut de son trône le sceptre de Charlemagne, peut éteindre ou désarmer toutes les haines, tromper tous les projets sinistres, classer les ambitions en classant les hommes, calmer les esprits agités, et créer subitement autour du pouvoir cette enceinte magique qui en est la véritable gardienne.

Il est encore une réflexion qui doit être sans cesse devant les yeux des Français qui font portion des autorités actuelles, et que leur position met à même d'influer sur le rétablissement de la monarchie. Les plus estimables de ces hommes ne doivent point oublier qu'ils seront entraînés, plus tôt ou plus tard, par la force des choses ; que le temps fuit, et que la gloire leur échappe. Celle dont ils peuvent jouir est une gloire de comparaison : ils ont fait cesser les massacres ; ils ont tâché de sécher les larmes de la nation : ils brillent, parce qu'ils ont succédé aux plus grands scélérats qui aient souillé ce globe ; mais lorsque cent causes réunies auront relevé le trône, l'*amnistie*, dans la force du terme, sera pour eux ; et leurs noms, à jamais obscurs, demeureront ensevelis dans l'oubli. Qu'ils ne perdent donc jamais de vue l'auréole immortelle qui doit environner les noms des restaurateurs de la monarchie. Toute insurrection du peuple contre les nobles n'aboutissant jamais qu'à une création de nouveaux nobles, on voit déjà comment se formeront ces nouvelles races, dont les circonstances hâteront l'illustration, et qui, dès leur berceau, pourront prétendre à tout.

§ II. — *Des Biens nationaux.*

On effraye les Français de la restitution des biens nationaux ; on accuse le roi de n'avoir osé toucher, dans sa déclaration, à cet article délicat. On pourrait dire à une très-grande partie de la nation : Que vous importe ? et ce ne serait peut-être pas tant mal répondre. Mais pour n'avoir pas l'air d'éviter les difficultés, il vaut mieux observer que l'intérêt visible de la France, en général, à l'égard des biens nationaux, et même l'intérêt bien entendu des acquéreurs de ces biens, en particulier, s'accorde avec le rétablissement de la monarchie. Le brigandage exercé à l'égard de ces biens frappe la conscience la plus insensible. Personne ne croit à la légitimité de ces acquisitions ; et celui même qui déclame le plus éloquemment sur ce sujet, dans le sens de la législation actuelle, s'empresse de revendre pour assurer son gain. On n'ose pas jouir pleinement ; et plus les esprits se refroidiront, moins on osera dépenser sur ces fonds. Les bâtiments dépériront, et l'on n'osera de longtemps en élever de nouveaux : les avances seront faibles ; le capital de la France dépérira considérablement. Il y a déjà beaucoup de mal dans ce genre, et ceux qui ont pu réfléchir sur les abus des *décrets*, doivent comprendre ce que c'est qu'un décret jeté sur le tiers, peut-être, du plus puissant royaume de l'Europe.

Très-souvent, dans le sein du corps législatif, on a tracé des tableaux frappants de l'état déplorable de ces biens. Le mal ira toujours en augmentant, jusqu'à ce que la conscience publique n'ait plus de doute sur la solidité de ces acquisitions ; mais quel œil peut apercevoir cette époque ?

A ne considérer que les possesseurs, le premier danger pour eux vient du gouvernement. Qu'on ne s'y trompe pas, il ne lui est point égal de prendre ici ou là : le plus injuste qu'on puisse imaginer, ne demandera pas mieux que de remplir ses coffres en se faisant le moins d'ennemis possible. Or, on sait à quelles conditions les acheteurs ont acquis ; on sait de quelles manœuvres infâmes, de quel *agio* scandaleux ces biens ont été l'objet. Le vice primitif et continué de l'acquisition est indélébile à tous les yeux ; ainsi le gouvernement français ne peut ignorer qu'en pressurant ces acquéreurs, il aura l'opinion publique pour lui, et qu'il ne sera injuste que pour eux ; d'ailleurs, dans les gouvernements populaires, même légitimes, l'injustice n'a point de pudeur ; on peut juger de ce qu'elle sera en France, où le gouvernement, variable comme les personnes, et manquant d'identité, ne croit jamais revenir sur son propre ouvrage en renversant ce qui est fait.

Il tombera donc sur les biens nationaux dès qu'il pourra. Fort de la conscience, et (ce qu'il ne faut pas oublier) de la jalousie de tous ceux qui n'en possèdent pas, il tourmentera les possesseurs, ou par de nouvelles ventes modifiées d'une certaine manière, ou par des appels généraux en supplément de prix, ou par des impôts extraordinaires ; en un mot, ils ne seront jamais tranquilles.

Mais tout est stable sous un gouvernement stable ; en sorte qu'il importe même aux acquéreurs des biens nationaux que la monarchie soit rétablie, pour savoir à quoi s'en tenir. C'est bien mal à propos qu'on a reproché au roi de n'avoir pas parlé clair sur ce point dans sa déclaration ? il ne pouvait le faire sans une extrême imprudence. Une loi sur ce point ne sera peut-être pas, quand il en sera temps, le tour de force de la législation.

Mais il faut se rappeler ici ce que j'ai dit dans le chapitre précédent ; les convenances de telle ou telle classe

d'individus n'arrêteront point la contre-révolution.
Tout ce que je prétends prouver, c'est qu'il leur importe
que le petit nombre d'hommes qui peut influer sur ce
grand évènement, n'attende pas que les abus accumulés de l'anarchie le rendent inévitable, et l'amènent
brusquement ; car plus le roi sera nécessaire, et plus
le sort de tous ceux qui ont gagné à la révolution
doit être dur.

§ III. — *Des Vengeances*.

Un autre épouvantail, dont on se sert pour faire redouter aux Français le retour de leur roi, ce sont les
vengeances dont ce retour doit être accompagné.

Cette objection, comme les autres, est surtout faite
par des hommes d'esprit qui n'y croient point ; il est
cependant bon de la discuter en faveur des honnêtes
gens qui la croient fondée.

Nombre d'écrivains royalistes ont repoussé, comme
une insulte, ce désir de vengeance qu'on suppose à leur
parti ; un seul va parler pour tous : je le cite pour mon
plaisir et pour celui de mes lecteurs. On ne m'accusera
pas de le choisir parmi les royalistes à la glace.

« Sous l'empire d'un pouvoir illégitime, les plus hor-
« ribles vengeances sont à craindre ; car qui aurait le
« droit de les réprimer ? La victime ne peut invoquer à
« son aide l'autorité des lois qui n'existent pas, et d'un
« gouvernement qui n'est que l'œuvre du crime et de
« l'usurpation.

« Il en est tout autrement d'un gouvernement assis
« sur ses bases sacrées, antiques, légitimes ; il a le
« droit d'étouffer les plus justes vengeances, et de
« punir à l'instant du glaive des lois quiconque se
« livre plus au sentiment de la nature qu'à celui de
« ses devoirs.

« Un gouvernement légitime a seul le droit de
« proclamer l'amnistie et les moyens de la faire obser-
« ver.

« Alors, il est démontré que le plus parfait, le plus
« pur des royalistes, le plus grièvement outragé dans
« ses parents, dans ses propriétés, doit être puni de
« mort, sous un gouvernement légitime, s'il ose venger
« lui-même ses propres injures, quand le roi lui en a
« commandé le pardon.

« C'est donc sous un gouvernement fondé sur nos
« lois que l'amnistie peut être sûrement accordée, et
« qu'elle peut être sévèrement observée.

« Ah ! sans doute, il serait facile de discuter jusqu'à
« quel point le droit du roi peut étendre une amnis-
« tie. Les exceptions que prescrit le premier de ses de-
« voirs sont bien évidentes. Tout ce qui fut teint du
« sang de Louis XVI n'a de grâce à espérer que de
« Dieu ; mais qui oserait ensuite tracer d'une main
« sûre les limites où doivent s'arrêter l'amnistie et la
« clémence du roi ? Mon cœur et ma plume s'y refusent
« également. Si quelqu'un ose jamais écrire sur un pa-
« reil sujet, ce sera, sans doute, cet homme rare et
« unique peut-être, s'il existe, qui lui-même n'a jamais
« failli dans le cours de cette horrible révolution, et

« dont le cœur, aussi pur que la conduite, n'eut jamais
« besoin de grâce (1). »

La raison et le sentiment ne sauraient s'exprimer avec plus de noblesse. Il faudrait plaindre l'homme qui ne reconnaîtrait pas, dans ce morceau, l'accent de la conviction.

Dix mois après la date de cet écrit, le roi a prononcé dans sa déclaration ce mot si connu et si digne de l'être : *Qui oserait se venger quand le roi pardonne ?*

Il n'a excepté de l'amnistie que ceux qui votèrent la mort de Louis XVI, les coopérateurs, les instruments directs et immédiats de son supplice, et les membres du tribunal révolutionnaire qui envoya à l'échafaud la reine et madame Elisabeth. Cherchant même à restreindre l'anathème à l'égard des premiers, autant que la conscience et l'honneur le lui permettaient, il n'a point mis au rang des parricides ceux dont il est permis de croire *qu'ils ne se mêlèrent aux assassins de Louis XVI que dans le dessein de le sauver.*

A l'égard même *de ces monstres, que la postérité ne nommera qu'avec horreur,* le roi s'est contenté de dire, avec autant de mesure que de justice, *que la France entière appelle sur leurs têtes le glaive de la justice.*

Par cette phrase, il ne s'est point privé du droit de faire grâce en particulier : c'est aux coupables à voir ce

---

(1) Observations sur la conduite des puissances coalisées, par M. le comte d'Antraigues ; avant-propos, pag. xxxiv et suiv.

qu'ils pourraient mettre dans la balance pour faire équilibre à leur forfait. Monk se servit d'Ingolsby pour arrêter Lambert. On peut faire encore mieux qu'Ingolsby.

J'observerai de plus, sans prétendre affaiblir la juste horreur qui est due aux meurtriers de Louis XVI, qu'aux yeux de la justice divine tous ne sont pas également coupables. Au moral, comme au physique, la force de la fermentation est en raison des masses fermentantes. Les soixante-dix juges de Charles Ier étaient bien plus maîtres d'eux-mêmes que les juges de Louis XVI. Il y eut certainement parmi ceux-ci des coupables bien délibérés, qu'il est impossible de détester assez ; mais ces grands coupables avaient eu l'art d'exciter une telle terreur, ils avaient fait sur les esprits moins vigoureux une telle impression, que plusieurs députés, je n'en doute nullement, furent privés d'une partie de leur libre arbitre. Il est difficile de se former une idée nette du délire indéfinissable et surnaturel qui s'empara de l'assemblée à l'époque du jugement de Louis XVI. Je suis persuadé que plusieurs des coupables, en se rappelant cette funeste époque, croient avoir fait un mauvais rêve ; qu'ils sont tentés de douter de ce qu'ils ont fait, et qu'ils s'expliquent moins que nous ne pouvons les expliquer eux-mêmes.

Ces coupables, fâchés et surpris de l'être, devraient tâcher de faire leur paix.

Au surplus, ceci ne regarde qu'eux ; car la nation serait bien vile, si elle regardait comme un inconvénient de la contre-révolution, la punition de pareils hommes ;

mais pour ceux mêmes qui auraient une faiblesse, on peut observer que la Providence a déjà commencé la punition des coupables : plus de soixante régicides, parmi les plus coupables, ont péri de mort violente : d'autres périront sans doute, ou quitteront l'Europe avant que la France ait un roi ; très-peu tomberont entre les mains de la justice.

Les Français parfaitement tranquilles sur les vengeances judiciaires, doivent l'être de même sur les vengeances particulières : ils ont à cet égard les protestations les plus solennelles ; ils ont la parole de leur roi ; il ne leur est pas permis de craindre.

Mais, comme il faut parler à tous les esprits et prévenir toutes les objections ; comme il faut répondre, même à ceux qui ne croient point à l'honneur et à la foi, il faut prouver que les vengeances particulières ne sont pas possibles.

Le souverain le plus puissant n'a que deux bras ; il n'est fort que par les instruments qu'il emploie, et que l'opinion lui soumet. Or, quoiqu'il soit évident que le roi, après la restauration supposée, ne cherchera qu'à pardonner, faisons, pour mettre les choses au pis, une supposition toute contraire. Comment s'y prendrait-il s'il voulait exercer des vengeances arbitraires ? L'armée française, telle que nous la connaissons, serait-elle un instrument bien souple entre ses mains ? L'ignorance et la mauvaise foi se plaisent à représenter ce roi futur comme un Louis XIV, qui, semblable au Jupiter d'Homère, n'avait qu'à froncer le sourcil pour ébranler la France. On ose à peine prouver combien cette supposition est fausse. Le pouvoir de la souveraineté est tout moral; elle commande vainement, si ce pouvoir n'est pas pour elle; et il faut le posséder dans sa plénitude pour en abuser. Le roi de France qui montera sur le trône de ses ancêtres, n'aura sûrement pas l'envie de commencer par des abus; et, s'il l'avait, elle serait vaine; parce qu'il ne serait pas assez fort pour la contenter. Le bonnet rouge, en touchant le front royal, a fait disparaître les traces de l'huile sainte: le charme est rompu, de longues profanations ont détruit l'empire divin des préjugés nationaux; et longtemps encore, pendant que la froide raison courbera les corps, les esprits resteront debout. On fait semblant de craindre que le nouveau roi de France ne sévisse contre ses ennemis; l'infortuné! pourra-t-il seulement récompenser ses amis (1)?

Les Français ont donc deux garants infaillibles contre les prétendues vengeances dont on leur fait peur, l'intérêt du roi et son impuissance (2).

---

(1) On connaît la plaisanterie de Charles II sur le pléonasme de la formule anglaise, AMNISTIE ET OUBLI : *Je comprends*, dit-il; amnistie *pour mes ennemis, et* oubli *pour mes amis.*

(2) Les évènements ont justifié toutes ces prédictions du bon sens. Depuis que cet ouvrage est achevé, le gouvernement français a publié les pièces de deux conspirations découvertes, et qui se jugent d'une manière un peu différente: l'une jacobine, et l'autre royaliste. Dans le drapeau du jacobinisme

Le retour des émigrés fournit encore aux adversaires de la monarchie un sujet intarissable de craintes imaginaires ; il importe de dissiper cette vision.

La première chose à remarquer, c'est qu'il est des propositions vraies dont la vérité n'a qu'une époque ; cependant on s'accoutume à les répéter longtemps après que le temps les a rendues fausses et même ridicules. Le parti attaché à la révolution pouvait craindre le retour des émigrés peu de temps après la loi qui les proscrivit ; je n'affirme point cependant qu'ils eussent raison ; mais qu'importe ? c'est là une question purement oiseuse, dont il serait très-inutile de s'occuper. La question est de savoir si, *dans ce moment,* la rentrée des émigrés a quelque chose de dangereux pour la France.

La noblesse envoya 284 députés à ces états généraux de funeste mémoire, qui ont produit tout ce que nous avons vu. Par un travail fait sur plusieurs bailliages, on n'a jamais trouvé plus de 80 électeurs pour un député. Il n'est pas absolument impossible que certains bailliages aient présenté un nombre plus fort ; mais il faut aussi tenir compte des individus qui ont opiné dans plus d'un bailliage.

---

il était écrit : *mort à tous nos ennemis;* et dans celui du royalisme : *grâce à tous ceux qui ne la refuseront pas.* Pour empêcher le peuple de tirer les conséquences, on lui a dit que le parlement devait annuler l'amnistie royale ; mais cette bêtise passe le *maximum ;* sûrement elle ne fera pas fortune.

Tout bien considéré, on peut évaluer à 25,000 le nombre des chefs de famille nobles qui députèrent aux états généraux ; et en multipliant par 5, nombre commun attribué, comme on sait, à chaque famille, nous aurons 125,000 têtes nobles. Prenons 130,000, pour caver au plus fort ; ôtons les femmes, restent 65,000. Retranchons de ce dernier nombre, 1° les nobles qui ne sont jamais sortis, 2° ceux qui sont rentrés, 3° les vieillards, 4° les enfants, 5° les malades, 6° les prêtres, 7° tous ceux qui ont péri par la guerre, par les supplices, ou par l'ordre seul de la nature : il restera un nombre qu'il n'est pas aisé de déterminer au juste, mais qui, sous tous les points de vue possibles, ne saurait alarmer la France.

Un prince, digne de son nom, mène aux combats 5 ou 6,000 hommes au plus ; ce corps, qui n'est pas même, à beaucoup près, tout composé de nobles, a fait preuve d'une valeur admirable sous les drapeaux étrangers ; mais, si on l'isole, il disparaît. Enfin, il est clair que, sous le rapport militaire, les émigrés ne sont rien et ne peuvent rien.

Il y a de plus une considération qui se rapporte plus particulièrement à l'esprit de cet ouvrage, et qui mérite d'être développée.

Il n'y a point de hasard dans le monde, et même dans un sens secondaire il n'y a point de désordre, en ce que le désordre est ordonné par une main souveraine qui le plie à la règle, et le force de concourir au but.

Une révolution n'est qu'un mouvement politique, qui doit produire un certain effet dans un certain temps. Ce mouvement a ses lois ; et en les observant attentivement dans une certaine étendue de temps, on peut tirer des conjectures assez certaines pour l'avenir. Or, une des lois de la révolution française, c'est que les émigrés ne peuvent l'attaquer que pour leur malheur, et sont totalement exclus de l'œuvre quelconque qui s'opère.

Depuis les premières chimères de la contre-révolution, jusqu'à l'entreprise à jamais lamentable de Quiberon, ils n'ont rien entrepris qui ait réussi, et même qui n'ait tourné contre eux. Non-seulement ils ne réussissent pas, mais tout ce qu'ils entreprennent est marqué d'un tel caractère d'impuissance et de nullité, que l'opinion s'est enfin accoutumée à les regarder comme des hommes qui s'obstinent à défendre un parti proscrit ; ce qui jette sur eux une défaveur dont leurs amis même s'aperçoivent.

Et cette défaveur surprendra peu les hommes qui pensent que la révolution française a pour cause principale la dégradation morale de la noblesse.

M. de Saint-Pierre a observé quelque part, dans ses *Etudes de la Nature*, que si l'on compare la figure des nobles français à celle de leurs ancêtres, dont la peinture et la sculpture nous ont transmis les traits, on voit à l'évidence que ces races ont dégénéré.

On peut le croire sur ce point, mieux que sur les fusions polaires et sur la figure de la terre.

Il y a dans chaque état un certain nombre de familles qu'on pourrait appeler *co-souveraines*, même dans les monarchies ; car la noblesse, dans ces gouvernements, n'est qu'un prolongement de la souveraineté. Ces familles sont les dépositaires du feu sacré ; il s'éteint lorsqu'elles cessent d'être *vierges*.

C'est une question de savoir si ces familles, une fois éteintes, peuvent être parfaitement remplacées. Il ne faut pas croire au moins, si l'on veut s'exprimer exactement, que les souverains puissent *ennoblir*. Il y a des familles nouvelles qui s'élancent, pour ainsi dire, dans l'administration de l'état ; qui se tirent de l'égalité d'une manière frappante, et s'élèvent entre les autres comme des baliveaux vigoureux au milieu d'un taillis. Les souverains peuvent sanctionner ces ennoblissements naturels ; c'est à quoi se borne leur puissance. S'ils contrarient un trop grand nombre de ces ennoblissements, ou s'ils se permettent d'en faire trop *de leur pleine puissance*, ils travaillent à la destruction de leurs états. La fausse noblesse était une des grandes plaies de la France : d'autres empires moins éclatants en sont fatigués et déshonorés, en attendant d'autres malheurs.

La philosophie moderne, qui aime tant parler de *hasard*, parle surtout du *hasard de la naissance* ; c'est un de ses textes favoris ; mais il n'y a pas plus de hasard sur ce point que sur d'autres : il y a des familles nobles comme il y a des familles souveraines. L'homme peut-il faire un souverain ? Tout au plus il peut servir d'instrument pour déposséder un souverain, et livrer ses états à un autre souverain déjà prince (1). Du reste, il n'a

---

(1) Et même la manière dont le pouvoir humain est employé

jamais existé de famille souveraine dont on puisse assigner l'origine plébéienne : si ce phénomène paraissait, ce serait une époque du monde (1).

Proportion gardée, il en est de la noblesse comme de la souveraineté. Sans entrer dans de plus grands détails, contentons-nous d'observer que si la noblesse abjure les dogmes nationaux, l'état est perdu (2).

Le rôle joué par quelques nobles dans la révolution française, est mille fois, je ne dis pas plus *horrible*, mais

---

dans ces circonstances, est toute propre à l'humilier. C'est ici surtout où l'on peut adresser à l'homme ces paroles de Rousseau : *Montre-moi ta puissance, je te montrerai ta faiblesse.*

(1) On entend dire assez souvent que *si Richard Cromwell avait eu le génie de son père, il eût rendu le protectorat héréditaire dans sa famille.* C'est fort bien dit.

(2) Un savant italien a fait une singulière remarque. Après avoir observé que la noblesse est gardienne naturelle et comme dépositaire de la religion nationale, et que ce caractère est plus frappant à mesure qu'on s'élève vers l'origine des nations et des choses, il ajoute : *Talchè dee esser' un grand segno, che vada a finire una nazione ove i nobili disprezano la Religione natia.* Vico, Principi d'una Scienza nuova, Lib. II.

Lorsque le sacerdoce est membre politique de l'état, et que ses hautes dignités sont occupées, en général, par la haute noblesse, il en résulte la plus forte et la plus durable de toutes les constitutions possibles. Ainsi le philosophisme, qui est le dissolvant universel, vient de faire son chef-d'œuvre sur la monarchie française.

plus *terrible* que tout ce que nous avons vu pendant cette révolution.

Il n'a pas existé de signe plus effrayant, plus décisif, de l'épouvantable jugement porté sur la monarchie française.

On demandera peut-être ce que ces fautes peuvent avoir de commun avec les émigrés, qui les détestent. Je réponds que les individus qui composent les nations, les familles, et même les corps politiques, sont solidaires ; c'est un fait. Je réponds en second lieu, que les causes de ce que souffre la noblesse émigrée, sont bien antérieures à l'émigration. La différence que nous apercevons entre tels et tels nobles français, n'est, aux yeux de Dieu, qu'une différence de longitude et de latitude : ce n'est pas parce qu'on est ici ou là, qu'on est ce qu'on doit être : *et tous ceux qui disent : Seigneur ! Seigneur ! n'entreront pas dans le royaume.* Les hommes ne peuvent juger que par l'extérieur ; mais tel noble, à Coblentz, pouvait avoir de plus grands reproches à se faire, que tel noble du côté gauche dans l'assemblée dite *constituante*. Enfin, la noblesse française ne doit s'en prendre qu'à elle-même de tous ses malheurs : et lorsqu'elle en sera bien persuadée, elle aura fait un grand pas. Les exceptions, plus ou moins nombreuses, sont dignes des respects de l'univers ; mais on ne peut parler qu'en général. Aujourd'hui la noblesse malheureuse (qui ne peut souffrir qu'une éclipse) doit courber la tête et se résigner. Un jour elle doit embrasser de bonne grâce *des enfants qu'en son sein elle n'a point portés* : en attendant, elle ne doit plus faire d'efforts extérieurs ; peut-être même serait-il à désirer qu'on ne l'eût jamais vue dans une attitude menaçante. En tous cas, l'émigration fut une erreur, et non un tort : le plus grand nombre croyait obéir à l'honneur.

Numen abire jubet ; prohibent discedere leges.

Le Dieu devait l'emporter.

Il y aurait bien d'autres réflexions à faire sur ce point; tenons-nous-en au fait qui est évident. Les émigrés ne peuvent rien, on peut même ajouter qu'ils ne sont rien ; car tous les jours le nombre en diminue, malgré le gouvernement, par une suite de cette loi invariable de la révolution française, qui veut que tout se fasse malgré les hommes et contre toutes les probabilités. De longs malheurs ayant assoupli les émigrés, tous les jours ils se rapprochent de leurs concitoyens ; l'aigreur disparait ; de part et d'autre on commence à se ressouvenir d'une patrie commune ; on se tend la main, et sur le champ de bataille même, on reconnaît des frères. L'étrange amalgame que nous voyons depuis quelque temps n'a point de cause visible, car ces lois sont les mêmes ; mais il n'en est pas moins réel. Ainsi il est constant que les émigrés ne sont rien par le nombre, qu'ils ne sont rien par la force, et que bientôt ils ne seront plus rien par la haine.

Quant aux passions plus robustes d'un petit nombre d'hommes, on peut négliger de s'en occuper.

Mais il est encore une réflexion importante que je ne dois point passer sous silence. On s'appuie de quelques discours imprudents, échappés à des hommes jeunes, inconsidérés ou aigris par le malheur, pour effrayer les Français sur le retour de ces hommes. J'accorde, pour mettre toutes les suppositions contre moi, que ces discours annoncent réellement des intentions bien arrêtées : croit-on que ceux qui les ont fussent en état de les exécuter après le rétablissement de la monarchie ? On se tromperait fort. Au moment même où le gouvernement légitime se rétablirait, ces hommes n'auraient plus de force que pour obéir. L'anarchie nécessite la vengeance ; l'ordre l'exclut sévèrement. Tel homme qui, dans ce moment, ne parle que de punir, se trouvera alors environné de circonstances qui le forceront à ne vouloir que ce que la loi veut ; et, pour son intérêt même, il sera citoyen tranquille, et laissera la vengeance aux tribunaux. On se laisse toujours éblouir par le même sophisme. *Un parti a sévi, lorsqu'il était dominateur ; donc le parti contraire sévira, lorsqu'il dominera à son tour.* Rien n'est plus faux. En premier lieu, ce sophisme suppose qu'il y a de part et d'autre la même somme de vices ; ce qui n'est pas assurément. Sans insister beaucoup sur les vertus des royalistes, je suis sûr au moins d'avoir pour moi la conscience universelle, lorsque j'affirmerai simplement qu'il y en a moins du côté de la république. D'ailleurs, les préjugés seuls, séparés des vertus, assureraient la France qu'elle ne peut souffrir de la part des royalistes rien de semblable à ce qu'elle a éprouvé de leurs ennemis.

L'expérience a déjà préludé sur ce point pour tranquilliser les Français ; ils ont vu, dans plus d'une occasion, que le parti qui avait tout souffert de la part de ses ennemis, n'a pas su s'en venger lorsqu'il les a tenus en son pouvoir. Un petit nombre de vengeances, qui ont fait un si grand bruit, prouvent la même proposition ; car on a vu que le déni de justice le plus scandaleux a pu seul amener ces vengeances, et que personne ne se serait fait justice, si le gouvernement avait pu ou voulu la faire.

Il est, en outre, de la plus grande évidence que l'intérêt le plus pressant du roi sera d'empêcher les vengeances. Ce n'est pas en sortant des maux de l'anarchie, qu'il voudra la ramener ; l'idée même de la violence le fera pâlir, et ce crime sera le seul qu'il ne se croira pas en droit de pardonner.

La France, d'ailleurs, est bien lasse de convulsions et d'horreurs ; elle ne veut plus de sang ; et puisque l'opinion est assez forte dans ce moment pour comprimer le parti qui en voudrait, on peut juger de sa force à l'époque où elle aura le gouvernement pour elle. Après des maux aussi longs et aussi terribles, les Français se reposeront avec délices dans les bras de la monarchie. Toute atteinte contre cette tranquillité serait véritablement un crime de *lèse-nation*, que les tribunaux n'auraient peut-être pas le temps de punir.

Ces raisons sont si convaincantes, que personne ne peut s'y méprendre : aussi, il ne faut point être la dupe de ces écrits où nous voyons une philanthropie hypocrite passer condamnation sur les horreurs de la révolution, et s'appuyer sur ces excès pour établir la nécessité d'en prévenir une seconde. Dans le fait, ils ne condamnent cette révolution que pour ne pas exciter contre eux le cri universel : mais ils l'aiment, ils en aiment les auteurs et les résultats ; et de tous les crimes qu'elle a enfantés, ils ne condamnent guère que ceux dont elle pouvait se passer. Il n'est pas un de ces écrits où l'on ne trouve des preuves évidentes que les auteurs tiennent par inclination au parti qu'ils condamnent par pudeur.

Ainsi, les Français, toujours dupes, le sont dans cette occasion plus que jamais ; ils ont peur pour eux en général, et ils n'ont rien à craindre ; et ils sacrifient leur bonheur pour contenter quelques misérables.

Que si les théories les plus évidentes ne peuvent convaincre les Français, et s'ils ne peuvent encore obtenir d'eux-mêmes de croire que la Providence est la gardienne de l'ordre, et qu'il n'est pas tout à fait égal d'agir contre elle ou avec elle, jugeons au moins de ce qu'elle fera par ce qu'elle a fait ; et si le raisonnement glisse sur nos esprits, croyons au moins à l'histoire, qui est la politique expérimentale. L'Angleterre donna, dans le siècle dernier, à peu près le même spectacle que la France a donné dans le nôtre. Le fanatisme de la liberté, échauffé par celui de la religion, y pénétra les âmes bien plus profondément qu'il ne l'a fait en France, où le culte de la liberté s'appuie sur le néant. Quelle différence, d'ailleurs, dans le caractère des deux nations, et dans celui des acteurs qui ont joué un rôle sur les deux scènes ! Où sont, je ne dis pas les Hamden, mais les Cromwell de la France ? Et cependant, malgré le fanatisme brûlant des républicains, malgré la fermeté réfléchie du caractère national, malgré les terreurs trop motivées des nombreux coupables et surtout de l'armée, le rétablissement de la monarchie causa-t-il, en Angleterre, des déchirements semblables à ceux qu'avait enfantés une révolution régicide? Qu'on nous montre les vengeances atroces des royalistes. Quelques régicides périrent par l'autorité des lois ; du reste, il n'y eut ni combats, ni vengeances particulières. Le retour du roi ne fut marqué que par un cri de joie, qui retentit dans toute l'Angleterre ; tous les ennemis s'embrassèrent. Le roi, surpris de ce qu'il voyait, s'écriait avec attendrissement : *N'est-ce point ma faute, si j'ai été repoussé si longtemps par un si bon peuple !* L'illustre Clarendon, témoin et historien intègre de ces grands évènements, nous dit *qu'on ne savait plus où était ce peuple qui avait commis tant d'excès, et privé, pendant si longtemps, le roi du bonheur de régner sur d'excellents sujets* (1).

C'est-à-dire que le *peuple* ne reconnaissait plus le *peuple*. On ne saurait mieux dire.

Mais ce grand changement, à quoi tenait-il? A rien, ou, pour mieux dire, à rien de visible : une année auparavant, personne ne le croyait possible. On ne sait pas même s'il fut amené par un royaliste ; car c'est un problème insoluble de savoir à quelle époque Monk commença de bonne foi à servir la monarchie.

Etaient-ce au moins les forces des royalistes qui en imposaient au parti contraire? Nullement : Monk n'avait que six mille hommes ; les républicains en avaient cinq

---

(1) Hume, tome X, chap. LXXII, an. 1660.

ou six fois davantage : ils occupaient tous les emplois, et ils possédaient militairement le royaume entier. Cependant Monk ne fut pas dans le cas de livrer un seul combat : tout se fit sans effort et comme par enchantement : il en sera de même en France. Le retour à l'ordre ne peut être douloureux, parce qu'il sera naturel, et parce qu'il sera favorisé par une force secrète, dont l'action est toute créatrice. On verra précisément le contraire de tout ce qu'on a vu. Au lieu de ces commotions violentes, de ces déchirements douloureux, de ces oscillations perpétuelles et désespérantes, une certaine stabilité, un repos indéfinissable, un bien-aise universel, annonceront la présence de la souveraineté. Il n'y aura point de secousses, point de violences, point de supplices même, excepté ceux que la véritable nation approuvera ; le crime même et les usurpations seront traités avec une sévérité mesurée, avec une justice calme qui n'appartient qu'au pouvoir légitime : le roi touchera les plaies de l'état d'une main timide et paternelle. Enfin, c'est ici la grande vérité dont les Français ne sauraient trop se pénétrer : le rétablissement de la monarchie, qu'on appelle *contre-révolution*, ne sera point une *révolution contraire*, mais le *contraire de la révolution*.

CHAPITRE XI.

Fragment d'une histoire de la révolution anglaise, par David Hume (1).

EADEM MUTATA RESURGO.

..... Le long parlement déclara, par un serment solennel, qu'il ne pouvait être dissous, pag. 181. Pour assurer sa puissance, il ne cessait d'agir sur l'esprit du peuple : tantôt il échauffait les esprits par des adresses artificieuses, pag. 176 ; et tantôt il se faisait envoyer, de toutes les parties du royaume, des pétitions dans le sens de la révolution, p. 133. L'abus de la presse était porté au comble : des clubs nombreux produisaient de toutes parts des tumultes bruyants : le fanatisme avait sa langue particulière; c'était un jargon nouveau, inventé par la fureur et l'hypocrisie du temps, p. 131. La manie universelle était d'invectiver contre les anciens

---

(1) Je cite l'édition anglaise de Bâle, 12 volumes in-8°, chez Legrand, 1789.

abus, pag. 129. Toutes les institutions furent renversées l'une après l'autre, pag. 125, 188. Le bill de *Self-deniance* et le *New-model* désorganisèrent absolument l'armée, et lui donnèrent une nouvelle forme et une nouvelle composition, qui forcèrent une foule d'anciens officiers à renvoyer leurs commissions, pag. 13. Tous les crimes étaient mis sur le compte des royalistes, p. 148; et l'art de tromper le peuple et de l'effrayer fut porté au point, qu'on parvint à lui faire croire que les royalistes avaient miné la Tamise, pag. 177. Point de roi! point de noblesse! égalité universelle! c'était le cri général, pag. 87. Mais au milieu de l'effervescence populaire, on distinguait la secte exagérée des *Indépendants*, qui finit par enchaîner le long parlement, pag. 374.

Contre un tel orage, la bonté du roi était inutile; les concessions mêmes faites à son peuple étaient calomniées comme faites sans bonne foi, p. 186.

C'était par ces préliminaires que les rebelles avaient préparé la perte de Charles Ier; mais un simple assassinat n'eût point rempli leur vues ce crime n'aurait pas été national; la honte et le danger ne seraient tombés que sur les meurtriers. Il fallait donc imaginer un autre plan; il fallait étonner l'univers par une procédure inouïe, se parer des dehors de la justice, et couvrir la cruauté par l'audace; il fallait, en un mot, en fanatisant le peuple par les notions d'une égalité parfaite, s'assurer l'obéissance du grand nombre, et former insensiblement une coalition générale contre la royauté, tom. 10, pag. 91.

L'anéantissement de la monarchie fut le préliminaire de la mort du roi. Ce prince fut détrôné de fait, et la constitution anglaise fut renversée (en 1648) par le bill de *non-adresse*, qui le sépara de la constitution.

Bientôt les calomnies les plus atroces et les plus ridicules furent répandues sur le compte du roi, pour tuer le respect qui est la sauvegarde des trônes. Les rebelles n'oublièrent rien pour noircir sa réputation ; ils l'accusèrent d'avoir livré des places aux ennemis de l'Angleterre, d'avoir fait couler le sang de ses sujets. C'est par la calomnie qu'ils se préparaient à la violence, pag. 94.

Pendant la prison du roi au château de Carisborne, les usurpateurs du pouvoir s'appliquèrent à accumuler sur la tête de ce malheureux prince tous les genres de dureté. On le priva de ses serviteurs ; on ne lui permit point de communiquer avec ses amis : aucune société, aucune distraction, ne lui étaient permises pour adoucir la mélancolie de ses pensées. Il s'attendait d'être, à tout instant, assassiné ou empoisonné (1) ; car l'idée d'un jugement n'entrait point dans sa pensée, pag. 59 et 95.

Pendant que le roi souffrait cruellement dans sa prison, le parlement faisait publier qu'il s'y trouvait fort bien, et qu'il était de fort bonne humeur, *ibid*. (2).

La grande source dont le roi tirait toutes ses consolations, au milieu des calamités qui l'accablaient, était

---

(1) C'était aussi l'opinion de Louis XVI. Voyez son éloge historique.

(2) On se rappelle avoir lu, dans le journal de Condorcet, un morceau sur le bon appétit du roi à son retour de Varennes.

sans doute la religion. Ce principe n'avait chez lui rien de dur ni d'austère, rien qui lui inspirât du ressentiment contre ses ennemis, ou qui pût l'alarmer sur l'avenir. Tandis que tout portait autour de lui un aspect hostile ; tandis que sa famille, ses parents, ses amis étaient éloignés de lui ou dans l'impuissance de lui être utiles, il se jetait avec confiance dans les bras du grand Etre, dont la puissance pénètre et soutient l'univers, et dont les châtiments, reçus avec piété et résignation, paraissaient au roi les gages les plus certains d'une récompense infinie, p. 95 et 96.

Les gens de loi se conduisirent mal dans cette circonstance. Bradshaw, qui était de cette profession, ne rougit pas de présider le tribunal qui condamna le roi ; et Coke se rendit partie publique pour le peuple, pag. 123. Le tribunal fut composé d'officiers de l'armée révoltée, de membres de la chambre basse, et de bourgeois de Londres ; presque tous étaient de basse extraction, p. 123.

Charles ne doutait pas de sa mort ; il savait qu'un roi est rarement détrôné sans périr ; mais il croyait plutôt à un meurtre qu'à un jugement solennel, pag. 122.

Dans sa prison il était déjà détrôné : on avait écarté de lui toute la pompe de son rang, et les personnes qui l'approchaient avaient reçu ordre de le traiter sans aucune marque de respect, pag. 122. Bientôt il s'habitua à supporter les familiarités et même l'insolence de ces hommes, comme il avait supporté ses autres malheurs, pag. 123.

Les juges du roi s'intitulaient les *représentants du peuple*, pag. 124. Du peuple... principe unique de tout pouvoir légitime, pag. 127, et l'acte d'accusation portait : *Qu'abusant du pouvoir limité qui lui avait été confié, il avait tâché traîtreusement et malicieusement d'élever un pouvoir illimité et tyrannique sur les ruines de la liberté.*

Après la lecture de l'acte, le président dit au roi *qu'il pouvait parler*. Charles montra dans ses réponses beaucoup de présence d'esprit et de force d'âme, pag. 125. Et tout le monde est d'accord que sa conduite, dans cette dernière scène de sa vie, honore sa mémoire, pag. 127. Ferme et intrépide, il mit dans toutes ses réponses la plus grande clarté et la plus grande justesse de pensée et d'expression, pag. 128. Toujours doux, toujours égal, le pouvoir injuste qu'on exerçait sur lui, ne put le faire sortir des bornes de la modération. Son âme, sans effort et sans affectation, semblait être dans son assiette ordinaire, et contempler avec mépris les efforts de l'injustice et de la méchanceté des hommes, pag. 128.

Le peuple, en général, demeura dans ce silence qui est le résultat des grandes passions comprimées ; mais les soldats, travaillés par tous les genres de séductions, parvinrent enfin jusqu'à une espèce de rage, et regardaient comme un titre de gloire le crime affreux dont ils se souillaient, pag. 130.

On accorda trois jours de sursis au roi ; il passa ce temps tranquillement, et l'employa en grande partie à la lecture et à des exercices de piété : il lui fut permis de voir sa famille, qui reçut de lui d'excellents avis et de grandes marques de tendresse, pag. 130. Il dormit paisiblement, à son ordinaire, pendant les nuits qui précédèrent son supplice. Le matin du jour fatal, il se leva de très-bonne heure, et donna des soins particuliers à son habillement. Un ministre de la religion, qui possédait ce caractère doux et ces vertus solides qui distinguaient le roi, l'assista dans ses derniers moments, pag. 132.

L'échafaud fut placé, à dessein, en face du palais, pour montrer d'une manière plus frappante la victoire remportée par la justice du peuple sur la majesté royale. Lorsque le roi fut monté sur l'échafaud, il le trouva environné d'une force armée si considérable, qu'il ne put se flatter d'être entendu par le peuple, de manière qu'il fut obligé d'adresser ses dernières paroles au petit nombre de personnes qui se trouvaient auprès de lui. Il pardonna à ses ennemis ; il n'accusa personne ; il fit des vœux pour son peuple. SIRE, lui dit le prélat qui l'assistait, *encore un pas! Il est difficile, mais il est court, et il doit vous conduire au ciel.* — Je vais, répondit le roi, *changer une couronne périssable contre une incorruptible et un bonheur inaltérable.*

Un seul coup sépara la tête du corps. Le bourreau la montra au peuple, toute dégouttante de sang, et en criant à haute voix : *Voilà la tête d'un traître?* pag. 132 et 133.

Ce prince mérita plutôt le titre de *bon* que celui de *grand*. Quelquefois il nuisit aux affaires en déférant mal à propos à l'avis des personnes d'une capacité inférieure à la sienne. Il était plus propre à conduire un gouvernement régulier et paisible, qu'à éluder ou repousser les assauts d'une assemblée populaire, pag. 136 ; mais, s'il n'eut pas le courage d'agir, il eut toujours celui de souffrir. Il naquit, pour son malheur, dans des temps difficiles ; et, s'il n'eut point assez d'habileté pour se tirer d'une position aussi embarrassante, il est aisé de l'excuser, puisque même après l'évènement, où il est communément aisé d'apercevoir toutes les erreurs, c'est encore un grand problème de savoir ce qu'il aurait dû faire, pag. 137. Exposé sans secours au choc des passions les plus haineuses et les plus implacables, il ne lui fut jamais possible de commettre la moindre erreur sans attirer sur lui les plus fatales conséquences ; position dont la difficulté passe les forces du plus grand talent, p. 137.

On a voulu jeter des doutes sur sa bonne foi : mais l'examen le plus scrupuleux de sa conduite, qui est aujourd'hui parfaitement connue, réfute pleinement cette accusation ; au contraire, si l'on considère les circonstances excessivement épineuses dont il se vit entouré, si l'on compare sa conduite à ses déclarations, on sera forcé d'avouer que l'honneur et la probité formaient la partie la plus saillante de son caractère, p. 137.

La mort du roi mit le sceau à la destruction de la monarchie. Elle fut anéantie par un décret exprès du corps législatif. On grava un sceau national, avec la légende : L'AN PREMIER DE LA LIBERTÉ. Toutes les formes changèrent, et le nom du roi disparut de toute part devant ceux des représentants du peuple, p. 142. Le *banc du roi* s'appela le *banc national*. La statue du roi élevée à la Bourse fut renversée ; et l'on grava ces mots sur le piédestal : EXIIT TYRANNUS REGUM ULTIMUS, p. 143.

Charles, en mourant, laissa à ses peuples une image de lui-même (ΕΙΚΩΝ ΒΑΣΙΛΙΚΗ) dans cet écrit fameux, chef-d'œuvre d'élégance, de candeur et de simplicité. Cette pièce, qui ne respire que la piété, la douceur et l'humilité, fit une impression profonde sur les esprits. Plusieurs sont allés jusqu'à croire que c'est à elle qu'il fallait attribuer le rétablissement de la monarchie, p. 146.

Il est rare que le peuple gagne quelque chose aux révolutions qui changent la forme des gouvernements, par la raison que le nouvel établissement, nécessairement jaloux et défiant, a besoin, pour se soutenir, de plus de dépense et de sévérité que l'ancien, p. 100.

Jamais la vérité de cette observation ne s'était fait sentir plus vivement que dans cette occasion. Les déclamations contre quelques abus dans l'administration de la justice et des finances avaient soulevé le peuple ; et, pour prix de la victoire qu'il obtint sur la monarchie, il se trouva chargé d'une foule d'impôts inconnus jusqu'à cette époque. A peine le gouvernement daignait-il se parer d'une ombre de justice et de liberté. Tous les emplois furent confiés à la plus abjecte populace, qui se trouvait ainsi élevée au-dessus de tout ce qu'elle avait respecté jusqu'alors. Des hypocrites se livraient à tous les genres d'injustices sous le masque de la religion, p. 100. Ils exigeaient des emprunts forcés et exorbitants de tous ceux qu'ils déclaraient suspects. Jamais l'Angleterre n'avait vu de gouvernement aussi dur et aussi arbitraire que celui de ces patrons de la liberté, p. 112, 113.

Le premier acte du long parlement avait été un serment, par lequel il déclara qu'il ne pouvait être dissous, p. 181.

La confusion générale qui suivit la mort du roi, ne résultait pas moins de l'esprit d'innovation, qui était la maladie du jour, que de la destruction des anciens pouvoirs. Chacun voulait faire sa république ; chacun avait ses plans, qu'il voulait faire adopter à ses concitoyens par force ou par persuasion : mais ces plans n'étaient que des chimères étrangères à l'expérience, et qui ne se recommandaient à la foule que par le jargon à la mode et l'éloquence populacière, p. 147. Les *égaliseurs* rejetaient toute espèce de dépendance et de subordination (1). Une secte particulière attendait le règne de mille ans (2) ; les *Antinomiens* soutenaient que les obligations de la morale et de la loi naturelle étaient suspendues. Un parti considérable prêchait contre les dimes et les abus du sacerdoce : ils prétendaient que l'état ne devait protéger ni solder aucun culte, laissant à chacun la liberté de payer celui qui lui conviendrait le mieux. Du reste, toutes les religions étaient tolérées, excepté la catholique. Un autre parti invectivait contre la jurisprudence du pays, et contre les maîtres qui l'enseignaient ; et sous le prétexte de simplifier l'administration de la justice, il proposait de renverser tout le

---

(1) *Nous voulons un gouvernement..... où les distinctions ne naissent que de l'égalité même; où le citoyen soit soumis au magistrat, le magistrat au peuple, et le peuple à la justice.* Robespierre. Voyez le Moniteur du 7 février 1794.

(2) Il ne faut point passer légèrement sur ce trait de conformité.

système de la législation anglaise, comme trop liée au gouvernement monarchique, p. 148. Les républicains ardents abolirent les noms de baptême, pour leur substituer des noms extravagants, analogues à l'esprit de la révolution, p. 242. Ils décidèrent que le mariage, n'étant qu'un simple contrat, devait être célébré par-devant les magistrats civils, p. 242. Enfin, c'est une tradition en Angleterre, qu'ils poussèrent le fanatisme au point de supprimer le mot *royaume* dans l'oraison dominicale, disant : *Que votre république arrive*. Quant à l'idée d'une *propagande* à l'imitation de celle de Rome, elle appartient à Cromwel, p. 285.

Les républicains moins fanatiques ne se mettaient pas moins au-dessus de toutes les lois, de toutes les promesses, de tous les serments. Tous les liens de la société étaient relâchés, et les passions les plus dangereuses s'envenimaient davantage, en s'appuyant sur des maximes spéculatives encore plus antisociales, p. 148.

Les royalistes, privés de leurs propriétés et chassés de tous les emplois, voyaient avec horreur leurs ignobles ennemis qui les écrasaient de leur puissance : ils conservaient, par principe et par sentiment, la plus tendre affection pour la famille de l'infortuné souverain, dont ils ne cessaient d'honorer la mémoire, et de déplorer la fin tragique.

D'un autre côté, les presbytériens, fondateurs de la république, dont l'influence avait fait valoir les armes du long parlement, étaient indignés de voir que le pouvoir leur échappait, et que, par la trahison ou l'adresse supérieure de leurs propres associés, ils perdaient tout le fruit de leurs travaux passés. Ce mécontentement les poussait vers le parti royaliste, mais sans pouvoir encore les décider ; il leur restait de grands préjugés à vaincre ; il fallait passer sur bien des craintes, sur bien des jalousies, avant qu'il leur fût possible de s'occuper sincèrement de la restauration d'une famille qu'ils avaient si cruellement offensée.

Après avoir assassiné leur roi avec tant de formes apparentes de justice et de solennité, mais dans le fait avec tant de violence et même de rage, ces hommes pensèrent à se donner une forme régulière de gouvernement : ils établirent un grand comité ou conseil d'état, qui était revêtu du pouvoir exécutif. Ce conseil commandait aux forces de terre et de mer : il recevait toutes les adresses, faisait exécuter les lois, et préparait toutes les affaires qui devaient être soumises au parlement, p. 150, 151. L'administration était divisée entre plusieurs comités, qui s'étaient emparés de tout, p. 134, et ne rendirent jamais de compte, pag. 166, 167.

Quoique les usurpateurs du pouvoir, par leur caractère et par la nature des instruments qu'ils employaient, fussent bien plus propres aux entreprises vigoureuses qu'aux méditations de la législature, p. 209, cependant l'assemblée en corps avait l'air de ne s'occuper que de la législation du pays. A l'en croire, elle travaillait à un nouveau plan de représentation, et dès qu'elle aurait achevé la constitution, elle ne tarderait pas de rendre au peuple le pouvoir dont il était la source, p. 151.

En attendant, les représentants du peuple jugèrent à propos d'étendre les lois de haute trahison fort au delà des bornes fixées par l'ancien gouvernement. De simples discours, des intentions même, quoiqu'elles ne se fussent manifestées par aucun acte extérieur, portèrent le nom de *conspiration*. Affirmer que le gouvernement actuel n'était pas légitime ; soutenir que l'assemblée des représentants ou le comité exerçaient un pouvoir tyrannique ou illégal ; chercher à renverser leur autorité, ou exciter contre eux quelque mouvement séditieux, c'était se rendre coupable de haute trahison. Ce pouvoir d'emprisonner dont on avait privé le roi, on jugea nécessaire d'en investir le comité, et toutes les prisons d'Angleterre furent remplies d'hommes que les passions du parti dominant présentaient comme suspects, p. 163.

C'était une grande jouissance pour les nouveaux maîtres de dépouiller les seigneurs de leurs noms de terre ; et lorsque le brave Montrose fut exécuté en Ecosse, ses juges ne manquèrent pas de l'appeler *Jacques Graham*, p. 180.

Outre les impositions inconnues jusqu'alors et continuées sévèrement, on levait sur le peuple quatre-vingt-dix mille livres sterlings par mois, pour l'entretien des armées. Les sommes immenses que les usurpateurs du pouvoir tiraient des biens de la couronne, de ceux du clergé et des royalistes, ne suffisaient pas aux dépenses énormes, ou, comme on le disait, aux *déprédations* du parlement et de ses créatures, p. 163, 164.

Les palais du roi furent pillés, et son mobilier fut mis à l'encan ; ses tableaux, vendus à vil prix, enrichirent toutes les collections de l'Europe ; des portefeuilles qui avaient coûté 50,000 guinées, furent donnés pour 300, p. 388.

Les prétendus représentants du peuple n'avaient, dans le fond, aucune popularité. Incapables de pensées élevées et de grandes conceptions, rien n'était moins fait pour eux que le rôle de législateurs. Egoïstes et hypocrites, ils avançaient si lentement dans le grand œuvre de la constitution, que la nation commença à craindre que leur intention ne fût de se perpétuer dans leurs places, et de partager le pouvoir entre soixante ou soixante-dix personnes, qui s'intitulaient *les représentants de la république anglaise.* Tout en se vantant de rétablir la nation dans ses droits, ils violaient les plus précieux de ces droits, dont elle avait joui de temps immémorial : ils n'osaient confier leurs jugements de conspiration à des tribunaux réguliers qui auraient mal servi leurs vues : ils établirent donc un tribunal extraordinaire, qui recevait les actes d'accusation portés par le comité, p. 206, 207. Ce tribunal était composé d'hommes dévoués au parti dominant, sans noms, sans caractère, et capables de tout sacrifier à leur sûreté et à leur ambition.

Quant aux royalistes pris les armes à la main, un conseil militaire les envoyait à la mort, p. 207.

La faction qui s'était emparée du pouvoir disposait d'une puissante armée ; c'était assez pour cette faction, quoiqu'elle ne formât que la très-petite minorité de la nation, p. 149. Telle est la force d'un gouvernement quelconque une fois établi, que cette république, quoique fondée sur l'usurpation la plus inique et la plus contraire aux intérêts du peuple, avait cependant la force de lever, dans toutes les provinces, des soldats nationaux, qui venaient se mêler aux troupes de ligne pour combattre de toutes leurs forces le parti du roi, p. 199. La garde nationale de Londres se battit à Newbury aussi bien que les vieilles bandes (en 1643). Les officiers prêchaient leurs soldats, et les nouveaux républicains marchaient au combat en chantant des hymnes fanatiques, p. 13.

Une armée nombreuse avait le double effet de maintenir dans l'intérieur une autorité despotique, et de frapper de terreur les nations étrangères. Les mêmes mains réunissaient la force des armes et la puissance financière. Les dissensions civiles avaient exalté le génie militaire de la nation. Le renversement universel, produit par la révolution, permettait à des hommes nés dans les dernières classes de la société, de s'élever à des commandements militaires dignes de leur courage et de leurs talents, mais dont l'obscurité de leur naissance les aurait à jamais écartés dans un autre ordre de choses, p. 209. On vit un homme, âgé de cinquante ans (Blake), passer subitement du service de terre à celui de mer, et s'y distinguer de la manière la plus brillante, p. 210. Au milieu des scènes, tantôt ridicules et tantôt déplorables, que donnait le gouvernement civil, la force militaire était conduite avec beaucoup de vigueur, d'ensemble et d'intelligence, et jamais l'Angleterre ne s'était montrée si redoutable aux yeux des puissances étrangères, p. 248.

Un gouvernement entièrement militaire et despotique est presque sûr de tomber, au bout de quelque temps, dans un état de langueur et d'impuissance ; mais, lorsqu'il succède immédiatement à un gouvernement légitime, il peut dans les premiers moments déployer une force surprenante ; parce qu'il emploie avec violence les moyens accumulés par la douceur. C'est le spectacle que présenta l'Angleterre à cette époque. Le caractère doux et pacifique de ses deux derniers rois, l'embarras des finances et la sécurité parfaite où elle se trouvait à l'égard de ses voisins, l'avaient rendue inattentive sur la politique extérieure ; en sorte que l'Angleterre avait, en quelque manière, perdu le rang qui lui appartenait dans le système général de l'Europe ; mais le gouvernement républicain le lui rendit subitement, p. 263. Quoique la révolution eût coûté des flots de sang à l'Angleterre, jamais elle ne parut si formidable à ses voisins, p. 209, et à toutes nations étraugères, p. 248. Jamais, durant les règnes des plus justes et des plus braves de ses rois, son poids dans la balance politique ne fut senti aussi vivement que sous l'empire des plus violents et des plus odieux usurpateurs, p. 263.

Le parlement, enorgueilli par ses succès, pensait que rien ne pouvait résister à l'effort de ses armes ; il traitait avec la plus grande hauteur les puissances du second ordre ; et pour des offenses réelles ou prétendues, il déclarait la guerre, ou exigeait des satisfactions solennelles, p. 221.

Ce fameux parlement, qui avait rempli l'Europe du bruit de ses crimes et de ses succès, se vit cependant enchaîné par un seul homme, p. 128 ; et les nations étrangères ne pouvaient s'expliquer à elles-mêmes comment un peuple si turbulent, si impétueux, qui, pour reconquérir ce qu'il appelait *ses droits usurpés*, avait détrôné et assassiné un excellent prince, issu d'une longue suite de rois ; comment, dis-je, ce peuple était devenu l'esclave d'un homme naguère inconnu de la nation, et dont le nom était à peine prononcé dans la sphère obscure où il était né, p. 236 (1).

Mais cette même tyrannie, qui opprimait l'Angleterre au dedans, lui donnait au dehors une considération dont elle n'avait pas joui depuis l'avant-dernier règne. Le peuple anglais semblait s'ennoblir par ses succès extérieurs, à mesure qu'il s'avilissait chez lui par le joug qu'il supportait ; et la vanité nationale, flattée par le rôle imposant que l'Angleterre jouait au dehors, souffrait moins impatiemment les cruautés et les outrages qu'elle se voyait forcée de dévorer, p. 280, 281.

Il semble à propos de jeter un coup d'œil sur l'état général de l'Europe à cette époque, et de considérer les relations de l'Angleterre, et sa conduite envers les puissances voisines, p. 262.

Richelieu était alors premier ministre de France. Ce fut lui qui, par ses émissaires, attisa en Angleterre le

---

(1) Les hommes qui réglaient alors les affaires étaient si étrangers aux talents de la législation, qu'on les vit fabriquer en quatre jours l'acte constitutionnel qui plaça Cromwel à la tête de la république. *Ibid.*, pag. 245.

On peut se rappeler à ce sujet cette constitution de 1793, *faite en quelques jours par quelques jeunes gens*, comme on l'a dit à Paris après la chute des ouvriers.

feu de la rébellion. Ensuite, lorsque la cour de France vit que les matériaux de l'incendie étaient suffisamment combustibles, et qu'il avait fait de grands progrès, elle ne jugea plus convenable d'animer les Anglais contre leur souverain ; au contraire, elle offrit sa médiation entre le prince et ses sujets, et soutint avec la famille royale exilée les relations diplomatiques prescrites par la décence, p. 264.

Dans le fond, cependant, Charles ne trouva aucune assistance à Paris, et même on n'y fut pas prodigue de civilités à son égard, p. 170 et 266.

On vit la reine d'Angleterre, fille de Henri IV, tenir le lit à Paris, au milieu de ses parents, faute de bois pour se chauffer, p. 266.

Enfin, le roi jugea à propos de quitter la France, pour s'éviter l'humiliation d'en recevoir l'ordre, p. 267.

L'Espagne fut la première puissance qui reconnut la république, quoique la famille royale fût parente de celle d'Angleterre. Elle envoya un ambassadeur à Londres, et en reçut un du parlement, p. 268.

La Suède étant alors au plus haut point de sa grandeur, la nouvelle république rechercha son alliance et l'obtint, p. 263.

Le roi de Portugal avait osé fermer ses ports à l'amiral républicain ; mais bientôt, effrayé par ses pertes et par les dangers terribles d'une lutte trop inégale, il fit toutes les soumissions imaginables à la fière république, qui voulut bien renouer l'ancienne alliance de l'Angleterre et du Portugal.

En Hollande, on aimait le roi, d'autant plus qu'il était

parent de la maison d'Orange, extrêmement chérie du peuple hollandais. On plaignait d'ailleurs ce malheureux prince, autant qu'on abhorrait les meurtriers de son père. Cependant la présence de Charles, qui était venu chercher un asile en Hollande, fatiguait les états généraux, qui craignaient de se compromettre avec ce parlement si redoutable par son pouvoir, et si heureux dans ses entreprises. Il y avait tant de danger à blesser des hommes si hautains, si violents, si précipités dans leurs résolutions, que le gouvernement crut nécessaire de donner une preuve de déférence à la république, en écartant le roi, p. 169.

On vit Mazarin employer toutes les ressources de son génie souple et intrigant, pour captiver l'usurpateur, dont les mains dégouttaient encore du sang d'un roi, proche parent de la famille royale de France. On le vit écrire à Cromwel : *Je regrette que les affaires m'empêchent d'aller en Angleterre présenter mes respects en personne au plus grand homme du monde*, p. 307.

On vit ce même Cromwel traiter d'égal à égal avec le roi de France, et placer son nom avant celui de Louis XIV dans la copie d'un traité entre les deux nations, qui fut envoyée en Angleterre, p. 268 (note).

Enfin, on vit le prince Palatin accepter un emploi ridicule et une pension de huit mille livres sterlings, de ces mêmes hommes qui avaient égorgé son oncle, p. 263 (note).

Tel était l'ascendant de la république à l'extérieur.

Au dedans d'elle-même, l'Angleterre renfermait un grand nombre de personnes qui se faisaient un principe de s'attacher au pouvoir du moment, et de soutenir le gouvernement établi, quel qu'il fût, p. 239. À la tête de ce système était l'illustre et vertueux Blake, qui disait à ses marins : *Notre devoir invariable est de nous battre pour notre patrie, sans nous embarrasser en quelles mains réside le gouvernement*, p. 279.

Contre un ordre de choses aussi bien établi, les royalistes ne firent que de fausses entreprises, qui tournèrent contre eux. Le gouvernement avait des espions de tous côtés, et il n'était pas fort difficile d'éventer les projets d'un parti plus distingué par son zèle et sa fidélité que par sa prudence et par sa discrétion, p. 259. Une des grandes erreurs des royalistes était de croire que tous les ennemis du gouvernement étaient de leur parti : ils ne voyaient pas que les premiers révolutionnaires, dépouillés du pouvoir par une faction nouvelle, n'avaient pas d'autre cause de mécontentement, et qu'ils étaient moins éloignés du pouvoir actuel que de la monarchie, dont le rétablissement les menaçait des plus terribles vengeances, p. 259.

La situation de ces malheureux, en Angleterre, était déplorable. On ne demandait pas mieux à Londres que ces conspirations imprudentes, qui justifiaient les mesures les plus tyranniques, p. 260. Les royalistes furent emprisonnés : on prit la dixième partie de leurs biens, pour indemniser la république des frais que lui coûtaient les attaques hostiles de ses ennemis. Ils ne pouvaient se racheter que par des sommes considérables ; un grand nombre fut réduit à la dernière misère. Il suffisait d'être suspect pour être écrasé par toutes ces exactions, p. 260, 261.

Plus de la moitié des biens meubles et immeubles, rentes et revenus du royaume, était séquestrée. On était touché de la ruine et de la désolation d'une foule de familles anciennes et honorables, ruinées pour avoir fait leur devoir, p. 66, 67. L'état du clergé n'était pas moins déplorable : plus de la moitié de ce corps était réduit à la mendicité, sans autre crime que son attachement aux principes civils et religieux, garantis par les lois sous l'empire desquelles ils avaient choisi leur état, et par le refus d'un serment qu'ils avaient en horreur, p. 67.

Le roi, qui connaissait l'état des choses et des esprits, avertissait les royalistes de se tenir en repos, et de cacher leurs véritables sentiments sous le masque républicain, p. 254. Pour lui, pauvre et négligé, il errait en Europe, changeant d'asile suivant les circonstances, et se consolant de ses calamités présentes par l'espoir d'un meilleur avenir, p. 152.

Mais la cause de ce malheureux monarque paraissait à l'univers entier absolument désespérée, p. 341, d'autant plus que, pour sceller ses malheurs, toutes les communes d'Angleterre venaient de signer, sans hésiter, l'engagement solennel de maintenir la forme actuelle du gouvernement, pag. 325 (1). Ses amis avaient été malheureux dans toutes les entreprises qu'ils avaient

---

(1) En 1659, une année avant la restauration !!! Je m'incline devant la volonté du peuple.

essayées pour son service, *ibid.* Le sang des plus ardents royalistes avait coulé sur l'échafaud ; d'autres, en grand nombre, avaient perdu leur courage dans les prisons ; tous étaient ruinés par les confiscations, les amendes et les impôts extraordinaires. Personne n'osait s'avouer royaliste ; et ce parti paraissait si peu nombreux aux yeux superficiels, que si jamais la nation était libre dans son choix (ce qui ne paraissait pas du tout probable), il paraissait très-douteux de savoir quelle forme de gouvernement elle se donnerait, p. 342. Mais, au milieu de ces apparences sinistres, *la fortune* (1), par un retour extraordinaire, aplanissait au roi le chemin du trône, et le ramenait en paix et en triomphe au rang de ses ancêtres, pag. 342.

Lorsque Monk commença à mettre ses grands projets en exécution, la nation était tombée dans une anarchie complète. Ce général n'avait que six mille hommes, et les forces qu'on pouvait lui opposer étaient cinq fois plus fortes. Dans sa route à Londres, l'élite des habitants de chaque province accourait sur ses pas, et le priait de vouloir bien être l'instrument qui rendrait à la nation la paix, la tranquillité et la jouissance de ces franchises qui appartenaient aux Anglais par droit de naissance, et dont ils avaient été privés si longtemps par des circonstances malheureuses, pag. 352. On attendait surtout de lui la convocation légale d'un nou-

---

(1) Sans doute !

veau parlement, pag. 353. Les excès de la tyrannie et ceux de l'anarchie, le souvenir du passé, la crainte de l'avenir, l'indignation contre les excès du pouvoir militaire, tous ces sentiments réunis avaient rapproché les partis et formé une coalition tacite entre les royalistes et les presbytériens. Ceux-ci convenaient qu'ils avaient été trop loin, et les leçons de l'expérience les réunissaient enfin au reste de l'Angleterre pour désirer un roi, seul remède à tant de maux, pag. 333, 353 (1).

Monk n'avait point cependant encore l'intention de répondre au vœu de ses concitoyens, pag. 353. Ce sera même toujours un problème de savoir à quelle époque il voulut un roi de bonne foi, pag. 345. Lorsqu'il fut arrivé à Londres, il se félicita, dans son discours au parlement, d'avoir été choisi par la Providence pour la restauration de ce corps, p. 354. Il ajouta que c'était au parlement actuel qu'il appartenait de prononcer sur la nécessité d'une nouvelle convocation, et que, s'il se rendait aux vœux de la nation sur ce point important, il suffirait, pour la sûreté publique, d'exclure de la nouvelle assemblée les fanatiques et les royalistes, deux espèces d'hommes faites pour détruire le gouvernement ou la liberté, pag. 355.

---

(1) En 1659. Quatre ans plus tôt, les royalistes, suivant ce même historien, se trompaient lourdement, lorsqu'ils s'imaginaient que les ennemis du gouvernement étaient les amis du roi. Voyez ci-devant, pag. 176.

Il servit même le long parlement dans une mesure violente, pag. 356. Mais, dès qu'il se fut enfin décidé pour une nouvelle convocation, tout le royaume fut transporté de joie. Les royalistes et les presbytériens s'embrassaient et se réunissaient pour maudire leurs tyrans, pag. 358. Il ne restait à ceux-ci que quelques hommes désespérés, pag. 353 (1).

Les républicains décidés, et surtout les juges du roi, ne s'oublièrent pas dans cette occasion. Par eux ou par leurs émissaires, ils représentaient aux soldats que tous les actes de bravoure qui les avaient illustrés aux yeux du parlement, seraient des crimes à ceux des royalistes, dont les vengeances n'auraient point de bornes ; qu'il ne fallait pas croire à toutes les protestations d'oubli et de clémence ; que l'exécution du roi, celle de tant de nobles, et l'emprisonnement du reste, étaient des crimes impardonnables aux yeux des royalistes, pag. 366.

Mais l'accord de tous les partis formait un de ces torrents populaires que rien ne peut arrêter. Les fanatiques mêmes étaient désarmés ; et, suspendus entre le désespoir et l'étonnement, ils laissaient faire ce qu'ils ne pouvaient empêcher, pag. 363. La nation voulait, *avec une ardeur infinie*, quoique en silence, le rétablissement

---

(1) En 1660 ; mais en 1655 *ils craignaient bien plus le rétablissement de la monarchie, qu'ils ne haïssaient le gouvernement établi*, pag. 176.

de la monarchie, *ibid*. (1). Les républicains, *qui se trouvaient encore à cette époque maîtres du royaume* (2), voulurent alors parler de *conditions* et rappeler d'anciennes propositions ; mais l'opinion publique réprouvait ces capitulations avec le souverain. L'idée seule de négociations et de délais effrayait des hommes harassés par tant de souffrances. D'ailleurs, l'enthousiasme de la liberté, porté au dernier excès, avait fait place, par un mouvement naturel, à un esprit général de loyauté et de subordination. Après les concessions faites à la nation par le feu roi, la constitution anglaise paraissait suffisamment consolidée, pag. 364.

Le parlement, dont les fonctions étaient sur le point d'expirer, avait bien fait une loi pour interdire au peuple la faculté d'élire certaines personnes à la prochaine assemblée, p. 365 ; car il sentait bien que, dans les circonstances actuelles, convoquer librement la nation, c'était rappeler le roi, pag. 364. Mais le peuple se moqua de la loi, et nomma les députés qui lui convinrent, pag. 365.

Telle était la disposition générale des esprits, lorsque...

Cœtera DESIDERANTUR.

---

(1) Mais l'année précédente, LE PEUPLE signait, *sans hésiter*, l'engagement de maintenir la république. Ainsi, il ne faut que 365 jours au plus, pour changer dans le cœur de ce souverain, *la haine* ou *l'indifférence* en *ardeur infinie*.

(2) Remarquez bien !

POST-SCRIPTUM.

La nouvelle édition de cet ouvrage touchait à sa fin, lorsque des Français dignes d'une entière confiance m'ont assuré que le livre du *Développement des vrais principes, etc.*, que j'ai cité dans le chap. VIII, contient des maximes que le roi n'approuve point.

« Les magistrats, me disent-ils, auteurs du livre en
« question, réduisent nos états généraux à la faculté de
« faire des doléances, et attribuent aux parlements le
« droit exécutif de vérifier les lois, celles même qui ont
« été rendues sur la demande des états ; c'est-à-dire,
« qu'ils élèvent la magistrature au-dessus de la na-
« tion. »

J'avoue que je n'ai point aperçu cette erreur monstrueuse dans l'ouvrage des magistrats français (qui n'est plus à ma disposition); elle me paraît même exclue par quelques textes de cet ouvrage, cités aux pages 93 et 94 du mien; et l'on a pu voir, dans la note de la page 99, que le livre dont il s'agit a fait naître des objections d'un tout autre genre.

Si, comme on me l'assure, les auteurs se sont écartés des vrais principes sur les droits légitimes de la nation française, je ne m'étonnerais point que leur travail, plein d'ailleurs d'excellentes choses, eût alarmé le roi ; car les personnes mêmes qui n'ont point l'honneur de le connaître, savent, par une foule de témoignages irrécusables, que ces droits sacrés n'ont pas de partisan plus loyal que lui, et qu'on ne pourrait l'offenser plus sensiblement qu'en lui prêtant des systèmes contraires.

Je répète, que je n'ai lu le livre du *Développement, etc.* dans aucune vue systématique. Séparé de mes livres depuis longtemps ; obligé d'employer, non ceux que je cherchais, mais ceux que je trouvais : réduit même à citer souvent de mémoire ou sur des notes prises anciennement, j'avais besoin d'un recueil de cette nature pour rassembler mes idées. Il me fut indiqué (je dois le dire) par le mal qu'en disaient les ennemis de la royauté ; mais s'il contient des erreurs qui m'ont échappé, je les désavoue sincèrement. Etranger à tous les systèmes, à tous les partis, à toutes les haines, par caractère, par réflexion, par position, je serai assurément très-satisfait de tout lecteur qui me lira avec des intentions aussi pures que celles qui ont dicté mon ouvrage.

Si je voulais, au reste, examiner la nature des différents pouvoirs dont se composait l'ancienne constitution française ; si je voulais remonter à la source des équivoques, et présenter des idées claires sur l'essence, les fonctions, les droits, les griefs et les torts des parlements, je sortirais des bornes d'un *post-scriptum*, même de celles de mon ouvrage, et je ferais d'ailleurs une chose parfaitement inutile. Si la nation française revient à son roi, comme tout ami de l'ordre doit le désirer; et si elle a des assemblées nationales régulières, les pouvoirs quelconques viendront naturellement se ranger à leur place, sans contradiction et sans secousse. Dans toutes les suppositions, les prétentions exagérées des parlements, les discussions et les querelles qu'elles ont fait naître, me paraissent appartenir entièrement à l'histoire ancienne.

FIN.

FRAGMENTS

SUR LA FRANCE

I

CARACTÈRE ET INFLUENCE

DE

LA NATION FRANÇAISE

―――•○○§○○•―――

Les nations, comme les individus, ont leur caractère et même leur *mission*; et comme, dans la société des individus, chaque homme reçoit de la nature les traits de sa physionomie morale et une certaine sphère d'activité dans laquelle il s'exerce pour remplir un but secondaire quelconque, vers lequel il s'avance sans le connaître, de même, dans la société des nations, chacune d'elles présente à l'observateur un caractère ineffaçable, résultat de tous les caractères individuels, et marche en corps vers un but plus général et non moins inconnu. Les unes ne sont pourvues que d'une activité médiocre, elles marquent à peine sur la route des siècles ; on en parle peu, et presque toujours elles ont le bonheur à la place de l'éclat.

D'autres au contraire jouent des rôles apparents, mais toujours pour des fins secrètes. Celle-ci est destinée à conquérir, à réunir sous sa puissance plusieurs nations différentes ; celle-là a reçu ordre de la nature de ne pas sortir de ses limites : elle n'est grande que chez elle. L'une brille dans les arts, et l'autre dans les sciences, et telle science appartient plus particulièrement à telle nation. Toutes, enfin, naissent, s'élèvent et meurent pour faire place à d'autres ; et l'observateur qui assiste, l'histoire à la main, à toutes ces vicissitudes, apprend, comme Sulpitius, à se consoler d'être mortel, en contemplant les cadavres des villes et les funérailles des nations.

Parmi les peuples qui ont joué un rôle dans l'histoire moderne, aucun peut-être n'est plus digne d'arrêter l'œil du philosophe que le peuple français. Aucun n'a reçu une destination plus marquée et des qualités plus évidemment faites pour la remplir. La France, telle qu'elle existait avant la révolution (personne ne connait le sort qui l'attend pour l'avenir), était destinée à exercer sur toutes les parties de l'Europe la même suprématie que l'Europe exerce sur les autres contrées de l'univers.

Je doute que la nature ait fait autant pour aucun peuple. La France est placée au centre de l'Europe et il lui est également aisé de se lier avec toutes les puissances environnantes et de rompre leur coalition. Placée entre les deux mers, elle appelle le commerce de toutes les nations, et ses flottes guerrières peuvent atteindre et frapper partout avec une facilité et une célérité sans égales. Il n'existe point de pays aussi bien défendu par la nature et par l'art. L'Océan, la Méditerranée, les Alpes, les Pyrénées, et le Rhin ! Quels confins ! Et derrière ces remparts, voyez ce triple rang de citadelles redoutables élevées ou réparées par le génie de Vauban dont l'ombre désolée gémit d'avoir travaillé pour la Convention nationale.

Cherchez dans l'univers un Etat dont les différentes parties aient une liaison aussi intime et forment un ensemble plus imposant. La France a tout à la fois la masse et le volume ; il n'existe point en Europe de corps politique plus nombreux, plus *compact*, plus difficile à entamer et dont le choc soit plus terrible. Sa population est immense, ses productions infiniment nombreuses et non moins diversifiées. Ses richesses ne tiennent ni à la mode ni à l'opinion ; ses vins, ses huiles, ses bois, ses sels, ses chanvres, etc., la rendent indépendante des autres peuples qui cependant sont obligés de lui payer tribut. Et comme si ce n'était pas assez des richesses naturelles, elle a reçu encore le sceptre de la mode, afin que, régnant également sur les besoins et sur les fantaisies, il ne manque rien à son empire.

Des fleuves superbes sillonnent ce vaste royaume et communiquent entre eux par une foule de rivières navigables qui coulent dans tous les sens et dont les ramifications infinies semblent arrangées par la main d'un ingénieur. Catherine de Médicis n'exagérait pas infiniment lorsqu'elle disait que la France possédait à elle seule autant de rivières navigables que tout le reste de l'Europe (1).

Ce peuple serait terrible pour les autres s'il pouvait être conquérant ; mais il n'a point reçu cette mission. Invincible dans ses foyers, s'il porte ses armes chez les nations étrangères, on voit ses armées, victimes de leurs propres victoires et des vices du caractère national, se fondre et disparaître à l'œil étonné, comme une vapeur légère (2).

---

(1) *Unde Catharina Medicæa Regina Franciæ solita erat dicere, in regno suo plura navigabilia flumina esse quam in reliqua Europa : quæ hyperbole à rei veritate non multum abludit.* (V. *Galliæ descriptio ex probatissimis quibusque scriptoribus collecta.* Elzevir, 1669.)

(2) *Gens armis strenua... indomitæ intra se molis; at ubi in exteros exundat, statim impetus sui oblita : eo modo nec diu externum imperium tenuit, et sola est in exitium sui potens.... Longobardiam, Neapolim, Siciliam et plerasque alias per orbem terrarum provincias, frequentibus victoriis subegere, sed.... per vitia cessere in prædam his ipsis de quibus triumphabant ; lœta semper bellorum initia atroci exitu corrumpentes.* (Jo. Barclaii *Icon animorum.* Cap. 3.)

En méditant ces vérités si frappantes et si bien exprimées, on se convaincra que l'influence politique de la France était fort utile à l'Europe en ce qu'elle suffisait pour maintenir l'équilibre général, et non pour le troubler d'une manière sensible. Les vices mêmes des Français ôtaient à cette influence

Le Français n'est pas fait pour retenir une conquête : son caractère seul la lui arrache ; sur quoi l'*Ami des hommes* a dit assez plaisamment que « les guerriers qui « parviennent à chasser les Français d'un pays conquis « peuvent prendre place au temple de mémoire à côté « des oies du Capitole (1) ».

Mais si les Français ne peuvent dominer par les armes les nations étrangères, ils ont exercé sur elles dans tous les temps une autre espèce de domination bien plus honorable, c'est celle de l'opinion. Du moment où ce peuple fut réuni en corps de nation, il fixa les yeux de l'univers, et l'étonna par un caractère brillant qui fut toujours envié. Charlemagne fut le Sésostris du moyen âge ; ses paladins firent une telle impression sur l'imagination des peuples, qu'ils devinrent les objets d'une espèce de mythologie particulière ; et les Rolands et les Amadis furent pour nos pères ce que Thésée et Hercule furent pour les anciens Grecs.

Pour exercer l'espèce de suprématie qui lui appartient, la France a reçu une langue dominatrice dont le caractère caché est encore un mystère, malgré tout ce

---

ce qu'elle pouvait avoir de dangereux. Si l'Europe reprend son assiette précédente, elle perdrait infiniment à voir substituer à cette influence celle d'autres nations plus calmes, plus réfléchies, plus obstinées, plus capables d'être conquérantes. Mais dans l'état actuel des choses la sagesse consiste à ne rien prédire.

(1) *Ami des hommes*, Tom. II, chap......

qu'on a dit sur ce sujet. Ceux qui nient la supériorité de la langue française admettent précisément un effet sans cause : je ne vois pas en effet qu'il y ait rien à répondre à l'expérience. Avant même que cette langue se fût illustrée par des chefs-d'œuvre dans tous les genres, l'Europe en pressentait la supériorité : on l'aimait, et c'était honneur de la parler. Aujourd'hui son règne, devenu si funeste, n'est que trop incontestable : on a dit mille fois que la langue française est dure et rebelle, et l'on a dit vrai ; mais si l'on croit ainsi en faire la critique, on se trompe fort : semblable à l'acier, le plus intraitable des métaux, mais celui de tous qui reçoit le plus beau poli lorsque l'art est parvenu à le dompter, la langue française, traitée et dominée par les véritables artistes, reçoit entre leurs mains les formes les plus durables et les plus brillantes. Ce qu'on appelle précisément l'art de la parole est éminemment le talent des Français, et c'est par l'art de la parole qu'on règne sur les hommes. Quelqu'un a dit qu'une pensée n'appartient jamais à l'univers avant qu'un écrivain de génie s'en soit emparé et l'ait revêtue d'une expression heureuse. Rien de mieux dit ; et voilà précisément la source de l'influence française : c'est que les bons écrivains de cette nation expriment les choses mieux que ceux de toute nation, et font circuler leurs pensées dans toute l'Europe en moins de temps qu'il n'en faut à un écrivain d'un autre pays pour faire connaître les siennes dans sa province. C'est ce talent, cette qualité distinctive, ce don extraordinaire qui avait rendu les Français les distributeurs de la renommée. L'amour-propre, plus habile et plus fort que l'orgueil national, avait révélé cette vérité aux hommes célèbres de toutes les parties du monde qui ambitionnaient tous, plus ou moins ouvertement, l'approbation des Français, parce qu'ils ne pouvaient se cacher qu'ils étaient condamnés à une réputation locale jusqu'au moment où Paris consentirait à les célébrer. Je ne sais si l'on a observé que la littérature anglaise doit toute sa célébrité aux Français, et qu'elle était parfaitement inconnue au reste de l'Europe avant que la France se fût engouée des productions littéraires de sa rivale. Le trône de cette langue se trouvant placé entre le Nord et le Midi, elle se prête sans trop de difficulté aux organes des autres peuples et devient pour eux un truchement universel et indispensable pour le commerce des pensées.

Avec cette langue *moyenne*, les Français ont reçu de la nature un autre avantage analogue : c'est celui d'un goût qui convient à tout l'univers. On trouvera sans doute chez les écrivains étrangers des traits égaux, supérieurs même en beauté, à tout ce que la France a produit de mieux ; mais ce n'est pas par des traits, c'est par l'ensemble qu'on frappe. Les écrivains français pourraient au reste produire très-aisément de ces sortes de traits ; et si on les rencontre moins fréquemment chez eux, c'est qu'ils ne se livrent à l'enthousiasme qu'avec une hardiesse timide qui veut bien être transportée, mais jamais emportée : c'est là le grand secret du goût : car ce qui n'atteint pas le sublime peut encore être une beauté, mais ce qui le dépasse est à coup sûr une sottise. L'art de dire ce qu'il faut et quand il faut, n'appartient qu'aux Français ; la méthode et l'ordonnance sont leurs qualités distinctives ; et ces hommes si légers, si impétueux, si pressés d'arriver, sont les plus sages la plume à la main. Chez eux vous ne trouverez rien de dur ni d'outré, rien d'obscur ni de déplacé. Constamment élégants et éloquents quand il le faut, le trait le plus saillant ne saurait obtenir grâce pour une platitude, et le mérite des pensées ne peut racheter le défaut du style. *Il écrit mal :* voilà la faute irrémissible, le reproche mortel pour le philosophe, comme pour le poète ou le romancier. On a blâmé quelquefois cette délicatesse des Français, mais c'est encore une erreur : cette délicatesse devait entrer dans le caractère de la nation faite pour régner sur l'opinion par ses écrits.

Dans tous les genres d'éloquence les Français n'ont point de rivaux. Celle du barreau, qui a produit chez eux des chefs-d'œuvre du premier ordre, n'existe pas ailleurs. L'Italie et l'Espagne, si religieuses, et maîtresses de deux langues si sonores, n'ont jamais pu enfanter un sermon que l'Europe ait voulu lire. Hume, qu'on ne peut récuser, dit, quelque part, qu'il a honte d'avouer qu'un avocat français plaidant pour la restitution d'un cheval est plus éloquent que les orateurs de la Grande-Bretagne agitant les plus graves intérêts de la nation dans les chambres du Parlement. Le talent inappréciable dont je parle est si particulièrement l'apanage des Français qu'il ne les abandonne jamais, pas même dans les occasions où il abandonne tous les autres hommes. Les sciences les plus tristes n'ont point d'épines qu'ils ne sachent élaguer : physique, histoire naturelle, astronomie, métaphysique, érudition, politique, ils ont tout expliqué, tout embelli, tout mis à la portée du bon sens ordinaire; et peut-être qu'on ne sait bien une chose en Europe que lorsque les Français l'ont expliquée. L'éloquence appliquée aux objets les plus sérieux et l'art de tout éclaircir sont les deux grands talents de cette nation. La masse des hommes continuellement repoussée du sanctuaire des sciences par le style dur et le goût détestable des ouvrages scientifiques produits par les autres nations, ne résiste pas à la séduction du style et de la méthode française. A peine le génie étranger a-t-il enfanté quelque chose d'intéressant, que l'art français s'empare de la découverte, la tourmente de mille manières, la force de recevoir des formes dont elle s'étonne et s'enorgueillit, et l'envoie dans tout l'univers sur les ailes de la langue universelle; ces livres vont chercher les germes du talent, épars sur le globe, les échauffent, les fécondent et les conduisent à la maturité. Ils apprennent peu de choses aux véritables savants ; mais, ce qui vaut bien mieux, ils les font naître.

L'expérience de tous les temps ne laisse aucun doute sur l'empire que la France a toujours exercé sur l'opinion. Mais aujourd'hui cette influence est si frappante et l'Europe la paie si cher, qu'il n'est plus possible de disputer sur ce point. N'est-ce pas un phénomène incroyable que des hommes essentiellement médiocres pris un à un, et dont le plus habile a des milliers de supérieurs dans l'univers ; que des hommes sans éducation et sans expérience, éloignés par état de toutes les grandes affaires, réunis tout à coup, et forts par le contact comme les lames d'un aimant artificiel qui tirent toute leur force de leur réunion, soient parvenus en cinq ans à donner à tous les peuples de l'Europe la commotion la plus effrayante? On dira, peut-être, que ces hommes ne doivent leurs succès qu'à la nature des dogmes qu'ils prêchent, et qui sont, pour notre malheur, trop séduisants pour le cœur humain. Mais n'y a-t-il donc jamais eu dans l'univers de révoltes ni de trônes renversés avant la révolution de France? Celle qui coûta la tête au malheureux Charles Ier vit éclore les mêmes systèmes, les mêmes exagérations et les mêmes fureurs. Les pamphlets démocratiques qui parurent à cette époque ne pourraient peut-être pas tenir dans la salle de Westminster ; mais les *têtes rondes* et les *égaliseurs* d'alors n'avaient point l'influence des Jacobins ; et les autres peuples, spectateurs paisibles de la tragédie qu'on jouait à Londres, ne purent recevoir le poison du fanatisme qui bouleversait l'Angleterre.

Aujourd'hui, l'Europe est agitée parce que ces mêmes systèmes sont prêchés par des Français, et que lorsqu'on prêche en français, l'Europe écoute et comprend.

II

DE L'ÉTAT MORAL

DE

LA SOCIÉTÉ FRANÇAISE

DANS LES ANNÉES

QUI PRÉCÈDENT LA RÉVOLUTION.

Il y a deux époques de corruption pour les peuples ; certainement on trouvera toujours des vices parmi les hommes, et les grandes cités, surtout, ne cesseront pas d'attrister le regard des moralistes. Sous ce point de vue on peut dire que, pour les peuples, le moment de leur grandeur est aussi celui de leur corruption, parce que ce haut point de civilisation amène avec lui tous les vices qui suivent inévitablement les richesses, la puissance et le luxe ; mais il est vrai, cependant, que toutes les nations, dans les siècles de leur grandeur et de leur énergie, savent imprimer un caractère d'élévation jusque sur les actes réprouvés par la morale, elles ne descendent point jusqu'à la bassesse, et, tel qui se résout à être coupable, ne consent point à être vil.

Alors le vice même a des mœurs ; il s'enveloppe de formes modestes ; il a peur de lui-même et n'ose se montrer que sous un masque aimable (1). Tels furent les Français sous Louis XIV : alors la soumission ennoblie par l'enthousiasme, l'honneur exalté, l'esprit chevaleresque, et le respect sans borne pour les vérités religieuses distinguèrent le peuple français ; tous ces éléments mêlés, confondus, balancés les uns par les autres, produisirent un caractère général, tout à la fois si grand et si aimable, que l'Europe en fut éblouie et ne l'a point encore oublié. Alors la conscience agitée de Luxembourg le jetait dans les bras de Bourdaloue ; la Vallière allait s'ensevelir aux Carmélites ; Corneille traduisait à *Kempis* ; Racine, attaché à l'armée comme historiographe, écrivait à son fils : « Je n'assiste jamais à la messe du Roi sans y voir communier plusieurs mousquetaires avec une piété exemplaire ». Mais ce caractère ne dura pas autant que le siècle qui le vit naître, et lorsque les novateurs sont venus bouleverser la France, il n'appartenait plus qu'à l'histoire ancienne : l'infâme Régence avait gangrené cette malheureuse contrée à un point qu'il n'est pas aisé d'exprimer. Une circonstance bien remarquable surtout, et tout à fait parti-

---

(1) Je suis persuadé que les turpitudes de la *Pucelle* auraient fait rougir La Fontaine autant que Fénelon.

culière à la France, c'est que, chez elle, tous les talents s'étaient tournés au mal, et c'est sous ce point de vue qu'elle le cède davantage à sa brillante rivale l'Angleterre. Tous les savants, tous les littérateurs, tous les artistes de France ont formé, au pied de la lettre, depuis le commencement du siècle, une véritable conjuration contre les mœurs publiques; ces conjurés étaient parvenus de plus à conquérir à leur parti les grands seigneurs et les femmes, en sorte que le vice, fort de ces puissants alliés, et possédant à la fois tout ce qu'on respecte, tout ce qu'on craint et tout ce qu'on aime, avait fait en France des ravages incroyables. Observez que, depuis la fatale époque que j'indique, les hommes célèbres de la France, ses gens de lettres, ses savants, ses *philosophes* enfin, ont tous été plus méprisables par le caractère qu'admirables par les talents.

Les arts, qui sont l'expression du génie des peuples, peignaient la corruption générale, et l'augmentaient chaque jour ; ils ne savaient plus rien enfanter de grand et s'étaient absolument prostitués au vice. Tandis que le burin anglais transmettait à la postérité les scènes les plus instructives et les plus nobles de l'histoire, et les actions des grands hommes qui ont illustré la Grande-Bretagne, le Français s'était vendu aux Arétins de la capitale. Qu'est-ce que la France peut opposer à la *Mort du général Wolff et de lord Chatham*, à l'*Arrivée d'Agrippine* et au *Départ de Régulus*, à tant de sujets moraux, pathétiques ou sublimes, qui font les délices de tous les amateurs de l'univers? Rien ou presque rien. C'est bien en vain que les arts auraient essayé de peindre le beau : la nation ne l'aimait pas et ne voulait pas le payer ; elle ne demandait plus aux artistes que des indécences à bon marché ; elle ne pensait pas même à perpétuer le souvenir des grandes actions qui l'ont honorée, et c'est en Angleterre qu'on gravait la *Bataille de la Hogue*, le combat de la *Surveillante*, tandis qu'on débitait publiquement en France le *Prospectus des monuments de la vie privée des douze Césars*.

Encore une fois, le vice est de tous les temps et de tous les lieux ; mais une corruption telle que celle où la France était tombée ne se montre qu'à la décadence des empires.

Les âmes étaient si dégradées dans ce pays que les Français avaient pris en horreur le beau et le grand : ils le tournaient en dérision, et tout ce qui annonçait la grandeur était pour eux un ridicule. Cette dégradation se montrait jusque dans les habits. Le frac des jockeys, le pierrot des comédiennes habillaient les descendants des connétables ; le gentilhomme n'osait plus porter l'épée ; l'officier, au sortir de la parade, allait quitter son uniforme pour faire une visite dans le beau monde ; et la femme de haut parage disait à sa chiffonneuse : « Ce bonnet n'a pas l'air assez fille » (1).

Il est assez remarquable que la révolution qui se fit en France dans les habillements date précisément des

---

(1) On peut compter sur la vérité de cette anecdote qui est certainement très-marquante.

temps de la Régence. *L'Ami des hommes* se plaignait déjà, dans son temps, de ce changement à l'égard des femmes ; il se fâchait surtout de ce que Minerve avait jeté sa cuirasse. « Autrefois, dit-il, les femmes faisaient cas de leur fraîcheur, de leur taille, de leur beauté ; un *loup* conservait soigneusement leur teint : elles n'allaient jamais à l'air sans cela. Le soin de leur taille les obligeait à porter des *corps* qui les conservaient.... (1). »

Un ministre de la reine Anne (M. Craggs), qui voyageait en France sur la fin de l'année 1716, a fait aussi des réflexions sur la révolution qui s'opérait dans l'habillement des dames françaises ; mais il est plus profond que l'*Ami des hommes* (2). Qu'on me montre un autre pays du monde, où l'on voie, dans un aussi court espace de temps, les noms les plus illustres figurer dans les procès les plus scandaleux ; où le rapt, le viol, le larcin, le faux, la prostitution fassent retentir les tribunaux étonnés, et frémir les ombres des anciens preux.

Je pourrais salir vingt pages des preuves de l'étonnante corruption et de l'avilissement trop malheureuse-

---

(1) *Ami des hommes*, t. I, ch. v.

(2) L'honorable ministre écrivait à son ami Pope à Londres : « By disusing *stays* and indulging themselves at « table they (*les femmes françaises*) run out of all shape : « but, as to that, they may give a good reason. They prefer « conveniency to parade ; and are by this means as *ready*, as « they are generally *willing* to be *charitable.* » (V. *Letters to and from M. Pope*, dans la collection de ses Œuvres.)

ment général qui régnait en France au moment de la Révolution.

Et que le parti qui domine aujourd'hui ne vienne point nous dire que ces mœurs étaient celles de la cour. L'Europe n'est pas la dupe de ces déclamations civiques. Les nouveaux dominateurs, qui n'étaient pas certainement de la cour, ressemblent parfaitement aux anciens, à la férocité près, qui distingue éminemment le nouveau régime.

III

DE
LA RÉPUBLIQUE FRANÇAISE
ET DE SES LÉGISLATEURS

S'il est une vérité certaine en politique, c'est qu'un peuple corrompu, et profondément corrompu, n'est pas fait pour la liberté et n'y parviendra jamais.

La jeunesse des nations libres a des caractères si frappants qu'il est impossible de s'y méprendre. A cette époque, l'amour de la patrie est une religion, et le respect pour les lois est une superstition; les caractères sont fortement prononcés, les mœurs sont austères; toutes les vertus brillent à la fois; les factions y tournent au profit de la patrie, parce qu'on ne s'y dispute que l'honneur de la servir : tout, jusqu'aux crimes, y porte le sceau de la grandeur. Comment croire à la durée d'une liberté qui commence par la gangrène? ou, pour parler plus exactement, comment croire que cette liberté puisse s'établir (car il n'y en a point encore), et que du sein de la corruption la plus dégoûtante puisse sortir cette espèce de gouvernement qui se passe de vertu moins que tous les autres ? Montesquieu a remarqué que les Anglais ne purent fonder la république dans le siècle dernier *parce que leurs chefs n'avaient point de vertus* ; cent écrivains ont répété cette remarque ou, pour mieux dire, cet oracle. Mais les démagogues anglais étaient, sans exagération, des êtres célestes, si on les compare aux hommes dont la Providence se sert aujourd'hui pour flageller l'Europe.

Quand je les entends parler de liberté et de vertu, je crois voir une courtisane fanée, jouant les airs d'une vierge, avec une pudeur de carmin.

Je le dis sans balancer, il faut leur ressembler un peu pour croire à la durée du gouvernement qu'ils ont établi, car il est impossible d'y croire sans la désirer ; c'est une de ces fables que le cœur raconte à l'esprit.

Connaissez-vous dans quelque pays un menteur, un banqueroutier, un homme immoral ou brouillé avec les tribunaux de son pays, et surtout un athée de théorie ou de pratique ? Gagez hardiment que cet homme est fauteur de la Révolution et de la République française. L'expérience est aisée et ne vous trompera jamais. Toute la fange de l'Europe se soulève et tend vers Paris par un mouvement d'affinité. Ecoutons les Français, croyons au cri perçant et continu des écrivains qui gémissent sur ce qu'ils voient.

Et qu'on ne nous objecte point les mœurs féroces et licencieuses des peuples barbares qui sont cependant devenus ce que nous voyons, car on n'embarrasse que des enfants avec de pareilles comparaisons. La verdeur mène à la maturité, mais la pourriture ne mène à rien.

Dira-t-on que le gouvernement fait les mœurs? Je le nie expressément. Ce sont les mœurs, au contraire, qui font les gouvernements ; l'un et l'autre, sans doute, s'assistent mutuellement, et font ce qu'on pourrait appeler un *cercle vertueux*; mais la première impulsion, le principe générateur part toujours des mœurs et du caractère national. Lycurgue, avec son gouvernement extraordinaire, agit réellement sur le caractère de ses concitoyens et en fit d'autres hommes, oui ; mais les Spartiates acceptèrent ce gouvernement avec pleine connaissance de cause, avec un sang-froid et une liberté absolus : et certainement, il fallait déjà un très-haut degré de sagesse et d'énergie pour désirer les lois de Lycurgue.

En France, où sont les éléments de la prétendue régénération? La démocratie ne porte sur rien : il faut qu'elle tombe. Si vous voulez vous convaincre davantage de cette vérité, examinez encore les habitudes morales du peuple français.

Personne n'ignore que ce peuple était peut-être le plus monarchique de l'Europe ; que l'amour qu'il avait pour ses rois était le trait principal de son caractère, celui dont il s'honorait le plus, et qui se reproduisait sous toutes les formes possibles ; que cet amour était porté jusqu'à l'idolâtrie, jusqu'au fanatisme et quelquefois jusqu'au ridicule. Un voyageur anglais, qui jouit d'une réputation justement acquise, a fort bien dessiné ce caractère.

« L'amour, dit-il, et l'attachement du Français pour la personne de ses rois est une partie essentielle et frappante du caractère national.....

« Quoique le Français sache que son roi est de la même trempe et susceptible des mêmes faiblesses que les autres hommes, tandis qu'il fait l'énumération de ses défauts et en plaisante tout en s'en plaignant, il ne lui est pas moins attaché par un sentiment qui tient également de l'amour et du respect, espèce de préjugé d'affection tout à fait indépendant du caractère du monarque.

« Le mot *roi* excite dans l'esprit d'un Français des idées de bienfaisance, de reconnaissance et d'amour, en même temps que celles de pouvoir, de grandeur et de félicité.

« Les Français accourent en foule à Versailles les dimanches et les fêtes, regardant leur roi avec une avidité toujours nouvelle, et le voient la vingtième fois avec autant de plaisir que la première.

« Ils l'envisagent comme leur ami, quoiqu'ils n'en soient pas connus ; comme leur protecteur, quoique rien ne soit plus à redouter pour eux qu'un exempt ou une lettre de cachet ; et comme leur bienfaiteur, en gémissant sous le poids des impôts. Ils louent et donnent une grande importance aux actions les plus indifférentes de sa part : ils pallient ou excusent ses faiblesses ; ils imputent ses erreurs et ses fautes à ses ministres ou à d'autres mauvais conseillers, qui, ainsi qu'ils l'affirment avec confiance, ont, pour quelque vue condamnable, cherché à lui en imposer, et perverti la droiture de ses intentions.

« Ils répètent avec complaisance les moindres choses qu'il a dites, dans lesquelles ils cherchent à remarquer quelque étincelle de génie ou la moindre apparence de bon sens. Les circonstances les plus minutieuses relatives au monarque deviennent importantes : s'il mange peu ou beaucoup à diner, l'habit qu'il porte, le cheval qu'il monte, toutes ces particularités fournissent matière à la conversation des assemblées de Paris, et font l'objet le plus intéressant des correspondances de la capitale avec les villes de province.

« S'il arrive que le roi ait une légère indisposition, tout Paris, toute la France est alarmée, comme si elle se voyait menacée de quelque fléau.

« Lors de la revue de la maison du roi, ceux des spectateurs à portée de voir Sa Majesté ne font aucune attention aux manœuvres des troupes : leurs yeux sont constamment fixés sur le prince..... Avez-vous vu le roi ?..... Tenez.... Ah !..... voilà le roi..... Le roi rit..... il faut qu'il soit content..... J'en suis charmé !.... Ah ! il tousse.... A-t-il toussé ? — Oui parbleu, et bien fort.... J'en suis au désespoir.

« A la messe, c'est le roi et non le prêtre qui est l'objet de l'attention publique. En vain celui-ci élève-t-il l'hostie : les yeux du peuple ne voient que le monarque chéri.

« Les pièces même les plus applaudies au théâtre (plus fréquenté à Paris que les églises) suspendent à peine leur attention. Un souris du roi fait oublier les pleurs d'Andromaque et la vaillance du Cid...

« Les Français paraissent si charmés et si fort éblouis du lustre et de la splendeur de leur monarchie, qu'ils ne sauraient souffrir l'idée de la moindre limitation qui porterait atteinte au pouvoir de leur roi....

« Ils envisagent le pouvoir de leur roi, source de leur esclavage, comme s'ils en étaient eux-mêmes revêtus. Ce fait, tout difficile à croire qu'il vous paraîtra, n'en est cependant pas moins vrai : leur vanité en est flattée; ils se font une gloire de maintenir leur liberté intacte et sans bornes.

« Ils vous disent avec complaisance que l'armée du roi se monte, en temps de paix, à deux cent mille hommes. Un Français est aussi vain du palais, des jardins superbes, du nombre de chevaux et de toutes les appartenances de la royauté qu'un Anglais pourrait l'être de sa propre maison, de son jardin et de son équipage.......

« L'intérêt qu'ils prennent à la félicité et à la gloire de la royauté en général s'étend en quelque façon à toutes les têtes couronnées du monde entier; mais cette passion, relativement à leur monarque, paraît être la plus vive et la dominante de leur cœur : elle les suit jusqu'au tombeau.

« Un soldat français couvert de blessures, étendu sur le champ de bataille de Dettinghen, demanda, un moment avant d'expirer, à un officier anglais comment il croyait que l'affaire se terminerait ; celui-ci ayant répondu que les troupes anglaises avaient remporté la victoire : « *Mon pauvre roi* », répliqua le soldat mourant, « que fera-t-il ? (1) »

Le marquis de Mirabeau, dont les livres, dit-on, valaient mieux que la personne, a peint le même caractère, mais avec des couleurs différentes. Les mêmes objets changent de couleur, à mesure qu'on les considère à travers le verre coloré des préjugés nationaux.

« Je soutiens, dit-il (contre l'auteur de l'*Esprit des lois*) (2), que l'amour de la patrie peut exister dans la monarchie, puisqu'il fut en vigueur parmi nous : je ne conçois pas de meilleure preuve que celle qui gît en fait.... Si cet amour de la patrie est un attachement superstitieux et capable de fougue, je doute qu'on en voie jamais de plus forte que celle du peuple de Paris lors de la maladie du roi : prosterné dans les rues, il baisait les paturons du cheval du courrier qui apportait les nouvelles de la convalescence... Amour du Français pour son roi, dira-t-on ; mais c'est précisément ce qui

---

(1) Lettres d'un voyageur anglais sur la France, la Suisse et l'Allemagne. Traduit de l'anglais de M. Moore, t. I, Lettres VI et VII. Ces deux lettres méritent particulièrement d'être lues ; on verra cependant dans la première qu'on ne saurait être trop sobre en fait de prophéties, surtout à l'égard des Français, qui ne font rien de probable.

(2) « La vertu politique, qui est la vertu morale dans le sens qu'elle se dirige au bien général, n'a point lieu dans les monarchies..... L'état y subsiste indépendamment de l'amour de la patrie. » (*Esprit des lois*, liv. III, ch. v, vi, vii.)

vit en nous tous, ce qui nous fut transmis par nos pères avec le sang qui coule dans nos veines, et que j'appelle *amour de la patrie.*

« Connaissons-nous son petit-fils (du roi)? Savons-nous s'il aura les vertus de ses pères? Que sa tête précieuse périclite : vous verrez bientôt la consternation se répandre dans le public. L'axiome impie : *Nous ne manquerons jamais de maître*, n'aura plus de partisans de fait. Le deuil sera général : tout courra aux pieds de ces autels déserts huit jours auparavant. Ce germe de zèle et d'amour, qu'on croirait quelquefois éteint, à entendre nos discours, dont l'imprudence et la légèreté ont si souvent trompé les ennemis de l'Etat, toujours étonnés de l'étendue et de la célérité de ses ressources, se ranime et prend feu dès la première étincelle qui se présente ; et c'est, malgré tous les prestiges de l'intérêt, le véritable et, après la Providence, le seul appui de la monarchie (1). »

Sous quelque point de vue qu'on envisage ce sentiment, il existait, il frappait les yeux les moins observateurs, il formait le trait saillant du caractère français et, pour ainsi dire, l'âme de la nation.

Voilà cependant le peuple auquel on propose la liberté la plus illimitée, et qu'on veut faire passer du *culte,* je ne dis pas assez, de la *superstition* monarchique à la démocratie pure ; l'histoire ne présente pas

---

(1) *L'Ami des hommes,* t. I, ch. IV.

d'exemple d'une entreprise aussi dépourvue de raison sous tous les rapports (1).

Un examen approfondi du caractère des Français et de leur histoire ne suffisait point encore pour mettre dans cette entreprise quelques éléments de prudence et de bon sens : l'histoire de tous les peuples devait encore être consultée.

Dès que l'on voulait changer l'ordre politique, il fallait, pour agir sagement, examiner, l'une après l'autre, toutes les nations connues, anciennes et modernes, chercher ce qu'elles ont de commun avec la France par leurs caractères et leurs gouvernements. Il fallait rechercher dans l'histoire combien il y a eu de monarchies dans l'univers ; combien de républiques, et quelles espèces de républiques ; quelle étendue de terrain soumis à ces différents gouvernements, quelle puissance et quelle durée ils ont eues ; quels efforts intérieurs ils ont fait paraître pour se régénérer, quels succès les ont suivis, etc....

Dans ce long et pénible examen, il faudrait bien se garder de prendre des *anomalies* pour des règles généra-

---

(1) « Se quelle città, che hanno avuto il principio libero, hanno difficoltà grande a trovare leggi buone per mantenerle libere, quelle che hanno avuto il principio loro immediato servo, hanno, non che difficoltà, ma impossibilità ad ordinarsi mai in modo che le possino vivere civilmente e quietamente. » (Machiavelli, Discorsi, l. I, ch. 49.)

les. Il est clair, par exemple, que le peuple qui a produit l'Iliade, l'Apollon du Belvédère et le temple de Minerve est un peuple extraordinaire qui ne doit point être pris pour règle, parce qu'il est impossible de calculer jusqu'à quel point le génie supérieur et l'étonnante sagacité de ce peuple le mettaient en état de se gouverner lui-même. Ainsi les républiques grecques, eu égard encore au peu d'étendue de leur territoire, devaient être mises à part et considérées, ainsi que je le disais tout à l'heure, comme de vraies anomalies politiques.

Et comme les probabilités doivent régler la conduite de l'homme sage dans toutes les occasions où il ne peut se procurer une certitude rigoureuse, on conviendra, sans doute, que le projet de donner la république à 24 millions de Français est à peu près aussi extravagant que si une intelligence supérieure était venue en révéler l'impossibilité, parce qu'il y a telle réunion de probabilités qui équivaut à la certitude (1).

Je dis plus : quand on aurait proposé, pour la France, le gouvernement mixte de l'Angleterre, c'était encore une imprudence impardonnable de l'adopter. Toutes les

---

(1) Je parle toujours de République même à l'égard des premiers législateurs ; car il est clair qu'ils ont établi la République : les uns par ignorance, en faisant des lois dont ils ne sentaient point l'effet, et les autres par scélératesse, en tendant à cet effet par des lois faites pour tromper les simples.

présomptions étaient contre le succès de cette entreprise. Je sais que plusieurs bons esprits, dans la minorité, penchèrent pour ce plan ; mais je ne crois pas leur manquer de respect en disant que les Français, même les plus instruits, n'étaient pas mûrs pour la révolution ; que la politique était pour eux un pays trop nouveau, et qu'ils se pressaient trop, en croyant que le gouvernement d'Angleterre pouvait convenir à leur patrie. Et quand même la France aurait pu s'en accommoder pour le moment, c'était encore une question de savoir s'il fallait le lui donner. La constitution anglaise n'est pas jugée ; elle a pour elle un siècle de durée, ce qui n'est rien ; et contre elle le jugement de Tacite, ce qui est beaucoup (1).

Personne n'estime et ne respecte plus que moi l'illustre nation anglaise ; personne ne lui souhaite plus de bonheur ; personne ne la croit plus digne d'un bon gouvernement, et plus capable d'en corriger les défauts par l'excellence de l'esprit public ; mais c'est précisément par cette raison que je ne conseillerais jamais sa consti-

---

(1) Cunctas nationes et urbes populus aut primores aut singuli regunt. Delecta ex his et consociata Reipublicæ forma, laudari facilius, quam evenire, vel si evenit, HAUD DIUTURNA ESSE POTEST. Tacit., Ann. 4, 33. — Vous aimerez la note modeste du célèbre éditeur de Tacite sur cet endroit : « Evenit tandem (talis forma Reipublicæ) ac in Anglia constitutam videmus. Utrum ad felicitatem ac diuturnitatem Anglici imperii, judicent Angli. » (Brottier, ad locum.)

tution à une nation continentale trois fois plus nombreuse, arrivée au comble de la corruption et totalement dépourvue d'esprit public.

Oh! combien la nation française se fit illusion, et qu'elle comprit mal les dangers de sa position! Avec quelle étonnante légèreté on prononce encore tous les jours les noms de constitution et de gouvernement! GOUVERNEMENT! force indéfinissable! ressort divin, auquel le plus grand homme ne touche qu'en tremblant : espèce de gravitation qu'on ne peut anéantir, ni, peut-être même, suspendre tout à fait un seul instant, sans voir tous les corps qu'elle assujettissait, s'échapper par des lignes infinies, et tout l'ensemble politique disparaître sans retour! L'idée seule d'une telle suspension doit faire frémir. Et dans quelles mains, grand Dieu, la France avait-elle déposé ses intérêts lorsqu'elle se livra, en chantant, à cette épouvantable expérience qui aurait fait pâlir Bacon, Locke et Montesquieu réunis!

Si l'on excepte cette minorité respectable qui a combattu jusqu'au dernier moment avec tant de gloire et si peu de fruit, quels hommes composèrent l'Assemblée constituante?

Des nobles ignobles qui venaient bassement venger, dans les comices nationaux, de misérables ressentiments, que des âmes un peu au-dessus de la dernière abjection auraient sacrifiés mille fois au bien public ; d'autres nobles, moins coupables parce qu'ils ne manquaient que d'esprit, qui se laissèrent conduire sottement par des mains cachées qui les poussaient dans le précipice en leur montrant habilement le triste bonneur d'être chefs de parti ; d'infortunés curés de campagne, les plus respectables des hommes à leur place, les plus ridicules et les plus dangereux dans celle qu'on leur fit occuper ; de malheureux lévites qu'on arracha aux autels, qu'on pervertit, qu'on ameuta, et qu'on eut l'art funeste de donner pour alliés au parti déjà trop échauffé qui pleurera longtemps ses irréparables erreurs ; une foule d'hommes obscurs dont les noms n'avaient jamais été prononcés hors de leurs familles, qui n'étaient recommandés à leur patrie par aucun talent connu, nécessairement étrangers aux hommes et aux affaires, et qui n'apportèrent dans l'assemblée que des têtes gâtées par les livres à la mode, et remplies de théories de collège. Ajoutez à tout cela des scélérats du premier ordre, des hommes profondément immoraux, des apostats solennels. Voilà les représentants, les législateurs, les régénérateurs de la France.

Le peuple y fut trompé complètement (1) : il crut que ces novateurs avaient du génie parce qu'ils parlaient bien. Mais quand ils auraient eu l'un et l'autre, je doute qu'ils eussent réussi. Trois raisons décisives devaient convaincre les philosophes que tous les efforts des constituants n'aboutiraient qu'à déchirer la France ; ils

---

(1) Il popolo molte volte desidera la rovina sua, ingannato da una falsa spezie di bene. Le grandi speranze E GAGLIARDI PROMESSE facilmente lo muovono. (Machiavelli, Disc. sopra Tit. Livio, l. I, c. 53.)

étaient nombreux, ils étaient passionnés, et ils travaillaient à neuf.

Parcourez l'histoire : vous n'y rencontrerez pas un seul peuple qui ait été constitué en corps politique par une assemblée d'hommes. Depuis Zaleucus jusqu'à Penn, c'est toujours un individu unique que chaque nation célèbre comme le père de sa constitution politique. La raison en est simple : un code politique est un tout, un système général de parties correspondantes ; or un système, ainsi qu'une invention, ne peut jamais être l'ouvrage d'une assemblée. Celle-ci pourra faire quelques bonnes lois isolées (et même encore par hasard), mais toujours malheureuses par l'ensemble ; elle fera des parties qui ne feront pas un tout (1).

Voilà pourquoi les deux productions les plus informes de l'esprit humain sont l'Encyclopédie (2) et la

---

(1) Infelix operis summâ; quia ponere totum
   Nescit. (HORACE.)

(2) C'est une chose assez plaisante, pour le dire en passant, que les Encyclopédistes aient placé à la tête de leur malheureux livre une épigraphe qui en forme précisément la critique la plus sanglante :

TANTUM SERIES JUNCTURAQUE POLLET !

Le véritable orgueil possède un tact merveilleux, et presque toujours il sait ce qu'il fait ; jamais il n'aurait commis la gaucherie de parler d'ensemble et de liaison à la tête d'un pareil ouvrage ; mais la vanité n'a point d'esprit.

Constitution française. Descartes (1) a justement imprimé le mépris philosophique sur ces ouvrages à pièces rapportées, tous mauvais par essence. Une assemblée est faite pour délibérer en présence d'un chef qu'elle éclaire et qui décide ; ou bien pour délibérer par *oui* et par *non* sur une question qu'on lui propose : elle n'a pas d'autres facultés. C'est une académie qui peut récompenser, juger, tout au plus exciter une découverte, mais qui ne découvre rien (2).

Les défauts et les inconvénients d'un code fait par une assemblée deviendront incalculables si la vanité des législateurs excite chaque individu à prendre une part active dans la confection des lois, en altérant ainsi, considérablement, l'ouvrage des comités, et c'est ce qui arrivait tous les jours dans l'Assemblée législative. Il serait trop long d'en citer des exemples ; revenez seulement, si vous en avez le courage, sur les interminables discussions qui eurent lieu à l'époque de la Déclaration

---

(1) Dans sa Méthode.

(2) Ecoutez encore le profond Machiavelli qui a toujours raison quand il ne conseille pas d'assassiner. « Debbesi pigliare questo per una regola generale che non mai, o di rado, occorre ch'alcuna republica o regno sia da principio ordinato bene o *al tutto di nuovo fuori dell' ordini vecchi riformato* SE NON È ORDINATO DA UNO ; anzi è necessario che uno solo sia quello che dia il modo, e dalla cui mente dipenda qualunque simile ordinazione. (Machiavelli, Discorsi sopra la 1ª Deca di Tit. Liv. Cap. IX.)

des droits de l'homme. On sait combien on en présenta de versions différentes, et combien on perdit de temps pour se mettre d'accord ; chacun ambitionnait l'honneur d'y glisser un mot ; et ce fut enfin, par lassitude, par impuissance physique de disputer plus longtemps, qu'on nous donna cette œuvre de collège, cette mosaïque ridicule, dans l'état où nous l'avons aujourd'hui.

L'exemple de l'Amérique septentrionale ne peut être cité contre les vérités que j'expose ici. Les Américains n'ont pas commis l'extravagance de détruire de fond en comble leur système politique pour en créer un nouveau ; l'opération s'est réduite, pour ainsi dire, à transporter le pouvoir exécutif d'Angleterre en Amérique. Accoutumée au gouvernement anglais, la République en a conservé les bases. La postérité jugera la partie de la constitution qui concerne le fédéralisme des provinces, dont les exemples ne manquaient pas en Europe.

D'ailleurs, il faut considérer que les législateurs américains ont été puissamment aidés par l'esprit national. Les Américains sont un peuple neuf, bon, religieux et surtout calme ; le véritable amour de la liberté dégagé de toute la licence les a continuellement animés. Dans cette position, une assemblée, déjà d'accord sur les grandes bases, pouvait, à toute force, s'entendre elle-même et savoir ce qu'elle faisait (1). Mais, à Paris,

---

(1) Cependant les Américains n'ont pas toujours eu le même respect pour leurs différentes législatures. Les passions humaines ont agité de bonne heure le berceau de leur liberté ;

quelle frénésie ! quelles haines ! quelle impétuosité et quelle indécence dans les discussions ! Les étrangers, témoins de ces scènes, en croyaient à peine leurs yeux et leurs oreilles.

Mais vous qui n'y étiez pas, si vous voulez en avoir une idée exacte, vous la trouverez dans l'ouvrage d'un de ces législateurs qui fut longtemps le plus amusant des journalistes révolutionnaires, par le ton inspiré et le sérieux auguste avec lequel il racontait les nobles travaux de l'assemblée, *et quorum pars magna fuit*. Voici donc comment il décrit ces immortelles discussions:

« Vous savez, Monsieur, qu'à ces mêmes époques, les séances de l'Assemblée nationale, d'où tous les mouvements partaient et où tous venaient retentir et se répéter, étaient beaucoup moins des délibérations que des actions et des évènements. Aujourd'hui il n'y a plus d'inconvénient à le dire : ces séances si orageuses ont été moins des combats d'opinions que des combats de passions; on y entendait des cris beaucoup plus que des discours ; elles paraissaient devoir se terminer par des combats plutôt que par des décrets. Vingt fois en sortant, pour aller les décrire, de ces séances qui se prolongeaient si avant dans la nuit, et

---

le pouvoir exécutif était d'abord trop faible ; il a fallu bientôt le renforcer. Qu'ils le veuillent ou qu'ils ne le veuillent pas, il se formera une noblesse chez eux; comme elle sera hors de la constitution, quel en sera l'effet...? ne nous pressons pas d'admirer.

perdant, dans les ténèbres et dans le silence des rues de Versailles ou de Paris, les agitations que j'avais partagées, je me suis avoué que si quelque chose pouvait arrêter et faire rétrograder la révolution, c'était un tableau de ces séances retracé sans précaution et sans ménagement par une âme et par une plume connues pour être libres. Ah ! Monsieur, combien j'étais éloigné de le faire, et combien j'aurais été coupable ! J'étais persuadé que tout était perdu, et notre liberté et les plus belles espérances du genre humain, si l'Assemblée nationale cessait un moment d'être, devant la nation, l'objet le plus digne de son respect, de son amour et de toutes ses attentes. Tous mes soins se portaient donc à présenter la vérité, mais sans la rendre effrayante : de ce qui n'avait été qu'un tumulte, j'en faisais un tableau ; je cherchais et je saisissais dans la confusion de ces bouleversements du sanctuaire des lois, les traits qui avaient un caractère et un intérêt pour l'imagination. Je préparais les esprits à assister à une espèce d'action dramatique plutôt qu'à une séance de législateurs ; je peignais les personnages avant de les mettre aux prises ; je rendais tous leurs sentiments, mais non pas toujours avec les mêmes expressions. De leurs cris, je faisais des mots ; de leurs gestes furieux, des attitudes, et lorsque je ne pouvais inspirer de l'estime, je tâchais de donner des émotions. »

Je m'incline devant ces belles phrases. Jamais je n'aurais su dire, avec autant de politesse, que la Constitution française a été faite par des fous.

FIN.

ESSAI

SUR

LE PRINCIPE GÉNÉRATEUR

DES CONSTITUTIONS POLITIQUES.

AVERTISSEMENT DE L'ÉDITEUR.

Quiconque a voulu chercher la cause de cet esprit inquiet qui depuis plus de trente ans agite l'univers, a reconnu que les systèmes enfantés par la philosophie moderne ont déplacé ou détruit les véritables bases de la société.

En entretenant l'homme de ses droits prétendus, et en lui laissant ignorer une partie de ses premiers devoirs, de hardis novateurs ont flatté ses passions, lui ont inspiré des prétentions inouïes, et l'ont eu bien vite amené à révoquer en doute jusqu'à ces vérités précieuses que l'expérience de tous les siècles avait confirmées. Dès lors tout a été problème, les lois les plus inviolables se sont évanouies, le gouvernement des états n'a plus eu de règle, l'harmonie politique s'est écroulée, et il a fallu recueillir dans le champ de la révolution les fruits trop multipliés des doctrines nouvelles.

Les législateurs les plus anciens avaient mis leurs lois sous la sauvegarde des dieux, ils avaient établi des cérémonies religieuses, ils avaient reconnu les principes constitutifs des états ; et si, dans ces temps reculés, tant de peuples ont successivement brillé et disparu, c'est qu'en s'appuyant sur des religions fausses et de peu de durée, ils ne pouvaient avoir une base solide.

L'établissement du Christianisme a rendu les révolutions moins fréquentes, et c'est à lui que nous devons le bonheur dont la France a joui pendant quatorze siècles. Si la Providence a permis que notre patrie éprouvât de si funestes catastrophes, c'est que nous étions éloignés des saintes maximes de nos ancêtres, et qu'elle a voulu nous rappeler, par cette terrible leçon, que, sans la religion, tout est erreur et calamité.

Cette vérité première d'où découlent toutes les autres a été développée par M. DE MAISTRE, avec autant de force que de logique, dans son livre ayant pour titre : *Essai sur le principe générateur des Constitutions politiques.* Déjà il l'avait établie dans ses *Considérations sur la France;* mais il a cru devoir en faire l'objet d'un traité séparé pour la rendre plus évidente encore, en la dégageant de toutes les circonstances particulières qui semblaient l'appliquer uniquement à la révolution française.

PRÉFACE

La politique, qui est peut-être la plus épineuse des sciences, à raison de la difficulté toujours renaissante de discerner ce qu'il y a de stable ou de mobile dans ses éléments, présente un phénomène bien étrange et bien propre à faire trembler tout homme sage appelé à l'administration des Etats : c'est que tout ce que le bon sens aperçoit d'abord dans cette science comme une vérité évidente, se trouve presque toujours, lorsque l'expérience a parlé, non-seulement faux, mais funeste.

A commencer par les bases, si jamais on n'avait ouï parler de gouvernements, et que les hommes fussent appelés à délibérer, par exemple, sur la monarchie héréditaire ou élective, on regarderait justement comme un insensé celui qui se déterminerait pour la première. Les arguments contre elle se présentent si naturellement à la raison, qu'il est inutile de les rappeler.

L'histoire cependant, qui est la politique expérimentale, démontre que la monarchie héréditaire est le gouvernement le plus stable, le plus heureux, le plus naturel à l'homme, et la monarchie élective, au contraire, la pire espèce des gouvernements connus.

En fait de population, de commerce, de lois prohibitives, et mille autres sujets importants, on trouve presque toujours la théorie la plus plausible contredite et annulée par l'expérience. Citons quelques exemples.

Comment faut-il s'y prendre pour rendre un État puissant ? « Il faut avant tout favoriser la population « par tous les moyens possibles. » Au contraire, toute loi tendant directement à favoriser la population, sans égard à d'autres considérations, est mauvaise. Il faut même tâcher d'établir dans l'État une certaine force morale qui tende à diminuer le nombre des mariages, et à les rendre moins hâtifs. L'avantage des naissances sur les morts établi par les tables, ne prouve ordinairement que le nombre des misérables, etc., etc. Les économistes français avaient ébauché la démonstration de ces vérités, le beau travail de M. *Malthus* est venu l'achever.

Comment faut-il prévenir les disettes et les famines ? — « Rien de plus simple. Il faut défendre l'exportation des grains. » — Au contraire, il faut accorder une prime à ceux qui les exportent. L'exemple et l'autorité de l'Angleterre nous ont forcés d'*engloutir* ce paradoxe.

Comment faut-il soutenir le change en faveur d'un pays ? — « Il faut sans doute empêcher le numéraire de sortir ; et, par conséquent, veiller par de fortes lois prohibitives à ce que l'Etat n'achète pas plus qu'il ne vend. » Au contraire, jamais on n'a employé ces moyens sans faire baisser le change, ou, ce qui revient au même, sans augmenter la dette de la nation ; et jamais on ne prendra une route opposée sans le faire hausser, c'est-à-dire, sans prouver aux yeux que la créance de la nation sur ses voisins s'est accrue, etc., etc.

Mais c'est dans ce que la politique a de plus substantiel et de plus fondamental, je veux dire dans la constitution même des empires, que l'observation dont il s'agit revient le plus souvent. J'entends dire que les philosophes allemands ont inventé le mot *métapolitique*, pour être à celui de *politique* ce que le mot *métaphysique* est à celui de *physique*. Il semble que cette nouvelle expression est fort bien inventée pour exprimer la *métaphysique de la politique*; car il y en a une, et cette science mérite toute l'attention des observateurs.

Un écrivain anonyme qui s'occupait beaucoup de ces sortes de spéculations, et qui cherchait à sonder les fondements cachés de l'édifice social, se croyait en droit, il y a près de vingt ans, d'avancer, comme autant d'axiomes incontestables, les propositions suivantes diamétralement opposées aux théories du temps.

1° Aucune constitution ne résulte d'une délibération : les droits du peuple ne sont jamais écrits, ou ils ne le sont que comme de simples déclarations de droits antérieurs non écrits.

2° L'action humaine est circonscrite dans ces sortes de cas, au point que les hommes qui agissent ne sont que des circonstances.

3° Les droits des peuples proprement dits, partent presque toujours de la concession des souverains, et alors il peut en conster historiquement : mais les droits du souverain et de l'aristocratie n'ont ni date ni auteurs connus.

4° Ces concessions même ont toujours été précédées par un état de choses qui les a nécessitées et qui ne dépendait pas du souverain.

5° Quoique les lois écrites ne soient jamais que des déclarations de droits antérieurs, il s'en faut de beaucoup cependant que tous ces droits puissent être écrits.

6° Plus on écrit, et plus l'institution est faible.

7° Nulle nation ne peut se donner la liberté, si elle ne l'a pas (1); l'influence humaine ne s'étendant pas au delà du développement des droits existants.

8° Les législateurs proprement dits sont des hommes extraordinaires qui n'appartiennent peut-être qu'au monde antique et à la jeunesse des nations.

9° Ces législateurs, même avec leur puissance merveilleuse, n'ont jamais fait que rassembler des éléments préexistants, et toujours ils ont agi au nom de la Divinité.

10° La liberté, dans un sens, est un don des Rois ; car presque toutes les nations libres furent constituées par des Rois (2).

---

(1) Machiavel est appelé ici en témoignage : *Un popolo uso a vivere sotto un principe, si per qualche accidente diventa libero, con difficoltà mantiene la libertà.* Disc. sopr. Tit. Liv. I, cap. XVI.

(2) Ceci doit être pris en grande considération dans les monarchies modernes. Comme toutes légitimes et saintes fran-

11º Jamais il n'exista de nation libre qui n'eût dans sa constitution naturelle des germes de liberté aussi anciens qu'elle, et jamais nation ne tenta efficacement de développer par ses lois fondamentales écrites d'autres droits que ceux qui existaient dans sa constitution naturelle.

12º Une assemblée quelconque d'hommes ne peut constituer une nation. Une entreprise de ce genre doit même obtenir une place parmi les actes de folie les plus mémorables (1).

Il ne paraît pas que, depuis l'année 1796, date de la première édition du livre que nous citons (2),

---

chises de ce genre doivent partir du souverain, tout ce qui lui est arraché par la force est frappé d'anathème. *Ecrire une loi*, disait très-bien Démosthène, *ce n'est rien : c'est LE FAIRE VOULOIR qui est tout.* (Olynt. III.) Mais si cela est vrai du souverain à l'égard du peuple, que dirons-nous d'une *nation ;* c'est-à-dire, pour employer les termes les plus doux, d'une poignée de théoristes échauffés qui proposeraient une constitution à un souverain légitime, comme on propose une capitulation à un général assiégé ? Tout cela serait indécent, absurde, et surtout nul.

(1) Machiavel est encore cité ici : *E necessario che uno sia quello che dia il modo e della cui mente dipenda qualunque simile ordinazione.* Disc. sopr. Tit. Liv., lib. I, cap. IV.

(2) Considérations sur la France, chap. IV.

il se soit passé dans le monde rien qui ait pu amener l'auteur à se repentir de sa théorie. Nous croyons au contraire que, dans ce moment, il peut être utile de la développer pleinement et de la suivre dans toutes ses conséquences, dont l'une des plus importantes, sans doute, est celle qui se trouve énoncée en ces termes au chapitre X du même ouvrage.

L'homme ne peut faire de souverain. Tout au plus, il peut servir d'instrument pour déposséder un souverain et livrer ses États à un autre souverain déjà prince.... « *Du reste, il n'a jamais existé de famille souveraine dont on puisse assigner l'origine plébéienne. Si ce phénomène paraissait, ce serait une époque du monde* (1). »

On peut réfléchir sur cette thèse, que la *censure divine* vient d'approuver d'une manière assez solennelle. Mais qui sait si l'ignorante légèreté de notre âge ne dira pas sérieusement : *S'il l'avait voulu, il serait encore à sa place ?* comme elle le répète encore après deux siècles ; *Si Richard Cromwell avait eu le génie de son père, il aurait fixé le protectorat dans sa famille ;* ce qui revient précisément à dire : *Si cette*

---

(1) Considérations sur la France, chap. X, § III.

famille n'avait pas cessé de régner, elle régnerait encore.

Il est écrit : C'EST MOI QUI FAIS LES SOUVE-RAINS (1). Ceci n'est point une phrase d'église, une métaphore de prédicateur ; c'est la vérité littérale, simple et palpable. C'est une loi du monde politique. Dieu *fait* les Rois, au pied de la lettre, Il prépare les races royales ; il les mûrit au milieu d'un nuage qui cache leur origine. Elles paraissent ensuite *couronnées de gloire et d'honneur ;* elles se placent ; et voici le plus grand signe de leur légitimité.

C'est qu'elles s'avancent comme d'elles-mêmes, sans violence d'une part, et sans délibération marquée de l'autre : c'est une espèce de tranquillité magnifique qu'il n'est pas aisé d'exprimer. *Usurpation légitime* me semblerait l'expression propre (si elle n'était point trop hardie) pour caractériser ces sortes d'origines que le temps se hâte de consacrer.

Qu'on ne se laisse donc point éblouir par les plus belles apparences humaines. Qui jamais en rassembla davantage que le personnage extraordinaire dont

---

(1) *Per me Reges regnant.* Prov. VIII, 15.

la chute retentit encore dans toute l'Europe? Vit-on jamais de souveraineté en apparence si affermie, une plus grande réunion de moyens, un homme plus puissant, plus actif, plus redoutable? Longtemps nous le vimes fouler aux pieds vingt nations muettes et glacées d'effroi; et son pouvoir enfin avait jeté certaines racines qui pouvaient *désespérer l'espérance*. — Cependant il est tombé, et si bas, que la pitié qui le contemple, recule, de peur d'en être *touchée*. On peut, au reste, observer ici en passant que, par une raison *un peu* différente, il est devenu également difficile de parler de cet homme, et de l'auguste rival qui en a débarrassé le monde. L'un échappe à l'insulte et l'autre à la louange. — Mais revenons.

Dans un ouvrage connu seulement d'un petit nombre de personnes à Saint-Pétersbourg, l'auteur écrivait en l'année 1810 :

« *Lorsque deux partis se heurtent dans une révolution, si l'on voit tomber d'un côté des victimes précieuses, on peut gager que ce parti finira par l'emporter, malgré toutes les apparences contraires.* »

C'est encore là une assertion dont la vérité vient d'être justifiée de la manière la plus éclatante et la moins prévue. L'ordre moral a ses lois comme le physique, et la recherche de ces lois est tout-à-fait digne d'occuper les méditations du véritable philosophe. Après un siècle entier de futilités criminelles, il est temps de nous rappeler ce que nous sommes, et de faire remonter toute science à sa source. C'est ce qui a déterminé l'auteur de cet opuscule à lui permettre de s'évader du porte-feuille timide qui le retenait depuis cinq ans. On en laisse subsister la date, et on le donne mot à mot tel qu'il fut écrit à cette époque. L'amitié a provoqué cette publication, et c'est peut-être tant pis pour l'auteur; car la bonne dame est, dans certaines occasions, tout aussi aveugle que son frère. Quoi qu'il en soit, l'esprit qui a dicté l'ouvrage jouit d'un privilège connu : il peut sans doute se tromper quelquefois sur des points indifférents, il peut exagérer ou parler trop haut; il peut enfin offenser la langue ou le goût, et dans ce cas, tant mieux pour les malins, *si par hasard il s'en trouve ;* mais toujours il lui restera l'espoir le mieux fondé de ne choquer personne, puisqu'il aime tout le monde ; et, de plus, la certitude parfaite d'intéresser une classe d'hommes assez nombreuse et très-estimable, sans pouvoir jamais nuire à un seul : cette *foi* est tout-à-fait tranquillisante.

ESSAI

SUR

LE PRINCIPE GÉNÉRATEUR

DES CONSTITUTIONS POLITIQUES

ET DES AUTRES INSTITUTIONS HUMAINES.

I. Une des grandes erreurs du siècle qui les professa toutes, fut de croire qu'une constitution politique pouvait être écrite et créée *à priori*, tandis que la raison et l'expérience se réunissent pour établir qu'une constitution est une œuvre divine, et que ce qu'il y a précisément de plus fondamental et de plus essentiellement constitutionnel dans les lois d'une nation ne saurait être écrit.

II. On a cru souvent faire une excellente plaisanterie aux Français en leur demandant *dans quel livre était écrite la loi salique?* mais Jérôme Bignon répondait fort à propos, et très-probablement sans savoir à quel point il avait raison, *qu'elle était écrite ÈS cœurs des Fran-*

çais. En effet, supposons qu'une loi de cette importance n'existe que parce qu'elle est écrite, il est certain que l'autorité quelconque qui l'aura écrite, aura le droit de l'effacer ; la loi n'aura donc pas ce caractère de sainteté et d'immutabilité qui distingue les lois véritablement constitutionnelles. L'essence d'une loi fondamentale est que personne n'ait le droit de l'abolir ; or, comment sera-t-elle au-dessus de *tous*, si *quelqu'un* l'a *faite?* L'accord du peuple est impossible ; et, quand il en serait autrement, un accord n'est point une loi, et n'oblige personne, à moins qu'il n'y ait une autorité supérieure qui le garantisse. *Locke* a cherché le caractère de la loi dans l'expression des volontés réunies ; il faut être heureux pour rencontrer ainsi le caractère qui exclut précisément l'idée de *loi*. En effet, les volontés réunies forment le *règlement* et non la *loi*, laquelle suppose nécessairement et manifestement une volonté supérieure qui se fait obéir (1). « Dans le système de Hobbes » (le même qui a fait tant de fortune dans notre siècle sous la plume de Locke), « la force des lois civiles ne porte
« que sur une convention; mais s'il n'y a point de loi

---

(1) « L'homme dans l'état de nature n'avait que des droits....
« En entrant dans la société, je renonce à ma volonté parti-
« culière pour me conformer à la loi, *qui est la volonté gé-
« nérale.* » — Le *Spectateur français* (t. I, p. 194) s'est justement moqué de cette définition ; mais il pouvait observer de plus qu'elle appartient au siècle, et surtout à Locke, qui a ouvert ce siècle d'une manière si funeste.

« naturelle qui ordonne d'exécuter les lois qu'on a fai-
« tes, de quoi servent-elles ? Les promesses, les enga-
« gements, les serments ne sont que des paroles : il est
« aussi aisé de rompre ce lien frivole, que de le for-
« mer. Sans le dogme d'un Dieu législateur, toute obli-
« gation morale est chimérique. Force d'un côté, im-
« puissance de l'autre, voilà tout le lien des sociétés
« humaines (1). »

Ce qu'un sage et profond théologien a dit ici de l'o-
bligation morale, s'applique avec une égale vérité à l'o-
bligation politique ou civile. La loi n'est proprement
loi, et ne possède une véritable sanction qu'en la supposant émanée d'une volonté supérieure ; en sorte que
son caractère essentiel est *de n'être pas la volonté de
tous*. Autrement les lois ne seront, comme on vient de
le dire, *que des règlements* ; et, comme le dit encore l'auteur cité tout à l'heure, « ceux qui ont eu la liberté de
« faire ces conventions, ne se sont pas ôté le pouvoir
« de les révoquer ; et leurs descendants, qui n'y ont
« eu aucune part, sont encore moins tenus de les ob-
« server (2). » De là vient que le bon sens primordial,

---

(1) Bergier, Traité hist. et dogm. de la Relig., in-8°,
tom. III, chap. IV, § 12, pages 330, 331. (D'après Tertull.
Apol. 45.)

(2) Bergier, Traité historique et dogmatique de la Religion,
in-8°, tome III, chap. IV, § 12, pages 330, 331. (D'après
Tertullien, *Apol.* 45.)

heureusement antérieur aux sophismes, a cherché de tous côtés la sanction des lois dans une puissance au-dessus de l'homme, soit en reconnaissant que la souveraineté vient de Dieu, soit en révérant certaines lois écrites, comme venant de lui.

III. Les rédacteurs des lois romaines ont jeté, sans prétention, dans le premier chapitre de leur collection, un fragment de jurisprudence grecque bien remarquable. *Parmi les lois qui nous gouvernent*, dit ce passage, *les unes sont écrites et les autres ne le sont pas*. Rien de plus simple et rien de plus profond. Connaît-on quelque loi turque qui permette expressément au souverain d'envoyer immédiatement un homme à la mort, sans la décision intermédiaire d'un tribunal? Connaît-on quelque loi *écrite*, même religieuse, qui le défende aux souverains de l'Europe chrétienne (1)? Cependant le Turc n'est pas plus surpris de voir son maître ordonner immédiatement la mort d'un homme, que de le voir aller à la mosquée. Il croit, avec toute l'Asie, et même avec

---

(1) *L'Eglise défend à ses enfants, encore plus fortement que les lois civiles, de se faire justice à eux-mêmes ; et c'est par son esprit que les rois chrétiens ne se la font pas, dans les crimes mêmes de lèse-majesté au premier chef, et qu'ils remettent les criminels entre les mains des juges pour les faire punir selon les lois et dans les formes de la justice.* (Pascal, XIVe Lettre Prov.) Ce passage est très-important et devrait se trouver ailleurs.

toute l'antiquité, que le droit de mort exercé immédiatement est un apanage légitime de la souveraineté. Mais nos princes frémiraient à la seule idée de condamner un homme à mort ; car, selon notre manière de voir, cette condamnation serait un meurtre abominable : et cependant je doute qu'il fût possible de le leur défendre par une loi fondamentale écrite, sans amener des maux plus grands que ceux qu'on aurait voulu prévenir.

IV. Demandez à l'histoire romaine quel était précisément le pouvoir du sénat ; elle demeurera muette, du moins quant aux limites précises de ce pouvoir. On voit bien en général que celui du peuple et celui du sénat se balançaient mutuellement, et ne cessaient de se combattre ; on voit bien que le patriotisme ou la lassitude, la faiblesse ou la violence terminaient ces luttes dangereuses, mais nous n'en savons pas davantage (1). En assistant à ces grandes scènes de l'histoire, on se sent quelquefois tenté de croire que les choses seraient allées beaucoup mieux s'il y avait eu des lois précises pour

---

(1) J'ai souvent réfléchi sur ce passage de Cicéron (*De Leg.* II, 6.) : *Leges Liviæ præsertim uno versiculo senatûs puncto temporis sublatæ sunt.* De quel droit le sénat prenait-il cette liberté ? et comment le peuple le laissait-il faire ? Il n'est sûrement pas aisé de répondre : mais de quoi peut-on s'étonner dans ce genre, puisqu'après tout ce qu'on a écrit sur l'histoire et sur les antiquités romaines, il a fallu de nos jours écrire des dissertations pour savoir comment le sénat se recrutait ?

circonscrire les pouvoirs ; mais ce serait une grande erreur : de pareilles lois, toujours compromises par des cas inattendus et des exceptions forcées, n'auraient pas duré six mois, ou elles auraient renversé la république.

V. La constitution anglaise est un exemple plus près de nous, et par conséquent plus frappant. Qu'on l'examine avec attention : on verra *qu'elle ne va qu'en n'allant pas* (si ce jeu de mots est permis). Elle ne se soutient que par les exceptions. L'*habeas corpus*, par exemple, a été si souvent et si longtemps suspendu, qu'on a pu douter si l'exception n'était pas devenue règle. Supposons un instant que les auteurs de ce fameux acte eussent eu la prétention de fixer le cas où il pourrait être suspendu, ils l'auraient anéanti par le fait.

VI. Dans la séance de la chambre des communes du 26 juin 1807, un lord cita l'autorité d'un grand homme d'État pour établir *que le Roi n'a pas le droit de dissoudre le parlement pendant la session*; mais cette opinion fut contredite. Où est la loi ? Essayez de la faire, et de fixer exclusivement *par écrit* le cas où le Roi a ce droit ; vous amènerez une révolution. *Le Roi*, dit alors l'un des membres, *a ce droit lorsque l'occasion est importante*; mais qu'est-ce qu'une occasion *importante*? Essayez encore de le décider par écrit.

VII. Mais voici quelque chose de plus singulier. Tout le monde se rappelle la grande question agitée avec tant de chaleur en Angleterre en l'année 1806 : il s'agissait de savoir *si la cumulation d'un emploi de judicature avec une place de membre du conseil privé s'accordait ou non* avec *les principes de la constitution anglaise;* dans la séance de cette même chambre des communes du 3 mars, un membre observa *que l'Angleterre est gouvernée par un corps* (le conseil privé) *que la constitution ignore* (1). *Seulement*, ajouta-t-il, *elle le laisse faire* (2).

Voilà donc chez cette sage et justement fameuse Angleterre un corps qui gouverne et fait tout dans le vrai, mais *que la constitution ne connaît pas.* Delolme a oublié ce trait, que je pourrais appuyer de plusieurs autres.

Après cela, qu'on vienne nous parler de constitutions écrites et de lois constitutionnelles faites *à priori.* On ne conçoit pas comment un homme sensé peut rêver la possibilité d'une pareille chimère. Si l'on s'avisait de faire une loi en Angleterre pour donner une existence constitutionnelle au conseil privé, et pour régler ensuite et circonscrire rigoureusement ses priviléges et ses attributions, avec les précautions nécessaires pour limiter son influence et l'empêcher d'en abuser, on renverserait l'Etat.

La véritable *constitution anglaise* est cet esprit public admirable, unique, infaillible, au-dessus de tout éloge,

---

(1) *Thys country is governed by a body not known by Legislature.*

(2) *Connived at.* V. le *London Chronicle* du 4 mars 1806. Observez que ce mot de *Legislature*, renfermant les trois pouvoirs, il suit de cette assertion que le Roi même *ignore le conseil privé.* — Je crois cependant qu'il s'en doute.

qui mène tout, qui sauve tout. — Ce qui est écrit n'est rien (1).

VIII. On jeta les hauts cris, sur la fin du siècle dernier, contre un ministre qui avait conçu le projet d'introduire cette même constitution anglaise (ou ce qu'on appelait de ce nom) dans un royaume en convulsion qui en demandait une quelconque avec une espèce de fureur. Il eut tort, si l'on veut, autant du moins qu'on peut avoir tort lorsqu'on est de bonne foi ; ce qu'il est bien permis de supposer, et ce que je crois de tout mon cœur. Mais qui donc avait le droit de le condamner ? *Vel duo, vel nemo.* Il ne déclarait pas vouloir rien détruire de son chef, il voulait seulement, disait-il, substituer une chose qui lui paraissait raisonnable, à une autre dont on ne voulait plus, et qui même par le fait n'existait plus. Si l'on suppose d'ailleurs le principe comme posé, (et il l'était en effet), *que l'homme peut créer une constitution*, ce ministre (qui était certainement un homme) avait droit de faire la sienne tout comme un autre, et plus qu'un autre. Les doctrines sur ce point étaient-elles douteuses? Ne croyait-on pas de

---

(1) *Cette constitution turbulente*, dit Hume, *toujours flottante entre la prérogative et le privilège, présente une foule d'autorités pour et contre.* (Hist. d'Angl., Jacques Ier, chap. XLVII, ann. 1621.) Hume, en disant ainsi la vérité, ne manque point de respect à son pays ; il dit ce qui est et ce qui doit être.

tout côté qu'une constitution est un ouvrage d'esprit comme une ode ou une tragédie ? *Thomas Payne* n'avait-il pas déclaré avec une profondeur qui ravissait les universités, *qu'une constitution n'existe pas tant qu'on ne peut la mettre dans sa poche?* Le dix-huitième siècle, qui ne s'est douté de rien, n'a douté de rien : c'est la règle ; et je ne crois pas qu'il ait produit un seul jouvenceau de quelque talent qui n'ait fait trois choses au sortir du collége : une *néopédie*, une constitution et un monde. Si donc un homme, dans la maturité de l'âge et du talent, profondément versé dans les sciences économiques et dans la philosophie du temps, n'avait entrepris que la seconde de ces choses seulement, je l'aurais trouvé déjà excessivement modéré; mais j'avoue qu'il me paraît un véritable prodige de sagesse et de modestie lorsque je le vois, mettant (au moins comme il le croyait) l'expérience à la place des folles théories, demander respectueusement une constitution aux Anglais, au lieu de la faire lui-même. On dira : *Cela même n'était pas possible.* Je le sais, mais il ne le savait pas : et comment l'aurait-il su ? Qu'on me nomme celui qui le lui avait dit.

IX. Plus on examinera le jeu de l'action humaine dans la formation des constitutions politiques, et plus on se convaincra qu'elle n'y entre que d'une manière infiniment subordonnée, ou comme simple instrument ; et je ne crois pas qu'il reste le moindre doute sur l'incontestable vérité des propositions suivantes :

1. Que les racines des constitutions politiques existent avant toute loi écrite ;

2. Qu'une loi constitutionnelle n'est et ne peut être que le développement ou la sanction d'un droit préexistant et non écrit ;

3. Que ce qu'il y a de plus essentiel, de plus intrinsèquement constitutionnel, et de véritablement fondamental, n'est jamais écrit, et même ne saurait l'être, sans exposer l'Etat ;

4. Que la faiblesse et la fragilité d'une constitution sont précisément en raison directe de la multiplicité des articles constitutionnels écrits (1).

X. Nous sommes trompés sur ce point par un sophisme si naturel, qu'il échappe entièrement à notre attention. Parce que l'homme agit, il croit agir seul, et parce qu'il a la conscience de sa liberté, il oublie sa dépendance. Dans l'ordre physique il entend raison ; et quoiqu'il puisse, par exemple, planter un gland, l'arroser, etc., cependant il est capable de convenir qu'il ne fait pas des chênes, parce qu'il voit l'arbre croître et se perfectionner sans que le pouvoir humain s'en mêle, et que d'ailleurs il n'a pas fait le gland ; mais dans l'ordre social, où il est présent et agent, il se met à croire qu'il est réellement l'auteur direct de tout ce qui se fait par lui : c'est, dans un sens, la truelle qui se croit architecte. L'homme est intelligent, il est libre, il est sublime, sans doute ; mais il n'en est pas moins un *outil de Dieu*, suivant

---

(1) Ce qui peut servir de commentaire au mot célèbre de Tacite : *Pessimæ Reipublicæ plurimæ Leges.*

l'heureuse expression de Plutarque dans un beau passage qui vient de lui-même se placer ici.

Il ne faut pas s'esmerveiller, dit-il, *si les plus belles et les plus grandes choses du monde se font par la volonté et providence de Dieu, attendu que, en toutes les plus grandes et principales parties du monde, il y a une ame; car l'organe et util de l'ame, c'est le corps, et l'ame est* L'UTIL DE DIEU. *Et comme le corps a de soy plusieurs mouvements, et que la pluspart, mesmement les plus nobles, il les a de l'ame, aussy l'ame ne faict ne plus, ne moins, auscunes de ses opérations, estant meuë d'elle-mesme; ès autres, elle se laisse manier, dresser et tourner à Dieu, comme il lui plaist; estant le plus bel organe et le plus adroist util qui sçauroit estre : car ce seroit chose estrange que le vent, les nuées et les pluyes fussent instruments de Dieu, avec lesquels il nourrit et entretient plusieurs creatures, et en perd aussy et deffaict plusieurs austres, et qu'il ne se servist nullement des animaux à faire pas une de ses œuvres. Ains est beaucoup plus vraysemblable, attendu qu'ils dépendent totalement de la puissance de Dieu, qu'ils servent à tous les mouvements et secondent toutes les volontés de Dieu, plus-tost que les arcs ne s'accommodent aux Scythes, les lyres aux Grecs ne les haubois* (1).

On ne saurait mieux dire ; et je ne crois pas que ces belles réflexions trouvent nulle part d'application plus

---

(1) Plutarque, *Banquet des sept Sages*, traduction d'Amyot.

juste que dans la formation des constitutions politiques, où l'on peut dire, avec une égale vérité, que l'homme fait tout et ne fait rien.

XI. S'il y a quelque chose de connu, c'est la comparaison de Cicéron au sujet du système d'Epicure, qui voulait bâtir un monde avec les atomes tombant au hasard dans le vide. *On me ferait plutôt croire*, disait le grand orateur, *que des lettres jetées en l'air pourraient s'arranger, en tombant, de manière à former un poème.* Des milliers de bouches ont répété et célébré cette pensée ; je ne vois pas cependant que personne ait songé à lui donner le complément qui lui manque. Supposons que des caractères d'imprimerie jetés à pleines mains du haut d'une tour viennent former à terre l'*Athalie* de Racine, qu'en résultera-t-il ? *Qu'une intelligence a présidé à la chute et à l'arrangement des caractères.* Le bon sens ne conclura jamais autrement.

XII. Considérons maintenant une constitution politique quelconque, celle de l'Angleterre, par exemple. Certainement elle n'a pas été faite *à priori*. Jamais des hommes d'Etat ne se sont assemblés et n'ont dit : *Créons trois pouvoirs ; balançons-les de telle manière*, etc.; personne n'y a pensé. La constitution est l'ouvrage des circonstances, et le nombre de ces circonstances est infini. Les lois romaines, les lois ecclésiastiques, les lois féodales ; les coutumes saxonnes, normandes et danoises ; les priviléges, les préjugés et les prétentions de tous les ordres ; les guerres, les révoltes, les révolutions, la conquête, les croisades ; toutes les vertus, tous les vices, toutes les connaissances, toutes les erreurs, toutes les passions; tous ces éléments, enfin, agissant ensemble, et formant par leur mélange et leur action réciproque des combinaisons multipliées par myriades de millions, ont produit enfin, après plusieurs siècles, l'unité la plus compliquée et le plus bel équilibre de forces politiques qu'on ait jamais vu dans le monde (1).

XIII. Or, puisque ces éléments, ainsi projetés dans l'espace, se sont arrangés en si bel ordre, sans que, parmi cette foule innombrable d'hommes qui ont agi dans ce vaste champ, un seul ait jamais su ce qu'il faisait par rapport au tout, ni prévu ce qui devait arriver, il s'ensuit que ces éléments étaient guidés dans leur chute par une main infaillible, supérieure à l'homme. La plus grande folie, peut-être, du siècle des folies, fut de croire que des lois fondamentales pouvaient être écrites *à priori*; tandis qu'elles sont évidemment l'ouvrage

---

(1) Tacite croyait que cette forme de gouvernement ne serait jamais qu'une théorie idéale ou une expérience passagère. « Le meilleur de tous les gouvernements, » dit-il (d'après Cicéron, comme on sait), « serait celui qui résulterait « du mélange des trois pouvoirs balancés l'un par l'autre; « *mais ce gouvernement n'existera jamais; ou, s'il se montre, il ne durera pas.* » (Annal. IV, 33.) Le bon sens anglais peut cependant le faire durer bien plus longtemps qu'on ne pourrait l'imaginer, en subordonnant sans cesse, mais plus ou moins, la théorie, ou ce qu'on appelle *les principes*, aux leçons de l'expérience et de la modération : ce qui serait impossible, si les *principes* étaient écrits.

d'une force supérieure à l'homme ; et que l'écriture même, très-postérieure, est pour elle le plus grand signe de nullité.

XIV. Il est bien remarquable que Dieu, ayant daigné parler aux hommes, a manifesté lui-même ces vérités dans les deux révélations que nous tenons de sa bonté. Un très-habile homme qui a fait, à mon avis, une sorte d'époque dans notre siècle, à raison du combat à outrance qu'il nous montre dans ses écrits entre les préjugés les plus terribles de siècle, de secte, d'habitudes, etc., et les intentions les plus pures, les mouvements du cœur le plus droit, les connaissances les plus précieuses ; cet habile homme, dis-je, a décidé « *qu'une instruction venant immédiatement de Dieu, ou donnée seulement par ses ordres,* DEVAIT *premièrement certifier aux hommes l'existence de cet* ÊTRE. » C'est précisément le contraire ; car le premier caractère de cette instruction est de ne révéler directement ni l'existence de Dieu, ni ses attributs, mais de supposer le tout antérieurement connu, sans qu'on sache ni pourquoi, ni comment. Ainsi elle ne dit point : *Il n'y a, ou vous ne croirez qu'un seul Dieu éternel, tout-puissant*, etc., elle dit (et c'est son premier mot), sous une forme purement narrative : *Au commencement Dieu créa*, etc. ; par où elle suppose que le dogme est connu avant l'Ecriture.

XV. Passons au christianisme, qui est la plus grande de toutes les institutions imaginables, puisqu'elle est toute divine, et qu'elle est faite pour les hommes et pour tous les siècles. Nous la trouverons soumise à la loi générale. Certes, son divin auteur était bien le maître d'écrire lui-même ou de faire écrire ; cependant il n'a fait ni l'un ni l'autre, du moins en forme législative. Le Nouveau-Testament, postérieur à la mort du législateur, et même à l'établissement de sa religion, présente une narration, des avertissements, des préceptes moraux, des exhortations, des ordres, des menaces, etc., mais nullement un recueil de dogmes énoncés en forme impérative. Les évangélistes, en racontant cette dernière *cène* où Dieu nous aima JUSQU'A LA FIN, avaient là une belle occasion de commander par écrit à notre croyance ; ils se gardent cependant de déclarer ni d'ordonner rien. On lit bien dans leur admirable histoire : *Allez, enseignez* ; mais point du tout : *Enseignez ceci ou cela*. Si le dogme se présente sous la plume de l'historien sacré, il l'énonce simplement comme une chose antérieurement connue (1). Les symboles qui parurent depuis sont des professions de foi pour se reconnaître, ou pour contredire les erreurs du moment. On y lit : *Nous croyons* ; jamais *vous croirez*. Nous les

---

(1) Il est très remarquable que les évangélistes mêmes ne prirent la plume que tard, et principalement pour contredire des histoires fausses publiées de leur temps. Les épîtres canoniques naquirent aussi de causes accidentelles : jamais l'Ecriture n'entra dans le plan primitif des fondateurs. *Mill*, quoique protestant, l'a reconnu expressément. (*Pro leg. in Nov. Test. græc.*, p. 1, n° 65. Et Hobbes avait déjà fait la même observation en Angleterre (*Hobbes's Tripos in three discourses. Dis. The III*, p. 265, in-8°.)

récitons en particulier : nous les chantons dans les temples, *sur la lyre et sur l'orgue* (1), comme de véritables prières, parce qu'ils sont des formules de soumission, de confiance et de foi adressées à Dieu, et non des ordonnances adressées aux hommes. Je voudrais bien voir la *Confession d'Augsbourg* ou les *trente-neuf articles* mis en musique ; cela serait plaisant (2) !

Bien loin que les premiers symboles contiennent l'énoncé de *tous* nos dogmes, les chrétiens d'alors auraient au contraire regardé comme un grand crime de les énoncer *tous*. Il en est de même des saintes Ecritures ; jamais il n'y eut d'idée plus creuse que celle d'y chercher la totalité des dogmes chrétiens : il n'y a pas une ligne dans ces écrits qui déclare, qui laisse seulement apercevoir le projet d'en faire un code ou une déclaration dogmatique de tous les articles de foi.

XVI. Il y a plus : si un peuple possède un de ces *codes de croyance*, on peut être sûr de trois choses :

---

(1) *In chordis et organo.* Ps. cl., 4.

(2) La raison ne peut que *parler*, c'est l'amour qui *chante*; et voilà pourquoi nous chantons nos symboles ; car la *foi* n'est qu'une *croyance par amour* ; elle ne réside point seulement dans l'entendement : elle pénètre encore et s'enracine dans la volonté. Un théologien philosophe a dit avec beaucoup de vérité et de finesse : « Il y a bien de la différence entre « croire et juger qu'il faut croire. » *Aliud est credere, aliud judicare esse credendum.* (Leon. Lessii Opuscula. Lugd, 1651, in-fol. pag. 556, col. 2, *De Prædestinatione.*)

1. Que la religion de ce peuple est fausse ;

2. Qu'il a écrit son code religieux dans un accès de fièvre ;

3. Qu'on s'en moquera en peu de temps chez cette nation même, et qu'il ne peut avoir ni force ni durée. Tels sont, par exemple, ces fameux ARTICLES, *qu'on signe plus qu'on ne les lit, et qu'on lit plus qu'on ne les croit* (1). Non-seulement ce catalogue de dogmes est compté pour rien, ou à peu près, dans le pays qui l'a vu naître ; mais de plus il est évident, même pour l'œil étranger, que les illustres possesseurs de cette feuille de papier en sont fort embarrassés. Ils voudraient bien la faire disparaître, parce qu'elle impatiente le bon sens national éclairé par le temps, et parce qu'elle leur rappelle une origine malheureuse ; mais la *constitution est écrite*.

XVII. Jamais, sans doute, ces mêmes Anglais n'auraient demandé la grande charte, si les privilèges de la nation n'avaient pas été violés ; mais jamais aussi ils ne l'auraient demandée, si les privilèges n'avaient pas existé avant la charte. Il en est de l'Eglise comme de l'Etat : si jamais le christianisme n'avait été attaqué, jamais il n'aurait écrit pour fixer le dogme ; mais jamais aussi le dogme n'a été fixé par écrit, que parce qu'il existait antérieurement dans son état naturel, qui est celui de *parole*.

---

(1) *Gibbon*, dans ses Mémoires, t. I, chap. 6, de la traduction française.

Les véritables auteurs du concile de Trente furent les deux grands novateurs du XVIᵉ siècle.(1). Leurs disciples, devenus plus calmes, nous ont proposé depuis d'effacer cette loi fondamentale, parce qu'elle contient quelques mots difficiles pour eux ; et ils ont essayé de nous tenter, en nous montrant comme possible à ce prix une réunion qui nous rendrait complices au lieu de nous rendre amis ; mais cette demande n'est ni théologique ni philosophique, Eux-mêmes amenèrent jadis dans la langue religieuse ces mots qui les fatiguent, désirons qu'ils apprennent aujourd'hui à les prononcer. La foi, si la sophistique opposition ne l'avait jamais forcée d'écrire, serait mille fois plus angélique ; elle pleure sur ces décisions que la révolte lui arracha et qui furent toujours des malheurs, puisqu'elles supposent toutes le doute ou l'attaque, et qu'elles ne purent naître qu'au milieu des commotions les plus dangereuses. L'état de guerre éleva ces remparts vénérables autour de la vérité : ils la défendent sans doute, mais ils la cachent ; ils la rendent inattaquable, mais par là même moins accessible. Ah! ce n'est pas ce qu'elle demande, elle qui voudrait serrer le genre humain dans ses bras.

XVIII. J'ai parlé du christianisme comme système

---

(1) On peut faire la même observation en remontant jusqu'à Arius : jamais l'Eglise n'a cherché à écrire ses dogmes ; toujours on l'y a forcée.

de croyance ; je vais maintenant l'envisager comme souveraineté, dans son association la plus nombreuse. Là, elle est monarchique, comme tout le monde le sait, et cela devait être, puisque la monarchie devient, par la nature même des choses, plus nécessaire à mesure que l'association devient plus nombreuse. On n'a point oublié qu'une bouche impure se fit cependant approuver de nos jours, lorsqu'elle dit *que la France était géographiquement monarchique.* Il serait difficile, en effet, d'exprimer plus heureusement une vérité plus incontestable. Mais si l'étendue de la France repousse seule l'idée de toute autre espèce de gouvernement, à plus forte raison cette souveraineté qui, par l'essence même de sa constitution, aura toujours des sujets sur tous les points du globe, ne pouvait être que monarchique ; et l'expérience sur ce point se trouve d'accord avec la théorie. Cela posé, qui ne croirait qu'une telle monarchie se trouve plus rigoureusement déterminée et circonscrite que toutes les autres, dans la prérogative de son chef? C'est cependant le contraire qui a eu lieu. Lisez les innombrables volumes enfantés par la guerre étrangère, et même par une espèce de guerre civile qui a ses avantages et ses inconvénients, vous verrez que de tout côté on ne cite que des faits ; et c'est une chose surtout bien remarquable que le tribunal suprême ait constamment laissé disputer sur la question qui se présente à tous les esprits comme la plus fondamentale de la constitution, sans avoir voulu jamais la décider par une loi formelle ; ce qui devait être ainsi, si je ne me trompe infiniment, à raison précisément de l'importance fondamentale de la question (1). Quelques hommes sans mission, et téméraires par faiblesse, tentèrent de la décider en 1682, en dépit d'un grand homme ; et ce fut une des plus solennelles imprudences qui aient jamais été commises dans le monde. Le monument qui nous en est resté est condamnable sans doute sous tous les rapports ; mais il l'est surtout par un côté qui n'a pas été remarqué, quoiqu'il prête le flanc plus que tout autre à une critique éclairée. La fameuse déclaration osa décider par écrit et sans nécessité, même apparente (ce qui porte la faute à l'excès), une question qui devait être constamment abandonnée à une certaine sagesse pratique, éclairée par la conscience UNIVERSELLE.

Ce point de vue est le seul qui se rapporte au dessein de cet ouvrage ; mais il est bien digne des méditations de tout esprit juste et de tout cœur droit.

XIX. Ces idées ne sont point étrangères (prises dans leur généralité) aux philosophes de l'antiquité : ils ont bien senti la faiblesse, j'ai presque dit le néant de l'écriture dans les grandes institutions ; mais personne n'a mieux vu, ni mieux exprimé cette vérité que Platon, qu'on trouve toujours le premier sur la route de toutes

---

(1) Je ne sais si les Anglais ont remarqué que le plus docte et le plus fervent défenseur de la souveraineté dont il s'agit ici, intitule ainsi un de ses chapitres : *Que la monarchie mixte tempérée d'aristocratie et de démocratie, vaut mieux que la monarchie pure.* (Bellarminus, de summo Pontif., cap. III.) Pas mal pour un fanatique !

les grandes vérités. Suivant lui, d'abord, « l'homme
« qui doit toute son instruction à l'écriture, *n'aura ja-*
« *mais que l'apparence de la sagesse* (1). La parole,
« ajoute-t-il, est à l'écriture ce qu'un homme est à son
« portrait. Les productions de la peinture se présentent à
« **nos yeux comme vivantes**; mais *si on les interroge,*
« *elles gardent le silence avec dignité* (2). Il en est de
« même de l'écriture, *qui ne sait ce qu'il faut dire à un*
« *homme, ni ce qu'il faut cacher à un autre.* Si l'on vient
« à l'attaquer ou à l'insulter sans raison, elle ne peut
« se défendre ; *car son père n'est jamais là pour la sou-*
« *tenir* (3). De manière que celui qui s'imagine pouvoir
« établir par l'écriture seule une doctrine claire et du-
« rable, EST UN GRAND SOT (4). S'il possédait réel-
« lement les véritables germes de la vérité, il se garde-
« rait bien de croire qu'*avec un peu de liqueur noire*
« *et une plume* (5) il pourra les faire germer dans
« l'univers, les défendre contre l'inclémence des sai-
« sons et leur communiquer l'efficacité nécessaire.

---

(1) Δοξόσοφοι γεγονότες ἀντὶ σοφῶν. (Plat. in Phæd. Opp. tom., edit. Bipont., p. 381.)

(2) Σεμνῶς πάνυ σιγᾷ. (Ibid. p. 382.)

(3) Τοῦ πατρός δεῖται βοηθοῦ. (Ibid. p. 382.)

(4) Πολλῆς ἂν εὐηθείας γέμει. (Ibid. p. 382.) Mot à mot : *Il regorge de bêtise.*

Prenons garde, chacun dans notre pays, que cette espèce de *pléthore* ne devienne endémique.

(5) Ἐν ὕδατι μέλανι διὰ καλαμοῦ. (Ibid. p. 384.)

« Quant à celui qui entreprend d'écrire *des lois ou des
« constitutions civiles* (1), et qui se figure que parce
« qu'il les a écrites il a pu leur donner l'évidence et la
« stabilité convenables, quel que puisse être cet homme,
« particulier ou législateur (2), et soit qu'on le dise ou
« qu'on ne le dise pas (3), il s'est déshonoré ; car il a
« prouvé par là qu'il ignore également ce que c'est que
« l'inspiration et le délire, le juste et l'injuste, le bien
« et le mal : or, cette ignorance est une ignominie,
« quand même la masse entière du vulgaire applaudi-
« rait (4). »

XX. Après avoir entendu *la sagesse des nations*, il ne sera pas inutile, je pense, d'entendre encore la philosophie chrétienne.

« Il eût été sans doute bien à désirer, » a dit le plus éloquent des Pères grecs, « que nous n'eussions jamais
« eu besoin de l'écriture, et que les préceptes divins ne
« fussent écrits que dans nos cœurs, par la grâce,
« comme ils le sont par l'encre, dans nos livres : mais,
« puisque nous avons perdu cette grâce par notre faute,
« saisissons donc, puisqu'il le faut, *une planche au lieu*

---

(1) Νόμους τιθεὶς σύγγραμμα πολιτικὸν γράφων. (Plat. in Phæd. Opp. Tom. X, etc., Bipont. p. 386, 126.)

(2) Ἰδίᾳ ἢ δημοσίᾳ. (Ibid.)

(3) Εἴτέ τις φησίν, εἴτε μή. (Ibid.)

(4) Οὐκ ἐκφεύγει τῇ ἀληθείᾳ μὴ οὐκ ἐπονείδιστον εἶναι, οὐδὲ ἂν ὁ πᾶς ὄχλος αὐτὸν ἐπαινέσῃ. (Ibid. pages 386, 387.)

« *du vaisseau*, et sans oublier cependant la supériorité
« du premier état. Dieu ne révéla jamais rien par écrit
« aux élus de l'Ancien-Testament ; toujours il leur parla
« directement, parce qu'il voyait la pureté de leurs
« cœurs ; mais le peuple hébreu s'étant précipité dans
« l'abîme des vices, il fallut des livres et des lois. La
« même marche s'est renouvelée sous l'empire de la
« nouvelle révélation ; car le Christ n'a pas laissé un
« seul écrit à ses Apôtres. Au lieu de livre il leur pro-
« mit le Saint-Esprit. *C'est lui*, leur dit-il, *qui vous ins-*
« *pirera ce que vous aurez à dire* (1). Mais parce que,
« dans la suite des temps, des hommes coupables se
« révoltèrent contre les dogmes et contre la morale, il
« fallut en venir aux livres. »

XXI. Toute la vérité se trouve réunie dans ces deux autorités. Elles montrent la profonde imbécillité (il est bien permis de parler comme Platon, qui ne se fâche jamais), la profonde imbécillité, dis-je, de ces pauvres gens qui s'imaginent que les législateurs sont des hommes (2), que les lois sont du papier, et qu'on peut cons-

---

(1) *Chrysost. Hom. in Matth.* I, I.

(2) Parmi une foule de traits admirables dont les Psaumes de David étincellent, je distingue le suivant : *Constitue, Domine, legislatorem super eos, ut sciant quoniam homines sunt ;* c'est-à-dire : « Place, Seigneur, un législateur sur
« leurs têtes, afin qu'ils sachent qu'ils sont des hommes. » —
C'est un beau mot !

tituer les nations *avec de l'encre*. Elles montrent au contraire que l'écriture est constamment un signe de faiblesse, d'ignorance ou de danger; qu'à mesure qu'une institution est parfaite, elle écrit moins; de manière que celle qui est certainement divine, n'a rien écrit du tout en s'établissant, pour nous faire sentir que toute loi écrite n'est qu'un mal nécessaire, produit par l'infirmité ou par la malice humaine; et qu'elle n'est rien du tout, si elle n'a reçu une sanction antérieure et non écrite.

XXII. C'est ici qu'il faut gémir sur le paralogisme fondamental d'un système qui a malheureusement divisé l'Europe. Les partisans de ce système ont dit : *Nous ne croyons qu'à la parole de Dieu*..... Quel abus des mots! quelle étrange et funeste ignorance des choses divines! Nous seuls croyons *à la parole*, tandis que nos *chers ennemis* s'obstinent à ne croire qu'*à l'écriture* : comme si Dieu avait pu ou voulu changer la nature des choses dont il est l'auteur, et communiquer à l'écriture la vie et l'efficacité qu'elle n'a pas! L'Ecriture sainte n'est-elle donc pas *une écriture*? n'a-t-elle pas été tracée *avec une plume et un peu de liqueur noire? Sait-elle ce qu'il faut dire à un homme et ce qu'il faut cacher à un autre* (1)? Leibnitz et sa servante n'y lisaient-ils pas les mêmes mots? Peut-elle être, cette écriture, autre chose que le *portrait du Verbe?* Et, quoique infiniment respectable

---

(1) Revoyez la page 255 et suiv.

sous ce rapport, si l'on vient à l'interroger, ne faut-il pas qu'*elle garde un silence divin* (1)? Si on l'attaque enenfin, ou si on l'insulte, *peut-elle se défendre en l'absence de son père?* Gloire à la vérité ! Si la *parole* éternellement vivante ne vivifie l'écriture, jamais celle-ci ne deviendra *parole*, c'est-à-dire *vie*. Que d'autres invoquent donc tant qu'il leur plaira LA PAROLE MUETTE, nous rirons en paix de ce *faux-dieu;* attendant toujours avec une tendre impatience le moment où ses partisans détrompés se jetteront dans nos bras, ouverts bientôt depuis trois siècles.

XXIII. Tout bon esprit achèvera de se convaincre sur ce point, pour peu qu'il veuille réfléchir sur un axiome également frappant par son importance et par son universalité, c'est que RIEN DE GRAND N'A DE GRANDS COMMENCEMENTS. On ne trouvera pas dans l'histoire de tous les siècles une seule exception à cette loi. *Crescit occulto velut arbor œvo;* c'est la devise éternelle de toute grande institution; et de là vient que toute institution fausse écrit beaucoup, parce qu'elle sent sa faiblesse, et qu'elle cherche à s'appuyer. De la vérité que je viens d'énoncer résulte l'inébranlable conséquence, que nulle institution grande et réelle ne saurait être fondée sur une loi écrite, puisque les hommes mêmes, instruments successifs de l'établissement, ignorent ce qu'il doit devenir, et que l'accroissement insensible est le vé-

---

(1) Σεμνῶς πανυ σιγᾶ. (Plat. ibid.)

ritable signe de la durée, dans tous les ordres possibles de choses. Un exemple remarquable de ce genre se trouve dans la puissance des souverains pontifes, que je n'entends point envisager ici d'une manière dogmatique. Une foule de savants écrivains ont fait, depuis le XVIe siècle, une prodigieuse dépense d'érudition pour établir, en remontant jusqu'au berceau du christianisme, que les évêques de Rome n'étaient point, dans les premiers siècles, ce qu'ils furent depuis ; supposant ainsi, comme un point accordé, que tout ce qu'on ne trouve pas dans les temps primitifs, est abus. Or, je le dis sans le moindre esprit de contention, et sans prétendre choquer personne, ils montrent en cela autant de philosophie et de véritable savoir que s'ils cherchaient dans un enfant au maillot les véritables dimensions de l'homme fait. La souveraineté dont je parle dans ce moment est née comme les autres, s'est accrue comme les autres. C'est une pitié de voir d'excellents esprits se tuer à vouloir prouver par l'enfance que la virilité est un abus, tandis qu'une institution quelconque adulte en naissant, est une absurdité au premier chef, une véritable contradiction logique. Si les ennemis éclairés et généreux de cette puissance (et certes, elle en a beaucoup de ce genre), examinent la question sous ce point de vue, comme je les en prie avec amour, je ne doute pas que toutes ces objections tirées de l'antiquité ne disparaissent à leurs yeux comme un léger brouillard.

Quant aux abus, je ne dois point m'en occuper ici. Je dirai seulement, puisque ce sujet se rencontre sous ma plume, qu'il y a bien à rabattre des déclamations que le dernier siècle nous a fait lire sur ce grand sujet. Un temps viendra où les papes, contre lesquels on s'est le plus récrié, tels que Grégoire VII, par exemple, seront regardés, dans tous les pays, comme les amis, les tuteurs, les sauveurs du genre humain, comme les véritables génies constituants de l'Europe.

Personne n'en doutera dès que les savants français seront chrétiens, et dès que les savants anglais seront catholiques, ce qui doit bien cependant arriver une fois.

XXIV. Mais par quelle parole pénétrante pourrions-nous dans ce moment nous faire entendre d'un siècle infatué de l'écriture et brouillé avec la parole, au point de croire que les hommes peuvent créer des constitutions, des langues et même des souverainetés ; d'un siècle pour qui toutes les réalités sont des mensonges, et tous les mensonges des réalités ; qui ne voit pas même ce qui se passe sous ses yeux ; qui se repait de livres, et va demander d'équivoques leçons à Thucydide ou à Tite-Live, tout en fermant les yeux à la vérité qui rayonne dans les gazettes du temps ?

Si les vœux d'un simple mortel étaient dignes d'obtenir de la Providence un de ces décrets mémorables qui forment les grandes époques de l'histoire, je lui demanderais d'inspirer à quelque nation puissante qui l'aurait grièvement offensée, l'orgueilleuse pensée de se constituer elle-même politiquement, en commençant par les bases. Que si, malgré mon indignité, l'antique familiarité d'un patriarche m'était permise, je dirais : « Ac-« corde-lui tout ! Donne-lui l'esprit, le savoir, la ri-

« chesse, la valeur, surtout une confiance démesurée en
« elle-même, et ce génie à la fois souple et entrepre-
« nant, que rien n'embarrasse et que rien n'intimide.
« Eteins son gouvernement antique ; ôte-lui la mé-
« moire ; tue ses affections ; répands de plus en plus la
« terreur autour d'elle ; aveugle ou glace ses ennemis ;
« ordonne à la victoire de veiller à la fois sur toutes ses
« frontières, en sorte que nul de ses voisins ne puisse
« se mêler de ses affaires, ni la troubler dans ses
« opérations. Que cette nation soit illustre dans les
« sciences, riche en philosophes, ivre de pouvoir
« humain, libre de tout préjugé, de tout lien, de toute
« influence supérieure : donne-lui tout ce qu'elle dési-
« rera, de peur qu'elle ne puisse dire un jour : *Ceci*
« *m'a manqué ou cela m'a gênée;* qu'elle agisse enfin
« librement avec cette immensité de moyens, afin
« qu'elle devienne, sous ton inexorable protection, une
« leçon éternelle pour le genre humain. »

XXV. On ne peut, sans doute, attendre une réunion de circonstances qui serait un miracle au pied de la lettre ; mais des évènements du même ordre, quoique moins remarquables, se montrent çà et là dans l'histoire, même dans l'histoire de nos jours ; et bien qu'ils n'aient point, pour l'exemple, cette force idéale que je désirais tout à l'heure, ils ne renferment pas moins de grandes instructions.

Nous avons été témoins, il y a moins de vingt-cinq ans, d'un effort solennel fait pour régénérer une grande nation mortellement malade. C'était le premier essai du grand œuvre, et la *préface*, s'il est permis de s'exprimer ainsi, de l'épouvantable livre qu'on nous a fait lire depuis. Toutes les précautions furent prises. Les sages du pays crurent même devoir consulter la divinité moderne dans son sanctuaire étranger. On écrivit à Delphes, et deux pontifes fameux répondirent solennellement (1). Les oracles qu'ils prononcèrent dans cette occasion ne furent point, comme autrefois des feuilles légères, jouets des vents ; ils sont reliés :

. . . . Quidque hæc Sapientia possit,
Tunc patuit. . . . . .

C'est une justice, au reste, de l'avouer : dans ce que la nation ne devait qu'à son propre bon sens, il y avait des choses qu'on peut encore admirer aujourd'hui. Toutes les convenances se réunissaient, sans doute, sur la tête sage et auguste appelée à saisir les rênes du gouvernement ; les principaux intéressés dans le maintien des anciennes lois, faisaient volontairement un superbe sacrifice au bien public ; et, pour fortifier l'autorité suprême, ils se prêtaient à changer une épithète de la souveraineté. — Hélas ! toute la sagesse humaine fut en défaut, et tout finit par la mort.

XXVI. On dira : *Mais nous connaissons les causes qui firent manquer l'entreprise.* Comment donc ? veut-on que Dieu envoie des anges sous formes humaines, chargés de déchirer une constitution ? Il faudra bien toujours

---

(1) Rousseau et Mably.

que les causes secondes soient employées : celle-ci ou celle-là, qu'importe ? Tous les instruments sont bons dans les mains du grand ouvrier ; mais tel est l'aveuglement des hommes, que, si demain quelques entrepreneurs de constitutions viennent encore organiser un peuple, et le constituer *avec un peu de liqueur noire*, la foule se hâtera encore de croire au miracle annoncé. On dira de nouveau : *Rien n'y manque ; tout est prévu, tout est écrit ;* tandis que, précisément parce que tout serait prévu, discuté et écrit, il serait démontré que la constitution est nulle, et ne présente à l'œil qu'une apparence éphémère.

XXVII. Je crois avoir lu quelque part *qu'il y a bien peu de souverainetés en état de justifier la légitimité de leur origine.* Admettons la justesse de l'assertion, il n'en résultera pas la moindre tache sur les successeurs d'un chef dont les actes pourraient souffrir quelques objections : le nuage qui envelopperait plus ou moins l'origine de son autorité ne serait qu'un inconvénient, suite nécessaire d'une loi du monde moral. S'il en était autrement, il s'ensuivrait que le souverain ne pourrait régner légitimement qu'en vertu d'une délibération de tout le peuple, c'est-à-dire *par la grâce du peuple ;* ce qui n'arrivera jamais, car il n'y a rien de si vrai que ce qui a été dit par l'auteur des *Considérations sur la France* (1) : *Que le peuple acceptera toujours ses maîtres*

---

(1) Chap. IX, p. 117.

et ne les choisira jamais. Il faut toujours que l'origine de la souveraineté se montre hors de la sphère du pouvoir humain, de manière que les hommes mêmes qui paraissent s'en mêler directement ne soient néanmoins que des circonstances. Quant à la légitimité, si dans son principe elle a pu sembler ambiguë, Dieu s'explique par son premier ministre au département de ce monde, *le temps*. Il est bien vrai néanmoins que certains présages contemporains trompent peu lorsqu'on est à même de les observer ; mais les détails, sur ce point, appartiendraient à un autre ouvrage.

XXVIII. Tout nous ramène donc à la règle générale : *L'homme ne peut faire une constitution, et nulle constitution légitime ne saurait être écrite*. Jamais on n'a écrit, jamais on n'écrira à *priori* le recueil des lois fondamentales qui doivent constituer une société civile ou religieuse. Seulement, lorsque la société se trouve déjà constituée, sans qu'on puisse dire comment, il est possible de faire déclarer ou expliquer par écrit certains articles particuliers ; mais presque toujours ces déclarations sont l'effet ou la cause de très-grands maux, et toujours elles coûtent aux peuples plus qu'elles ne valent.

XXIX. A cette règle générale *que nulle constitution ne peut être écrite, ni faite à priori*, on ne connait qu'une seule exception : c'est la législation de Moïse. Elle seule fut, pour ainsi dire, *jetée* comme une statue, et écrite jusque dans les moindres détails par un homme prodigieux qui dit FIAT ! sans que jamais son œuvre ait eu besoin depuis d'être, ni par lui ni par d'autres, corrigée, suppléée ou modifiée. Elle seule a pu braver le temps, parce qu'elle ne lui devait rien ; elle seule a vécu quinze cents ans ; et même après que dix-huit siècles nouveaux ont passé sur elle, depuis le grand anathème qui la frappa au jour marqué, nous la voyons, vivante, pour ainsi dire, d'une seconde vie, resserrer encore, par je ne sais quel lien mystérieux qui n'a point de nom humain, les différentes familles d'un peuple qui demeure dispersé sans être désuni : de manière que, semblable à l'attraction et par le même pouvoir, elle agit à distance, et fait un tout d'une foule de parties qui ne se touchent point. Aussi cette législation sort évidemment, pour toute conscience intelligente, du cercle tracé autour du pouvoir humain ; et cette magnifique exception à une loi générale qui n'a cédé qu'une fois et n'a cédé qu'à son auteur, démontre seule la mission divine du grand législateur des Hébreux, bien mieux que le livre entier de ce prélat anglais qui, avec la plus forte tête et une érudition immense, a néanmoins eu le malheur d'appuyer une grande vérité sur le plus triste paralogisme.

XXX. Mais puisque toute constitution est divine dans son principe, il s'ensuit que l'homme ne peut rien dans ce genre à moins qu'il ne s'appuie sur Dieu, dont il devient alors l'instrument (1). Or, c'est une

---

(1) On peut même généraliser l'assertion et prononcer sans exception : *Que nulle institution quelconque ne peut durer, si elle n'est fondée sur la religion.*

vérité à laquelle le genre humain en corps n'a cessé de rendre le plus éclatant témoignage. Ouvrons l'histoire, qui est la politique expérimentale, nous y verrons constamment le berceau des nations environné de prêtres, et la Divinité toujours appelée au secours de la faiblesse humaine (1). La fable, bien plus vraie que l'histoire ancienne, pour des yeux préparés, vient encore renforcer la démonstration. C'est toujours un oracle qui fonde les cités ; c'est toujours un oracle qui annonce la protection divine et les succès du héros fondateur. Les Rois surtout, chefs des empires naissants, sont constamment désignés et presque *marqués* par le ciel de

---

(1) Platon, dans un morceau admirable et tout-à-fait mosaïque, parle d'un temps primitif *où Dieu avait confié l'établissement et le régime des empires, non à des hommes, mais à des génies;* puis il ajoute, en parlant de la difficulté de créer des constitutions durables : *C'est la vérité même que si Dieu n'a pas présidé à l'établissement d'une cité, et qu'elle n'ait eu qu'un commencement humain, elle ne peut échapper aux plus grands maux. Il faut donc tâcher, par tous les moyens imaginables, d'imiter le régime primitif; et nous confiant en ce qu'il y a d'immortel dans l'homme, nous devons fonder les maisons, ainsi que les états, en consacrant comme des lois les volontés de l'intelligence* (suprême). *Que si un état* (quelle que soit sa forme) *est fondé sur le vice, et gouverné par des gens qui foulent aux pieds la justice, il ne lui reste aucun moyen de salut.* (Plat. de Leg., t. VIII, Edit. Bipont., pag. 180, 181.)

quelque manière extraordinaire (1). Combien d'hommes légers ont ri de la *sainte ampoule*, sans songer que la sainte ampoule est un hiéroglyphe, et qu'il ne s'agit que de savoir lire (2)!

XXXI. Le sacre des rois tient à la même racine. Jamais il n'y eut de cérémonie, ou, pour mieux dire, de profession de foi plus significative et plus respectable. Toujours le doigt du pontife a touché le front de la souveraineté naissante. Les nombreux écrivains qui n'ont vu dans ces rites augustes que des vues ambitieuses, et même l'accord exprès de la superstition et de la tyrannie, ont parlé contre la vérité, presque tous même contre leur conscience. Ce sujet mériterait d'être examiné.

---

(1) On a fait grand usage dans la controverse de la fameuse règle de Richard de Saint-Victor : *Quod semper, quod ubique, quod ab omnibus.* Mais cette règle est générale et peut, je crois, être exprimée ainsi : *Toute croyance constamment universelle est vraie : et toutes les fois qu'en séparant d'une croyance quelconque certains articles particuliers aux différentes nations, il reste quelque chose de commun à toutes, ce reste est une vérité.*

(2) Toute religion, par la nature même des choses, *pousse* une mythologie qui lui ressemble. Celle de la religion chrétienne est, par cette raison, toujours chaste, toujours utile, et souvent sublime, sans que (par un privilège particulier) il soit jamais possible de la confondre avec la religion même. De manière que nul *mythe* chrétien ne peut nuire, et que souvent il mérite toute l'attention de l'observateur.

Quelquefois les souverains ont cherché le sacre, et quelquefois le sacre a cherché les souverains. On en a vu d'autres rejeter le sacre comme un signe de dépendance. Nous connaissons assez de faits pour être en état de juger assez sainement ; mais il faudrait distinguer soigneusement les hommes, les temps, les nations et les cultes. Ici, c'est assez d'insister sur l'opinion générale et éternelle qui appelle la puissance divine à l'établissement des empires.

XXXII. Les nations les plus fameuses de l'antiquité, les plus graves surtout et les plus sages, telles que les Egyptiens, les Etrusques, les Lacédémoniens et les Romains, avaient précisément les constitutions les plus religieuses ; et la durée des empires a toujours été proportionnée au degré d'influence que le principe religieux avait acquis dans la constitution politique : *Les villes et les nations les plus adonnées au culte divin ont toujours été les plus durables et les plus sages, comme les siècles les plus religieux ont toujours été les plus distingués par le génie* (1).

XXXIII. Jamais les nations n'ont été civilisées que par la religion. Aucun autre instrument connu n'a de prise sur l'homme sauvage. Sans recourir à l'antiquité, qui est très-décisive sur ce point, nous en voyons une preuve sensible en Amérique. Depuis trois siècles nous sommes là avec nos lois, nos arts, nos sciences, notre

---

(1) Xénophon, Memor. Socr. I, 4, 16.

civilisation, notre commerce et notre luxe : qu'avons-nous gagné sur l'état sauvage ? Rien. Nous détruisons ces malheureux avec le fer et l'eau-de-vie ; nous les repoussons insensiblement dans l'intérieur des déserts, jusqu'à ce qu'enfin ils disparaissent entièrement, victimes de nos vices autant que de notre cruelle supériorité.

XXXIV. Quelque philosophe a-t-il jamais imaginé de quitter sa patrie et ses plaisirs pour s'en aller dans les forêts de l'Amérique à la chasse des Sauvages, les dégoûter de tous les vices de la barbarie et leur donner une morale (1) ? Ils ont bien fait mieux : ils ont composé de beaux livres pour prouver que le Sauvage était l'homme *naturel*, et que nous ne pouvions souhaiter rien de plus heureux que de lui ressembler. Condorcet a dit *que les missionnaires n'ont porté en Asie et en Amérique que de honteuses superstitions* (2). Rousseau a dit, avec un redoublement de folie véritablement inconcevable, *que les missionnaires ne lui paraissaient guère plus sages que les conquérants* (3). Enfin, leur coryphée a eu le front (mais qu'avait-il à perdre ?) de jeter le ridicule

---

(1) Condorcet nous a promis, à la vérité, que les philosophes se chargeraient incessamment de la civilisation et du bonheur des nations barbares. (*Esquisse d'un Tableau historique des progrès de l'esprit humain;* in-8°, pag. 335.) Nous attendrons qu'ils veuillent bien commencer.

(2) Esquisse, etc. (Ibid. pag. 335.)

(3) Lettre à l'archevêque de Paris.

le plus grossier sur ces pacifiques conquérants que l'antiquité aurait divinisés (1).

XXXV. Ce sont eux cependant, ce sont les missionnaires qui ont opéré cette merveille si fort au-dessus des forces et même de la volonté humaine. Eux seuls ont parcouru d'une extrémité à l'autre le vaste continent de l'Amérique pour y créer des hommes. Eux seuls ont fait ce que la politique n'avait pas seulement osé imaginer. Mais rien dans ce genre n'égale les missions du Paraguay : c'est là où l'on a vu d'une manière plus marquée l'autorité et la puissance exclusive de la religion pour la civilisation des hommes. On a vanté ce prodige, mais pas assez : l'esprit du XVIIIe siècle et un autre esprit, son complice, ont eu la force d'étouffer, en partie, la voix de la justice et même celle de l'admiration. Un jour peut-être (car on peut espérer que ces grands et nobles travaux seront repris), au sein d'une

---

(1) *Eh! mes amis, que ne restiez-vous dans votre patrie? Vous n'y auriez pas trouvé plus de diables, mais vous y auriez trouvé tout autant de sottises.* (Voltaire, Essai sur les mœurs et l'esprit, etc. Introd. *De la Magie.*)

Cherchez ailleurs plus de déraison, plus d'indécence, plus de mauvais goût même, vous n'y réussirez pas. C'est cependant ce livre, dont bien peu de chapitres sont exempts de traits semblables ; c'est ce *colifichet fastueux*, que de modernes enthousiastes n'ont pas craint d'appeler *un monument de l'esprit humain* : sans doute, comme la chapelle de Versailles et les tableaux de Boucher.

ville opulente assise sur une antique *savane*, le père de
ces missionnaires aura une statue. On pourra lire sur le
piédestal :

A L'OSIRIS CHRÉTIEN
*dont les envoyés ont parcouru la terre
pour arracher les hommes à la misère,
à l'abrutissement et à la férocité,
en leur enseignant l'agriculture,
en leur donnant des lois,
en leur apprenant à connaître et à servir Dieu,*
NON PAR LA FORCE DES ARMES,
*dont ils n'eurent jamais besoin,
mais par la douce persuasion, les chants moraux,*
ET LA PUISSANCE DES HYMNES,
en sorte qu'on les crut des Anges (1).

---

(1) *Osiris régnant en Egypte, retira incontinent les
Egyptiens de la vie indigente, souffreteuse et sauvage, en
leur enseignant à semer et à planter ; en leur establissant des
loix ; en leur monstrant à honorer et à révérer les Dieux :
et depuis, allant par tout le monde, il l'apprivoisa aussi sans
y employer aucunement la force des armes, mais attirant et
gagnant la plus part des peuples par douce persuasion et re-
monstrances couchées en chanson et en toute sorte de musique*
(πειθοῖ καὶ λόγῳ μετ' ᾠδῆς πάσης καὶ μουσικῆς) *dont les Grecs eurent
opinion que c'était le même que Bacchus.* (Plutarque, *d'Isis et
d'Osiris*, trad. d'Amyot, édit. de Vascosan, tom. III, p. 287,
in-8°. Edit. Henr. Steph. tom. I, pag. 634, in-8°.

On a trouvé naguère dans une île du fleuve Penobscot,

XXXVI. Or, quand on songe que cet Ordre législateur, qui régnait au Paraguay par l'ascendant unique des vertus et des talents, sans jamais s'écarter de la plus humble soumission envers l'autorité légitime même

---

une peuplade sauvage qui chantait encore un grand nombre de cantiques pieux et instructifs en indien sur la musique de l'Eglise, avec une précision qu'on trouverait à peine dans les chœurs les mieux composés ; l'un des plus beaux airs de l'église de Boston vient de ces Indiens (qui l'avaient appris de leurs maîtres il y a plus de quarante ans), *sans que dès-lors ces malheureux Indiens aient joui d'aucune espèce d'instruction.* (Mercure de France, 5 juillet 1806, n° 259, p. 29 et suiv.)

Le père *Salvaterra* (beau nom de missionnaire !) justement nommé l'*Apôtre de la Californie*, abordait les Sauvages les plus intraitables dont jamais on ait eu connaissance, sans autre arme qu'un luth dont il jouait supérieurement. Il se mettait à chanter : *In voi credo, o dio mio !* etc. Hommes et femmes l'entouraient et l'écoutaient en silence. Muratori dit, en parlant de cet homme admirable : *Pare favola quella d'Orfeo ; ma chi sà che non sia succeduto in simil caso?* Les missionnaires seuls ont compris et démontré *la vérité de cette fable.* On voit même qu'ils avaient découvert l'espèce de musique digne de s'associer à ces grandes créations. « Envoyez-« nous, écrivaient-ils à leurs amis d'Europe, envoyez-nous les « airs des grands maîtres d'Italie, *per essere armoniosissimi,* « *senza tanti imbrogli di violini obbligati,* etc. » (Muratori, *Christianesimo felice,* etc. Venezia, 1752, in-8, chap. XII, p. 284.)

la plus égarée ; que cet Ordre, dis-je, venait en même temps affronter dans nos prisons, dans nos hôpitaux, dans nos lazarets, tout ce que la misère, la maladie et le désespoir ont de plus hideux et de plus repoussant ; que ces mêmes hommes qui couraient, au premier appel, se coucher sur la paille à côté de l'indigence, n'avaient pas l'air étranger dans les cercles les plus polis ; qu'ils allaient sur les échafauds *dire les dernières paroles* aux victimes de la justice humaine, et que de ces théâtres d'horreur ils s'élançaient dans les chaires pour y tonner devant les rois (1) ; qu'ils tenaient le *pinceau* à la Chine, le télescope dans nos observatoires, la lyre d'Orphée au milieu des sauvages, et qu'ils avaient élevé tout le siècle de Louis XIV ; lorsqu'on songe enfin qu'une détestable coalition de ministres pervers, de magistrats en délire et d'ignobles sectaires, a pu, de nos jours, détruire cette merveilleuse institution et s'en applaudir, on croit voir ce fou qui mettait glorieusement le pied sur une montre, en lui disant : *Je t'empêcherai bien de faire du bruit.* — Mais, qu'est-ce donc que je dis ? un fou n'est pas coupable.

XXXVII. J'ai dû insister principalement sur la formation des empires comme l'objet le plus important ;

---

(1) *Loquebar de testimoniis tuis in conspectu regum : et non confundebar.* Ps. cxviii, 46. C'est l'inscription mise sous le portrait de Bourdaloue, et que plusieurs de ses collègues ont méritée.

mais toutes les institutions humaines sont soumises à la même règle, et toutes sont nulles ou dangereuses si elles ne reposent pas sur la base de toute existence. Ce principe étant incontestable, que penser d'une génération qui a tout mis en l'air, et jusqu'aux bases mêmes de l'édifice social, en rendant l'éducation purement scientifique ? Il était impossible de se tromper d'une manière plus terrible ; car tout système d'éducation qui ne repose pas sur la religion, tombera en un clin d'œil ou ne versera que des poisons dans l'Etat, *la religion étant*, comme l'a dit excellemment Bacon, *l'aromate qui empêche la science de se corrompre.*

XXXVIII. Souvent on a demandé : *Pourquoi une école de théologie dans toutes les universités ?* La réponse est aisée : *C'est afin que les universités subsistent, et que l'enseignement ne se corrompe pas.* Primitivement elles ne furent que des écoles théologiques où les autres *facultés* vinrent se réunir comme des sujettes autour d'une reine. L'édifice de l'instruction publique, posé sur cette base, avait duré jusqu'à nos jours. Ceux qui l'ont renversé chez eux s'en repentiront longtemps inutilement. Pour brûler une ville, il ne faut qu'un enfant ou un insensé ; pour la rebâtir, il faut des architectes, des matériaux, des ouvriers, des millions, et surtout du temps.

XXXIX. Ceux qui se sont contentés de corrompre les institutions antiques, en conservant les formes extérieures, ont peut-être fait autant de mal au genre humain. Déjà l'influence des sociétés modernes sur les mœurs et l'esprit national dans une partie considérable du continent de l'Europe, est parfaitement connue (1). Les universités d'Angleterre ont conservé, sous ce rapport, plus de réputation que les autres ; peut-être parce que les Anglais savent mieux se taire ou se louer à propos ; peut-être aussi que l'esprit public, qui a une force extraordinaire dans ce pays, a su y défendre mieux qu'ailleurs ses vénérables écoles, de l'anathème général. Cependant il faut qu'elles succombent, et déjà le mauvais cœur de Gibbon nous a valu d'étranges

---

(1) Je ne me permettrai point de publier des notions qui me sont particulières, quelque précieuses qu'elles puissent être d'ailleurs ; mais je crois qu'il est loisible à chacun de réimprimer ce qui est imprimé, et de faire parler un Allemand sur l'Allemagne. Ainsi s'exprime, sur les universités de son pays, un homme que personne n'accusera d'être infatué d'idées antiques.

« Toutes nos universités d'Allemagne, même les meilleures,
« ont besoin de grandes réformes sur le chapitre des mœurs...
« Les meilleures même sont un gouffre où se perdent sans
« ressource l'innocence, la santé et le bonheur futur d'une
« foule de jeunes gens, et d'où sortent des êtres ruinés de corps
« et d'âme, plus à charge qu'utiles à la société, etc..... Puis-
« sent ces pages être un préservatif pour les jeunes gens!
« Puissent-ils lire sur la porte de nos universités l'inscription
« suivante : *Jeune homme, c'est ici que beaucoup de tes pa-*
« *reils perdirent le bonheur avec l'innocence!* »

(M. Campe, Recueil des voyages pour l'instruction de la jeunesse, in-12, tom. II, pag. 129.)

confidences sur ce point (1). Enfin, pour ne pas sortir des généralités, si l'on n'en vient pas aux anciennes maximes, si l'éducation n'est pas rendue aux prêtres, et si la science n'est pas mise partout à la seconde place, les maux qui nous attendent sont incalculables : nous serons abrutis par la science, et c'est le dernier degré de l'abrutissement.

CL. Non-seulement la création n'appartient point à l'homme, mais il ne paraît pas que notre puissance, *non assistée*, s'étende jusqu'à changer en mieux les institutions établies. S'il y a quelque chose d'évident pour l'homme, c'est l'existence de deux forces opposées qui se combattent sans relâche dans l'univers. Il n'y a rien de bon que le mal ne souille et n'altère ; il n'y a rien de mal que le bien ne comprime et n'attaque, en poussant sans cesse vers un état plus parfait (2). Ces deux forces

---

(1) Voyez ses Mémoires, où, après nous avoir fait de fort belles révélations sur les universités de son pays, il nous dit en particulier de celle d'Oxford : *Elle peut bien me renoncer pour fils d'aussi bon cœur que je la renonce pour mère.* Je ne doute pas que cette tendre mère, sensible, comme elle le devait, à une telle déclaration, ne lui ait décerné une épitaphe magnifique : Lubens merito.

Le chevalier William Jones, dans sa lettre à M. Anquetil, donne dans un excès contraire ; mais cet excès lui fait honneur.

(2) Un Grec aurait dit : Πρὸς ἐπανόρθωσιν. On pourrait dire, vers la *restitution en entier :* expression que la philosophie

sont présentes partout. On les voit également dans la végétation des plantes, dans la génération des animaux, dans la formation des langues, dans celle des empires (deux choses inséparables), etc. Le pouvoir humain ne s'étend peut-être qu'à ôter ou à combattre le mal pour en dégager le bien et lui rendre le pouvoir de germer suivant sa nature. Le célèbre Zanotti a dit : *Il est difficile de changer les choses en mieux* (1). Cette pensée cache un très-grand sens sous l'apparence d'une extrême simplicité. Elle s'accorde parfaitement avec une autre pensée d'*Origène*, qui vaut seule un beau livre. *Rien*, dit-il, *ne peut changer en mieux parmi les hommes*,

---

peut fort bien emprunter à la jurisprudence, et qui jouira, sous cette nouvelle acception, d'une merveilleuse justesse. Quant à l'opposition et au balancement des deux forces, il suffit d'ouvrir les yeux. *Le bien est contraire au mal, et la vie à la mort...... Considérez toutes les œuvres du Très-Haut, vous les trouverez ainsi deux à deux et opposées l'une à l'autre.* Eccles. XXXIII, 15.

Pour le dire en passant : c'est de là que naît la règle du *beau idéal*. Rien dans la nature n'étant ce qu'il doit être, le véritable artiste, celui qui peut dire : EST DEUS IN NOBIS, a le pouvoir mystérieux de discerner les traits les moins altérés, et de les assembler pour en former des touts qui n'existent que dans son entendement.

(1) *Difficile est mutare in melius.* Zanotti cité dans le *Transunto della R. Accademia di Torino*. 1788-89, in-8°, p. 6.

INDIVINEMENT (1). Tous les hommes ont le sentiment de cette vérité, mais sans être en état de s'en rendre compte. De là cette aversion machinale de tous les bons esprits pour les innovations. Le mot de *réforme*, en lui-même et avant tout examen, sera toujours suspect à la sagesse, et l'expérience de tous les siècles justifie cette sorte d'instinct. On sait trop quel a été le fruit des plus belles spéculations dans ce genre (2).

XLI. Pour appliquer ces maximes générales à un cas particulier, c'est par la seule considération de l'extrême danger des innovations fondées sur de simples théories humaines, que, sans me croire en état d'avoir un avis décidé par voie de raisonnement, sur la grande question de la réforme parlementaire qui agite si fort les esprits en Angleterre, et depuis si longtemps, je me sens néanmoins entraîné à croire que cette idée est funeste, et que si les Anglais s'y livrent trop vivement, ils auront à s'en repentir. *Mais*, disent les partisans de la réforme (car c'est le grand argument), *les abus sont frappants, incontestables : or, un abus formel, un vice peut-il être constitutionnel ?* — Oui, sans doute, il peut

---

(1) Αθεεί : ou, si l'on veut exprimer cette pensée d'une manière plus laconique, et dégagée de toute licence grammaticale, SANS DIEU, RIEN DE MIEUX. Orig. adv. Cels. I. 26 ed. Ruæi. Paris, 1733. In-fol., tom. I. p. 345.

(2) *Nihil motum ex antiquo probabile est.* Tit. Liv. XXXIV, 53.

l'être ; car toute constitution politique a des défauts essentiels qui tiennent à sa nature et qu'il est impossible d'en séparer ; et ce qui doit faire trembler tous les réformateurs, c'est que ces défauts peuvent changer avec les circonstances, de manière qu'en montrant qu'ils sont nouveaux, on n'a point encore montré qu'ils ne sont pas nécessaires (1). Quel homme sensé ne frémira donc pas en mettant la main à l'œuvre ? L'harmonie sociale est sujette à la loi du *tempérament*, comme l'harmonie proprement dite, *dans le clavier général*. Accordez rigoureusement les *quintes*, les *octaves* jureront, et réciproquement. La dissonance étant donc inévitable, au lieu de la chasser, ce qui est impossible, il faut la *tempérer*,

---

(1) *Il faut*, dit-on, *recourir aux lois fondamentales et primitives de l'état qu'une coutume injuste a abolies ; et c'est un jeu pour tout perdre. Rien ne sera juste à cette balance ; cependant le peuple prête aisément l'oreille à ces discours.* (Pascal, Pensées, prem. part., art. 6. Paris, Renouard, 1803, p. 121, 122.)

On ne saurait mieux dire ; mais voyez ce que c'est que l'homme ! l'auteur de cette observation et sa hideuse secte n'ont cessé de jouer *ce jeu infaillible pour tout perdre ;* et en effet le *jeu* a parfaitement réussi. Voltaire, au reste, a parlé sur ce point comme Pascal : « *C'est une idée bien vaine,* dit-« il, *un travail bien ingrat, de vouloir tout rappeler aux* « *usages antiques,* etc. » (Essai sur les Mœurs de l'Esprit, etc., chap. 85.) Entendez-le ensuite parler des papes, vous verrez comme il se rappelle sa maxime.

en la distribuant. Ainsi, de part et d'autre, *le défaut est un élément de la perfection possible.* Dans cette proposition, il n'y a que la forme de paradoxale. *Mais,* dira-t-on peut-être encore, *où est la règle pour discerner le défaut accidentel, de celui qui tient à la nature des choses et qu'il est impossible d'éliminer ?* — Les hommes à qui la nature n'a donné que des oreilles, font de ces sortes de questions, et ceux qui ont de l'oreille haussent les épaules.

XLII. Il faut encore bien prendre garde, lorsqu'il est question d'abus, de ne juger les institutions politiques que par leurs effets constants, et jamais par leurs causes quelconques qui ne signifient rien (1), moins encore par certains inconvénients collatéraux (s'il est permis de s'exprimer ainsi) qui s'emparent aisément des vues faibles et les empêchent de voir l'ensemble. En effet, la cause, suivant l'hypothèse qui paraît prouvée, ne devant avoir aucun rapport logique avec l'effet, et les inconvénients d'une institution bonne en soi, n'étant, comme je le disais tout à l'heure, qu'*une dissonance inévitable dans le clavier général,* comment les institutions pourraient-elles être jugées sur les causes et sur les inconvénients ? Voltaire, qui parla de tout pendant

---

(1) Du moins, par rapport au mérite de l'institution : car, sous d'autres points de vue, il peut être très-important de s'en occuper.

un siècle sans avoir jamais percé une surface (1), a fait un plaisant raisonnement sur la vente des offices de magistrature qui avait lieu en France ; et nul exemple, peut-être, ne serait plus propre à faire sentir la vérité de la théorie que j'expose. *La preuve*, dit-il, *que cette vente est un abus, c'est qu'elle ne fut produite que par un autre abus* (2). Voltaire ne se trompe point ici comme tout homme est sujet à se tromper. Il se trompe honteusement. C'est une éclipse centrale du sens commun. *Tout ce qui naît d'un abus est un abus !* Au contraire, c'est une des lois les plus générales et les plus évidentes de cette force à la fois cachée et frappante qui opère et se fait sentir de tous côtés, que le remède de l'abus naît de l'abus, et que le mal, arrivé à un certain point, s'égorge lui-même, et cela doit être ; car le mal, qui n'est qu'une négation, a pour mesures de dimensions et de durée celles de l'être auquel il s'est attaché et qu'il dévore. Il existe comme le chancre qui ne peut achever qu'en s'achevant. Mais alors une nouvelle réalité se précipite nécessairement à la place de celle qui vient de disparaître ; *car la nature a horreur du vide*, et le bien... Mais je m'éloigne trop de Voltaire.

---

(1) Dante disait à Virgile en lui faisant, il faut l'avouer, un peu trop d'honneur : *Maestro di color che sanno*. — Parini, quoiqu'il eût la tête absolument gâtée, a cependant eu le courage de dire à Voltaire, en parodiant Dante : *Sei Maestro..... di coloro che credon di sapere.* (Il Mattino). Le mot est juste.

(2) Précis du siècle de Louis XV, chap. 42.

XLIII. L'erreur de cet homme venait de ce que ce grand écrivain, *partagé entre vingt sciences*, comme il l'a dit lui-même quelque part, et constamment occupé d'ailleurs à instruire l'univers, n'avait que bien rarement le temps de penser. « Une cour voluptueuse et « dissipatrice, réduite aux abois par ses dilapidations, « imagine de vendre les offices de magistrature, et « crée ainsi, » (ce qu'elle n'aurait jamais fait librement et avec connaissance de cause), « elle crée, dis-je, une « magistrature riche, inamovible et indépendante ; de « manière que la puissance infinie *qui se joue dans* « *l'univers* (1) se sert de la corruption pour créer des « tribunaux incorruptibles » autant que le permet la faiblesse humaine). Il n'y a rien, en vérité, de si plausible pour l'œil du véritable philosophe ; rien de plus conforme aux grandes analogies et à cette loi incontestable qui veut que les institutions les plus importantes ne soient jamais le résultat d'une délibération, mais celui des circonstances. Voici le problème presque résolu quand il est posé, comme il arrive à tous les problèmes : *Un pays tel que la France pouvait-il être jugé mieux que par des magistrats héréditaires ?* Si l'on se décide pour l'affirmative, ce que je suppose, il faudra tout de suite proposer un second problème que voici : *La magistrature devant être héréditaire, y a-t-il pour la constituer d'abord, et ensuite pour la recruter, un mode*

---

(1) *Ludens in orbe terrarum.* Prov. VIII, 3.

plus avantageux que celui qui jette des millions au plus bas prix dans les coffres du souverain, et qui certifie en même temps la richesse, l'indépendance et même la noblesse (quelconque) *des juges supérieurs?* Si l'on ne considère la vénalité que comme moyen d'hérédité, tout esprit juste est frappé de ce point de vue qui est le vrai. Ce n'est point ici le lieu d'approfondir la question ; mais c'en est assez pour prouver que Voltaire ne l'a pas seulement aperçue.

XLIV. Supposons maintenant à la tête des affaires un homme tel que lui, réunissant par un heureux accord la légèreté, l'incapacité et la témérité : il ne manquera pas d'agir suivant ses folles théories de lois et d'abus. Il empruntera au denier quinze pour rembourser des titulaires, créanciers au denier cinquante; il préparera les esprits par une foule d'écrits payés, qui insulteront la magistrature et lui ôteront la confiance publique. Bientôt la protection, mille fois plus sotte que le hasard, ouvrira la liste éternelle de ses bévues : l'homme distingué, ne voyant plus dans l'hérédité un contrepoids à d'accablants travaux, s'écartera sans retour ; et les grands tribunaux seront livrés à des aventuriers sans nom, sans fortune et sans considération ; au lieu de cette magistrature vénérable, en qui la vertu et la science étaient devenues héréditaires comme ses dignités, véritable sacerdoce que les nations étrangères ont pu envier à la France jusqu'au moment où le philosophisme, ayant exclu la sagesse de tous les lieux qu'elle hantait, termina de si beaux exploits par la chasser de chez elle.

XLV. Telle est l'image naturelle de la plupart des réformes ; car non-seulement la création n'appartient point à l'homme, mais la réformation même ne lui appartient que d'une manière secondaire et avec une foule de restrictions terribles. En partant de ces principes incontestables, chaque homme peut juger les institutions de son pays avec une certitude parfaite ; il peut surtout apprécier tous ces *créateurs*, ces *législateurs*, ces *restaurateurs* des nations, si chers au dix-huitième siècle, et que la postérité regardera avec pitié, peut-être même avec horreur. On a bâti des châteaux de cartes en Europe et hors de l'Europe. Les détails seraient odieux ; mais certainement on ne manque de respect à personne en priant simplement les hommes de regarder et de juger au moins par l'évènement, s'ils s'obstinent à refuser tout autre genre d'instruction. L'homme en rapport avec son Créateur est sublime, et son action est créatrice : au contraire, dès qu'il se sépare de Dieu et qu'il agit seul, il ne cesse pas d'être puissant, car c'est un privilége de sa nature ; mais son action est négative et n'aboutit qu'à détruire.

XLVI. Il n'y a pas dans l'histoire de tous les siècles un seul fait qui contredise ces maximes. Aucune institution humaine ne peut durer si elle n'est supportée par la main qui supporte tout ; c'est-à-dire si elle ne lui est spécialement consacrée dans son origine. Plus elle sera pénétrée par le principe divin, et plus elle sera durable. Etrange aveuglement des hommes de notre siècle ! ils se vantent de leurs lumières, et ils ignorent tout, puisqu'ils s'ignorent eux-mêmes. Ils ne savent ni ce qu'ils sont ni ce qu'ils peuvent. Un orgueil indomptable les porte sans cesse à renverser tout ce qu'ils n'ont pas fait ; et pour opérer de nouvelles créations, ils se séparent du principe de toute existence. Jean-Jacques Rousseau, lui-même, a cependant fort bien dit : *Homme petit et vain, montre-moi ta puissance, je te montrerai ta faiblesse.* On pourrait dire encore avec autant de vérité et plus de profit : *Homme petit et vain, confesse-moi ta faiblesse, je te montrerai ta puissance.* En effet, dès que l'homme a reconnu sa nullité, il a fait un grand pas ; car il est bien près de chercher un appui avec lequel il peut tout. C'est précisément le contraire de ce qu'a fait le siècle qui vient de finir. (Hélas ! il n'a fini que dans nos almanachs.) Examinez toutes ses entreprises, toutes ses institutions quelconques, vous le verrez constamment occupé à les séparer de la Divinité. L'homme s'est cru un être indépendant, et il a professé un véritable athéisme pratique, plus dangereux, peut-être, et plus coupable que celui de théorie.

XLVII. Distrait par ses vaines sciences de la seule science qui l'intéresse réellement, il a cru qu'il avait le pouvoir de *créer*, tandis qu'il n'a pas seulement celui de *nommer*. Il a cru, lui qui n'a pas seulement le pouvoir de produire un insecte ou un brin de mousse, qu'il était l'auteur immédiat de la souveraineté, la chose la plus importante, la plus sacrée, la plus fondamentale du monde moral et politique(1) ; et qu'une telle famille, par exem-

---

(1) *Le principe que tout pouvoir légitime part du peuple*

ple, règne parce qu'un tel peuple l'a voulu ; tandis qu'il est environné de preuves incontestables que toute famille souveraine règne parce qu'elle est choisie par un pouvoir supérieur. S'il ne voit pas ces preuves, c'est qu'il ferme les yeux ou qu'il regarde de trop près. Il a cru que c'est lui qui avait inventé les langues, tandis qu'il ne tient encore qu'à lui de voir que toute langue humaine est *apprise* et jamais *inventée*, et que nulle hypothèse imaginable dans le cercle de la puissance humaine ne peut expliquer avec la moindre apparence de probabilité, ni la formation, ni la diversité des langues. Il a cru qu'il pouvait constituer les nations, c'est-à-dire, en d'autres termes, *qu'il pouvait créer cette unité nationale en vertu de laquelle une nation n'est pas une autre.* Enfin, il a cru que, puisqu'il avait le pouvoir de créer des institutions, il avait à plus forte raison celui de les emprunter aux nations, et de les transporter chez lui toutes faites, avec le nom qu'elles portaient chez ces peuples, pour en jouir comme eux avec les mêmes avantages. Les papiers français me fournissent sur ce point un exemple singulier.

XLVIII. Il y a quelques années que les Français s'avisèrent d'établir à Paris certaines courses qu'on appela

---

est noble et spécieux en lui-même, cependant il est démenti par tout le poids de l'histoire et de l'expérience. Hume, Hist. d'Angl., Charles Ier, ch. LIX, ann. 1642. Édit. angl. de Bâle, 1789, in-8°, p. 120.

sérieusement dans quelques écrits du jour, *jeux olympiques*. Le raisonnement de ceux qui inventèrent ou renouvelèrent ce beau nom, n'était pas compliqué. *On courait*, se dirent-ils, *à pied et à cheval, sur les bords de l'Alphée; on court à pied et à cheval sur les bords de la Seine : donc c'est la même chose.* Rien de plus *simple ;* mais, sans leur demander pourquoi ils n'avaient pas imaginé d'appeler ces jeux *parisiens*, au lieu de les appeler *olympiques*, il y aurait bien d'autres observations à faire. Pour instituer les jeux *olympiques*, on consulta les oracles : les dieux et les héros s'en mêlèrent ; on ne les commençait jamais sans avoir fait des sacrifices et d'autres cérémonies religieuses : on les regardait comme les grands comices de la Grèce, et rien n'était plus auguste. Mais les Parisiens, avant d'établir leurs courses *renouvelées des Grecs*, allèrent-ils à Rome *ad limina Apostolorum*, pour consulter le pape ? Avant de lancer leurs casse-cous, pour amuser des boutiquiers, faisaient-ils chanter la grand'messe ? A quelle grande vue politique avaient-ils su associer ces courses ? Comment s'appelaient les instituteurs ? — Mais c'en est trop : le bon sens le plus ordinaire sent d'abord le néant et même le ridicule de cette imitation.

XLIX. Cependant, dans un journal écrit par des hommes d'esprit qui n'avaient d'autre tort ou d'autre malheur que celui de professer les doctrines modernes, on écrivait, il y a quelques années, au sujet de ces courses, le passage suivant dicté par l'enthousiasme le plus divertissant :

Je le prédis : les jeux olympiques *des Français atti-*

reront un jour l'Europe au Champ-de-Mars. Qu'ils ont l'âme froide et peu susceptible d'émotion ceux qui ne voient ici que des courses ! Moi, j'y vois un spectacle tel que jamais l'univers n'en a offert de pareil, depuis ceux de l'Elide, où la Grèce était en spectacle à la Grèce. Non, les cirques des Romains, les tournois de notre ancienne chevalerie, n'en approchaient pas (1).

Et moi, je *crois*, et même je *sais* que nulle institution humaine n'est durable si elle n'a une base religieuse ; et, *de plus* (je prie qu'on fasse bien attention à ceci), *si elle ne porte un nom pris dans une langue nationale, et né de lui-même, sans aucune délibération antérieure et connue.*

L. La théorie des noms est encore un objet de grande importance. Les noms ne sont nullement arbitraires, comme l'ont affirmé tant d'hommes *qui avaient perdu leurs noms*. Dieu s'appelle : *Je suis* ; et toute créature s'appelle : *Je suis cela*. Le nom d'un être spirituel étant nécessairement relatif à son action, qui est sa qualité distinctive ; de là vient que, parmi les anciens, le plus

---

(1) Décade philosophique, octobre 1797, n° 1, pag. 31, (1809). Ce passage, rapproché de sa date, a le double mérite d'être éminemment plaisant et de faire penser. On y voit de quelles idées se berçaient alors ces enfants, et ce qu'ils savaient sur ce que l'homme doit savoir avant tout. Dès lors un nouvel ordre de choses a suffisamment réfuté ces belles imaginations ; *et si toute l'Europe est aujourd'hui attirée à Paris*, ce n'est pas certainement pour y voir *les jeux olympiques* (1814).

grand honneur pour une divinité était la *polyonymie*, c'est-à-dire la *pluralité des noms*, qui annonçait celle des fonctions ou l'étendue de la puissance. L'antique mythologie nous montre Diane, encore enfant, demandant cet honneur à Jupiter ; et, dans les vers attribués à Orphée, elle est complimentée sous le nom de *démon polyonyme* (génie à plusieurs noms) (1). Ce qui veut dire, au fond, que Dieu seul a droit de donner un *nom*. En effet, il a tout *nommé*, puisqu'il a tout créé. Il a donné des noms aux étoiles (2), il en a donné aux esprits, et de ces derniers noms, l'Ecriture n'en prononce que trois, mais tous les trois relatifs à la destination de ces ministres. Il en est de même des hommes que Dieu a voulu nommer lui-même, et que l'Ecriture nous a fait connaître en assez grand nombre : toujours les noms sont relatifs aux fonctions (3). N'a-t-il pas dit que dans son royaume à venir il donnerait aux vainqueurs UN NOM

---

(1) Voyez la note sur le septième vers de l'hymne à Diane de Callimaque (édition de Spanheim); et Lanzi, *Saggio di letteratura etrusca*, etc., in-8°, tom. II, page 241, note. Les hymnes d'Homère ne sont au fond que des collections d'épithètes; ce qui tient au même principe de la *polyonymie*.

(2) Isaïe, XL, 26.

(3) Qu'on se rappelle le plus grand nom donné divinement et directement à un homme (Pierre). La raison du nom fut donnée dans ce cas avec le nom, et le nom exprime précisément la destination, ou, ce qui revient au même, le pouvoir.

NOUVEAU (1), proportionné à leurs *exploits?* Et les hommes, *faits à l'image de Dieu*, ont-ils trouvé une manière plus solennelle de récompenser les vainqueurs que celle de leur donner un *nouveau nom*, le plus honorable de tous, au jugement des hommes, celui des nations vaincues (2) ? Toutes les fois que l'homme est censé changer de vie et recevoir un nouveau caractère, assez communément il reçoit un *nouveau nom*. Cela se voit dans le baptême, dans la confirmation, dans l'enrôlement des soldats, dans l'entrée en religion, dans l'affranchissement des esclaves, etc.; en un mot le nom de tout être exprime ce qu'il est, et dans ce genre il n'y a rien d'arbitraire. L'expression vulgaire, *il a un nom, il n'a point de nom*, est très-juste et très-expressive; aucun homme ne pouvant être rangé parmi ceux qu'*on appelle aux assemblées et qui ont un nom* (3), si sa famille n'est marquée du signe qui la distingue des autres.

LI. Il en est des nations comme des individus : il y en a *qui n'ont point de nom*. Hérodote observe que les Thraces seraient le peuple le plus puissant de l'univers s'ils étaient unis : *mais*, ajoute-t-il, *cette union est im-*

---

(1) Apoc. III, 12.

(2) Cette observation a été faite par l'auteur anonyme, mais très-connu, du livre allemand intitulé : *Die Siegsgeschichte der christlichen Religion, in einer gemeinnützigen Erklarung der Offenbarung* Johannis, in 8°, Nuremberg, 1799, pag. 89. Il n'y a rien à dire contre cette page.

(3) Num. XVI, 2.

possible, car ils ont tous un nom différent (1). C'est une très-bonne observation. Il y a aussi des peuples modernes *qui n'ont point de nom*, et il y en a d'autres qui en ont plusieurs ; mais la *polyonymie* est aussi malheureuse pour les nations qu'on a pu la croire honorable pour les *génies*.

LII. Les noms n'ayant donc rien d'arbitraire, et leur origine tenant, comme toutes les choses, plus ou moins immédiatement à Dieu, il ne faut pas croire que l'homme ait droit de nommer, sans restriction, même celles dont il a quelque droit de se regarder comme l'auteur, et de leur imposer des noms suivant l'idée qu'il s'en forme. Dieu s'est réservé à cet égard une espèce de juridiction immédiate qu'il est impossible de méconnaître (2). *O mon cher* Hermogène ! *c'est une grande chose que l'imposition des noms, et qui ne peut appartenir ni à l'homme mauvais, ni même à l'homme vulgaire..... Ce droit n'appartient qu'à un créateur de noms* (onomaturge), *c'est-à-dire, à ce qui semble, au seul législateur; mais de tous les créateurs humains le plus rare, c'est un législateur* (3).

LIII. Cependant l'homme n'aime rien tant que de

---

(1) Hérod. Therpsyc. V, 3.

(2) *Orig. adv. Cels.* I, 18, 24, p. 341, *et in Exhort. ad martyr.*, n. 46, *et in not. Edit. Ruæi*, in-fol., t. I, pages 305, 341.

(3) *Plato, in Crat. Opp* tom. III, p. 244.

nommer. C'est ce qu'il fait, par exemple, lorsqu'il applique aux choses des épithètes significatives ; talent qui distingue le grand écrivain et surtout le grand poète. L'heureuse imposition d'une épithète illustre un substantif, qui devient célèbre sous ce nouveau signe (1). Les exemples se trouvent dans toutes les langues ; mais, pour nous en tenir à celle de ce peuple qui a lui-même un si grand nom, puisqu'il l'a donné à la *franchise*, ou que la *franchise* l'a reçu de lui, quel homme lettré ignore l'*avare Achéron, les coursiers attentifs, le lit effronté, les timides supplications, le frémissement argenté, le destructeur rapide, les pâles adulateurs*, etc. (2) ? Jamais l'homme n'oubliera ses droits primitifs : on peut dire même, dans un certain sens, qu'il les exercera toujours, mais combien sa dégradation les a restreints ! Voici une loi vraie comme Dieu qui l'a faite :

Il est défendu à l'homme de donner de grands noms aux choses dont il est l'auteur et qu'il croit grandes ; mais s'il a opéré légitimement, le nom vulgaire de la chose sera ennobli par elle et deviendra grand.

---

(1) « *De manière,* » comme l'a observé Denys d'Halycarnasse, « que si l'épithète est *distinctive* et *naturelle*, (οἰκεία « καὶ προσφυής), elle pèse dans le discours autant qu'un nom. » (*De la poésie d'Homère, ch.* 6.) On peut même dire, dans un certain sens, qu'elle vaut mieux, puisqu'elle a le mérite de la création, sans avoir le tort du néologisme.

(2) Je ne me rappelle aucune épithète illustre de Voltaire ; c'est peut-être de ma part pur défaut de mémoire.

LIV. Qu'il s'agisse de créations matérielles ou politiques, la règle est la même. Il n'y a rien, par exemple, de plus connu dans l'histoire grecque que le mot de *céramique* : Athènes n'en connut pas de plus auguste. Longtemps après qu'elle eut perdu ses grands hommes et son existence politique, Atticus, étant à Athènes, écrivait avec prétention à son illustre ami : *Me trouvant l'autre jour dans le Céramique*, etc., et Cicéron l'en badinait dans sa réponse (1). Que signifie cependant en lui-même ce mot si célèbre, *Tuileries* (2)? Il n'y a rien de plus vulgaire : mais la cendre des héros mêlée à cette terre l'avait consacrée, et la terre avait consacré le nom. Il est assez singulier qu'à une si grande distance de temps et de lieux, ce même mot de TUILERIES, fameux jadis comme nom d'un lieu de sépulture, ait été de nouveau illustré sous celui d'un palais. La puissance qui venait habiter les *Tuileries*, ne s'avisa pas de leur donner quelque nom imposant qui eût une certaine proportion avec elle. Si elle eût commis cette faute, il n'y avait pas de raison pour que, le lendemain, ce lieu ne fût habité par des filous et par des filles.

LV. Une autre raison, qui a son prix, quoiqu'elle soit tirée de moins haut, doit nous engager encore à

---

(1) Voilà pour répondre à votre phrase : *Me trouvant l'autre jour dans le Céramique*, etc. Cic. ad Att. I, 10.

(2) Avec une certaine latitude qui renferme encore l'idée de *poterie*.

nous défier de tout nom pompeux imposé *à priori*. C'est que la conscience de l'homme l'avertissant presque toujours du vice de l'ouvrage qu'il vient de produire, l'orgueil révolté, qui ne peut se tromper lui-même, cherche au moins à tromper les autres, en inventant un nom honorable qui suppose précisément le mérite contraire ; de manière que ce nom, au lieu de témoigner réellement l'excellence de l'ouvrage, est une véritable confession du vice qui le distingue. Le dix-huitième siècle, si riche en tout ce qu'on peut imaginer de faux et de ridicule, a fourni sur ce point une foule d'exemples curieux dans les titres des livres, les épigraphes, les inscriptions et autres choses de ce genre. Ainsi, par exemple, si vous lisez à la tête de l'un des principaux ouvrages de ce siècle :

Tantum series juncturaque pollet,
Tantum de medio sumptis accedit honoris.

Effacez la présomptueuse épigraphe, et substituez hardiment, avant même d'avoir ouvert le livre, et sans la moindre crainte d'être injuste :

Rudis indigestaque moles,
Non benè junctarum discordia semina rerum.

En effet, le chaos est l'image de ce livre, et l'épigraphe exprime éminemment ce qui manque éminemment à l'ouvrage. Si vous lisez à la tête d'un autre livre : *Histoire philosophique et politique*, vous savez, avant d'avoir lu l'histoire annoncée sous ce titre, qu'elle n'est ni *philosophique* ni *politique* ; et vous saurez de plus, après l'avoir lue, que c'est l'œuvre d'un frénétique. Un homme ose-t-il écrire au-dessous de son propre portrait : *Vitam impendere vero?* gagez, sans information, que c'est le portrait d'un menteur ; et lui-même vous l'avouera, un jour qu'il lui prendra fantaisie de dire la vérité. Peut-on lire sous un autre portrait : *Postgenitis hic carus erit, nunc carus amicis,* sans se rappeler sur-le-champ ce vers si heureusement emprunté à l'original même pour le peindre d'une manière un peu différente : *J'eus des adorateurs et n'eus pas un ami?* Et en effet, jamais peut-être il n'exista d'homme, dans la classe des gens de lettres, moins fait pour sentir l'amitié, et moins digne de l'inspirer, etc., etc. Des ouvrages et des entreprises d'un autre genre prêtent à la même observation. Ainsi, par exemple, si la musique, chez une nation célèbre, devient tout-à-coup une affaire d'Etat ; si l'esprit du siècle, aveugle sur tous les points, accorde à cet art une fausse importance et une fausse protection, bien différente de celle dont il aurait besoin ; si l'on élève enfin un temple à la musique, sous le nom sonore et authentique d'ODÉON, c'est une preuve infaillible que l'art est en décadence, et personne ne doit être surpris d'entendre dans ce pays un critique célèbre avouer, bientôt après, en style assez vigoureux, que rien n'empêche d'écrire dans le fronton du temple : CHAMBRE A LOUER (1).

---

(1) « Il s'en faut bien que les mêmes morceaux exécutés à

LVI. Mais, comme je l'ai dit, tout ceci n'est qu'une observation du second ordre ; revenons au principe général : *Que l'homme n'a pas, ou n'a plus le droit de nommer les choses* (du moins dans le sens que j'ai expliqué). Que l'on y fasse bien attention, les noms les plus respectables ont dans toutes les langues une origine vulgaire. Jamais le nom n'est proportionné à la chose ; toujours la chose illustre le nom. Il faut que le nom *germe*, pour ainsi dire, sans quoi il est faux. Que signifie le mot *trône*, dans l'origine? *siége*, ou même *escabelle*. Que signifie *sceptre?* un bâton pour s'appuyer (1).

« l'*Odéon* produisent en moi la même sensation que j'éprou-
« vais à l'ancien *Théâtre de musique*, où je les entendais avec
« ravissement. Nos artistes ont perdu la tradition de ce chef-
« d'œuvre (le *Stabat* de Pergolèse); il est écrit pour eux en
« langue étrangère; ils en disent les notes sans en connaître
« l'esprit; leur exécution est à la glace, dénuée d'âme, de sen-
« timent et d'expression. L'orchestre lui-même joue machina-
« lement et avec une faiblesse qui tue l'effet. L'ancienne mu-
« sique (*laquelle?*) est la rivale de la plus haute poésie ; la
« nôtre n'est que la rivale du ramage des oiseaux. Que nos
« virtuoses modernes cessent donc.... de déshonorer des com-
« positions sublimes..... qu'ils ne se jouent plus (surtout) à
« Pergolèse; il est trop fort pour eux. » (*Journal de l'Empire*, 28 mars 1812.)

(1) Au second livre de l'Iliade, Ulysse veut empêcher les Grecs de renoncer lâchement à leur entreprise. S'il rencontre, au milieu du tumulte excité par les mécontents, un roi ou un

Mais le *bâton* des Rois fut bientôt distingué de tous les autres, et ce nom, sous sa *nouvelle* signification, subsiste depuis trois mille ans. Qu'y a-t-il de plus noble dans la littérature et de plus humble dans son origine que le mot *tragédie ?* Et le nom presque fétide de *drapeau,* soulevé et ennobli par la lance des guerriers, quelle fortune n'a-t-il pas faite dans notre langue ? Une foule d'autres noms viennent plus ou moins à l'appui du même principe, tels que ceux-ci, par exemple : *sénat, dictateur, consul, empereur, église, cardinal, maréchal,* etc. Terminons par ceux de *connétable* et de *chancelier* donnés à deux éminentes dignités des temps modernes : le premier ne signifie dans l'origine que le chef

---

noble, il lui adresse de douces paroles pour le persuader ; mais s'il trouve sous sa main un *homme du peuple* (δήμου ἀνδρα) (gallicisme remarquable), il le rosse *à grands coups de sceptre.* (Iliad., II, 198, 199.)

On fit jadis un crime à Socrate de s'être emparé des vers qu'Ulysse prononce dans cette occasion, et de les avoir cités pour prouver au peuple qu'il ne sait rien et qu'il n'est rien. (*Xenoph. Memor. Socr.* I, II, 20.)

Pindare peut encore être cité pour l'histoire du sceptre, à l'endroit où il nous raconte l'anecdote de cet ancien roi de Rhodes qui assomma son beau-frère sur la place, en le frappant, dans un instant de vivacité et sans mauvaise intention, *avec un sceptre qui se trouva malheureusement fait d'un bois trop dur.* (Olymp. VII, v, 49-55.) Belle leçon pour alléger les sceptres !

de l'écurie(1), et le second, *l'homme qui se tient derrière une grille* (pour n'être pas accablé par la foule des suppliants).

LVII. Il y a donc deux règles infaillibles pour juger toutes les créations humaines, de quelque genre qu'elles soient, la *base*, et le *nom*; et ces deux règles, bien entendues, dispensent de toute application odieuse. Si la base est purement humaine, l'édifice ne peut tenir; et plus il y aura d'hommes qui s'en seront mêlés, plus ils y auront mis de délibération, de science et d'*écriture surtout*, enfin, de moyens humains de tous les genres, et plus l'institution sera fragile. C'est principalement par cette règle qu'il faut juger tout ce qui a été entrepris par des souverains ou par des assemblées d'hommes, pour la civilisation, l'institution ou la régénération des peuples.

LVIII. Par la raison contraire, plus l'institution est divine dans ses bases, et plus elle est durable. Il est bon même d'observer, pour plus de clarté, que le principe religieux est, par essence, créateur et conservateur, de deux manières. En premier lieu, comme il agit plus fortement que tout autre sur l'esprit humain, il en obtient des efforts prodigieux. Ainsi, par exemple, l'homme persuadé par ses dogmes religieux que c'est un grand

---

(1) *Connétable* n'est qu'une contraction gauloise de COMES STABULI, *le compagnon* ou *le ministre du prince au département des écuries.*

avantage pour lui, qu'après sa mort son corps soit conservé dans toute l'intégrité possible, sans qu'aucune main indiscrète ou profanatrice puisse en approcher ; cet homme, dis-je, après avoir épuisé l'art des embaumements, finira par construire les pyramides d'Egypte. En second lieu, le principe religieux déjà si fort par ce qu'il opère, l'est encore infiniment par ce qu'il empêche, à raison du respect dont il entoure tout ce qu'il prend sous sa protection. Si un simple caillou est consacré, il y a tout de suite une raison pour qu'il échappe aux mains qui pourraient l'égarer ou le dénaturer. La terre est couverte des preuves de cette vérité. *Les vases étrusques*, par exemple, *conservés par la religion des tombeaux, sont parvenus jusqu'à nous, malgré leur fragilité, en plus grand nombre que les monuments de marbre et de bronze des mêmes époques* (1). Voulez-vous conserver tout, dédiez tout.

LIX. La seconde règle, qui est celle des noms, n'est, je crois, ni moins claire ni moins décisive que la précédente. Si le nom est imposé par une assemblée ; s'il est établi par une délibération antécédente, en sorte qu'il précède la chose ; si le nom est pompeux (2), s'il a une

---

(1) Mercure de France, 17 juin 1809, n° 413, pag. 679.

(2) Ainsi, par exemple, si un homme autre qu'un souverain se nomme lui-même *législateur*, c'est une preuve certaine qu'il ne l'est pas ; et si une assemblée ose se nommer *législatrice*, non-seulement c'est une preuve qu'elle ne l'est pas,

proportion grammaticale avec l'objet qu'il doit représenter ; enfin, s'il est tiré d'une langue étrangère, et surtout d'une langue antique, tous les caractères de nullité se trouvent réunis, et l'on peut être sûr que le nom et la chose disparaîtront en très-peu de temps. Les suppositions contraires annoncent la légitimité, et par conséquent la durée de l'institution. Il faut bien se garder de passer légèrement sur cet objet. Jamais un véritable philosophe ne doit perdre de vue la langue, véritable baromètre dont les variations annoncent infailliblement *le bon et le mauvais temps*. Pour m'en tenir au sujet que je traite dans ce moment, il est certain que l'introduction démesurée des mots étrangers, appliqués surtout aux institutions nationales de tout genre, est un des signes les plus infaillibles de la dégradation d'un peuple.

LX. Si la formation de tous les empires, les progrès de la civilisation et le concert unanime de toutes les histoires et de toutes les traditions ne suffisaient point encore pour nous convaincre, la mort des empires achèverait la démonstration commencée par leur naissance. Comme c'est le principe religieux qui a tout créé, c'est l'absence de ce même principe qui a tout détruit. La secte d'Epicure, qu'on pourrait appeler l'*incrédulité antique*, dégrada d'abord, et détruisit bientôt tous les gou-

---

mais c'est une preuve qu'elle a perdu l'esprit, et que dans peu elle sera livrée aux risées de l'univers.

vernements qui eurent le malheur de lui donner entrée. Partout *Lucrèce* annonça *César*.

Mais toutes les expériences passées disparaissent devant l'exemple épouvantable donné par le dernier siècle. Encore enivrés de ses vapeurs, il s'en faut de beaucoup que les hommes, du moins en général, soient assez de sang-froid pour contempler cet exemple dans son vrai jour, et surtout pour en tirer les conséquences nécessaires ; il est donc bien essentiel de diriger tous les regards sur cette scène terrible.

LXI. Toujours il y a eu des religions sur la terre, et toujours il y a eu des impies qui les ont combattues ; toujours aussi l'impiété fut un crime : car comme il ne peut y avoir de religion fausse sans aucun mélange de vrai, il ne peut y avoir d'impiété qui ne combatte quelque vérité divine plus ou moins défigurée ; *mais il ne peut y avoir de véritable impiété qu'au sein de la véritable religion;* et, par une conséquence nécessaire, jamais l'impiété n'a pu produire dans les temps passés les maux qu'elle a produits de nos jours ; car elle est toujours coupable en raison des lumières qui l'environnent. C'est sur cette règle qu'il faut juger le XVIIIe siècle ; car c'est sur ce point de vue qu'il ne ressemble à aucun autre. On entend dire assez communément *que tous les siècles se ressemblent, et que tous les hommes ont toujours été les mêmes ;* mais il faut bien se garder de croire à ces maximes générales que la presse ou la légèreté inventent pour se dispenser de réfléchir. Tous les siècles, au contraire, et toutes les nations, manifestent un caractère particulier et distinctif qu'il faut considérer soigneusement. Sans doute il y a toujours eu des vices dans le monde, mais ces vices peuvent différer en quantité, en nature, en qualité dominante et en intensité (1). Or, quoiqu'il y ait toujours eu des impies, jamais il n'y avait eu, avant le XVIIIe siècle, et au sein du christianisme, *une insurrection contre Dieu* ; jamais surtout on n'avait vu une conjuration sacrilége de tous les talents contre leur auteur ; or, c'est ce que nous avons vu de nos jours. Le vaudeville a blasphémé comme la tragédie ; et le roman, comme l'histoire et la physique. Les hommes de ce siècle ont prostitué le génie à l'irréligion, et, suivant l'expression admirable de saint Louis mourant, ILS ONT GUERROYÉ DIEU ET SES DONS (2). L'impiété antique ne se fâche jamais ; quelquefois elle raisonne ; ordinairement elle plaisante, mais toujours sans aigreur. Lucrèce même ne va guère jusqu'à l'insulte ; quoique son tempérament sombre et mélancolique le portât à voir les choses en noir, même lorsqu'il accuse la religion d'avoir produit de grands maux, il est de sang-froid. Les religions antiques ne valaient pas la

---

(1) Il faut encore avoir égard au mélange des vertus dont la proportion varie infiniment. Lorsqu'on a montré les mêmes genres d'excès en temps et lieux différents, on se croit en droit de conclure magistralement *que les hommes ont toujours été les mêmes.* Il n'y a pas de sophisme plus grossier ni plus commun.

(2) Joinville, dans la collection des Mémoires relatifs à l'histoire de France. In-8°, tom. II, p. 160.

peine que l'incrédulité contemporaine se fâchât contre elles.

LXII. Lorsque la *bonne nouvelle* fut publiée dans l'univers, l'attaque devint plus violente : cependant ses ennemis gardèrent toujours une certaine mesure. Ils ne se montrent dans l'histoire que de loin en loin et constamment isolés. Jamais on ne voit de réunion ou de ligue formelle : jamais ils ne se livrent à la fureur dont nous avons été les témoins. Bayle même, le père de l'incrédulité moderne, ne ressemble point à ses successeurs. Dans ses écarts les plus condamnables, on ne lui trouve point une grande envie de persuader, encore moins le ton d'irritation ou de l'esprit de parti : il nie moins qu'il ne doute ; il dit le pour et le contre : souvent même il est plus discret pour la bonne cause que pour la mauvaise (1).

LXIII. Ce ne fut donc que dans la première moitié du XVIIIe siècle que l'impiété devint réellement une puissance. On la voit d'abord s'étendre de toutes parts avec une rapidité inconcevable. Du palais à la cabane, elle se glisse partout, elle infeste tout ; elle a des chemins invisibles, une action cachée, mais infaillible, telle que l'observateur le plus attentif, témoin de l'effet, ne sait pas toujours découvrir les moyens. Par un prestige

---

(1) Voyez, par exemple, avec quelle puissance de logique il a combattu le matérialisme dans l'article LEUCIPPE de son dictionnaire.

inconcevable, elle se fait aimer de ceux mêmes dont elle est la plus mortelle ennemie ; et l'autorité qu'elle est sur le point d'immoler, l'embrasse stupidement avant de recevoir le coup. Bientôt un simple système devient une association formelle qui, par une gradation rapide, se change en complot, et enfin en une grande conjuration qui couvre l'Europe.

LXIV. Alors se montre pour la première fois ce caractère de l'impiété qui n'appartient qu'au XVIIIe siècle. Ce n'est plus le ton froid de l'indifférence, ou tout au plus l'ironie maligne du scepticisme, c'est une haine mortelle ; c'est le ton de la colère et souvent de la rage. Les écrivains de cette époque, du moins les plus marquants, ne traitent plus le christianisme comme une erreur humaine sans conséquence, ils le poursuivent comme un ennemi capital, ils le combattent à outrance ; c'est une guerre à mort : et ce qui paraîtrait incroyable, si nous n'en avions pas les tristes preuves sous les yeux, c'est que plusieurs de ces hommes qui s'appelaient *philosophes*, s'élevèrent de la haine du christianisme jusqu'à la haine personnelle contre son divin Auteur. Ils le haïrent réellement comme on peut haïr un ennemi vivant. Deux hommes surtout, qui seront à jamais couverts des anathèmes de la postérité, se sont distingués par ce genre de scélératesse qui paraissait bien au-dessus des forces de la nature humaine la plus dépravée.

LXV. Cependant l'Europe entière ayant été civilisée par le christianisme, et les ministres de cette religion ayant obtenu dans tous les pays une grande existence politique, les institutions civiles et religieuses s'étaient mêlées et comme amalgamées d'une manière surprenante; en sorte qu'on pouvait dire de tous les Etats de l'Europe, avec plus ou moins de vérité, ce que *Gibbon* a dit de la France, *que ce royaume avait été fait par des évêques.* Il était donc inévitable que le philosophe du siècle ne tardât pas de haïr les institutions sociales dont il ne lui était pas possible de séparer le principe religieux. C'est ce qui arriva : tous les gouvernements, tous les établissements de l'Europe lui déplurent, *parce qu'ils* étaient chrétiens, et *à mesure* qu'ils étaient chrétiens; un malaise d'opinion, un mécontentement universel s'empara de toutes les têtes. En France surtout, la rage philosophique ne connut plus de bornes ; bientôt une seule voix formidable se formant de tant de voix réunies, on l'entendit crier au milieu de la coupable Europe :

LXVI. « Laisse-nous(1)! Faudra-t-il donc éternel-
« lement trembler devant des prêtres, et recevoir d'eux
« l'instruction qu'il leur plaira de nous donner ? la vé-
« rité, dans toute l'Europe, est cachée par les fumées
« de l'encensoir ; il est temps qu'elle sorte de ce nuage
« fatal. Nous ne parlerons plus de toi à nos enfants ;
« c'est à eux, lorsqu'ils seront hommes, à savoir si tu
« es, et ce que tu es, et ce que tu demandes d'eux. Tout
« ce qui existe nous déplaît, parce que ton nom est

---

(1) *Dixerunt Deo* : Recede a nobis! *Scientiam viarum tuarum nolumus.* Job, XXI, 14.

« écrit sur tout ce qui existe. Nous voulons tout dé-
« truire et tout refaire sans toi. Sors de nos conseils ;
« sors de nos académies ; sors de nos maisons : nous
« saurons bien agir seuls, la raison nous suffit. Laisse-
« nous. »

Comment Dieu a-t-il puni cet exécrable délire ? Il l'a puni comme il créa la lumière, par une seule parole. Il a dit : Faites ! — Et le monde politique a croulé.

Voilà donc comment les deux genres de démonstrations se réunissent pour frapper les yeux les moins clairvoyants. D'un côté, le principe religieux préside à toutes les créations politiques ; et, de l'autre, tout disparaît dès qu'il se retire.

LXVII. C'est pour avoir fermé les yeux à ces grandes vérités que l'Europe est coupable, et c'est parce qu'elle est coupable qu'elle souffre. Cependant elle repousse encore la lumière, et méconnaît le bras qui la frappe. Bien peu d'hommes, parmi cette génération matérielle, sont en état de connaître la *date*, la *nature* et l'*énormité* de certains crimes commis par les individus, par les nations et par les souverainetés ; moins encore de comprendre le genre d'expiation que ces crimes nécessitent, et le prodige adorable qui force le mal à nettoyer de ses propres mains la place que l'éternel architecte a déjà mesurée de l'œil pour ses merveilleuses constructions. Les hommes de ce siècle ont pris leur parti. *Ils se sont juré à eux-mêmes de regarder toujours à terre* (1). Mais

---

(1) *Oculos suos statuerunt declinare in terram.* Ps. XVI, 11.

il serait inutile, peut-être même dangereux, d'entrer dans de plus grands détails : il nous est enjoint *de professer la vérité avec amour* (1). Il faut de plus, en certaines occasions, ne la professer qu'avec respect ; et, malgré toutes les précautions imaginables, le pas serait glissant pour l'écrivain même le plus calme et le mieux intentionné. Le monde, d'ailleurs, renferme toujours une foule innombrable d'hommes si pervers, si profondément corrompus, que, s'ils pouvaient se douter de certaines choses, ils pourraient aussi redoubler de méchanceté, et se rendre, pour ainsi dire, coupables comme des anges rebelles : ah ! plutôt, que leur abrutissement se renforce encore, s'il est possible, afin qu'ils ne puissent pas même devenir coupables autant que des hommes peuvent l'être. L'aveuglement est sans doute un châtiment terrible ; quelquefois cependant il laisse encore apercevoir l'amour : c'est tout ce qu'il peut être utile de dire dans ce moment.

Mai, 1809.

FIN.

---

(1) Ἀληθεύοντες ἐν ἀγάπῃ. Ephes. IV, 15. Expression intraduisible... La Vulgate aimant mieux, avec raison, parler juste que parler latin, a dit : *Facientes veritatem in charitate*.

ÉTUDE

SUR

LA SOUVERAINETÉ

LIVRE PREMIER

DES ORIGINES
DE LA SOUVERAINETÉ

CHAPITRE PREMIER.

DE LA SOUVERAINETÉ DU PEUPLE.

> *Non illi imperium.*
> Virg.

(1) Le peuple est souverain, dit-on ; et de qui ? — De lui-même apparemment. Le peuple est donc sujet. Il y a sûrement ici quelque équivoque s'il n'y a pas une erreur, car le peuple qui *commande* n'est pas le peuple

---

(1) Le manuscrit de cette étude porte les dates de Lausanne, 1794, 1795, 1796. (*Note de l'éditeur.*) — Cet ouvrage a été écrit à la hâte et jamais relu. Quelques morceaux ont passé dans d'autres écrits. Saint-Pétersbourg, 16 (28) janvier 1815. (*Note de l'auteur.*)

qui *obéit*. Il suffit donc d'énoncer la proposition générale :
« *Le peuple est souverain* », pour sentir qu'elle a besoin
d'un commentaire.

Ce commentaire ne se fera pas attendre, du moins
dans le système français. Le peuple, dira-t-on, exerce
sa souveraineté par le moyen de ses Représentants.
Cela commence à s'entendre. Le peuple est un souverain
qui ne peut exercer la souveraineté. Seulement chaque
individu mâle de ce peuple a le droit de commander à
son tour pendant un certain temps : par exemple, si
l'on suppose 25 millions d'hommes en France et 700
députés éligibles chaque deux ans, on comprend que si
ces 25 millions d'hommes étaient immortels, et que les
députés fussent nommés par tour, chaque Français se
trouverait roi périodiquement chaque trois mille cinq
cents ans environ. Mais comme, dans cet espace de temps,
on ne laisse pas que de mourir de temps en temps, et que
d'ailleurs les électeurs sont maîtres de choisir comme il
leur plaît, l'imagination est effrayée du nombre épouvantable de rois condamnés à mourir sans avoir régné.

Mais puisqu'il faut examiner plus sérieusement cette
question, observons d'abord que, sur ce point comme
sur tant d'autres, il pourrait bien se faire qu'on ne se fût
pas entendu. Commençons donc à bien poser la question.

On a disputé avec chaleur pour savoir si la souveraineté venait de Dieu ou des hommes ; mais je ne sais si
l'on a observé que les deux propositions peuvent être
vraies.

Il est très-vrai, dans un sens inférieur et grossier,
que la souveraineté est fondée sur le consentement hu-

main : car si un peuple quelconque s'accordait tout à coup pour ne pas obéir, la souveraineté disparaîtrait, et il est impossible d'imaginer l'établissement d'une souveraineté sans imaginer un peuple qui consent à obéir. Si donc les adversaires de l'origine divine de la souveraineté ne veulent dire que cela, ils ont raison, et il serait fort inutile de disputer. Dieu n'ayant pas jugé à propos d'employer des instruments surnaturels pour l'établissement des empires, il est sûr que tout a dû se faire par des hommes. Mais dire que la souveraineté ne vient pas de Dieu parce qu'il se sert des hommes pour l'établir, c'est dire qu'il n'est pas le créateur de l'homme parce que nous avons tous un père et une mère.

Tous les *théistes* (1) de l'univers conviendront sans doute que celui qui viole les lois s'oppose à la volonté divine et se rend coupable devant Dieu quoiqu'il ne viole que des ordonnances humaines, car c'est Dieu qui a créé *l'homme* sociable ; et puisqu'il a *voulu* la société, il a *voulu* aussi la souveraineté et les lois sans lesquelles il n'y a point de société.

Les lois viennent donc de Dieu dans le sens qu'il veut qu'il y ait des lois et qu'on leur obéisse ; et cependant

---

(1) Quoique ce mot dans son acception primitive soit synonyme de celui de *déiste*, l'usage cependant en a fait l'opposé d'*athée*, et c'est dans ce sens que je l'emploie. C'est un mot nécessaire, celui de *déiste* excluant la croyance de toute révélation.

ces lois viennent aussi des hommes puisqu'elles sont faites par des hommes.

De même la souveraineté vient de Dieu, puisqu'il est l'auteur de tout, excepté du mal, et qu'il est en particulier l'auteur de la société qui ne peut subsister sans la souveraineté.

Et cependant cette même souveraineté vient aussi des hommes dans un certain sens, c'est-à-dire en tant que tel ou tel mode de gouvernement est établi et déclaré par le consentement humain.

Les partisans de l'autorité divine ne peuvent donc nier que la volonté humaine ne joue un rôle quelconque dans l'établissement des gouvernements ; et les partisans du système contraire ne peuvent nier à leur tour que Dieu ne soit, par excellence et d'une manière éminente, l'auteur de ces mêmes gouvernements.

Il paraît donc que ces deux propositions : *la souveraineté vient de Dieu*, et *la souveraineté vient des hommes*, ne se contredisent pas absolument ; pas plus que ces deux autres : *les lois viennent de Dieu*, et *les lois viennent des hommes*.

Il suffit donc de s'entendre, de mettre les idées à leur place, et de ne les point confondre. Avec ces précautions nous sommes sûrs de ne pas nous égarer, et il semble qu'on doit écouter avec faveur l'écrivain qui dit : « Je ne viens point pour vous dire que la souveraineté vient de Dieu ou des hommes ; examinons seulement ensemble ce qu'il y a de divin et ce qu'il y a d'humain dans la souveraineté. »

CHAPITRE II.

ORIGINE DE LA SOCIÉTÉ.

C'est une manie étrange de l'homme de se créer des difficultés pour avoir le plaisir de les résoudre. Les mystères qui l'environnent de toute part ne lui suffisent pas, il repousse encore les idées claires, et réduit tout en problème par je ne sais quel détour de l'orgueil qui lui fait regarder comme au-dessous de lui de croire ce que tout le monde croit. Ainsi, par exemple, on a longuement disputé sur l'origine de la société; et au lieu de la supposition toute simple qui se présente naturellement à l'esprit, on a prodigué la métaphysique pour bâtir des hypothèses aériennes réprouvées par le bon sens et par l'expérience.

Lorsqu'on met en problème les causes de l'origine de la société, on suppose manifestement qu'il a existé pour le genre humain un temps antérieur à la société; mais c'est précisément ce qu'il faudrait prouver.

On ne niera pas sans doute que la terre en général ne soit destinée à l'habitation de l'homme; or la multiplication de l'homme entrant dans les vues du Créateur, il s'ensuit que la nature de l'homme est d'être réuni en grandes sociétés sur toute la surface du globe : car la nature d'un être est d'exister tel que le Créateur a voulu qu'il existe. Et cette volonté est parfaitement déclarée par les faits.

L'homme isolé n'est donc point *l'homme de la nature;* l'espèce humaine même n'était point encore ce qu'elle devait être lorsqu'un petit nombre d'hommes était répandu sur une grande surface de terrain. Alors il n'y avait que des familles, et ces familles ainsi disséminées n'étaient encore, *individuellement* ou par leur réunion future, que des embryons de peuples.

Et si, longtemps après la formation des grandes sociétés, quelques peuplades perdues dans les déserts nous présentent encore les phénomènes de l'espèce humaine dans son enfance, ce sont toujours des peuples-enfants, qui ne sont point encore ce qu'ils doivent être.

Que penserait-on d'un naturaliste qui dirait que l'homme est un animal de 30 à 35 pouces de long, sans force et sans intelligence, et ne poussant que des cris inarticulés? Cependant ce naturaliste, en ne donnant à la nature physique et morale de l'homme que les caractères de l'enfance, ne serait pas plus ridicule que le philosophe cherchant la nature politique de ce même être dans les *rudiments* de la société.

Toute question sur la *nature* de l'homme doit se résoudre par l'histoire. Le philosophe qui veut nous prouver, par des raisonnements *à priori*, ce que doit être l'homme, ne mérite pas d'être écouté : il substitue des raisons de convenance à l'expérience, et ses propres décisions à la volonté du Créateur.

Je suppose qu'on parvienne à prouver qu'un sauvage d'Amérique a plus de bonheur et moins de vices qu'un homme civilisé : pourrait-on en conclure que ce dernier est un être dégradé, ou, si l'on veut, plus loin de la *nature* que le premier ? Point du tout. C'est précisément comme si l'on disait que la nature de l'homme individuel est de demeurer enfant, parce qu'à cette époque de la vie il est exempt des vices et des malheurs qui doivent l'assiéger dans sa virilité. L'histoire nous montre constamment les hommes réunis en sociétés plus ou moins nombreuses, régies par différentes souverainetés. Dès qu'ils se sont multipliés jusqu'à un certain point, ils n'ont pu exister autrement.

Donc, à proprement parler, il n'y a jamais eu pour l'*homme* de temps antérieur à la société, parce qu'avant la formation des sociétés politiques, l'homme n'est point tout à fait homme, et qu'il est absurde de chercher les caractères d'un être quelconque dans le germe de cet être.

Donc la société n'est point l'ouvrage de l'homme, mais le résultat immédiat de la volonté du Créateur qui a voulu que l'homme fût ce qu'il a toujours et partout été.

Rousseau et tous les raisonneurs de sa trempe se figurent ou tâchent de se figurer un peuple *dans l'état de nature* (c'est leur expression), délibérant en règle sur les avantages et les désavantages de l'état social et se déterminant enfin à passer de l'un à l'autre. Mais il n'y a pas l'ombre de bon sens dans cette supposition. Que faisaient ces hommes avant cette *Convention nationale* où ils résolurent enfin de se donner un souverain ? Ils vivaient apparemment sans lois, sans gouvernement ; et depuis quand ?

C'est une erreur capitale de se représenter l'état social comme un état de choix fondé sur le consentement des hommes, sur une délibération et sur un contrat primitif qui est impossible. Quand on parle de l'état de *nature* par opposition à l'état social, on déraisonne volontairement. Le mot de *nature* est un de ces termes généraux dont on abuse comme de tous les termes abstraits. Ce mot, dans son acception la plus étendue, ne signifie réellement que l'ensemble de toutes les lois, de toutes les forces, de tous les ressorts *qui constituent* l'univers, et *la nature particulière* de tel ou tel être, l'ensemble des qualités qui le constituent ce qu'il est, et sans lesquelles il serait autre chose et ne pourrait plus remplir les vues de l'ouvrier. Ainsi la réunion de toutes les pièces qui composent la machine destinée à diviser le temps, forme la *nature* ou l'essence de la *montre*; et la *nature* ou l'essence du *balancier* est d'avoir telle forme, telles dimensions, telle position : autrement il ne serait plus un balancier, et ne pourrait en remplir les fonctions. La *nature* d'une vipère est de ramper, d'avoir une peau écailleuse, des dents creuses et mobiles qui distillent un venin mortel ; et la *nature* de l'homme est d'être un animal intelligent, religieux et sociable. Une expérience invariable nous l'enseigne ; et je ne vois pas qu'il y ait rien à opposer à cette expérience. Si quelqu'un entend prouver que la nature de la vipère est d'avoir des ailes et une voix mélodieuse, et que celle du castor est de vivre isolé sur le sommet des plus hautes montagnes, c'est à lui de prouver. En attendant, nous croirons que ce qui est doit être et a toujours été.

« L'ordre social », dit Rousseau, « est un droit sacré qui sert de base à tous les autres. Cependant ce droit ne vient point de la *nature* : il est donc fondé sur des conventions. » (*Contrat social*, ch. 1er.)

Qu'est-ce que la *nature ?* Qu'est-ce qu'un *droit ?* Et comment un *ordre* est-il un *droit* ?... Mais passons sur ces difficultés : les questions ne finiraient pas avec un homme qui abuse de tous les termes et n'en définit aucun. On a droit au moins de lui demander la preuve de cette grande assertion : « *L'ordre social ne vient point de la nature* ». — « Je dois », dit-il lui-même, « établir ce que je viens d'avancer. » C'est en effet ce qu'il aurait fallu faire; mais la manière dont il s'y prend est vraiment curieuse. Il emploie trois chapitres à prouver que l'ordre social ne vient ni de la société de famille, ni de la force ou de l'esclavage (chap. 2, 3, 4), et il en conclut (chap. 5) *qu'il faut toujours remonter à une première convention*. Cette manière de démontrer est commode ; il n'y manque que la formule majestueuse des géomètres : « *ce qu'il fallait démontrer* ».

Il est aussi singulier que Rousseau n'ait pas seulement essayé de prouver l'unique chose qu'il fallait prouver : car si l'ordre social vient de la nature, il n'y a point de pacte social.

« Avant que d'examiner », dit-il, « l'acte par lequel un peuple élit un roi (1), il serait bon d'examiner l'acte

---

(1) Pourquoi un roi ? Il fallait dire un souverain.

par lequel un peuple est un peuple : car cet acte, étant nécessairement antérieur à l'autre, est le vrai fondement de la société. » (*Ibid.*, chap. 5.) — « C'est la manie éternelle des philosophes », dit ailleurs ce même Rousseau, « de nier ce qui est et d'expliquer ce qui n'est pas (1). » Ajoutons de notre côté : C'est la manie éternelle de Rousseau de se moquer des philosophes (2), sans se douter qu'il était aussi un *philosophe* dans toute la force du sens qu'il attribuait à ce mot : ainsi par exemple le *Contrat social* nie d'un bout à l'autre la nature de l'homme, qui *est*, — pour expliquer le *pacte social*, qui *n'existe pas*.

C'est ainsi qu'on raisonne quand on sépare l'homme de la Divinité. Au lieu de se fatiguer pour ne trouver que l'erreur, il en coûterait peu de tourner les yeux vers la source des êtres ; mais une manière de philosopher si simple, si sûre et si consolante n'est pas du goût des écrivains de ce malheureux siècle dont la véritable maladie est l'horreur du bon sens.

Ne dirait-on pas que l'homme, cette propriété de la Divinité (3), est jeté sur la terre par une cause aveugle ; qu'il pouvait être ceci ou cela, et que c'est par un effet

---

(1) *Nouvelle Héloïse*, tome 4.
(2) Voir dans l'*Emile*, tome 3, le portrait d'une vérité si frappante que Rousseau fait de ces Messieurs. Il oublie seulement d'ajouter : *Et quorum pars magna fui.*
(3) Cette belle expression est de Platon. Voir le *Phédon*.

de son choix qu'il est ce qu'il est ? Certainement, Dieu en créant *l'homme* se proposait une fin quelconque : la question se réduit donc à savoir si l'homme est devenu *animal politique*, comme disait Aristote, *par* ou *contre* la volonté divine. Quoique cette question énoncée ouvertement soit un véritable trait de folie, elle est faite cependant d'une manière indirecte, dans une foule d'écrits dont les auteurs décident même assez souvent pour la négative. Le mot de *nature* a fait prononcer une foule d'erreurs. Répétons que la nature d'un être n'est que l'assemblage des qualités attribuées à cet être par le Créateur. M. Burke a dit, avec une profondeur qu'il est impossible d'admirer assez, que l'art est la nature de l'homme : oui, sans doute, l'homme avec toutes ses affections, toutes ses connaissances, tous ses arts, est véritablement *l'homme de la nature*, et la toile du tisserand est aussi *naturelle* que celle de l'araignée.

L'*état de nature* pour l'homme est donc d'être ce qu'il est aujourd'hui et ce qu'il a toujours été, c'est-à-dire *sociable* : toutes les annales de l'univers établissent cette vérité. Parce qu'on a trouvé dans les forêts de l'Amérique, pays nouveau sur lequel on n'a pas encore tout dit, des hordes vagabondes que nous appelons *sauvages*, il ne s'ensuit pas que l'homme ne soit naturellement sociable : le sauvage est une exception et par conséquent ne prouve rien ; il est déchu de l'*état naturel*, ou il n'y est point encore arrivé. Et remarquez bien que le sauvage même ne forme pas une exception à proprement parler : car cette espèce d'hommes vit en société et connaît la souveraineté tout comme nous. Sa Majesté le Cacique est couverte d'une peau de castor graisseuse, au lieu d'une pelisse de renard de Sibérie ; il mange royalement son ennemi prisonnier, au lieu de le renvoyer sur sa parole, comme dans notre Europe dégradée. Mais, enfin, il y a parmi les sauvages une société, une souveraineté, un gouvernement et des lois quelconques. Quant aux histoires vraies ou fausses d'individus humains trouvés dans les bois et vivant absolument comme des animaux, on est dispensé, sans doute, d'examiner des théories fondées sur ces sortes de faits ou de contes.

CHAPITRE III.

DE LA SOUVERAINETÉ EN GÉNÉRAL.

Si la souveraineté n'est pas antérieure au *peuple*, du moins ces deux idées sont collatérales, puisqu'il faut un souverain pour faire un *peuple*. Il est aussi impossible de se figurer une société humaine, un peuple sans souverain qu'une ruche et un essaim sans reine : car l'essaim, en vertu des lois éternelles de la nature, existe de cette manière ou n'existe pas. La société et la souveraineté naquirent donc ensemble ; il est impossible de séparer ces deux idées. Vous représentez-vous l'homme isolé : alors il ne s'agit ni de lois ni de gouvernement, puisqu'il n'est point tout à fait homme et qu'il n'y a point encore de société. Mettez-vous l'homme en contact avec ses semblables : dès ce moment vous supposez le souverain. Le premier homme fut roi de ses enfants (1) ; chaque famille isolée fut gouvernée de la même manière.

---

(1) En observant qu'il ne peut exister d'association humaine sans une domination quelconque, je n'entends point établir de parité exacte entre l'autorité paternelle et l'autorité souveraine : on a tout dit sur ce point.

Mais dès que les familles se touchèrent, il leur fallut un souverain, et ce *souverain* en fit un *peuple* en leur donnant des lois, puisqu'il n'y a de société que par le souverain. Tout le monde connaît ce vers fameux :

> Le premier qui fut roi fut un soldat heureux.

On n'a peut-être jamais rien dit de plus faux ; il faut dire, au contraire, que : *le premier soldat fut soldé par un roi*.

Il y a eu un *peuple*, une civilisation quelconque et un souverain aussitôt que les hommes se sont touchés. Le mot de *peuple* est un terme relatif qui n'a point de sens séparé de l'idée de la souveraineté : car l'idée de *peuple* réveille celle d'une agrégation autour d'un centre commun, et sans la souveraineté il ne peut y avoir d'ensemble ni d'unité politique.

Il faut donc renvoyer dans les espaces imaginaires les idées de choix et de délibération dans l'établissement de la société et de la souveraineté. Cette opération est l'œuvre immédiate de la nature ou, pour mieux dire, de son auteur.

Si les hommes ont repoussé des idées aussi simples et aussi évidentes, il faut les plaindre. Accoutumons-nous à ne voir dans la société humaine que l'expression de la volonté divine. Plus les faux docteurs ont tâché de nous isoler et de détacher le rameau de sa TIGE, plus nous devons nous y attacher, sous peine de sécher et de pourrir.

CHAPITRE IV.

DES SOUVERAINETÉS PARTICULIÈRES ET DES NATIONS.

La même puissance qui a décrété l'ordre social et la souveraineté a décrété aussi différentes modifications de la souveraineté suivant le différent caractère des nations.

Les nations naissent et périssent comme les individus; les nations ont des *pères*, au pied de la lettre, et des *instituteurs* ordinairement plus célèbres que leurs pères, quoique le plus grand mérite de ces instituteurs soit de pénétrer le caractère du peuple-enfant, et de le placer dans les circonstances qui peuvent en développer toute l'énergie.

Les nations ont une *âme* générale et une véritable unité morale qui les constitue ce qu'elles sont. Cette unité est surtout annoncée par la langue.

Le Créateur a dessiné sur le globe les limites des nations, et saint Paul parlait philosophiquement aux Athéniens, lorsqu'il leur disait : *C'est lui qui a fait naître d'un seul toute la race des hommes pour habiter toute la terre, ayant déterminé les temps précis et les bornes de leur demeure dans le monde* (Act., XVII, 26). Ces bornes sont visibles, et l'on voit toujours chaque peuple tendre à remplir en entier un des espaces renfermés entre ces bornes. Quelquefois des circonstances invincibles précipitent deux nations l'une dans l'autre et les forcent à se mêler : alors leurs principes constituants se pénètrent, et il en résulte une nation *hybride* qui peut être plus ou moins puissante et célèbre que si elle était de race *franche*.

Mais plusieurs principes de nations jetés dans le même réceptacle se nuisent mutuellement. Les germes se compriment et s'étouffent ; les hommes qui les composent, condamnés à une certaine médiocrité morale et politique, n'attireront jamais les yeux de l'univers malgré le grand nombre des mérites individuels, jusqu'à ce qu'une grande secousse mettant un de ces germes à l'aise, lui permette d'engloutir les autres et de les assimiler à sa propre substance. *Italiam ! Italiam* (1) !

Quelquefois une nation subsiste au milieu d'une autre beaucoup plus nombreuse, refuse de se mêler parce qu'il n'y a point assez d'affinité entre elles, et conserve son unité morale. Alors, si quelque évènement extraordinaire vient à désorganiser la nation dominante, ou lui imprime un grand mouvement, on sera fort étonné de

---

(1) Il n'est pas besoin du coup d'œil d'un J. de Maistre pour reconnaître avec lui les inconvénients du morcellement excessif de l'Italie. Mais l'adversaire constant de la Révolution, le politique honnête et chrétien eût réprouvé de toute son énergie le procédé des Cavour et des Garibaldi. Il existait un moyen d'unir les forces et les ressources de la brillante péninsule tout en respectant les droits. (*Note de l'éditeur.*)

voir l'autre résister à l'impulsion générale et se donner un mouvement contraire. De là le miracle de la Vendée. Les autres mécontents du royaume, quoiqu'en beaucoup plus grand nombre, n'ont pu opérer rien de pareil parce que ces mécontents ne sont que des *hommes*, au lieu que la Vendée est une *nation*. Le salut peut même venir de là, car l'*âme* qui préside à ces efforts miraculeux a, comme toutes les puissances actives, une force d'expansion qui la fait tendre constamment à s'agrandir, de manière qu'elle peut, en s'assimilant de proche en proche ce qui lui ressemble et comprimant le reste, acquérir enfin assez de prépondérance pour achever le prodige. Quelquefois encore, l'unité nationale se prononce fortement dans une très-petite peuplade; comme elle ne peut point avoir une langue à elle, pour s'en consoler elle s'approprie celle de ses voisins par un accent et des formes particulières. Ses vertus sont à elle, ses vices sont à elle ; pour n'avoir pas les ridicules des autres, elle s'en fait ; sans force physique, elle se fera connaître. Tourmentée du besoin d'agir, elle sera conquérante à sa manière. La nature, par un de ces contrastes qu'elle aime, la placera, en se jouant, à côté de peuples légers ou apathiques qui la feront remarquer de plus loin. On citera ses brigandages dans le royaume de l'opinion ; enfin elle marquera, elle se fera citer, elle parviendra à se mettre dans la balance avec de grands noms, et l'on dira : *Je ne décide point entre Genève et Rome.*

Quand on parle du *génie* d'une nation, l'expression n'est pas aussi métaphorique qu'on le croit.

De ces différents caractères des nations naissent les différentes modifications des gouvernements. On peut dire que chacun a son caractère, car ceux-mêmes qui appartiennent à la même classe et qui portent le même nom présentent des nuances différentes à l'œil de l'observateur.

Les mêmes lois ne peuvent convenir à des provinces diverses qui ont des mœurs différentes, qui vivent sous des climats opposés et qui ne peuvent souffrir la même forme de gouvernement...

Les objets généraux de toute bonne institution doivent être modifiés en chaque pays par les rapports qui naissent tant de la situation locale, que du caractère des habitants ; et c'est sur ces rapports qu'il faut assigner à chaque peuple un système particulier d'institutions qui soit le meilleur, non peut-être en lui-même, mais pour l'Etat auquel il est destiné...

Il n'y a qu'un bon gouvernement possible dans un Etat : et comme mille évènements peuvent changer les rapports d'un peuple, non-seulement différents gouvernements peuvent être bons à divers peuples, mais au même peuple en différents temps !...

On a de tout temps beaucoup disputé sur la meilleure forme de gouvernement, sans considérer que chacune d'elles est la meilleure en certains cas, et la pire en d'autres !...

Il ne faut donc pas croire que « *toute forme de gouvernement soit propre à tout pays : la liberté, par exemple, n'étant pas un fruit de tous les climats, n'est pas à la portée de tous les peuples* ». Plus on médite ce principe établi par Montesquieu, plus on en sent la vérité. Plus on le conteste, plus on donne lieu de l'établir par de nouvelles preuves...

Quand donc on demande absolument quel est le meilleur gouvernement, on fait une question insoluble autant qu'indéterminée ; ou, si l'on veut, elle a autant de bonnes solutions qu'il y a de combinaisons possibles dans les positions absolues et relatives des peuples.

De ces principes incontestables naît une conséquence qui ne l'est pas moins : c'est que le contrat social est une chimère. Car s'il y a autant de différents gouvernements qu'il y a de différents peuples ; si les formes de ces gouvernements sont prescrites impérieusement par la puissance qui a donné à chaque nation telle position morale, physique, géographique, commerciale, etc., il n'est plus permis de parler de *pacte*. Chaque mode de souveraineté est le résultat immédiat de la volonté du Créateur, comme la souveraineté en général. Le despotisme, pour telle nation, est aussi naturel, aussi légitime que la démocratie pour telle autre (1) ; et si un homme

---

(1) Dira-t-on que, même dans cette hypothèse, il y a toujours un pacte en vertu duquel chaque partie contractante est tenue de maintenir le gouvernement tel qu'il est ? Dans ce cas, pour le despotisme ou la monarchie absolue, le pacte sera précisément celui que Rousseau tourne en ridicule à la fin de son pitoyable chapitre de l'esclavage. « Je fais avec toi une convention toute à ta charge et toute à mon profit, que

établissait lui-même ces principes inébranlables (1) dans un livre fait exprès pour établir qu' « *il faut toujours remonter à une convention* (2) », s'il écrivait, dans un chapitre, que « l'homme est né libre (3) », et dans l'autre, que « la liberté, n'étant pas un fruit de tous les climats, n'est pas faite pour tous les peuples (4) », cet homme serait, sans contredit, un des plus ridicules de l'univers.

Nulle nation n'ayant pu se donner le caractère et la position qui la rendent propre à tel gouvernement, toutes se sont accordées non-seulement à croire cette vérité d'une manière abstraite, mais à croire que la divinité était intervenue immédiatement dans l'établissement de leurs souverainetés particulières.

Les Livres saints nous montrent le premier roi du peuple choisi, élu et couronné par une intervention immédiate de la divinité ; les annales de toutes les nations de l'univers assignent la même origine à leurs gouvernements particuliers. Il n'y a que les noms de changés. Toutes, après avoir conduit la succession de leurs princes jusqu'à une époque plus ou moins reculée, arri-

---

j'observerai tant qu'il me plaira, et que tu observeras tant qu'il me plaira. » (*Contrat social*, l. I, ch. IV.)

(1) *Contrat social*, l. II, ch. IX, 11 ; l. III, ch. I, III, VIII.
(2) *Ibid.*, l. I, ch. V.
(3) *Ibid.*, l. I, ch. I.
(4) *Ibid.*, l. III, ch. VIII.

vent enfin à ces temps mythologiques dont l'histoire véritable nous instruirait bien plus que toutes les autres. Toutes nous montrent le berceau de la souveraineté environné de miracles ; toujours la divinité intervient dans la fondation des empires ; toujours le premier souverain, au moins, est un favori du Ciel : il reçoit le sceptre des mains de la divinité. Elle se communique à lui, elle l'inspire, elle grave sur son front le signe de sa puissance ; et les lois qu'il dicte à ses semblables ne sont que le fruit de ses communications célestes.

Ce sont des fables, dira-t-on. Je n'en sais rien en vérité ; mais les fables de tous les peuples, même des peuples modernes, couvrent beaucoup de réalités. La sainte ampoule, par exemple, n'est qu'un hiéroglyphe : il suffit de savoir lire. La puissance de guérir attribuée à certains princes ou à certaines dynasties de princes tient aussi à ce dogme universel de l'origine divine de la souveraineté. Ne soyons donc pas surpris que les anciens instituteurs des peuples aient tant parlé de la part de Dieu. Ils sentaient qu'ils n'avaient pas droit de parler en leur nom. C'est à eux d'ailleurs qu'il appartenait de dire sans figure : « *Est Deus in nobis, agitante calescimus ipso* ». Les philosophes de ce siècle se sont beaucoup plaints de la ligue de l'empire et du sacerdoce, mais l'observateur sage ne peut se dispenser d'admirer l'obstination des hommes à mêler ces deux choses ; plus on remonte dans l'antiquité, et plus on trouve la législation religieuse. Tout ce que les nations nous racontent sur leur origine prouve qu'elles se sont accordées à regarder la souveraineté comme divine dans son essence :

autrement elles nous auraient fait des contes tout différents. Jamais elles ne nous parlent de *contrat primordial*, d'association volontaire, de délibération populaire. Aucun historien ne cite les *assemblées primaires* de Memphis ou de Babylone. C'est une véritable folie d'imaginer que le préjugé universel est l'ouvrage des souverains. L'intérêt particulier peut bien abuser de la croyance générale, mais il ne peut la créer. Si celle dont je parle n'avait pas été fondée sur l'assentiment antérieur des peuples, non-seulement on n'aurait pu la leur faire adopter, mais les souverains n'auraient pu imaginer une telle fraude. En général, toute idée universelle est naturelle.

CHAPITRE V.

EXAMEN DE QUELQUES IDÉES DE ROUSSEAU SUR LE LÉGISLATEUR.

Rousseau a fait un chapitre *du législateur* où toutes les idées sont confondues de la manière la plus intolérable. D'abord ce mot de *législateur* peut avoir deux significations différentes : l'usage permet de donner ce nom à l'homme extraordinaire qui promulgue des lois constitutives, et à l'homme beaucoup moins admirable qui publie des lois civiles. Il paraît que Rousseau entend le mot dans le premier sens, puisqu'il parle de celui « qui ose entreprendre d'instituer un peuple et qui constitue la République ». Mais, bientôt après, il dit que « *le législateur est à tous égards un homme extraordinaire*, DANS L'ÉTAT ». Ici il y a déjà un Etat; le peuple est donc constitué : il ne s'agit donc plus d'*instituer* un peuple, mais, tout au plus, de le réformer.

On cite ensuite tout à la fois et sans miséricorde Lycurgue, les législateurs modernes des républiques de l'Italie, Calvin et les décemvirs.

Calvin peut remercier Rousseau de l'avoir placé à côté de Lycurgue : certes il avait besoin d'un pareil introducteur, et sans lui jamais il ne lui serait arrivé de se trouver en si bonne compagnie.

Quant aux décemvirs, Rome était âgée de 300 ans et possédait toutes ses lois fondamentales, lorsque trois députés allèrent lui chercher des lois civiles dans la Grèce ; et je ne vois pas qu'il faille regarder les décemvirs comme des êtres au-dessus de la sphère humaine (1) pour avoir dit :

SI IN JUS VOCAT, ATQUE EAT, SI CALVITUR PEDEMVE STRUIT, MANUM ENDO JACITO

et mille autres choses, très-belles assurément, sur les legs, les testaments, les funérailles, les chemins, les gargouilles et les gouttières, mais qui sont néanmoins un peu au-dessous des créations de Lycurgue.

Rousseau confond toutes ces idées, et il affirme en général que le législateur n'est ni magistrat, ni souverain. « Son emploi », dit-il, « est une fonction supérieure qui n'a rien de commun avec l'empire humain ». Si Rousseau veut dire qu'un simple particulier peut être consulté par un souverain, et lui proposer de bonnes lois qui pourront être acceptées, c'est une de ces vérités si triviales et si stériles qu'il est inutile de s'en occuper. S'il entend soutenir qu'un souverain ne peut faire des lois civiles, comme en firent les décemvirs, c'est une découverte dont il a tout l'honneur, personne ne s'en

---

(1) « Le législateur est à tous égards un homme extraordinaire dans l'État..... Son emploi..... n'a rien de commun avec l'empire humain. » (*Ibid.*, ch. VII.)

étant jamais douté. S'il entend prouver qu'un souverain ne peut être législateur dans la force du terme, et donner aux peuples des lois véritablement constituantes, en créant ou perfectionnant leur droit politique, j'en appelle à l'histoire universelle.

Mais l'histoire universelle ne gêne jamais Rousseau, car, lorsqu'elle le condamne (ce qui arrive presque toujours), il dit qu'elle a tort. « Celui qui rédige les lois, » dit-il, « n'a donc *ou ne doit avoir* aucun droit législatif. » (*Ibid.*)

Ici il faut se taire : Rousseau parlant lui-même comme législateur, il n'y a plus rien à répondre. Cependant il cite aussi l'histoire, et il n'est pas inutile d'examiner comment il s'en acquitte.

« Rome », dit-il, « dans son plus bel âge..... se vit prête à périr pour avoir réuni sur les mêmes têtes (les décemvirs) l'autorité législative et le pouvoir souverain ». (*Ibid.*)

En premier lieu, le pouvoir législatif et le pouvoir souverain étant la même chose suivant Rousseau, c'est tout comme s'il avait dit que les décemvirs réunirent le pouvoir souverain et le pouvoir souverain.

En second lieu, puisque, suivant Rousseau même, « les décemvirs ne s'arrogèrent jamais le droit de faire passer aucune loi de leur propre autorité », et qu'en effet les lois qu'ils avaient rédigées furent sanctionnées par l'assemblée des centuries, c'est encore comme s'il avait dit que les décemvirs eurent l'autorité législative et n'eurent pas l'autorité législative.

Enfin la vérité toute simple, non point d'après Rousseau, mais d'après Tite-Live, est que les Romains ayant eu l'imprudence d'abolir toutes leurs magistratures, et de réunir tous les pouvoirs sur la tête des décemvirs (1), ils créèrent ainsi de véritables souverains qui perdirent la tête comme tous les souverains *impromptu*, et abusèrent de leur pouvoir. C'est encore là une de ces vérités banales que tout le monde sait, et qui est absolument étrangère à ce que Rousseau voulait prouver. Passons à Lycurgue.

« Quand Lycurgue », dit-il, « donna des lois à sa patrie, il commença par abdiquer la royauté. » (*Ibid.*) Ces paroles signifient évidemment que ce fameux législateur, *étant roi*, abdiqua la royauté *au moment* où il voulut donner des lois à son pays, et pour se mettre en état de lui en donner. Or nous avions cru jusqu'à présent que Lycurgue, à parler exactement, ne fut jamais roi ; que seulement on le crut tel un instant, c'est-à-dire depuis la mort de son frère jusqu'au moment où la grossesse de sa belle-sœur fut déclarée ; qu'à la vérité il avait gouverné pendant huit mois, mais comme régent et tuteur du jeune Charilaüs (*Prodicos*) ; qu'en montrant son neveu aux Spartiates, et leur disant : « Seigneurs Spartiates, il nous est né un roi », il n'avait fait envers l'héritier légitime qu'un acte de justice stricte qui ne pouvait porter le nom d'*abdication*. Nous avions cru, de

---

(1) « Placet creari decemviros sine provocatione, et ne quis eo anno alius magistratus esset. » (Tit.-Liv., l. III.)

plus, que Lycurgue ne pensait nullement alors *à donner des lois à sa patrie;* que, depuis cette époque mémorable, fatigué par les intrigues et la haine de la veuve de son frère et de ses partisans, il voyagea dans l'île de Crète, dans l'Asie-Mineure, en Egypte, et même, suivant un historien grec, en Espagne, en Afrique, et jusque dans les grandes Indes ; et que ce fut seulement au retour de ses longs voyages qu'il entreprit son grand ouvrage, vaincu par les prières réitérées de ses compatriotes et par les oracles des dieux. C'est ce que Plutarque raconte ; mais Rousseau aurait pu dire comme Molière : « *Nous avons changé tout cela* ».

Et voilà comment ce grand politique savait l'histoire !

CHAPITRE VI.

CONTINUATION DU MÊME SUJET.

Après avoir vu ce que le législateur *ne doit pas être* suivant Rousseau, voyons *ce qu'il doit être* suivant lui.

« Pour découvrir », dit-il, « les meilleures règles de société qui conviennent aux nations, il faudrait *une intelligence supérieure*, qui vît toutes les passions des hommes et qui n'en éprouvât aucune ; qui n'eût aucun rapport avec notre nature et qui la connût à fond ; dont le bonheur fût indépendant de nous et qui pourtant voulût bien s'occuper du nôtre (1). »

Cette intelligence est toute trouvée. Celui-là est bien fou qui la cherche sur la terre, ou qui ne la voit pas où elle est.

« Il faudrait *des dieux* pour donner des lois aux hommes (2). »

Point du tout, il n'en faut qu'un.

« Celui qui ose entreprendre d'instituer un peuple doit se sentir en état de changer, pour ainsi dire, la

---

(1) *Contrat social*, l. VIII, ch. vii : du Législateur.
(2) *Ibid.*

nature humaine, de transformer chaque individu qui, par lui-même, est un tout parfait et solitaire, en partie d'un plus grand tout, dont cet individu reçoive en quelque sorte sa vie et son être ; d'altérer la constitution de l'homme pour la renforcer ; de substituer une existence partielle et morale à l'existence physique et indépendante que nous avons tous reçue de la nature ; il faut, en un mot, qu'il ôte à l'homme ses forces propres pour lui en donner qui lui soient étrangères et dont il ne puisse faire usage sans le secours d'autrui (1). »

L'*instituteur d'un peuple* est un homme dont la qualité distinctive est un certain bon sens *praticien* brouillé à mort avec les subtilités métaphysiques. Lycurgue n'aurait pas compris le mot à la tirade qu'on vient de lire ; et il aurait recommandé l'auteur au puissant Esculape. Qu'est-ce que la *transformation* d'un *individu* dont l'essence et la fin sont déterminées par l'Etre suprême ? Qu'est-ce que ce *tout parfait et solitaire* ? Où, quand et comment cette merveille a-t-elle existé ? Qu'est-ce que la *constitution de l'homme* ? Qu'est-ce que le *renforcement* d'une constitution par l'*altération* de cette constitution ? Qu'est-ce que l'*existence physique et indépendante* d'un être spirituel, moral et dépendant par essence ? Dieu merci, ce n'est pas sur ces toiles d'araignées que le bon sens bâtit les empires.

« Ainsi l'on trouve à la fois dans l'ouvrage de la lé-

---

(1) *Contrat social, ibid.*

gislation deux choses qui sont incompatibles : une entreprise au-dessus de la force humaine, et, pour l'exécuter, une autorité qui n'est rien (1) ».

Au contraire, l'instituteur d'une nation a, pour l'exécution de son entreprise, une autorité qui est tout. Car « il est né pour commander, ayant de nature une grâce et une efficace d'attraire les hommes à volontairement lui obéir parce qu'il est aimé des dieux, et dieu plutôt qu'homme (2) ».

Rousseau montre ensuite, parfaitement, comment et pourquoi tous les législateurs ont dû parler au nom de la divinité ; ensuite il ajoute ces paroles remarquables :

« Mais il n'appartient pas à tout homme de faire parler les dieux, ni d'être cru lorsqu'il s'annonce pour être leur interprète. La grande âme du législateur est le vrai miracle qui doit prouver sa MISSION. Tout homme peut graver des tables de pierre, ou acheter un oracle, ou feindre un secret commerce avec quelque divinité, ou dresser un oiseau pour lui parler à l'oreille, ou trouver d'autres moyens grossiers d'en imposer au peuple. Celui qui ne sera que cela pourra même assembler par hasard une troupe d'insensés ; mais il ne fondera jamais un empire, et son extravagant ouvrage périra bientôt avec lui (3). »

---

(1) *Contrat social*, l. VIII, ch. VII : du Législateur.
(2) Plutarque, *in Lycurg.*, trad. d'Amyot.
(3) *Contrat social*, l. II, ch. IV.

Tel est le caractère de Rousseau : il rencontre souvent des vérités particulières, et les exprime mieux que personne ; mais ces vérités sont stériles entre ses mains : presque toujours il conclut mal, parce que son orgueil l'éloigne constamment des routes battues du bon sens pour le jeter dans la singularité. Personne ne taille mieux que lui les matériaux, et personne ne bâtit plus mal. Tout est bon dans ses ouvrages, excepté ses systèmes.

Après le morceau brillant et même profond qu'on vient de lire, on s'attend à des conclusions intéressantes sur l'organisation des peuples. Voici le résultat :

« Il ne faut pas de tout ceci conclure, avec Warburton, que la politique et la religion aient parmi nous un objet commun, mais que, dans l'origine des nations, l'une sert d'instrument à l'autre. »

Desinit in piscem. Warburton, qui se comprenait lui-même, n'a jamais dit que la politique et la religion eussent le *même but parmi nous*, ce qui ne signifie rien. Mais il a pu dire avec grande raison que le but de la politique est manqué si la religion ne lui sert de base.

CHAPITRE VII.

DES FONDATEURS ET DE LA CONSTITUTION POLITIQUE DES PEUPLES.

Lorsqu'on réfléchit sur l'unité morale des nations, on ne peut douter qu'elle ne soit le résultat d'une cause unique. Ce que le sage Bonnet a dit du corps animal en réfutant un rêve de Buffon, peut se dire du corps politique : tout germe est nécessairement *un*, et c'est toujours d'un seul homme que chaque peuple tient son trait dominant et son caractère distinctif.

De savoir ensuite pourquoi et comment un homme *engendre*, au pied de la lettre, une nation, et comment il lui communique ce tempérament moral, ce caractère, cette âme générale qui doit, à travers les siècles et un nombre infini de générations, subsister d'une manière sensible et distinguer un peuple de tous les autres, c'est un mystère comme tant d'autres, sur lequel on peut méditer utilement.

Les généalogies des nations sont écrites dans leurs langues. Comme les peuples, les idiomes naissent, grandissent, se mêlent, se pénètrent, s'associent, se combattent et meurent.

Certaines langues ont péri dans toute la force du terme, comme l'égyptien : d'autres, comme le grec et le latin, ne sont mortes que dans un sens, et vivent encore par l'écriture.

Il en est une, c'est l'hébreu, la plus ancienne de toutes peut-être : soit qu'on la considère en elle-même, ou comme un dialecte du *syriaque*, qui vit encore tout entière dans l'arabe, sans que la chute de cinquante siècles ait pu en effacer les traits.

Le mélange des idiomes produit la même confusion que celui des peuples ; cependant on n'est pas tout à fait égaré dans ce labyrinthe ; et l'œil pénétrant du chevalier Joncs peut remonter, à travers une foule de dialectes les plus étrangers à nos organes, jusqu'à trois nations primitives dont toutes les autres descendent (1).

Mais le développement de ces hautes spéculations n'appartient point à cet ouvrage. Je reviens à mon sujet, en observant que le gouvernement d'une nation n'est pas plus son ouvrage que sa langue. Comme, dans la nature, les germes d'une infinité de plantes sont destinés à périr, à moins que le vent ou la main de l'homme ne les placent dans le lieu où ils doivent être fécondés ; de même, il y a dans les nations certaines qualités, certaines forces qui ne sont qu'en puissance jusqu'à ce qu'elles reçoivent leur développement des circonstances seules ou des circonstances employées par une main habile.

L'instituteur d'un peuple est précisément cette

---

(1) *Asiatic. researches,* in-4°. Calcutta, 1792, t. 3.

main habile ; doué d'une pénétration extraordinaire, ou, ce qui est plus probable, d'un instinct infaillible (car souvent le génie ne se rend pas compte de ce qu'il opère, et c'est en quoi surtout il diffère de l'esprit), il devine ces forces et ces qualités occultes qui forment le caractère de sa nation, les moyens de les féconder, de les mettre en action et d'en tirer le plus grand parti possible. On ne le voit jamais écrire ni argumenter ; sa manière tient de l'inspiration : et si quelquefois il prend la plume, ce n'est pas pour disserter, c'est pour ordonner.

Une des grandes erreurs de ce siècle est de croire que la constitution politique des peuples est une œuvre purement humaine ; qu'on peut faire une constitution comme un horloger fait une montre. Rien n'est plus faux ; et ce qui l'est encore plus, c'est que ce grand œuvre puisse être exécuté par une assemblée d'hommes. L'auteur de toutes choses n'a que deux manières de donner un gouvernement à un peuple : presque toujours il s'en réserve plus immédiatement la formation en le faisant, pour ainsi dire, germer insensiblement comme une plante, par le concours d'une infinité de circonstances que nous nommons fortuites ; mais lorsqu'il veut jeter tout à la fois les fondements d'un édifice politique et montrer à l'univers une création de ce genre, c'est à des hommes rares, c'est à de véritables élus qu'il confie ses pouvoirs : placés de loin en loin dans la durée des siècles, ils s'élèvent comme des obélisques sur la route du temps, et à mesure que l'espèce humaine vieillit, ils paraissent plus rarement. Pour les rendre propres à ces œuvres extraordinaires, Dieu les investit d'une puissance extraordinaire, souvent inconnue de leurs contemporains, et peut-être d'eux-mêmes. Rousseau lui-même a prononcé le vrai mot lorsqu'il a dit que l'œuvre de l'instituteur des peuples était une MISSION. C'est une idée véritablement enfantine que de transformer ces grands hommes en charlatans, et d'attribuer leurs succès à je ne sais quels *tours* inventés pour en imposer à la multitude. On cite le pigeon de Mahomet, la nymphe Égérie, etc. ; mais si les fondateurs des nations, qui furent tous des hommes prodigieux, se présentaient devant nous ; si nous connaissions leur génie et leurs moyens, au lieu de parler sottement d'usurpation, de fraude, de fanatisme, nous tomberions à leurs genoux, et notre nullité s'abîmerait devant le caractère sacré qui brillait sur leur front.

« De vains prestiges forment un lien passager ; il n'y a que la sagesse qui le rende durable. La loi judaïque toujours subsistante, celle de l'enfant d'Ismaël qui depuis dix siècles régit la moitié du monde, annoncent encore aujourd'hui les grands hommes qui les ont dictées ; et tandis que l'orgueilleuse philosophie ou l'aveugle esprit de parti ne voit en eux que d'heureux imposteurs, le vrai politique admire ce grand et puissant génie qui préside aux établissements durables (1). »

---

(1) *Contrat social*, l. II, ch. 4.

Ce qu'il y a de sûr, c'est que la constitution civile des peuples n'est jamais le résultat d'une délibération.

Presque tous les grands législateurs ont été rois, et les nations même nées pour la république ont été constituées par des rois ; ce sont eux qui président à l'établissement politique des peuples et qui créent leurs premières lois fondamentales. Ainsi toutes les petites républiques de la Grèce furent d'abord gouvernées par des rois, et libres sous l'autorité monarchique (1). Ainsi, à Rome et à Athènes, les rois précédèrent le gouvernement républicain et furent les véritables fondateurs de la liberté.

Le peuple le plus fameux de la haute antiquité, celui qui a le plus attiré la curiosité des observateurs anciens, qui était le plus visité, le plus étudié, l'Egypte, n'a jamais été gouverné que par des rois.

Le plus fameux législateur de l'univers, Moïse, fut plus qu'un roi ; Servius et Numa furent des rois ; Lycurgue fut si près de la royauté qu'il en eut toute l'autorité. C'était Philippe-d'Orléans, avec l'ascendant du génie, de l'expérience et des vertus. Dans le moyen-âge, Charlemagne, saint Louis et Alfred peuvent encore être mis au rang des législateurs constituants.

---

(1) « Omnes Graeciae civitates à principio reges habuere, non tamen despoticos, ut apud gentes barbaras, sed secundum leges et mores patrios, adeo ut regum potentissimus fuerit qui justissimus erat et legum observantissimus. « (Dionys. Halic., lib. 5.)

Enfin les plus grands législateurs ont été des souverains ; et Solon est, je crois, le seul exemple d'un particulier qui forme une exception un peu marquante à la règle générale.

Quant aux petites républiques de l'Italie moderne, ces atomes politiques méritent peu notre attention. Sans doute elles ont commencé comme celles de la Grèce ; d'ailleurs on ne doit jamais s'occuper que des masses : c'est le talent de Rousseau (et il ne faut pas le lui envier) de bâtir des systèmes sur des exceptions.

Observez toutes les constitutions de l'univers, anciennes et modernes : vous verrez que l'expérience des âges a pu dicter de temps à autre quelques institutions destinées à perfectionner les gouvernements d'après leurs bases primitives, ou à prévenir quelques abus capables de les altérer : institutions dont il est possible d'assigner la date et les auteurs ; mais vous remarquerez que les véritables racines du gouvernement ont toujours existé et qu'il est impossible d'en montrer l'origine, par la raison toute simple qu'elles sont aussi anciennes que les nations, et que, n'étant point le résultat d'un accord, il ne peut rester de trace d'une convention qui n'exista jamais.

Toute institution importante et réellement constitutionnelle n'établit jamais rien de nouveau ; elle ne fait que déclarer et défendre des droits antérieurs : voilà pourquoi on ne connait jamais la constitution d'un pays d'après ses lois constitutionnelles écrites, parce que ces lois ne sont faites à différentes époques que pour déclarer des droits oubliés ou contestés, et qu'il y a toujours une foule de choses qui ne s'écrivent point (1).

Il n'y a certainement rien de si marquant, dans l'histoire romaine, que l'établissement des tribuns ; mais cette institution n'établit aucun droit nouveau en faveur du peuple, qui se donna seulement des magistrats pour protéger ses droits antiques et constitutionnels contre les atteintes de l'aristocratie. Tout le monde y gagna, même les patriciens. Cicéron en a donné d'excellentes raisons qui prouvent clairement que l'établissement de ces fameux magistrats ne fit que donner une forme à l'action désordonnée du peuple et mettre à couvert ses droits constitutionnels (2). En effet, le peuple romain, comme toutes les petites nations de la Grèce dont je parlais tout à l'heure, fut toujours libre, même sous ses rois. C'était une tradition, chez lui, que la division du peuple en trente *curies* remontait à Romulus, et qu'il avait lui-même porté, avec le concours du peuple, quelques-unes de ces lois qu'on appelait pour cette raison *leges curiatæ*. Ses successeurs en firent plusieurs de ce

---

(1) Je crois, par exemple, que l'homme le plus érudit serait extrêmement embarrassé d'assigner les bornes précises de la puissance du *Sénat romain*.

(2) « Nimia potestas est tribunorum plebis. Quis neget? Sed vis populi multo sævior multoque vehementior, quæ, ducem, quod habet, interdum lenior est, quam si nullum haberet. Dux enim suo periculo progredi cogitat : populi impetus periculi sui rationem non habet. » (Cicero, *de Leg.*, L. 3, c. 10.)

genre avec la formule solennelle : S'IL PLAIT AU PEUPLE (1). Le droit de la guerre et de la paix fut divisé entre le roi, le sénat et le peuple, d'une manière très-remarquable (2). Enfin Cicéron nous apprend qu'on appelait quelquefois au peuple du jugement des rois (3) : ce qui n'a rien d'étonnant, car le principe démocratique existait dans la Constitution romaine, même sous les rois ; autrement il n'aurait jamais pu s'établir (4). Tar-

---

(1) « Romulum traditur populum in 30 partes divisisse, quas partes curias appellavit : propterea quod tunc reipublicæ curam per sententias partium earum expediebat : et ita leges quasdam et ipse curiatas ad populum tulit. Tulerunt et sequentes reges, ut rogarent SI PLACERENT LEGES. » (Pomponius, in l. I. *Dig.*, *de origine juris*.)

(2) « Plebi permisit de bello, si rex permisisset, decernere : non tamen in his populo absolutam voluit esse potestatem nisi in iis accessisset senatus auctoritas. » (Dion. Halicarn., *Antiq. Rom.*, l. II.) — Voilà bien les trois pouvoirs qui se trouvent, je crois, partout où se trouve la liberté, du moins la liberté durable.

(3) « Provocationem ad populum etiam a regibus fuisse docet. » (Cicero, *de Republica. Apud Senecam*, epist. 108 ; Brottier, sur *Tacite*, *Ann.* II, 22.)

(4) « Romulus in urbe sua democratiam moderatam instituit..... quare leges ejus primigeniæ, democratiæ indoli ac naturæ conveniunt. » (V. Jos. Toscano J. C. *Neapolitani juris publici romani arcana, sive de causis romani juris*, l. I, § 2 et 3, p. 52, 70.)

quin ne se vit point chassé parce qu'il fut roi, mais parce qu'il fut tyran (1) ; la puissance royale fut donnée à deux consuls annuels ; la révolution se borna là. Le peuple n'acquit point de nouveaux droits ; il revint seulement à la liberté parce qu'il était fait pour elle, qu'elle était née avec lui et qu'il en avait joui primitivement. Ses chefs (car le peuple ne fait jamais rien) firent justice du tyran, non pour établir une nouvelle Constitution, mais pour rétablir l'ancienne, que le tyran avait violée passagèrement.

Prenons un autre exemple dans l'histoire moderne.

Comme les bases de la liberté romaine sont fort antérieures à l'établissement du tribunal, et même à l'expulsion des rois, celles de la liberté anglaise doivent être recherchées bien avant la révolution de 1688. La liberté a pu sommeiller chez cette nation ; mais toujours elle a existé, toujours on a pu dire du gouvernement : *Miscuit res olim dissociabiles, principatum et libertatem.* C'est même une remarque fort importante que les monarques anglais auxquels la Constitution de ce royaume a le plus d'obligations, ALFRED, HENRI II et ÉDOUARD Ier, furent précisément des rois conqué-

---

(1) « Regale civitatis genus probatum quondam, postea, non tam regni, quam regis vitiis, repudiatum est. » (Cicero, *de Leg.*, L. III, c. 7.) — « Regium imperium initio conservandæ libertatis atque augendæ reipublicæ fuit. » (Sallust., *Cat.* VII.)

rants, c'est-à-dire les plus capables de la violer impunément ; et c'est faire injure à ces grands hommes, comme l'a très-bien observé un historien anglais, de soutenir, comme quelques personnes l'ont fait, que l'Angleterre n'a eu ni Constitution ni vraie liberté avant l'expulsion des Stuarts (1). Enfin, comme les nations *naissent*, au pied de la lettre, les gouvernements naissent aussi avec elles. Quand on dit qu'un peuple s'est donné un gouvernement, c'est tout comme si l'on disait qu'il s'est donné un caractère et une couleur. Si quelquefois on ne sait pas distinguer les bases d'un gouvernement dans son enfance, il ne s'ensuit point du tout qu'elles n'existent pas. Voyez ces deux embryons : votre œil peut-il apercevoir quelque différence entre eux ? Cependant l'un est Achille, et l'autre Thersite. Ne prenons pas des développements pour des créations.

Les différentes formes et les différents degrés de la souveraineté ont fait penser qu'elle était l'ouvrage des peuples qui l'avaient modifiée à leur gré ; mais rien n'est plus faux. Tous les peuples ont le gouvernement qui leur convient, et nul n'a choisi le sien. Il est même

---

(1) Minford's, *History of Grece*, t. 2. — Un membre distingué de l'opposition (M. Gray) disait fort bien, dans la séance du Parlement d'Angleterre du 11 février 1794, que « le bill des droits n'établit pas de nouveaux principes sur la Constitution anglaise ; mais qu'il déclare seulement quels sont ces vrais principes. » (*Courrier de Londres*, 1794, n°. 13.)

remarquable que c'est presque toujours pour son malheur qu'il essaye de s'en donner un, ou, pour parler plus exactement, qu'une trop grande portion du peuple se met en mouvement pour cet objet : car, dans ce tâtonnement funeste, il est trop aisé qu'il se trompe sur ses véritables intérêts ; qu'il poursuive avec acharnement ce qui ne peut lui convenir, et qu'il rejette au contraire ce qui lui convient le mieux : et l'on sait combien dans ce genre les erreurs sont terribles. C'est ce qui a fait dire à Tacite, avec sa profondeur ordinaire, qu' « *il y a bien moins d'inconvénient pour un peuple d'accepter* un *souverain* que de le chercher (1). »

Au reste, comme toute proposition outrée est fausse, je n'entends point nier la possibilité des perfectionnements politiques opérés par quelques hommes sages. Autant vaudrait nier le pouvoir de l'éducation morale et de la gymnastique pour le perfectionnement physique et moral de l'homme ; mais cette vérité, loin d'ébranler ma thèse générale, la confirme au contraire, en établissant que le pouvoir humain ne peut rien créer, et que tout dépend de l'aptitude primordiale des peuples et des individus.

De là vient qu'une constitution libre n'est assurée que lorsque les différentes pièces de l'édifice politique sont nées ensemble et, s'il est permis de s'exprimer

---

(1) « Minore discrimine sumitur princeps quam quæritur. » (Tacit., *Hist.* I, 56.)

ainsi, à côté l'une de l'autre. Les hommes ne respectent jamais ce qu'ils ont fait : voilà pourquoi un roi électif ne possède point la force morale d'un *souverain* héréditaire, parce qu'il n'est pas assez *noble,* c'est-à-dire qu'il ne possède pas cette espèce de grandeur indépendante des hommes et qui est l'ouvrage du temps.

En Angleterre, ce n'est pas le Parlement qui a fait le roi, ni le roi qui a fait le Parlement. Ces deux puissances sont collatérales : elles se sont établies on ne sait ni quand ni comment, et la sanction insensible et puissante de l'opinion les a faites enfin ce qu'elles sont (1).

---

(1) La vérité peut se trouver jusque dans la tribune des Jacobins. Félix Lepelletier, l'un d'eux, disait, le 5 février 1794, en parlant du gouvernement d'Angleterre : « Les membres de la Chambre *très-haute* tiennent leurs titres et leur pouvoirs du roi ; ceux de la Chambre *très-basse* ont reçu les leurs de quelques villes ou communautés où une classe d'individus privilégiés a seule le droit de suffrage. La masse du peuple n'a eu aucune part à la création du royaume en Angleterre ni à l'organisation actuelle du Parlement. » (Voir le *Moniteur,* 1794, n° 137.)

L'honorable membre avait tort de confondre les *pairs* avec la *pairie,* qui ne tient du roi ni son existence ni ses droits ; il a tort de confondre les *représentants* avec la *représentation,* qui ne doit rien à personne, pas plus que la pairie. A cela près, il a raison. Non, sans doute, le gouvernement anglais (non plus que les autres) n'est point du tout l'ouvrage du

Prenons, si l'on veut, un gouvernement républicain quelconque ; on trouvera ordinairement un grand Conseil en qui réside, à proprement parler, la souveraineté. Qui a établi ce Conseil? La nature, le temps, les circonstances, c'est-à-dire Dieu. Plusieurs hommes se sont mis à leur place, comme ailleurs un seul homme l'a fait. Il fallait à ce pays une souveraineté divisée entre plusieurs têtes ; et parce qu'il la fallait ainsi, elle s'est établie ainsi : c'est tout ce qu'on en sait.

Mais comme les délibérations générales, les brigues, et les longueurs interminables qui résultent d'un Conseil souverain, nombreux, ne s'accordent point avec les mesures secrètes, promptes et vigoureuses d'un gouvernement bien organisé, la force des choses exigeait encore l'établissement de quelque autre pouvoir différent de ce Conseil général ; et ce pouvoir nécessaire, vous le trouverez partout dans ces sortes de gouvernement, sans pouvoir de même en assigner l'origine. En un mot, la masse du peuple n'entre pour rien dans toutes les créations politiques. Il ne respecte même le gouvernement que parce qu'il n'est pas son ouvrage. Ce sentiment est gravé dans son cœur en traits profonds. Il plie sous la souveraineté parce qu'il sent que c'est quelque chose de sacré qu'il ne peut ni créer ni détruire. S'il vient à

---

peuple ; et les conclusions criminelles ou extravagantes que l'orateur jacobin tire bientôt de ce principe ne peuvent en altérer la vérité.

bout, à force de corruption et de suggestions perfides, d'effacer en lui ce sentiment préservateur, s'il a le malheur de se croire appelé en masse à réformer l'Etat, tout est perdu. C'est pourquoi, dans les Etats libres même, il importe infiniment que les hommes qui gouvernent soient séparés de la masse du peuple par cette considération personnelle qui résulte de la naissance et des richesses : car si l'opinion ne met pas une barrière entre elle et l'autorité, si le pouvoir n'est pas hors de sa portée, si la foule gouvernée peut se croire l'égale du petit nombre qui gouverne, il n'y a plus de gouvernement : ainsi l'aristocratie est souveraine ou régissante par essence ; et le principe de la Révolution française heurte de front les lois éternelles de la nature.

CHAPITRE VIII.

FAIBLESSE DU POUVOIR HUMAIN.

Dans toutes les créations politiques ou religieuses, quels que soient leur objet et leur importance, c'est une règle générale qu'il n'y a jamais de proportion entre l'effet et la cause. L'effet est toujours immense par rapport à la cause, afin que l'homme sache qu'il n'est qu'un instrument, et que lui-même ne peut rien créer.

L'*Assemblée nationale* des Français, qui eut la coupable folie de s'appeler *Constituante*, voyant que tous les législateurs de l'univers avaient décoré le frontispice de leurs lois d'un hommage solennel à la Divinité, se crut forcée de faire aussi sa profession de foi, et je ne sais quel mouvement machinal d'une conscience expirante arracha ces lignes mesquines aux prétendus législateurs de la France (1) :

« L'Assemblée nationale reconnaît en *présence et sous*
« *les auspices* de l'Etre suprême, etc. (2). »

---

(1) Constitution de 1789. Préambule de la Déclaration des droits de l'homme.

(2) Lorsqu'on parle de l'Assemblée constituante, il est à peine nécessaire de rappeler qu'on fait toujours abstraction de la

En présence : sans doute, pour leur malheur ; — mais *sous les auspices :* quelle démence ! Ce n'est point une multitude turbulente, agitée par des passions viles et forcenées, que Dieu a choisie pour l'instrument de ses volontés, dans l'exercice du plus grand acte de sa puissance sur la terre : l'organisation politique des peuples. Partout où les hommes se rassemblent et s'agitent beaucoup, partout où leur puissance se déploie avec fracas et prétention, là ne se trouve point la force créatrice : *non in commotione Dominus* (1). Cette puissance ne s'annonce que par le *vent doux* (2). On a beaucoup répété, dans ces derniers temps, que la liberté *naît* parmi les orages : jamais, jamais. Elle se *défend,* elle *s'affermit* pendant les orages, mais elle *naît* dans le silence, dans la paix, dans l'obscurité ; souvent même le père d'une constitution ne sait pas ce qu'il fait en la créant ; mais les siècles qui s'écoulent attestent sa mission, et c'est Paul-Emile et Caton qui proclament la grandeur de Numa.

Plus la raison humaine se confie en elle-même, plus elle cherche à tirer tous ses moyens d'elle-même ; et plus elle est absurde, plus elle montre son impuissance. Voilà pourquoi le plus grand fléau de l'univers a tou-

---

respectable minorité dont les principes sains et l'inflexible résistance ont mérité l'admiration et les respects de l'univers.
(1) III. Reg., xix, 11.
(2) *Ibid.*, 12.

jours été, dans tous les siècles, ce qu'on appelle *philosophie*, attendu que la philosophie n'est que la raison humaine agissant toute seule, et que la raison humaine réduite à ses forces individuelles n'est qu'une brute dont toute la puissance se réduit à détruire (1).

Un élégant historien de l'antiquité a fait une réflexion remarquable sur ce qu'on appelait de son temps, comme à présent, les philosophes. « Il s'en faut de beaucoup, » dit-il, « que je regarde la philosophie comme la maîtresse de l'homme et la règle d'une vie heureuse ; au contraire, je vois que ses adeptes sont précisément les hommes qui auraient le plus besoin de maîtres pour se conduire ; merveilleux pour disserter sur toutes les vertus au milieu d'une école, ils n'en sont pas moins plongés dans toutes sortes de vices (2). »

Lorsqu'autrefois Julien *le philosophe* appela ses con-

---

(1) Il est évident, par ce qui suit, que l'auteur ne conteste pas à la raison la puissance de connaître par elle-même la vérité : ce qu'il lui refuse, c'est le pouvoir de conduire l'homme au bonheur, quand elle est réduite à ses forces individuelles. (*Note de l'éditeur.*)

(2) « Tantum abest ut ego magistram esse putem vitæ philosophiam beatæque vitæ perfectricem, ut nullis magis existimem opus esse magistris vivendi quam plerisque qui in ea disputanda versantur : video enim magnam partem eorum qui in schola de pudore et continentia præcipiunt argutissime, eosdem in omnium libidinum cupiditatibus vivere. » (Cornelius Nepos. *Fragm.*, apud Lactant. *Divin. Inst.* 15, 10.)

frères à la Cour, il en fit un cloaque. Le bon Tillemont, écrivant l'histoire de ce prince, intitule ainsi un de ses chapitres : « La Cour de Julien se remplit de philosophes et d'hommes perdus; » et Gibbon, qui n'est pas suspect, observe naïvement qu' « il est fâcheux de ne pouvoir contredire l'exactitude de cet intitulé. »

Frédéric II, philosophe malgré lui, qui payait ces gens-là pour en être loué, mais qui les connaissait bien, n'en pensait pas mieux, et le bon sens l'a forcé de dire, comme tout le monde sait, que « s'il voulait perdre un empire, il le ferait gouverner par des philosophes. »

Ce n'était donc point une exagération théologique, c'était une vérité toute simple, exprimée rigoureusement, que cette phrase d'un de nos prélats, mort si heureusement pour lui, au moment où il put croire à un renouvellement de choses : « Dans son orgueil, la philosophie disait : « *C'est à moi qu'appartient la sagesse, la science et la domination; c'est à moi qu'il appartient de conduire les hommes, puisque c'est moi qui éclaire.* Pour la punir, pour la couvrir d'opprobre, il fallait que Dieu la condamnât à régner un instant. »

En effet, elle a régné chez une des plus puissantes nations de l'univers ; elle règne, elle règnera sans doute encore assez pour qu'elle ne puisse se plaindre que le temps lui a manqué ; et jamais il n'y eut d'exemple plus déplorable de la nullité absolue de la raison humaine réduite à ses forces individuelles. Quel spectacle nous ont donné les législateurs français ? Aidés de toutes les connaissances humaines, des leçons de tous les philosophes anciens et modernes et de l'expérience de tous les siècles, maîtres de l'opinion, disposant de trésors immenses, ayant des complices partout, forts en un mot de toute la force humaine, ils ont parlé en leur nom ; l'univers est témoin du résultat : jamais l'orgueil humain ne disposa de plus de moyens ; et en oubliant un instant ses crimes, jamais il ne fut plus ridicule.

Nos contemporains le croiront s'ils veulent, mais la postérité n'en doutera pas : les plus insensés des hommes furent ceux qui s'arrangèrent autour d'une table et qui dirent : « Nous ôterons au peuple français son ancienne Constitution, et nous lui en donnerons une autre » (celle-ci ou celle-là, n'importe). Quoique ce ridicule soit commun à tous les partis qui ont désolé la France, cependant les Jacobins se présentent plutôt à l'esprit comme destructeurs que comme constructeurs, et ils laissent dans l'imagination une certaine impression de grandeur qui résulte de l'immensité de leurs succès. On peut même douter qu'ils aient eu sérieusement le projet d'organiser la France même en République, car la Constitution républicaine qu'ils ont fabriquée n'est qu'une espèce de comédie jouée au peuple pour le distraire un instant, et je ne puis croire que le moins éclairé de ses auteurs ait pu y croire un instant.

Mais les hommes qui parurent sur la scène dans les premiers jours de l'Assemblée constituante se crurent réellement législateurs : ils eurent très-sérieusement, très-visiblement, l'ambition de donner à la France une constitution politique, et ils crurent qu'une assemblée pouvait décréter, à la pluralité des voix, qu'un tel peuple n'aurait plus un tel gouvernement et qu'il en aurait un autre : or, cette idée est le *maximum* de l'extravagance ; et de tous les *bedlams* de l'univers il n'est jamais sorti rien d'égal. Aussi ces hommes ne font naître que l'idée de la faiblesse, de l'ignorance et du *désappointement*. Aucun sentiment d'admiration ou de terreur ne balance l'espèce de pitié colérique qu'inspire le *bedlam* constituant. La palme de la scélératesse appartient de droit aux Jacobins ; mais la postérité, d'une commune voix, décernera aux Constitutionnels celle de la folie.

Les véritables législateurs ont tous senti que la raison humaine seule ne pouvait se tenir debout, et que nulle institution purement humaine ne pouvait durer. C'est pourquoi ils ont entrelacé, s'il est permis de s'exprimer ainsi, la politique et la religion, afin que la faiblesse humaine, forte d'un appui surnaturel, pût se soutenir par lui. Rousseau admire la loi judaïque et celle de l'enfant d'Ismaël qui subsistent depuis tant de siècles : c'est que les auteurs de ces deux institutions célèbres étaient tout à la fois pontifes et législateurs : c'est que, dans l'Alcoran comme dans la Bible, la politique est divinisée ; que la raison humaine, écrasée par l'ascendant religieux, ne peut insinuer son poison isolant et corrosif au milieu des ressorts du gouvernement : en sorte que les citoyens sont des croyants dont la fidélité est exaltée jusqu'à la foi, et l'obéissance jusqu'à l'enthousiasme et le fanatisme.

Les grandes institutions politiques sont parfaites et durables à mesure que l'union de la politique et de la religion s'y trouve plus parfaite. Lycurgue se distingua sur ce point fondamental, et tout le monde sait que peu d'institutions peuvent être comparées à la sienne pour la durée comme pour la sagesse. Il n'imagina rien, il ne proposa rien, il n'ordonna rien que sur la foi des oracles. Toutes ses lois furent, pour ainsi dire, des préceptes religieux ; par lui la Divinité intervint dans les conseils, dans les traités, dans la guerre, dans l'administration de la justice, au point que « le gouvernement de Sparte ne semblait pas être police de chose publique, ains plutôt règle de quelque dévote et sainte religion (1). » Aussi, lorsque Lysandre voulut détruire la royauté à Sparte, il essaya d'abord de corrompre les prêtres qui rendaient les oracles, parce qu'il savait que les Lacédémoniens n'exécutaient rien d'important sans avoir consulté ces oracles (2).

Les Romains furent un autre exemple de cette force du lien religieux introduit dans la politique. Tout le monde connaît ce fameux passage de Cicéron où il dit que les Romains avaient des supérieurs en tout, excepté dans la crainte et le culte de Dieu.

« Flattons-nous, » dit-il, « tant qu'il nous plaira : nous ne surpasserons jamais les Grecs en science, les Espagnols en nombre, les Gaulois en courage, etc.; mais,

---

(1) Plutarque, *in Lycurg.*, trad. d'Amyot.
(2) « Iniit consilia reges Lacedæmoniorum tollere, sed sentiebat id se sine ope deorum facere non posse, quod Lacedæmonii omnia ad oracula referre consueverant, primum Delphos corrumpere est conatus, etc. » (Corn. Nep., *in Lys.*, 3.)

pour la religion et le respect envers les dieux immortels, nous n'avons point d'égaux. » Numa avait donné à la politique romaine ce caractère religieux qui fut la sève, l'âme, la vie de la République, et qui périt avec elle. C'est un fait constant, parmi tous les hommes instruits, que le serment fut le véritable ciment de la Constitution romaine : c'est par le serment que le plus turbulent plébéien, baissant la tête devant le conseil qui demandait son nom, portait sous les drapeaux la docilité d'un enfant. Tite-Live, qui avait vu naître la philosophie et mourir la République (l'époque est la même), soupire quelquefois pour ces temps heureux où la religion assurait le bonheur de l'Etat. A l'endroit où il raconte l'histoire de ce jeune homme qui vint avertir le consul d'une fraude commise par l'inspecteur des poulets sacrés, il ajoute : « Ce jeune homme était né avant la doctrine qui méprise les dieux (1). »

C'était surtout dans les comices que les Romains annonçaient le caractère religieux de leur législation : les assemblées du peuple ne pouvaient avoir lieu avant que le magistrat qui devait les présider eût pris les *Auspices*. Les scrupules à cet égard étaient infinis, et le pouvoir des *Augures* était tel qu'on les a vus annuler les délibérations des comices plusieurs mois après leur date (2);

---

(1) « Juvenis ante doctrinam deos spernentem natus. » (Tit. Liv., X, 40.)

(2) Cicero, *De natura deor.*, II, 4.

avec ce mot fameux *alio die*, l'*augure* rompait toute assemblée du peuple (1). Tout magistrat supérieur ou égal à celui qui présidait aux comices, avait aussi le droit de prendre les Auspices. Et s'il déclarait qu'*il avait regardé le ciel (se de cœlo servasse)* et qu'il avait aperçu un éclair ou entendu un tonnerre (2), les comices étaient renvoyés.

C'était en vain qu'on pouvait craindre les *abus*, qui étaient même palpables dans certaines occasions.

C'était en vain que le plébéien le moins clairvoyant apercevait dans la doctrine des augures une arme infaillible dans la main de l'aristocratie pour entraver les projets et les délibérations du peuple : la fougue de l'esprit de parti se ralentissait devant le respect pour la Divinité. Le magistrat était cru *lors même qu'il avait forgé les auspices* (3), parce qu'on avait cru qu'un objet de cette importance devait être laissé à la conscience du magistrat, et qu'il valait mieux s'exposer à être trompé qu'à blesser les coutumes religieuses.

Dans le siècle même où l'on écrivait qu'*un augure ne pouvait guère en fixer un autre sans rire*, Cicéron, qu'une brigue avait flatté de l'augurat pour l'attirer à elle, écri-

---

(1) Cicero, *De divin.*, II, 12.
(2) « Jove fulgente cum populo agi nefas esse. (Cicer. *in Vat.* 8, *De divin.*, II, 18.) — Adam's *Roman Antiquities*. Edimburgh, 1792, p. 99.)
(3) « Etiam si auspicia ementitus esset. » (Cic. *Phil.* II, 23.)

vait à son ami : « *Je l'avoue, cela seul pourrait me tenter* (1), » tant la considération attachée à cette espèce de sacerdoce était profondément enracinée dans l'imagination romaine.

Il serait inutile de répéter ce qu'on a dit mille fois, et de montrer dans la Religion des Romains ce qu'elle avait de commun avec celle des autres nations ; mais la religion, chez ce peuple, avait des côtés qui la distinguent des autres et qu'il est bon d'observer.

Le Romain législateur ou magistrat dans le *Forum* était pour ainsi dire environné de l'idée de la Divinité, et cette idée le suivait encore dans le camp. Je doute qu'il soit tombé dans la tête d'un autre peuple, de faire de la partie principale d'un camp un véritable temple où les signes militaires mêlés aux statues des dieux devenaient de véritables divinités et changeaient ces trophées en autels.

C'est ce que firent les Romains. Rien ne peut exprimer le respect dont l'opinion environnait le prétoire d'un camp (*principia*). Là reposaient les aigles, les drapeaux et les images des dieux. Là se trouvait la tente du général ; on y publiait les lois ; on y tenait le conseil ; on y donnait le signal du combat. Les écrivains romains ne parlent de ce lieu qu'avec une certaine vénération religieuse (2), et pour eux la violation du prétoire

---

(1) *Epist. ad Attic...*
(2) Stace l'appelle : « le sanctuaire du conseil et le séjour

est un sacrilége. Tacite, racontant la révolte de deux légions près de Cologne, dit que Plancus, envoyé par l'empereur et le sénat auprès des légions mutinées, et sur le point d'être massacré, ne trouva pas d'autre moyen de sauver sa vie que d'embrasser les aigles et les drapeaux *pour se faire une égide de la religion* (1). Ensuite il ajoute : « Si le porte-enseigne Calpurnius ne « se fût opposé aux séditieux, on eût vu le sang d'un « envoyé du peuple romain souiller, dans un camp ro- « main, les autels des dieux (2). »

Plus on étudiera l'histoire et plus on se convaincra de la nécessité indispensable de cet alliage de la politique et de la religion.

Les abus dans ce genre ne signifient rien ; il faut être prudent quand on raisonne sur l'abus des choses nécessaires, et prendre garde de ne pas donner envie aux hommes d'anéantir la chose pour se défaire de l'abus, sans songer que ce mot *abus* ne désigne que l'usage désordonné d'une bonne chose qu'il faut conserver.

---

redoutable des drapeaux » : *Ventum ad concilii penetrale domumque verendam signorum.* (Statius, X, 120.)

(1) « Cædem parant, Planco maxime... neque aliud periclitanti subsidium quam castra primæ legionis : illic signa et aquilas amplexus, *religione sese tutabatur.* » (Tacit., *Ann.* I, 39.)

(2) « Ac ni aquilifer Calpurnius vim extremam arcuisset... legatus populi romani romanis in castris sanguine suo altaria deûm commaculavisset. » (*Ibid.* Voir Brottier, *ad Ann.* I, 64.)

Mais je ne m'avancerai pas davantage dans l'examen d'une question qui me conduirait trop loin.

Je voulais seulement montrer que la raison humaine, ou ce qu'on appelle la philosophie, est aussi nulle pour le bonheur des Etats que pour celui des individus ; que toutes les grandes institutions tiennent d'ailleurs leur origine et leur conservation, et qu'elle ne s'en mêle que pour les pervertir et les détruire.

CHAPITRE IX.

CONTINUATION DU MÊME SUJET.

Payne, dans son mauvais ouvrage sur les droits de l'homme, a dit que « la constitution précède le gouvernement ; qu'elle est au gouvernement ce que les lois sont aux tribunaux ; qu'elle est visible, matérielle, article par article, ou bien qu'elle n'existe pas : en sorte que le peuple anglais n'a point de constitution, son gouvernement étant le fruit de la conquête, et non une production de la volonté du peuple (1). »

Il serait difficile d'accumuler plus d'erreurs en moins de lignes. Non-seulement un peuple ne peut pas se donner une constitution ; mais une assemblée quelconque, un petit nombre d'hommes par rapport à la population totale, ne pourra jamais exécuter un pareil ouvrage. C'est précisément parce qu'il y a en France une *Convention* toute-puissante qui veut la république, qu'il n'y aura point de république durable. La tour de Babel est l'image naïve d'une foule d'hommes qui s'assemblent pour créer une constitution. « Venez, se disent les

---

(1) Payne's. *Rights of man*, in-8º. London, 179... p. 57.

ENFANTS DES HOMMES ; bâtissons-nous une ville et une tour dont le sommet s'élève jusqu'au ciel, pour rendre notre nom célèbre, avant que nous soyons dispersés. »

Mais l'ouvrage s'appelle *Babel*, c'est-à-dire *confusion*; chacun parle *sa langue* ; personne ne s'entend, et la *dispersion* est inévitable.

Il n'y a jamais eu, il n'y aura jamais, il ne peut y avoir de nation constituée *à priori*. Le raisonnement et l'expérience se réunissent pour établir cette grande vérité. Quel œil est capable d'embrasser d'un seul coup l'ensemble des circonstances qui doivent rendre une nation propre à telle ou telle constitution ? Comment surtout plusieurs hommes seraient-ils capables de cet effort d'intelligence ? A moins de s'aveugler volontairement, il faut convenir que cela est impossible ; et l'histoire qui doit décider toutes ces questions vient encore au secours de la théorie. Un petit nombre de nations libres ont brillé dans l'univers : qu'on en montre une qui ait été constituée à la manière de Payne. Tout mode particulier de gouvernement est une œuvre divine, comme la souveraineté en général. Une constitution dans le sens philosophique n'est donc que le mode d'existence politique attribué à chaque nation par une puissance au-dessus d'elle ; et, dans un sens inférieur, une constitution n'est que l'ensemble des lois plus ou moins nombreuses qui déclarent ce mode d'existence. Il n'est point nécessaire que ces lois soient écrites : c'est même aux lois constitutionnelles que s'applique plus particulièrement l'axiome de Tacite : *Pessimæ reipublicæ plurimæ leges :* plus les nations ont de sagesse, plus elles possèdent d'esprit public, plus leur constitution politique est parfaite, et moins elles ont des lois constitutionnelles écrites, car ces lois ne sont que des étais, et un édifice n'a besoin d'étais que lorsqu'il a perdu son aplomb ou qu'il est violemment ébranlé par une force extérieure. La constitution la plus parfaite de l'antiquité, c'est sans contredit celle de Sparte, et Sparte ne nous a pas laissé une ligne sur son droit public. Elle se vantait justement de n'avoir écrit ses lois que dans le cœur de ses enfants. Lisez l'histoire des lois romaines, j'entends de celles qui appartiennent au droit public (1) : vous observerez d'abord que les véritables racines de la Constitution romaine ne tiennent point à des lois écrites. Où est la loi qui avait fixé les droits respectifs du roi, des patriciens et du peuple? Où est la loi qui, après l'expulsion des rois, partagea la puissance entre le sénat et le peuple, assigna à l'un et à l'autre sa portion juste de souveraineté, et fixa aux consuls, successeurs des rois, les limites précises du pouvoir exécutif dont ils venaient d'être revêtus? Vous ne trouverez rien de pareil.

Vous verrez, en second lieu, que, dans les premiers temps de la République, on ne trouve presque pas de lois, et qu'elles se multiplient à mesure que l'Etat penche vers sa ruine.

---

(1) Vinc. Gravinæ *Origines juris;* — Rosini, *Antiq. rom.*, *cum notis* Th. Demsteri à Murreck. lib. *de leg.;* — Adam's *Roman. antiq.*, p. 191 et suiv.

Deux pouvoirs sont en présence : le sénat et le peuple. Ces deux pouvoirs sont placés là par ce qu'on appelle la *nature* : c'est tout ce qu'on peut savoir sur les bases primitives de la Constitution romaine.

Si ces deux pouvoirs réunis, à l'époque de l'expulsion des Tarquins, avaient mis sur le trône un roi héréditaire avec lequel ils auraient stipulé le maintien de leurs droits constitutionnels, la Constitution de Rome, suivant toutes les règles de la probabilité, aurait duré beaucoup plus longtemps ; mais des consuls annuels n'eurent pas assez de puissance pour maintenir l'équilibre. Lorsque la souveraineté est partagée entre deux pouvoirs, le *balancement* de ces deux pouvoirs est nécessairement un *combat*; si vous introduisez un troisième pouvoir muni de la force nécessaire, il établira tout de suite un équilibre tranquille en s'appuyant doucement tantôt d'un côté et tantôt de l'autre. C'est ce qui ne pouvait avoir lieu à Rome par la nature même des choses : aussi c'était toujours par des secousses alternatives que les deux pouvoirs se maintenaient, et l'histoire romaine entière présente le spectacle de deux athlètes vigoureux qui s'étreignent et se roulent, tour à tour écrasants et écrasés.

Ces différentes secousses nécessitèrent des lois, non pour établir de nouvelles bases à la Constitution, mais pour maintenir les anciennes alternativement ébranlées par deux ambitions différentes ; et si les deux partis avaient été plus sages, ou contenus par un pouvoir suffisant, ces lois n'auraient pas été nécessaires.

Revenons à l'Angleterre. Ses libertés écrites peuvent se réduire à six articles : 1° la grande Charte ; 2° le statut appelé *Confirmatio chartarum* ; 3° la ***Pétition des droits*** qui est une déclaration de tous les droits du peuple anglais, prononcée par le Parlement et confirmée par Charles Ier à son avènement au trône; 4° l'*Habeas corpus*; 5° le bill des droits présenté à Guillaume et Marie à leur arrivée en Angleterre, et auquel le Parlement donna force de loi le 13 février 1688 ; 6° enfin l'acte passé au commencement du siècle et connu sous le nom d'acte de *Settlement*, parce qu'il fixe la couronne dans la maison régnante; les libertés civiles et religieuses de l'Angleterre y sont nouvellement consacrées (1).

Ce n'est point en vertu de ces lois que l'Angleterre est libre ; mais elle possède ces lois parce qu'elle est libre. Un peuple né pour la liberté a pu seul demander la grande Charte ; et la grande Charte serait inutile à un peuple étranger à la liberté.

« La constitution anglaise », disait fort bien un membre de la Chambre des Communes, dans la séance du Parlement d'Angleterre du 10 mai 1793, « la Constitution anglaise n'est point le résultat des délibérations d'une assemblée ; c'est la fille de l'expérience, et nos ancêtres n'ont jamais fait attention qu'aux théories qui pouvaient être réduites en pratique. Cet ouvrage ne fut point formé d'un seul jet, il naquit du temps ; il fut le

---

(1) Voir Blackstone's *Commentary on the civil and criminal laws of England*, ch. I.

produit des circonstances, du choc des partis et des luttes pour le pouvoir (1). » Il n'y a rien de plus vrai ; et ces vérités n'appartiennent pas seulement à l'Angleterre ; elles s'appliquent à toutes les nations et à toutes les constitutions politiques de l'univers.

Ce que Payne et tant d'autres regardent comme un défaut est donc une loi de la Nature. La constitution *naturelle* des nations est toujours antérieure à la constitution *écrite* et peut s'en passer : jamais il n'y eut, jamais il ne peut y avoir de constitution écrite faite toute à la fois, surtout par une assemblée ; et par cela seul qu'elle serait écrite toute à la fois, il serait prouvé qu'elle est fausse et inexécutable. Toute constitution proprement dite est une *création* dans toute la force du terme, et toute *création* passe les forces de l'homme. La loi écrite n'est que la déclaration de la loi antérieure et non écrite. L'homme ne peut se donner des droits à lui-même, il ne peut que défendre ceux qui lui sont attribués par une puissance supérieure, et ces droits sont les *bonnes coutumes,* bonnes parce qu'elles ne sont pas

---

(1) « Our constitution was not the result of an assembly : it was the offspring of experience. Our ancestors only had an eye to those theories which could be reduced to practice. The Constitution was not formed at once, it was the work of time : it emerged from a concurrence of circumstances, from a collision of parties and contention for power. » (M. Grey. Voyez le *Craftsman,* n° 1746.)

écrites, et parce qu'on ne peut en assigner ni le commencement ni l'auteur.

Prenons un exemple dans la religion. Les *canons*, qui sont aussi dans leur genre des lois exceptionnelles, ne peuvent créer des dogmes, puisqu'un dogme serait faux précisément parce qu'il serait nouveau. Les personnes mêmes qui croiraient qu'on peut innover dans une religion vraie seront forcées de convenir qu'il faut que le dogme ou la croyance précède le canon : autrement le cri universel réfuterait les innovateurs. Le *canon* ou le *dogme écrit* est produit par l'*hérésie*, qui est une insurrection religieuse. Si la croyance n'avait pas été attaquée, il eût été inutile de la déclarer.

De même, en matière de gouvernement, les hommes ne créent rien. Toute loi constitutionnelle n'est qu'une déclaration d'un droit antérieur ou d'un *dogme politique*. Et jamais elle n'est produite que par la contradiction d'un parti qui méconnaît ce droit ou qui l'attaque : en sorte qu'une loi qui a la prétention d'établir *à priori* un nouveau mode de gouvernement est un acte d'extravagance dans toute la force du terme.

CHAPITRE X.

DE L'AME NATIONALE.

La raison humaine réduite à ses forces individuelles est parfaitement nulle, *non-seulement pour la création, mais encore pour la conservation de toute association religieuse ou politique,* parce qu'elle ne produit que des disputes, et que l'homme pour se conduire n'a pas besoin de problèmes, mais de croyances. Son berceau doit être environné de dogmes; et, lorsque sa raison se réveille, il faut qu'il trouve toutes ses opinions faites, du moins sur tout ce qui a rapport à sa conduite. Il n'y a rien de si important pour lui que les *préjugés*. Ne prenons point ce mot en mauvaise part. Il ne signifie point nécessairement des idées fausses, mais seulement, suivant la force du mot, des opinions quelconques adoptées avant tout examen. Or ces sortes d'opinions sont le plus grand besoin de l'homme, les véritables éléments de son bonheur, et le Palladium des empires. Sans elles, il ne peut y avoir ni culte, ni morale, ni gouvernement. Il faut qu'il y ait une religion de l'Etat comme une politique de l'Etat; ou, plutôt, il faut que les dogmes religieux et politiques mêlés et confondus forment ensemble une *raison universelle* ou *nationale* assez forte pour réprimer les aberrations de la raison individuelle qui est, de sa nature, l'ennemie mortelle de toute association quelconque, parce qu'elle ne produit que des opinions divergentes.

Tous les peuples connus ont été heureux et puissants à mesure qu'ils ont obéi plus fidèlement à cette raison nationale qui n'est autre chose que l'anéantissement des dogmes individuels et le règne absolu et général des dogmes nationaux, c'est-à-dire des préjugés utiles. Que chaque homme, en fait de culte, s'appuie sur sa raison particulière : tout de suite vous verrez naître l'anarchie de croyance ou l'anéantissement de la souveraineté religieuse. Pareillement, si chacun se rend juge des principes du gouvernement, tout de suite vous verrez naître l'anarchie civile ou l'anéantissement de la souveraineté politique. Le gouvernement est une véritable religion : il a ses dogmes, ses mystères, ses ministres ; l'anéantir ou le soumettre à la discussion de chaque individu, c'est la même chose ; il ne vit que par la raison nationale, c'est-à-dire par la foi politique, qui est un *symbole*. Le premier besoin de l'homme, c'est que sa raison naissante soit courbée sous ce double joug, c'est qu'elle s'anéantisse, c'est qu'elle se perde dans la raison nationale, afin qu'elle change son existence individuelle en une autre existence commune, comme une rivière qui se précipite dans l'Océan existe bien toujours dans la masse des eaux, mais sans nom et sans réalité distincte (1).

---

(1) Rousseau a dit qu'il ne fallait point parler religion aux

SUR LA SOUVERAINETÉ.

Qu'est-ce que le *patriotisme ?* c'est cette raison nationale dont je parle, c'est l'*abnégation* individuelle. La foi et le patriotisme sont les deux grands thaumaturges de ce monde. L'un et l'autre sont divins : toutes leurs actions sont des prodiges ; n'allez pas leur parler d'examen, de choix, de discussion : ils diront que vous blasphémez ; ils ne savent que deux mots : *soumission* et *croyance :* avec ces deux leviers ils soulèvent l'univers ; leurs erreurs mêmes sont sublimes. Ces deux enfants du Ciel prouvent leur origine à tous les yeux en créant et en conservant ; mais s'ils viennent à se réunir, à confondre leurs forces et à s'emparer ensemble d'une nation, ils l'exaltent, ils la divinisent, ils centuplent ses forces. On verra une nation de cinq ou six millions d'hommes, asseoir sur les rochers stériles de la Judée la plus superbe ville de la superbe Asie (1), résister à des chocs qui auraient pulvérisé des nations dix fois plus nombreuses, braver le torrent des siècles, l'épée des conqué-

---

enfants et qu'il fallait se reposer sur leur raison du soin de s'en choisir une. On peut mettre cette maxime à côté de cette autre : « La constitution de l'homme est l'ouvrage de la nature ; celle de l'État est l'ouvrage de l'art. » (*Contrat social.*) Il n'en faudrait pas davantage pour établir que ce Jean-Jacques, si superficiel, sous une vaine apparence de profondeur, n'avait pas la moindre idée de la nature humaine et des véritables bases politiques.

(1) « Hierosolyma longe clarissima urbium orientis, non Judææ modo. » (Plin., *Hist. nat.*, 5, 14.)

rants et la haine des peuples, étonner par sa résistance les maîtres du monde (1), survivre enfin à toutes les nations conquérantes et montrer encore après quarante siècles ses restes déplorables aux yeux de l'observateur surpris.

On verra un autre peuple, sorti des déserts de l'Arabie, devenir en un clin d'œil un colosse prodigieux ; parcourir l'univers, le glaive dans une main et l'Alcoran dans l'autre, brisant les empires dans sa marche triomphale, rachetant les maux de la guerre par ses institutions. Grand, généreux et sublime, il brillera à la fois par la raison et par l'imagination ; il apportera les sciences, les arts et la poésie au milieu de la nuit du moyen âge ; de l'Euphrate au Guadalquivir enfin, vingt nations prosternées baisseront la tête sous le sceptre paisible d'Haroun-al-Raschid.

Mais ce feu sacré qui anime les nations, est-ce toi qui peux l'allumer, homme imperceptible?... Quoi! tu peux donner une âme commune à plusieurs millions d'hommes?... Quoi! tu peux ne faire qu'une volonté de toutes ces volontés? les réunir sous tes lois? les serrer autour d'un centre unique? donner ta pensée aux hommes qui n'existent pas encore? te faire obéir par les générations futures et créer ces coutumes vénérables, ces *préjugés* conservateurs, pères des lois et plus forts que les lois? — Tais-toi.

---

(1) Joseph. *Bell. Jud.*, 6, 9.

CHAPITRE XI.

APPLICATION DES PRINCIPES PRÉCÉDENTS A UN OBJET PARTICULIER.

On a traité dernièrement, dans la Convention nationale, la grande question de l'éducation publique. Le rapporteur, prenant la parole au nom du Comité de l'instruction publique, disait aux prétendus législateurs, dans la séance du 24 octobre 1794 :

« Turgot formait souvent le vœu de posséder pendant un an un pouvoir absolu pour réaliser sans obstacles et sans lenteur tout ce qu'il avait conçu en faveur de la raison, de la liberté et de l'humanité.

« Il ne vous manque rien de ce qu'avait Turgot, et tout ce qui lui manquait vous l'avez. La résolution que vous allez prendre va être une époque dans l'histoire du monde (1). »

On a déjà dit beaucoup de mal de Turgot en croyant en dire du bien. Ce vœu de posséder la puissance absolue *pendant une année* pour opérer *sans obstacles et*

---

(1) Lakanal, au nom du Comité d'instruction publique. — (*Monit.*, 1794, n° 37, p. 165.)

sans lenteur les prodiges qu'il imaginait, ce vœu, dis-je, pouvait sans doute partir d'un cœur excellent ; mais sans doute aussi il annonçait une tête radicalement gâtée par la philosophie. S'il avait possédé la puissance qu'il désirait, il n'aurait bâti que des châteaux de cartes, et son extravagant ouvrage n'aurait pas duré plus que lui.

Mais laissons Turgot et ne pensons qu'à la Convention nationale. La voilà revêtue de la toute-puissance : il s'agit d'établir un système d'éducation nationale ; la place est nette devant les législateurs : rien ne les gêne ; voyons comment ils s'y prendront. C'est dommage que les Jacobins aient été détruits : la Convention nationale s'est privée, par cette fausse démarche, de puissants coopérateurs, car ils s'occupaient aussi, *dans leur sagesse*, de l'éducation nationale, et Dieu sait quelles merveilles ils auraient opérées ! Un orateur de la société lui disait le 24 octobre 1794 : « En dirigeant tous les membres de la société vers le désir de se rendre heureux l'un par l'autre, nous parviendrons à former UN PEUPLE DE DIEUX (1). »

Il faut l'avouer, nous avons passé bien près du bonheur : car Rousseau ayant débité que la République telle qu'il la concevait n'était faite que pour *un peuple de dieux* (2), et ce gouvernement étant cependant le seul

---

(1) Boissel aux Jacobins. (Séance du 24 octobre 1794. *Monit.*, n° 39, p. 171.)

(2) *Contrat social*, l. III, ch. v.

légitime, puisque la monarchie légitime est elle-même une République (1), il s'ensuit malheureusement que les Jacobins n'étant plus là pour former un *peuple de dieux*, il faut renoncer à voir un gouvernement légitime.

Au reste, quand la Convention nationale ne formerait que des *anges*, ce serait beaucoup, et je crois qu'on aurait tort de demander davantage : il faut seulement voir comment elle s'y prendra.

On pourrait remarquer d'abord que ce travail important n'a pas commencé sous d'heureux auspices. Les deux rapporteurs avaient à peine commencé l'exposition de leur projet, que des pères de famille s'écrient dans les tribunes : « Avant de nous apprendre comment nos enfants seront élevés, il faut savoir comment nous leur donnerons du pain (2). »

Mais sans doute il serait dur d'asseoir un jugement sur une exclamation qui peut n'être qu'un trait de mauvaise humeur passagère. Examinons donc les plans de la Convention nationale.

Ces plans sont tout simples. « Vous aurez des maîtres autant qu'il en faudra : ils apprendront à vos enfants ce que vous voudrez, et vous leur donnerez tant par an. » Voilà tout le secret ; mais il faut entrer dans les détails pour se former une idée de l'entreprise en grand.

On a remarqué qu'une population de 1,000 personnes donne 100 enfants, 50 de chaque sexe. 24 millions

---

(1) *Contrat social*, l. II, ch. vi, note.
(2) *Monit.*, 1794, n° 46, p. 200.

d'hommes exigent donc 24,000 instituteurs et autant d'institutrices. On donnera aux premiers 1,200 francs de pension, et 1,000 seulement aux secondes (1).

Ces instituteurs des deux sexes doivent être logés ; mais la chose est aisée, on leur donnera les ci-devant presbytères devenus inutiles depuis que les représentants *augustes* de la *première nation de l'univers* ont déclaré solennellement que la *nation* française ne paye aucun culte (2).

A la vérité, une foule de ces presbytères sont détruits ou vendus ou employés à d'autres usages ; mais dans ces sortes de cas on achètera d'autres maisons, et il est juste que la nation entière supporte ces dépenses, comme celles des réparations (3).

Autant qu'il sera possible, on logera les instituteurs et les institutrices dans le même corps de logis ; lorsque la distribution des presbytères s'y opposera absolument, il faudra bien avoir deux maisons (4).

---

(1) Séance du 27 octobre et du 15 novembre 1794. (*Monit.*, n° 40, p. 178 ; n° 57, p. 246.)

(2) « Déjà vos lois ont affranchi la nation des frais énormes du culte. » (Cambon, au nom du Comité des finances. Séance du 3 novembre 1794. *Monit.*, n° 46, p. 201.) — « Le gouvernement *ne peut* adopter, encore moins *salarier* aucun culte. » (Grégoire. Séance du 21 décembre 1794. *Monit.*, n° 93, p. 388.)

(3) Voyez les séances citées dans la note première de cette page.

(4) *Ibid.*

Mais toutes ces dépenses ne concernent que les écoles primaires ; il est visible qu'il en faut d'autres où l'on enseigne des connaissances moins élémentaires : et en effet dans la séance même où l'on a examiné le plan de ces premières écoles, on a insisté fortement sur l'organisation très-pressante des écoles de canton (1).

Ce n'est pas tout : les sciences proprement dites exigent sans doute un enseignement particulier. C'est ici le chef-d'œuvre des législateurs. On choisira, dans la capitale, des savants de premier ordre. Ceux-ci feront des élèves qui se rendront dans les départements pour y réfléchir le feu sacré dont le foyer est à Paris.

L'organe du Comité d'instruction publique ne cache point que cette dépense sera « la plus forte de la République en temps de paix (2) ». Il serait fort à désirer que l'on eût bien voulu entrer dans les détails nécessaires.

Tâchons d'y suppléer : un aperçu grossier suffit à l'objet de cet ouvrage.

Pour 24,000 instituteurs dans les écoles primaires, à 1,200 fr. par tête, ci . . . . 28,800,000 fr.

Pour 24,000 institutrices, à 1,000 fr., ci . . . . 24,000,000 fr.

Pour 24,000 maisons d'institution, il faudrait d'abord calculer par appro-

---

(1) *Monit.*, n° 58, p. 250.
(2) Séance du 24 octobre 1794. (*Monit.*, n° 40, p. 178.)

ximation le nombre des reconstructions complètes nécessitées de temps à autre, par caducité ou cause violente ; mais ne soyons pas trop minutieux, et évaluons seulement les réparations annuelles de chaque maison à 100 fr., en confondant dans cette somme le prix des reconstructions pour 24,000 maisons, ci. . . . . 2,400,000 »

Pour les écoles de canton, réunissons dix municipalités par canton ; c'est, je crois, tout ce qu'on peut allouer. Or la France possédant 42,000 municipalités (1), nous aurons 4,200 instituteurs ; et l'importance de leurs fonctions exigeant un salaire supérieur, accordons-leur 1,800 fr. ci . . 7,500,000 fr.

Et comme il faut bien aussi des institutrices de canton pour les personnes du sexe auxquelles leurs pa-

---

(1) On pourrait faire une supposition plus forte, puisque le Comité des finances accorde 50,000 paroisses à la France. (Cambon, au nom de ce comité. Séance du 2 novembre. *Monit.*, n° 45, p. 195.)

Le Comité des Onze, qui vient de proposer à la Convention nationale une quatrième Constitution parfaite, accorde 44,000 municipalités (*Journal de Paris* du 24 juin 1795) ; mais nous pouvons nous passer de l'exactitude.

rents pourront et voudront donner une éducation plus recherchée, accordons à ces institutrices 1,500 fr. ci.   6,300,000 »

Pour les réparations de 4,200 maisons que je suppose un peu plus décorées, sur le pied de 200 fr. annuels, y compris de même les reconstructions, ci . . . .   840,000 »

Quant aux écoles normales, plaçons-en seulement une dans chaque chef-lieu de département : on ne peut faire une supposition moindre, à moins de vouloir concentrer tout l'enseignement dans la capitale, ce qui rendrait l'institution à peu près inutile. Elaguons encore toutes les conquêtes de la France pour calculer au plus bas. Nous n'avons pas de bases certaines pour le nombre des professeurs; mais enfin, ou les écoles normales ne seront rien, ou elles auront au moins un professeur de mathématique, un de chimie, un d'anatomie et un de médecine. Je pourrais ajouter le droit français, les langues savantes, la médecine vétérinaire, etc.; mais je me borne à ce qui est strictement nécessaire.

Six professeurs d'écoles normales multipliés par 83, nombre supposé des départements, donnent 498 ; et ne pouvant allouer moins de mille écus d'appointement à des savants distingués tels que nous les supposons, ci. . . . . . 1,494,000 fr

Pour les réparations de 80 maisons d'écoles normales, qui seront nécessairement des édifices distingués, allouons 400 fr. par an et pour chacune de ces maisons, y compris les reconstructions, ci. . . . . 332,000 »

Total !!! 74,666,000 fr.

Tel est le premier aperçu des dépenses proposées au gouvernement. Ajoutons quelques observations :

1° Une foule de presbytères ont été vendus ou employés à des usages indispensables du nouveau régime, ou détruits par les fureurs d'un peuple aveugle et frénétique ; il faudra suppléer à ce *déficit*, et ce sera une dépense énorme.

2° On connait la mesquinerie des presbytères : une foule de ces maisons ne seront pas susceptibles de renfermer deux écoles ; il faudra donc trouver un second édifice.

3° Les plus belles de ces maisons étant cependant assez médiocres, l'instituteur et l'institutrice, ainsi que les jeunes gens de l'un et de l'autre sexe, seront à peu près pêle-mêle ; et cette première éducation pouvant s'étendre jusqu'à 15 ou 16 ans et plus loin même, si l'on tardait d'organiser les écoles de canton, les écoles primaires seraient bientôt des *maisons publiques* dans tous les sens du terme.

4° Le Comité d'instruction publique a considéré la population de France en masse et sans aucune distinction : l'équité exige cependant qu'on distingue la population des villes de celle des campagnes. Paris, par exemple, aura 600 professeurs et autant d'institutrices d'écoles primaires. Si la somme de 1,200 fr. et de 1,000 fr. suffit au village, il est clair qu'elle ne suffira pas à Paris, ni même dans une ville du second ou du troisième ordre ; nouvelle augmentation de dépense très-considérable.

5° Lorsque les gouvernements organisent des machines aussi compliquées que celles dont il s'agit, l'œil le plus perçant ne peut se faire une idée des dépenses qu'elles nécessiteront : on ne voit que les principales, mais bientôt les *molti pochi* du proverbe italien se présentent de toute part, et l'on est tout surpris de voir la dépense doublée. Cela est vrai surtout dans un moment où « *tous les fonctionnaires publics à la fois demandent une augmentation d'honoraires* (1). »

6° Mais cette dépense effrayante, qui surpasse les revenus de cinq ou six têtes couronnées, procurera-t-elle au moins aux Français une éducation nationale? Nullement : car, malgré les réclamations de quelques

---

(1) Cambon, au nom du Comité des finances. (Séance du 19 octobre 1794. *Monit.*, n° 32, p. 142.)

Jacobins qu'il n'y avait pas moyen d'écouter, les parents sont demeurés libres d'élever leurs enfants chez eux ou ailleurs comme ils le jugeront convenable. Bientôt, dans le dictionnaire de la plus vaniteuse nation de l'univers, les écoles primaires, méprisées comme la boue, seront flétries de quelque épithète qui en chassera tout ce qui s'appellera toujours *bonne compagnie*, en dépit de la *liberté* et de l'*égalité* ; la décence même et les mœurs s'uniront à la vanité pour avilir dans l'opinion l'*éducation nationale*, et toute cette grande institution ne sera qu'un grand ridicule.

A ce tableau qui n'a rien de chargé, rien de chimérique, et où l'on a fait les suppositions les plus favorables au *grand œuvre* philosophique, j'en oppose un autre dont le rapprochement me paraît piquant.

Tout l'univers a entendu parler des Jésuites, et une grande partie de la génération actuelle les a vus ; ils subsisteraient encore si quelques gouvernements ne s'étaient pas laissés influencer par les ennemis de cet Ordre, ce qui fut certes une très-grande faute ; mais il ne faut pas être étonné que des vieillards radotent, la veille de leur mort.

Ignace de Loyola, simple gentilhomme espagnol, militaire sans fortune et sans connaissances, poussé par un mouvement intérieur de religion, résolut, dans le XVIe siècle, d'établir un Ordre entièrement dévoué à l'éducation de la jeunesse et à l'extirpation des hérésies qui déchiraient l'Eglise à cette époque. Il le voulut avec cette volonté créatrice pour qui rien n'est impossible ; il trouva tout de suite dix hommes qui le voulurent comme lui, et ces dix hommes ont fait ce que nous avons vu.

A ne considérer l'Institut de cet Ordre que comme un ouvrage politique, c'est, à mon avis, une des plus belles conceptions dont l'esprit humain puisse s'honorer. Nul fondateur n'atteignit mieux son but, nul ne parvint plus parfaitement à l'anéantissement des volontés particulières pour établir la volonté générale et cette raison commune qui est le principe générateur et conservateur de toute institution quelconque, grande ou petite : car l'*esprit de corps* n'est que l'*esprit public* diminué, comme le patriotisme n'est que l'*esprit de corps* agrandi.

Si l'on veut se former une idée de la force intérieure, de l'activité et de l'influence de cet Ordre, il suffit de réfléchir à la haine implacable et réellement furieuse dont l'honorèrent constamment le philosophisme et son fils aîné le presbytérianisme : car ces deux ennemis de l'Europe étaient précisément ceux des Jésuites, qui les ont combattus jusqu'à la fin avec une vigueur et une persévérance sans égales.

Depuis Bellarmin, qu'un robuste protestant du siècle dernier appelait agréablement « la coqueluche délicieuse de l'effroyable bête romaine (1) », jusqu'au P. Berthier, le grand flagellateur des encyclopédistes, le combat entre les Jésuites et les novateurs de toute espèce ne s'est

---

(1) « Immanis illæ belluæ romanæ delicium bellissimum. » Voir Joh. Sauberti, *Theol. Doct.*, *de sacrificiis veterum libri*. Lugd. Bat., 1699, cap. 2, p. 20.

pas ralenti un instant ; on ne trouvera pas d'institution qui ait mieux rempli son objet.

On peut en croire Rabaud de Saint-Etienne (1), fanatique Constituant, *philosophe* dans toute la force du terme, prédicant chargé de l'argent de la secte pour soulever le peuple de Paris. Dans l'histoire de la Révolution française, qu'il a esquissée, il parle des Jésuites comme d'une puissance, et fait sentir que la Révolution est due en grande partie à l'abolition de cet Ordre. « Les ennemis les plus violents », dit-il, « et les plus habiles de la liberté d'écrire, les Jésuites, avaient disparu ; et personne, depuis, n'osa déployer le même despotisme et la même persévérance. »

« Quand une fois les esprits des Français furent tournés vers les lectures instructives, ils portèrent leur attention sur les mystères du gouvernement (2). »

Et les ennemis de la superstition ont parlé, sur ce point, comme ceux du despotisme.

« Voilà cependant », s'écriait Frédéric II, « un nouvel avantage que nous venons de remporter en Espagne. Les Jésuites sont chassés de ce royaume.... A quoi ne

---

(1) C'est ce Rabaud que M. Burke avait condamné au bain froid pour avoir dit, dans un discours à l'Assemblée nationale, qu'il fallait tout détruire en France, même les noms. Mais le Comité de Robespierre, qui a trouvé ce jugement trop doux, l'a réformé comme on sait.

(2) *Précis de l'histoire de la Révolution française*, l. I, p. 17, in-12, 1792.

doit pas s'attendre le siècle qui suivra le nôtre? La cognée est à la racine de l'arbre... L'édifice (de la superstition), sapé par les fondements, va s'écrouler (1). »

Les Jésuites étaient donc, au jugement de Frédéric II, *la racine* de cet *arbre* et les *fondements* de cet *édifice*. Quel bonheur pour eux !

Un docteur protestant, qui a publié, depuis peu, en Allemagne, une *Histoire générale de l'Eglise chrétienne*, n'a point cru exagérer en affirmant que, « sans les Jésuites, la Révolution religieuse du xvie siècle aurait étendu son action bien plus loin, et aurait fini par ne trouver plus aucune barrière »; que « si cet Ordre, au contraire, avait existé plus tôt, il n'y aurait point eu de réforme, et que peut-être on eût vu s'établir une insurmontable monarchie universelle, inconnue à l'histoire » (2).

---

(1) Le roi de Prusse à Voltaire. (*Œuvres* de ce dernier, édit. de Kell, in-12, t. 86, p. 248.) Les jugements du roi de Prusse sur les philosophes sont la chose du monde la plus curieuse. Lorsqu'il se livre à sa haine pour le christianisme, qui était chez lui une véritable maladie, une rage, alors il parle de ces messieurs comme de ses collègues : il fait cause commune avec eux, et il dit : NOUS. Mais lorsque l'accès est passé et qu'il ne s'agit plus de théologie, il en parle et il leur parle avec le dernier mépris : car personne ne les connaissait mieux que lui. Cette observation est justifiée par toutes les pages de sa correspondance.

(2) Voir *Algemeine Geschichte des christlichen Kirche*,

Passons, en souriant, sur *l'insurmontable monarchie universelle*. Ce qui paraît au moins infiniment probable, c'est que si les Jésuites avaient subsisté de nos jours, ils auraient, eux seuls, empêché cette Révolution que l'Europe armée n'a pu étouffer.

Ce fut un ex-Jésuite qui prophétisa, en 1787, de la manière la plus extraordinaire, sur la Révolution française ; qui nomma à Louis XVI tous ses ennemis, qui lui développa leurs trames avec une précision effrayante, et finit par ces paroles mémorables : « *Sire ! votre trône est posé sur un volcan* (1) ».

Le sort à jamais lamentable de ce malheureux prince n'a que trop justifié la prédiction. Louis XVI a été dé-

---

von D. Heinr. Phil. Cour. Henke, profes. der theol. zu Helmstadt. Braunsweig, 1794, t. 2, dritter theil, p. 69.

M. le professeur, en affirmant dans la même phrase : 1° que la Réforme aurait étendu son action bien plus loin : « wurde die kirche reform ihre wirkungen wiel weiter ausgebreit; 2° et qu'elle aurait fini par ne trouver plus aucune barrière : « und zulest gar keinem widerstand mehr gefunden haben, » entend sans doute qu'elle aurait renversé plus de dogmes et qu'elle aurait persuadé plus de monde : autrement, il y aurait une tautologie palpable. Dans cette supposition on ne saurait trop regretter que les Jésuites aient empêché une plus grande *épuration* du christianisme.

(1) Voir le *Mémoire à lire dans le Conseil du roi sur le projet de donner un état civil aux protestants*, in-8°, 1787 (dernières pages). L'ouvrage est de l'ex-Jésuite Bonneau.

trôné par le philosophisme et par le presbytérianisme alliés pour la destruction de la France.

Remarquons encore que l'esprit de cette institution était si fort, si énergique, si *vivant*, qu'il a survécu à la mort de l'Ordre. Semblables à ces animaux vivaces dont les membres, divisés par le couteau du physiologiste, semblent se partager la vie qu'ils possédaient en commun, et présentent encore à l'œil étonné les phénomènes de la nature vivante, les Jésuites, membres épars d'un corps désorganisé, ont reproduit, sous nos yeux, tous les caractères de l'association : même fermeté dans leurs systèmes, même attachement aux dogmes nationaux, même antipathie pour les novateurs. La persécution affreuse essuyée par le clergé français dans ces derniers temps n'a pu faire plier aucun de ces hommes affaiblis par l'âge et le besoin. Egalement fidèles à l'Eglise et à ce gouvernement inhumain qui, en leur prenant des millions, leur avait refusé la subsistance, ni la terreur ni la séduction n'ont eu la force de créer parmi eux un seul apostat, et les restes languissants de cet Ordre merveilleux ont pu fournir encore 24 victimes au massacre du mois de septembre 1792 (1).

---

(1) Voir l'*Histoire du clergé pendant la Révolution française*, par M. l'abbé Barruel, aumônier de Mme la princesse de Conti, 2e édit. Anvers, 1794, p. 369.

Comparez cette conduite des Jésuites avec celle de ces malheureux Jansénistes, convulsionnaires dans le siècle dernier, et *sans-culottes* dans le nôtre, prédicateurs de la morale sé-

S'il s'agissait de juger les Jésuites, je m'en tiendrais volontiers au jugement de ce même Frédéric écrivant sous la dictée du bon sens, dans un de ces moments où l'humeur et les préjugés n'influaient point sur ses jugements :

« Souvenez-vous, je vous prie », écrivait-il à Voltaire, « du P. Tournemine, votre nourrice : vous avez sucé chez lui le doux lait des Muses ; et réconciliez-vous avec un Ordre qui a porté et qui, le siècle passé, a fourni à la France des hommes du plus grand mérite (1). »

C'est la même raison qui a écrit ce passage. Je pourrais ajouter à ce témoignage celui d'un autre guerrier qu'on ne s'attendait guère d'entendre citer sur ce sujet.

« Les Jésuites », dit-il, « avaient le grand talent d'élever l'âme de leurs disciples par l'amour-propre, et de leur inspirer le courage, le désintéressement, et le sacrifice de soi-même (2). »

---

vère, dont les complaisantes mains se sont étendues au premier signe pour prêter serment au schisme et à la révolte. Ils ont bien prouvé leur filiation !....

(1) Lettre du 18 octobre 1777, dans le volume cité plus haut, p. 391.

(2) *Vie du général Dumouriez*, 1795, t. I, p. 2. Le général nous dit (*ibid.*) qu'il se serait fait Jésuite, si le *meilleur des pères* ne lui eût fait lire l'*Analyse* de Bayle et d'autres bons ouvrages ; mais c'est une grande question de savoir si ce père, comme tant d'autres, ne se trompa point. Si son fils avait seu-

C'est quelque chose, comme on voit ; mais il s'agit moins ici d'examiner le mérite des Jésuites, que la force de leur institution que j'oppose à ce que la philosophie, aidée de toute la puissance humaine, a voulu tenter à peu près dans le même genre.

Saint Ignace, pour s'emparer de l'enseignement universel, ne pria point les souverains, d'un *air incivil*, de lui céder la puissance absolue *pendant une année* : il établit un Ordre d'hommes qui mit tous les souverains dans son parti ; il ne demanda point des millions, mais on s'empressa de les offrir à ses enfants ; sa banque fut la persuasion universelle, et sa société fut riche parce qu'elle réussit partout ; mais ces richesses même, dont on parlait comme de celles de Tamerlan, étaient encore un édifice magique qui tenait à l'esprit de l'Ordre et qui a disparu avec lui. Honteusement évaporées dans les coffres du fisc, ces richesses, si puissantes dans les mains

---

lement passé six mois au noviciat des Jésuites, jamais il n'eût confié un certain secret à un envoyé de la Convention nationale. Mais s'il avait fait ses vœux dans l'Ordre, oh ! je ne doute pas qu'avec ses talents, son activité et son ambition, il ne se fût acquis une réputation grande et immaculée, peut-être dans les sciences, peut-être dans l'apostolat, qui sait ? Il était homme à convertir les Tartares Kalmouks ou les Zélandais ou les Patagons ; enfin, d'une manière ou d'une autre, il eût fait écrire sa vie : ce qui vaut bien mieux sans doute que de l'écrire soi-même.

de leurs possesseurs, n'ont pas enfanté en Europe un seul établissement utile.

C'était une chose curieuse d'entendre ces *philosophes*, véritables prodiges d'orgueil et d'impuissance, déclamer amèrement contre l'orgueil de ces Jésuites qu'un même siècle a vus maîtres de l'enseignement dans toute l'Europe catholique, directeurs de tous les souverains dans cette partie du monde, prédicateurs éloquents devant les rois, hommes de bonne compagnie chez les grands, humbles missionnaires dans les ateliers du peuple, enfants éclairés avec l'enfance, mandarins et astronomes à la Chine, martyrs au Japon et législateurs au Paraguay.

Certes, il n'en aurait pas fallu tout à fait autant pour enivrer d'orgueil ces pygmées qui faisaient annoncer par toutes les trompettes de la renommée qu'ils avaient doté une *rosière*, fondé un *prix d'encouragement*, ou récompensé quelque verbiage académique par une aumône de vingt-cinq louis.

Où sont maintenant les *horlogers de Ferney* que Voltaire appelait ridiculement sa *colonie* et dont il nous a entretenus jusqu'à la satiété? S'il avait pu rassembler sur les bords de l'Orénoque ou du Mississipi deux ou trois cents sauvages, les dégoûter de la chair humaine au nom de la philosophie, et leur apprendre à compter jusqu'à vingt, je n'exagère point, il serait mort, étouffé par l'orgueil, en demandant l'apothéose.

« D'Alembert (et Voltaire) ont été auprès de Frédéric, et Diderot a été auprès de Catherine ; et la Russie est demeurée peuplée de barbares, et la Prusse est demeurée peuplée d'esclaves. »

De quelle bouche est donc parti cet anathème ? De celle d'un membre de la Convention nationale parlant à cette assemblée sur l'éducation nationale au nom du Comité d'instruction publique (1).

On croit entendre un criminel que l'ancien régime tient à la torture pour lui faire dire le secret de la *bande*.

La Bruyère, apostrophant le pouvoir humain dans le siècle dernier, lui disait : « *Je ne te demande pas de me faire une jolie femme; fais-moi un crapaud* (2). »

Un *crapaud !* C'est trop : il est aussi difficile à faire qu'une jolie femme, et il ne faut pas être si exigeant. Je dirai seulement : « Puissance humaine, orgueilleuse philosophie, fais ce que tu voudras, mais fais quelque chose : choisis, dans la vaste sphère des possibles, ce qui te paraîtra le plus aisé ; choisis parmi tes adeptes, le plus habile, le plus actif, le plus zélé pour ta gloire ; qu'il nous montre ton pouvoir par quelque institution utile, nous ne demandons pas qu'il travaille pour les siècles : nous serons contents, pourvu que *son ouvrage dure un peu plus que lui*. »

Mais non : jamais elle ne s'honorera par un établissement utile ; et puisqu'il s'agit d'éducation, on peut hardiment défier les législateurs tout-puissants de la France,

---

(1) Lakanal, au nom du Comité d'instruction publique. (Séance du 24 octobre 1794. *Monit.*, n° 37, p. 164.)

(2) *Caractères*, t. II, ch. des Esprits forts.

je ne dis pas de fonder un gouvernement durable, mais seulement une école primaire qui ait l'assentiment de la raison universelle, c'est-à-dire le principe de la durée (1).

---

(1) Le génie révolutionnaire vient d'enfanter un ouvrage curieux pour favoriser les vues de ces législateurs : c'est une *Instruction à l'usage de la jeunesse, tirée de l'exemple des animaux*. (*Monit.*, 15 novembre 1794, n° 57, p. 246.)

O qui que tu sois, illustre auteur! digne organe de la *raison* humaine, reçois mes hommages : personne n'était plus digne que toi de servir les vues des adorateurs de la *déesse Raison* et de ceux qui ont dit : « La nation ne salarie aucun culte. » La génération qu'ils ont infectée n'appartient plus à la nature humaine.

CHAPITRE XII.

CONTINUATION DU MÊME SUJET.

« Quand je songe », disait le roi de Prusse, que je cite toujours avec plaisir, « qu'un *fou*, un *imbécile* comme saint Ignace a trouvé une douzaine de prosélytes qui l'ont suivi, et que je n'ai pu trouver trois philosophes, j'ai été tenté de croire que la raison n'est bonne à rien (1). »

Quoique ce passage soit écrit dans le *paroxysme*, cependant il est précieux : le grand homme était sur la voie. Sans doute, dans un certain sens, la raison n'est bonne à rien : nous avons les connaissances physiques qui sont nécessaires au maintien de la société ; nous avons fait des conquêtes dans la science des nombres et dans ce qu'on appelle la science naturelle ; mais pour peu que nous sortions du cercle de nos besoins, nos connaissances deviennent inutiles ou douteuses. L'esprit humain, toujours en travail, *pousse* des systèmes qui se succèdent sans interruption : on les voit naître, briller,

---

(1) *Œuvres de Voltaire*, t. 86, 3ᶜ de la correspondance. Lett. 162.

se flétrir et tomber comme les feuilles des arbres ; l'année est plus longue, c'est toute la différence.

Et dans toute l'étendue du monde moral et politique, que savons-nous, et que pouvons-nous ? Nous *savons* la morale que nous avons reçue de nos pères, comme un ensemble de dogmes ou de préjugés utiles adoptés par la raison nationale. Mais sur ce point nous ne devons rien à la raison individuelle d'aucun homme. Au contraire, toutes les fois que cette raison s'en est mêlée, elle a perverti la morale (1).

En politique, nous *savons* qu'il faut respecter les pouvoirs établis on ne sait comment ni par qui. Lorsque le temps amène des abus capables d'altérer les principes des gouvernements, nous *savons* qu'il faut retrancher ces abus, mais sans toucher aux principes, ce qui exige une grande dextérité, et nous *pouvons* opérer ces réformes salutaires jusqu'au moment où, le principe de vie étant totalement vicié, la mort du corps politique est inévitable (2).

---

(1) Plusieurs écrivains se sont amusés à recueillir les maximes affreuses disséminées dans les ouvrages des seuls philosophes français ; mais personne, je crois, ne l'a fait d'une manière plus piquante qu'un anonyme dans l'ancien *Journal de France*, 1791 ou 1792. Cette feuille m'a échappé.

(2) Rousseau, en abusant d'une comparaison vulgaire, avance, à propos des maladies politiques, une erreur incroyable qu'il est bon de relever en passant, pour faire toujours

Ce serait un ouvrage bien intéressant que celui où l'on examinerait les forces de notre raison et où l'on nous dirait exactement ce que nous *savons* et ce que nous *pouvons*. Bornons-nous à répéter que la raison individuelle (1) ne produit rien et ne conserve rien

---

mieux connaître sa manière de raisonner, et éclaircir encore mieux cette théorie. « Il ne tient pas des hommes », dit-il, « de prolonger leur vie : il dépend d'eux de prolonger celle de l'État. » (*Contrat social*, Liv. III, ch. II.)

Quoi ! il n'y a point de médecine, point d'hygiène, point de chirurgie ! Le régime et le tempérament sont des abus, il ne faut pas saigner dans la pleurésie ! Le mercure est inutile aux *philosophes*, et dans l'anévrisme il ne faut pas lier l'artère ! Voilà, par exemple, une découverte nouvelle. Rousseau cependant n'aurait pas été embarrassé : comme il était le premier homme du monde pour défendre une erreur par une autre, il aurait soutenu le fatalisme plutôt que de reculer.

(1) Aux yeux de ceux qui savent quelle estime J. de Maistre professait pour les vrais philosophes, même païens, il est évident que, dans ces sorties contre la raison individuelle, l'auteur ne se rencontre aucunement avec Lamennais. Il ne s'agit pas ici des motifs de certitude, mais uniquement de l'impuissance de la raison individuelle à procurer le *bonheur général*, quand elle s'isole et se sépare de la raison nationale et de la religion, quand elle se renferme en elle-même sans tenir aucun compte des vérités reconnues par l'ensemble des hommes, et des enseignements religieux. Entre le traditionalisme de Lamennais qui refuse *toute* puissance, toute certitude à la raison individuelle, et le rationalisme superbe de

pour le bonheur général : semblable à cet insecte impur qui souille nos appartements, toujours solitaire, toujours cantonnée, elle ne produit que de pénibles inutilités ; gonflée d'orgueil, elle n'est que venin, elle ne travaille que pour détruire, elle se refuse à toute association de travaux ; et si le hasard amène *sur sa toile* un être de sa nature, elle se précipite sur lui et le dévore.

Mais la raison nationale ressemble à cet autre insecte dont l'Asie a fait présent à l'Europe ; innocent et paisible, il n'est à l'aise qu'avec ses semblables et ne vit que pour être utile ; le carnage lui est étranger ; toute sa substance est un trésor, et le tissu précieux qu'il nous laisse en mourant forme le ceste de la beauté et le manteau des rois.

Il était surpris et indigné, ce fameux Frédéric, de n'avoir pu trouver *trois philosophes* pour le suivre. O grand prince, que vous connaissiez peu le véritable principe de toutes les associations et de toutes les institutions humaines ! Eh ! de quel droit votre raison pouvait-elle subjuguer celle d'un autre et la forcer de marcher sur la même ligne ? Vous n'avez jamais su vous

---

ces hommes qui, dédaignant le reste du genre humain, se flattent de découvrir par leur *seule* raison *tout* ce qu'il importe de savoir pour assurer le bonheur du monde, il y a un juste milieu, et c'est dans ce milieu que se tient J. de Maistre. (*Note de l'éditeur.*)

élever au-dessus de l'idée de la force ; et quand vous aviez rassemblé quelques matériaux que vous teniez unis avec votre bras de fer, vous pensiez qu'ils pouvaient se passer de ciment. Non, ce n'est point ainsi que l'on crée. Vous avez disparu de ce théâtre que vous avez illustré et ensanglanté ; mais vos contemporains y sont encore...

Qu'on ne s'y trompe point : les succès de la philosophie pourraient éblouir des yeux inattentifs, il est important de les apprécier. Si l'on demande à ces hommes ce qu'ils ont fait, ils vous parleront de leur influence sur l'opinion : ils vous diront qu'ils ont détruit les *préjugés* et surtout le *fanatisme*, car c'est le grand mot ; ils célébreront en termes magnifiques l'espèce de magistrature que Voltaire a exercée sur son siècle pendant sa longue carrière ; mais ces mots de *préjugés* et de *fanatisme* signifient, en dernière analyse, la croyance de plusieurs nations. Voltaire a chassé cette croyance d'une foule de têtes, c'est-à-dire qu'il a détruit, et c'est précisément ce que je dis. La philosophie n'agit qu'en moins ; en sorte qu'un homme livré à sa raison individuelle est dangereux dans l'ordre moral et politique précisément en proportion de ses talents : plus il a de génie, d'activité, de persévérance, et plus son existence est funeste. Il ne fait que multiplier une puissance négative et s'enfoncer dans le néant.

Une plume amie de la religion, lorsqu'elle adresse des reproches à la philosophie, est suspecte au grand nombre des lecteurs qui s'obstinent à voir le fanatisme partout où ils ne voient pas l'incrédulité ou l'*indifférentisme*.

Il ne sera donc pas inutile d'emprunter les paroles d'un écrivain qui s'écrie en propres termes : « O Providence, SI TU EXISTES, réponds ! Qui pourra t'absoudre (1) ?... » Cet homme n'est sûrement pas fanatique. Voici dans quels termes il apostrophe les philosophes :

« Et vous, philosophes insensés, qui, dans votre présomptueux savoir, prétendiez diriger l'univers ; apôtres de la *tolérance* et de l'humanité ; *vous qui préparâtes notre* GLORIEUSE *Révolution*, qui vantiez les progrès de la lumière et de la raison :

« Sortez de vos tombeaux ; venez au milieu de ces cadavres, et expliquez-nous comment, dans ce siècle si vanté, trente tyrans qui commandèrent le meurtre purent trouver trois cent mille bourreaux pour l'exécuter ? Vos écrits sont dans leurs poches (des tyrans) ; vos maximes sont sur leurs lèvres ; vos pages brillent dans leurs *rapports* à la tribune ; et c'est au nom de la vertu que se commirent les plus affreux brigandages ; c'est au nom de l'humanité que deux millions d'hommes périrent ; c'est au nom de la liberté que cent mille bastilles s'élevèrent : il n'est pas un de vos écrits qui ne soit sur le bureau de nos quarante mille Comités révolutionnaires. On te quittait un instant, Diderot, pour signer des noyades !..... Le seul fruit de vos veilles fut d'apprendre au crime à se couvrir d'un langage poli pour porter des coups plus dangereux. L'injustice et la vio-

---

(1) *Accusateur public*, n° 2, p. 22, lignes 19 et 20.

lence s'appelèrent *formes acerbes;* le sang répandu à flots, *transpiration du corps politique....* Avez-vous cru, prétendus sages, que le grain de la philosophie pouvait germer sur un terrain ingrat, aride et sans culture ? Et, dans vos paradoxes effrénés et vos abstractions métaphysiques, comptiez-vous pour rien les passions des hommes ? » etc. (1).

Rousseau a fait le portrait des philosophes sans se douter qu'il faisait le sien : il serait inutile de citer ici ce morceau frappant que tout le monde connaît (2); mais il y a un mot qui mérite particulièrement d'être remarqué : « *Si je comptais les voix,* dit-il, *chacun n'avait que la sienne.* » Voilà tout à la fois la condamnation de la philosophie et le brevet de philosophe infligé à Rousseau par Rousseau lui-même. Qu'est-ce que la philosophie *dans le sens moderne ?* C'est la *substitution de la raison individuelle aux dogmes nationaux :* et c'est à quoi Rousseau a travaillé toute sa vie, son indomptable orgueil l'ayant brouillé constamment avec toute sorte d'autorité. Rousseau est donc un *philosophe,* puisqu'il *n'a que sa voix* qui n'a pas le moindre droit sur celle des autres.

Il existe un livre intitulé : *De Jean-Jacques Rousseau considéré comme auteur de la Révolution,* 2 vol. in-8 (3).

---

(1) *Accusateur public, ibid.*
(2) *Emile,* chant IIe.
(3) Ce livre est une preuve tout à la fois risible et déplorable de l'impétuosité française et de la précipitation de juge-

Ce livre et la statue de bronze que la Convention nationale a décernée à Rousseau sont peut-être le plus grand opprobre qui ait jamais flétri la mémoire d'aucun écrivain.

Voltaire dispute cependant à Rousseau l'effroyable honneur d'avoir fait la Révolution française, et il a de grandes autorités en sa faveur.

C'est à lui que Frédéric II écrivait : « L'édifice de la superstition, sapé par les fondements, va s'écrouler, et les nations transcriront dans les annales que Voltaire fut le promoteur de cette Révolution qui se fit au XVIIIe siècle dans l'esprit public (1). »

C'est lui qui écrivait à Frédéric : « Nous perdons le goût, mais nous acquérons la pensée ; il y a sur-

---

ment qui est le caractère particulier de cette nation. La Révolution n'est pas terminée, rien n'en fait présager la fin. Elle a déjà produit les plus grands malheurs, elle en annonce de plus grands encore ; et tandis que tous ceux qui ont pu contribuer de quelque manière à ce renversement terrible devraient se cacher sous terre, voilà qu'un enthousiaste de Rousseau le présente comme l'auteur de cette Révolution, pour le recommander à l'admiration et à la reconnaissance des hommes; et, pendant que l'auteur écrit son livre, la Révolution enfante tous les crimes, tous les malheurs imaginables et couvre une nation infortunée d'un opprobre peut-être ineffaçable.

(1). Le roi de Prusse à Voltaire. (*Œuvres* de ce dernier, T. 86, p. 248.)

tout un M. Turgot qui serait digne de parler à Votre Majesté. Les prêtres sont au désespoir : voilà le commencement d'une grande révolution ; cependant on n'ose pas encore se déclarer ouvertement ; on mine en secret le palais de l'imposture fondé depuis 1775 années (1). »

C'est de lui que Rabaud de Saint-Etienne a dit : « Tous les principes de la liberté, toutes les semences de la Révolution sont renfermées dans ses écrits ; il l'avait prédite, et il la faisait (2). »

Au fond, la gloire d'avoir fait la Révolution n'appartient exclusivement ni à Voltaire ni à Rousseau. Toute la secte philosophique en revendique sa part ; mais il est juste de les considérer comme les coryphées : l'un a sapé la politique en corrompant la morale, et l'autre a sapé la morale en corrompant la politique. Les écrits corrosifs de Voltaire ont rongé pendant soixante ans le ciment très-chrétien de ce superbe édifice dont la chute a fait tressaillir l'Europe. C'est Rousseau dont l'éloquence entraînante a séduit la foule sur laquelle l'imagination a plus de prise que la raison. Il a soufflé de toute part le mépris de l'autorité et l'esprit d'insurrection. C'est lui qui a tracé le code de l'anarchie, et qui, au milieu de quelques vérités isolées et stériles que

---

(1) Voltaire au roi de Prusse, 3 août 1775. (*Ibid*. Tome 87, p. 185.)

(2) *Précis de l'Histoire de la Révolution*, liv. I, p. 15.

tout le monde savait avant lui, a posé les principes désastreux dont les horreurs que nous avons vues ne sont que les conséquences immédiates. Tous les deux ont été portés solennellement au Panthéon en vertu d'un décret de la Convention nationale qui a condamné ainsi leur mémoire au dernier supplice.

Qu'on s'extasie maintenant sur l'influence de Voltaire et de ses semblables : qu'on nous parle de la *puissance* qu'ils ont exercée sur leur siècle. Oui, ils ont été puissants comme les poisons et les incendies.

Partout où la raison individuelle domine, il ne peut exister rien de grand : car tout ce qu'il y a de grand repose sur une croyance, et le choc des opinions particulières livrées à elles-mêmes ne produit que le scepticisme qui détruit tout. Morale universelle et particulière, religion, lois, coutumes vénérées, préjugés utiles, rien ne subsiste, tout se fond devant lui : c'est le dissolvant universel.

Revenons toujours aux idées simples. Une *institution* quelconque n'est qu'un édifice politique. Au physique et au moral, les lois sont les mêmes ; vous ne pouvez asseoir un grand édifice sur des fondements étroits, ni un édifice durable sur une base mouvante ou passagère. Si l'on veut donc, dans l'ordre politique, bâtir en grand et bâtir pour les siècles, il faut s'appuyer sur une opinion, sur une croyance *large* et profonde : car si l'opinion ne domine pas la majorité des esprits et si elle n'est pas profondément enracinée, elle ne fournira qu'une base *étroite* et passagère.

Or si l'on recherche quelles sont les grandes et solides bases de toutes les institutions possibles du premier ou du second ordre, on trouve toujours la religion et le patriotisme.

Et si l'on y réfléchit encore plus attentivement, on trouvera que ces deux choses se confondent ; car il n'y a pas de véritable patriotisme sans religion : on ne le voit briller que dans les siècles de croyance, et toujours il décline et meurt avec elle. Dès que l'homme se sépare de la divinité, il se gangrène et gangrène tout ce qu'il touche. Son action est fausse, et il ne s'agite que pour détruire. A mesure que ce lien puissant s'affaiblit dans un Etat, toutes les vertus conservatrices s'affaiblissent dans la même proportion ; tous les caractères se dégradent, et les bonnes actions même sont mesquines. L'homicide égoïsme pousse sans relâche l'esprit public et le fait reculer devant lui, comme ces glaces énormes des hautes Alpes, qu'on voit avec effroi s'avancer insensiblement sur le domaine de la vie et courber devant elles les végétaux utiles.

Mais dès que l'idée de la divinité est le principe de l'action humaine, cette action est féconde, créatrice, invincible. Une force inconnue se fait sentir de toute part, anime, échauffe, vivifie tout. De quelques erreurs, de quelques crimes que l'ignorance et la corruption humaines souillent cette auguste idée, elle n'en conserve pas moins son inconcevable influence. Au milieu des massacres, les hommes se multiplient, et les nations déploient une vigueur étourdissante. « Autrefois, » dit Rousseau, « la Grèce florissait au sein des plus cruelles guerres : le sang y coulait à flots, et tout le pays était couvert d'hommes (1). » Sans doute ; mais c'est que c'était alors le siècle des prodiges et des oracles, le siècle de la *foi* à la manière des hommes de ce temps, c'est-à-dire le siècle du patriotisme exalté. Quand on a dit du grand Être qu'il existe, on n'a rien dit encore : il faut dire qu'il est l'*Existence*. « C'est un *réellement étant* qui par *un seul maintenant* emplit *le toujours* (2). » Une goutte de cet Océan incommensurable d'existence semble se détacher et tomber sur l'homme qui parle et agit au nom de la divinité : son action étonne et donne une idée de la création. Les siècles s'écoulent, et son ouvrage reste. Tout ce qu'il y a parmi les hommes de grand, de bon, d'aimable, de vrai, de durable, tient à l'*Existence source de toutes les existences ; hors d'elle il n'y a qu'erreur, putréfaction et néant.*

---

(1) *Contrat social*, liv. III, ch. x. Note.
(2) Plutarque. Œuvres morales, dissertation sur le mot EI.

CHAPITRE XIII.

ÉCLAIRCISSEMENT NÉCESSAIRE.

Je dois prévenir une objection. En reprochant à la philosophie humaine les maux qu'elle nous a faits, ne risque-t-on point d'aller trop loin et d'être injuste à son égard, en se jetant dans un excès contraire?

Sans doute, il faut se garder de l'enthousiasme; mais il semble qu'à cet égard il y a une règle certaine pour juger la philosophie. Elle est utile lorsqu'elle ne sort point de sa sphère, c'est-à-dire du cercle des sciences naturelles : dans ce genre tous ses essais sont utiles, tous ses efforts méritent notre reconnaissance. Mais dès qu'elle met le pied dans le monde moral, elle doit se souvenir qu'elle n'est plus chez elle. C'est la raison générale qui tient le sceptre dans ce cercle; et la philosophie, c'est-à-dire la raison individuelle, devient nuisible et par conséquent coupable si elle ose contredire ou mettre en question les lois sacrées de cette souveraine, c'est-à-dire les dogmes nationaux : son devoir est donc, lorsqu'elle se transporte dans l'empire de cette souveraine, d'agir dans le même sens qu'elle. Au moyen de cette distinction dont je ne crois pas qu'il soit possible de contester l'exactitude, on sait à quoi s'en tenir sur la philosophie : elle est bonne lorsqu'elle se tient dans ses domaines ou qu'elle n'entre dans l'étendue d'un empire supérieur au sien qu'en qualité d'alliée et même de sujette ; elle est détestable lorsqu'elle y entre comme rivale ou ennemie.

Cette distinction sert à juger le siècle où nous vivons et celui qui l'a précédé ; tous les grands hommes du dix-septième siècle sont surtout remarquables par un caractère général de respect et de soumission pour toutes les lois civiles et religieuses de leur pays. Vous ne trouverez dans leurs écrits rien de téméraire, rien de paradoxal, rien de contraire aux dogmes nationaux qui sont pour eux des données, des maximes, des axiomes sacrés qu'ils ne mettent jamais en question.

Ce qui les distingue, c'est un bon sens exquis dont le mérite prodigieux n'est bien senti que par les hommes qui ont échappé à l'influence du faux goût moderne. Comme ils s'adressent toujours à la conscience des lecteurs et que la conscience est infaillible, il semble qu'on a toujours pensé ce qu'ils ont pensé, et les esprits sophistiques se plaignent qu'on ne trouve *rien de nouveau* dans leurs ouvrages, tandis que leur mérite est précisément de revêtir de couleurs brillantes ces vérités générales qui sont de tous les pays et de tous les lieux, et sur lesquelles repose le bonheur des empires, des familles et des individus.

Ce qu'on appelle aujourd'hui *idée neuve, pensée hardie, grande pensée,* s'appellerait presque toujours, dans le dictionnaire des écrivains du siècle dernier, *audace cri-*

minelle, délire ou *attentat* : les faits montrent de quel côté se trouve la raison (1).

---

(1) Une chose bien digne de remarque, c'est que, dans nos temps modernes, la philosophie est devenue impuissante à mesure qu'elle est devenue audacieuse : c'est ce que l'imagination mathématique du célèbre Boscowich exprime ainsi :

« In philosophicis et potissimum physico-mathematicis disciplinis... si superius xvii^m sæculum et primos hujusce xviii^i annos consideremus, quam multis, quam præclaris inventis fœcundum exstitit id omne tempus? Quod quidem si cum hoc præsenti tempore comparetur, patebit sane eo nos jam devenisse ut fere permanens quidam habeatur status, nisi etiam regressus jam cœperit. Qui enim progressus in iis quæ Cartesius in algebræ potissimum applicatione ad geometriam, Galileus ac Hugenius in primis in optica, astronomia, mechanica invenerunt? Quid ea quæ Newtonus protulit pertinentia ad analysim, ad geometriam, ad mechanicam, ad astronomiam potissimum, quæ ipse, quæ Leibnitzius, quæ universa Bernouillorum familia in calculo infinitesimali vel inveniendo vel promovendo prodiderunt?.. At ea omnia centum annorum circiter intervallo prodiderunt; initio quidem plura confertim, tum sensim pauciora. Ab annis jam triginta » (il écrivait en 1755), « vix quidquam adjectum est et si quid est ejusmodi, sane cum prioribus illis tantis harum disciplinarum incrementis comparari nullo modo potest. An non igitur eo jam devenimus, ut incrementis decrescentibus, brevi debeant decrementa succedere, ut curva illa linea quæ exprimit hujus litteraturæ statum ac vices, iterum ad axem deflexa delabatur et præceps ruat? » (Rog. Jos. Boscowich. S. J. Vaticinium quoddam geometricum, inter

Je sais que la philosophie, honteuse de ses effroyables succès, a pris le parti de désavouer hautement les excès dont nous sommes les témoins ; mais ce n'est point ainsi qu'on échappe à l'animadversion des sages. Pour le bonheur de l'humanité, les théories funestes se trouvent rarement réunies chez les mêmes hommes avec la force d'en tirer les conséquences pratiques. Mais que m'importe à moi que Spinosa ait vécu tranquille dans un village de Hollande ? Que m'importe que Rousseau, faible, timide et cacochyme, n'ait jamais eu la volonté ou le pouvoir d'exciter des séditions ? Que m'importe que Voltaire ait défendu Calas pour se faire mettre dans les gazettes ? Que m'importe que, durant l'épouvantable tyrannie qui a pesé sur la France, les philosophes, tremblant pour leurs têtes, se soient renfermés dans une solitude prudente ? Dès qu'ils ont posé des maximes capables d'enfanter tous les crimes, ces crimes sont leur ouvrage, puisque les criminels sont leurs disciples. Le plus coupable de tous peut-être n'a pas craint de se vanter publiquement qu'*après avoir obtenu de grands succès de raison, il s'était réfugié dans le silence, lorsqu'il n'avait plus été possible d'écouter la raison* (1) ; mais les succès de *la raison* n'étaient que l'état intermédiaire par lequel il fallait passer pour arriver à toutes les horreurs

---

supplem. ad Ben. Stay. philos. recent. versibus traditam, Lib. II, tom. I, p. 408.)

(1) Notice sur la vie de Sieyès par lui-même.

que nous avons vues. Philosophes ! jamais vous ne vous disculperez, en vous apitoyant sur l'effet, d'avoir produit la cause. *Vous détestez les crimes,* dites-vous. *Vous n'avez point égorgé.* Eh bien ! *vous n'avez point égorgé :* c'est tout l'éloge qu'on peut faire de vous. Mais vous avez fait égorger. C'est vous qui avez dit au peuple : « *Le peuple, seul auteur du gouvernement politique, et distributeur du pouvoir confié en masse ou en différentes parties à ses magistrats, est éternellement en droit d'interpréter son contrat, ou plutôt ses dons, d'en modifier les clauses, de les annuler et d'établir un nouvel ordre de choses* (1). » C'est vous qui lui avez dit : « *Les lois sont toujours utiles à ceux qui possèdent et nuisibles à ceux qui n'ont rien : d'où il suit que l'état social n'est avantageux aux hommes qu'autant qu'ils ont tous quelque chose et qu'aucun d'eux n'a rien de trop* (2). » C'est vous qui lui avez dit : « *Tu es souverain : tu peux changer à ton gré tes lois, même tes meilleures lois fondamentales, même le pacte social ; et, s'il te plaît de te faire mal à toi-même, qui est-ce qui a droit de t'en empêcher* (3) *?* » Tout le reste n'est qu'une conséquence. L'exécrable Lebon, le bourreau d'Arras, le monstre *qui arrêtait le fer de la guillotine prêt à tomber sur la tête de ses victimes pour lire des nouvelles aux malheureux étendus sur l'échafaud et les*

---

(1) Mably, cité par le trad. de Needham, tome I, p. 21.
(2) *Contrat social*, liv. II, ch. IX.
(3) *Contrat social*, liv. II, ch. XII ; liv. III, ch. VIII.

faisait égorger ensuite (1), qu'a-t-il répondu lorsqu'il a été interrogé à la barre de la Convention nationale par les seuls hommes de l'univers qui n'aient pas droit de le trouver coupable : « *J'ai fait exécuter*, dit-il, *des lois terribles, des lois qui vous ont fait pâlir. J'ai tort... On peut me traiter comme j'ai traité les autres. Quand j'ai rencontré des hommes à principes, je me suis laissé conduire par eux.* CE SONT SURTOUT LES PRINCIPES DE J.-J. ROUSSEAU QUI M'ONT TUÉ (2). »

Il avait raison. Le tigre qui déchire fait son métier : le vrai coupable est celui qui le démusèle et le lance sur la société. Ne croyez pas vous absoudre par vos *thrénodies* affectées sur Marat et Robespierre. Écoutez une vérité : partout où vous serez et où l'on aura le malheur de vous croire, il y aura de pareils monstres, car toute société renferme des scélérats qui n'attendent, pour la déchirer, que d'être débarrassés du frein des lois ; mais, sans vous, Marat et Robespierre n'auraient point fait de mal, parce qu'ils auraient été contenus par ce frein que vous avez brisé.

---

(1) *Nouvelles politiques nationales et étrangères*, 1795, n° 272, p. 1088.

(2) Séance du 6 juillet 1795. *Quotidienne* ou *Tableau de Paris*, n° 139, p. 4.

LIVRE SECOND

DE LA NATURE DE LA SOUVERAINETÉ

CHAPITRE PREMIER.

DE LA NATURE DE LA SOUVERAINETÉ EN GÉNÉRAL.

Toute espèce de souveraineté est absolue de sa nature ; qu'on la place sur une ou plusieurs têtes, qu'on divise, qu'on organise les pouvoirs comme on voudra : il y aura toujours, en dernière analyse, un pouvoir absolu qui pourra faire le mal impunément, qui sera donc *despotique* sous ce point de vue, dans toute la force du terme, et contre lequel il n'y aura d'autre rempart que celui de l'insurrection.

Partout où les pouvoirs sont divisés, les combats de ces différents pouvoirs peuvent être considérés comme les délibérations d'un souverain unique, dont la raison balance le *pour* et le *contre*. Mais dès que le parti est pris, l'effet est le même de part et d'autre et la volonté du souverain quelconque est toujours invincible.

De quelque manière qu'on définisse et qu'on place la souveraineté, toujours elle est une, inviolable et absolue. Prenons, par exemple, le gouvernement anglais : l'espèce de trinité politique qui le constitue n'empêche point que la souveraineté ne soit une, là comme ailleurs ; les pouvoirs se balancent ; mais dès qu'ils sont d'accord il n'y a plus qu'une volonté qui ne peut être contrariée par aucune autre volonté légale, et Blackstone a eu raison de dire que le roi et le Parlement d'Angleterre réunis peuvent tout.

Le souverain ne peut donc être jugé : s'il pouvait l'être, la puissance qui aurait ce droit serait souveraine, et il y aurait deux souverains, ce qui implique contradiction. L'autorité souveraine ne peut pas plus se modifier que s'aliéner : *la limiter*, c'est la *détruire. Il est absurde et contradictoire que le souverain reconnaisse un supérieur* (1) ; le principe est si incontestable que là même où la souveraineté est divisée comme en Angleterre, l'action d'un pouvoir sur l'autre se borne à la résistance. La Chambre des Communes peut refuser un impôt aux instances du ministère ; la Chambre des Pairs peut refuser son assentiment à un bill proposé par l'au-

---

(1) *Contrat social*, liv. III, ch. XVI.

tre, et le roi à son tour peut refuser le sien au bill proposé par les deux chambres. Mais si vous donnez au roi le pouvoir de juger et de punir la Chambre basse, pour avoir refusé un impôt par caprice ou par méchanceté, si vous lui attribuez le droit de forcer le consentement des Pairs, lorsqu'il lui paraîtra qu'ils ont repoussé sans raison un bill agréé par les Communes ; si vous investissez l'une des Chambres, ou toutes les deux, du droit de juger et de punir le roi pour avoir abusé du pouvoir exécutif, il n'y a plus de gouvernement : le pouvoir qui juge est tout, celui qui est jugé n'est rien, et la Constitution est dissoute.

L'Assemblée *constituante* des Français ne se montra jamais plus étrangère à tous les principes politiques, que lorsqu'elle osa décréter les cas où le roi serait censé avoir abdiqué la royauté (1). Ces lois détrônaient le roi formellement ; elles décrétaient tout à la fois qu'il y aurait un roi et qu'il n'y en aurait point, ou, en d'autres termes, que la souveraineté ne serait pas souveraine.

On n'excuserait point cette impéritie en observant que, dans le système de l'Assemblée, le roi n'était point souverain. Cette objection en serait une, si l'Assemblée des représentants était elle-même souveraine ; mais, dans le système de cette Constitution, l'Assemblée nationale n'est pas plus souveraine que le roi : c'est la nation seule qui possède la souveraineté, mais cette

---

(1) Constitut. française de 1791, ch. II, sect. 1.

souveraineté n'est que métaphysique. La souveraineté *palpable* est tout entière entre les mains des représentants et du roi, c'est-à-dire des représentants électifs et du représentant héréditaire. Donc, jusqu'au moment où le peuple jugera à propos de se remettre, par l'insurrection, en possession de la souveraineté, elle est tout entière entre les mains de ceux qui l'exercent : en sorte que tous les pouvoirs, les uns à l'égard des autres, sont indépendants ou ne sont rien.

Plus on examinera cette question, et plus on se convaincra que la souveraineté, même partielle, ne peut être jugée, déplacée ni punie, en vertu d'une loi : car nul pouvoir ne pouvant posséder une force coercitive sur lui-même, toute puissance *amenable* devant un autre pouvoir est nécessairement sujette de ce pouvoir, puisqu'il fait des lois qui la dominent. Et s'il a pu faire ces lois, qui l'empêchera d'en faire d'autres, de multiplier les cas de félonie et d'abdication présumée, de créer les délits dont il aura besoin, et enfin de juger sans lois? Cette fameuse *division des pouvoirs*, qui a si fort agité les têtes françaises, n'existe réellement pas dans la Constitution française de 1791.

Pour qu'il y eût eu réellement division de pouvoirs, il aurait fallu que le roi eût été investi d'une puissance capable de balancer celle de l'Assemblée et de juger même les représentants dans certains cas, comme il pouvait en être jugé dans d'autres ; mais le roi n'avait point cette puissance : en sorte que tous les travaux des législateurs n'aboutissaient réellement qu'à créer un pouvoir unique et sans contre-poids, c'est-à-dire une *tyrannie*, si l'on fait consister la liberté dans la division des pouvoirs.

C'était bien la peine de *tourmenter* l'Europe, de lui enlever peut-être quatre millions d'hommes, d'écraser une nation sous le poids de tous les malheurs possibles, et de la souiller de crimes *inconnus aux enfers* !!!

Mais revenons à l'unité souveraine : si l'on réfléchit attentivement sur ce sujet, on trouvera peut-être que la *division des pouvoirs*, dont on a tant parlé, ne tombe jamais sur la souveraineté proprement dite qui appartient toujours à *un* corps. En Angleterre, le véritable souverain est le roi. Un Anglais n'est pas sujet du Parlement ; et quelque puissant, quelque respectable que soit ce corps illustre, personne ne s'avise de l'appeler *souverain*. Qu'on examine tous les gouvernements possibles qui ont le droit ou la prétention de s'appeler *libres* : on verra que les *pouvoirs* qui semblent posséder une portion de la souveraineté ne sont réellement que des contre-poids ou des modérateurs qui règlent et ralentissent la marche du véritable souverain. Peut-être qu'on ne définirait pas mal le Parlement d'Angleterre : « le *Conseil nécessaire du roi* » ; peut-être est-il quelque chose de plus ; peut-être suffit-il qu'on le croie. Ce qui est, est bon ; ce qu'on croit, est bon ; tout est bon, excepté les prétendues créations de l'homme.

Dans certains gouvernements aristocratiques, ou mêlés d'aristocratie et de démocratie, la nature de ces gouvernements est telle que la souveraineté de droit doit appartenir à un certain corps, et la souveraineté de fait à un autre ; et l'équilibre consiste dans la crainte ou l'inquiétude habituelle que le premier inspire au second. Les temps anciens et les temps modernes fournissent des exemples de ces sortes de gouvernements.

De plus longs détails sur cet objet particulier seraient déplacés ici ; il nous suffit de savoir que toute souveraineté est nécessairement *une* et nécessairement *absolue*. Le grand problème ne serait donc point d'empêcher le souverain *de vouloir invinciblement*, ce qui implique contradiction ; mais de l'empêcher *de vouloir injustement*.

On a beaucoup critiqué les jurisconsultes romains pour avoir dit que le prince est *au-dessus des lois (princeps solutus est legibus)*. On aurait été plus indulgent à leur égard si l'on avait observé qu'ils n'entendaient parler que des lois civiles, ou, pour mieux dire, des formalités qu'elles établissent pour les différents actes civils.

Mais quand ils auraient entendu que le prince peut violer impunément les lois morales, c'est-à-dire sans pouvoir être jugé, ils n'auraient avancé qu'une vérité, triste sans doute, mais incontestable.

Quand je serais forcé de convenir qu'on a *droit* de massacrer Néron, jamais je ne conviendrai qu'on ait celui de le juger : car la loi en vertu de laquelle on le jugerait serait faite par lui ou par un autre, ce qui supposerait ou une loi faite par un souverain contre lui-même, ou un souverain au-dessus du souverain : deux suppositions également inadmissibles.

En considérant les gouvernements où les pouvoirs sont divisés, il est plus aisé de croire que le souverain peut être jugé, à cause de l'action de chacun de ces pouvoirs qui agit sur l'autre et qui, forçant son action dans certaines occasions extraordinaires, opère des insurrections du second genre qui ont beaucoup moins d'inconvénients que les insurrections proprement dites, ou populaires. Mais il faut se garder d'un paralogisme où l'on tombe aisément, si l'on ne considère que l'un des pouvoirs. Il faut les envisager dans leur réunion et se demander si la volonté souveraine qui résulte de leurs volontés réunies peut être arrêtée, contrariée ou punie?

On trouvera d'abord que tout souverain est despotique, et qu'il n'y a que deux partis à prendre à son égard : l'obéissance ou l'insurrection.

On peut soutenir, à la vérité, que, quoique toutes les volontés souveraines soient également absolues, il ne s'ensuit pas qu'elles soient également aveugles ou vicieuses, et que les gouvernements républicains ou mixtes sont supérieurs à la monarchie, précisément en ce que les déterminations souveraines y sont, en général, plus sages et plus éclairées.

C'est en effet une des considérations principales qui doit servir d'élément à l'examen important de la supériorité de tel ou tel gouvernement sur l'autre.

On trouvera en second lieu qu'il est parfaitement égal d'être *sujet* d'un souverain ou d'un autre.

CHAPITRE II.

DE LA MONARCHIE.

On peut dire en général que tous les hommes naissent pour la monarchie. Ce gouvernement est le plus ancien et le plus universel (1). Avant l'époque de Thésée, il n'est pas question de république dans le monde; la démocratie surtout est si rare et si passagère, qu'il est permis de n'en pas tenir compte. Le gouvernement monarchique est si naturel, que les hommes l'identifient sans s'en apercevoir avec la souveraineté ; ils semblent convenir tacitement qu'il n'y a pas de véritable *souverain* partout où il n'y a pas de roi. J'en ai donné quelques exemples qu'il serait aisé de multiplier.

---

(1) « In terris nomen imperii [Regium] id primum fuit. » (Sall., *Cat.*, 2.) — Omnes antiquæ gentes regibus quondam paruerunt. » (Cicer., *de Leg.* III, 2.) — « *Natura* commenta est regem. » (Senec., *de Clem.*, 1.) — Dans le nouveau monde, qui est aussi un monde nouveau, les deux peuples qui avaient fait d'assez grands pas vers la civilisation, les Mexicains et les Péruviens, étaient gouvernés par des rois ; et, chez les sauvages même, on trouva les rudiments de la monarchie.

Cette observation est surtout frappante dans tout ce qu'on a dit pour ou contre la question qui fait l'objet du premier livre de cet ouvrage. Les adversaires de l'origine divine en veulent toujours aux *rois* et ne parlent que de *rois*. Ils ne veulent pas croire que l'autorité des rois vienne de Dieu ; mais il ne s'agit point de *royauté* en particulier : il s'agit de *souveraineté* en général. Oui, toute souveraineté vient de Dieu ; sous quelque forme qu'elle existe, elle n'est point l'ouvrage de l'homme. Elle est une, absolue, et inviolable de sa nature. Pourquoi donc s'en prend-on à la royauté, comme si les inconvénients dont on s'appuie pour combattre ce système n'étaient pas les mêmes dans toute espèce de gouvernement ? C'est que, encore une fois, la royauté est le *gouvernement naturel*, et qu'on la confond avec la souveraineté dans le discours ordinaire, en faisant abstraction des autres gouvernements, comme on néglige l'exception en énonçant une règle générale.

J'observerai à ce sujet, que la division vulgaire des gouvernements en trois espèces, le monarchique, l'aristocratique et le démocratique, repose absolument sur un préjugé grec qui s'est emparé des écoles, à la renaissance des lettres, et dont nous n'avons pas su nous défaire. Les Grecs voyaient toujours l'univers dans la Grèce ; et comme les trois espèces de gouvernements se balançaient assez dans ce pays, les politiques de cette nation imaginèrent la division générale dont je parle. Mais si l'on veut être exact, la logique rigoureuse ne permet point d'établir un genre sur une exception : et, pour s'exprimer exactement, il faudrait dire : « les hommes en général sont gouvernés par des rois. On voit cependant des nations où la souveraineté appartient à plusieurs, et ces gouvernements peuvent s'appeler aristocratie ou démocratie, suivant LE NOMBRE des personnes qui forment LE SOUVERAIN ».

Il faut toujours rappeler les hommes à l'histoire qui est le premier maître en politique, ou pour mieux dire le seul. Quand on dit que l'homme est né pour la liberté, on dit une phrase qui n'a point de sens.

Si un être d'un ordre supérieur entreprenait l'*histoire naturelle* de l'homme, certainement c'est dans l'histoire des faits qu'il chercherait ses instructions. Quand il saurait ce que l'homme est, et ce qu'il a toujours été, ce qu'il fait et ce qu'il a toujours fait, il écrirait ; et sans doute, il repousserait comme une folie, l'idée que l'homme n'est pas ce qu'il doit être et que son état est contraire aux lois de la création. L'énoncé seul de cette proposition la réfute suffisamment.

L'histoire est la politique expérimentale, c'est-à-dire la seule bonne ; et comme, dans la physique, cent volumes de théories spéculatives disparaissent devant une seule expérience, de même, dans la science politique, nul système ne peut être admis s'il n'est pas le corollaire plus ou moins probable de faits bien attestés.

Si l'on demande quel est le gouvernement le plus naturel à l'homme, l'histoire est là qui répond : *C'est la monarchie.*

Ce gouvernement a ses inconvénients sans doute, comme tous les autres ; mais toutes les déclamations qui remplissent les livres du jour sur ces sortes d'abus font pitié. C'est l'orgueil qui les enfante et non la raison. Dès qu'il est rigoureusement démontré que les peuples ne sont pas faits pour le même gouvernement, que chaque nation a le sien qui est le meilleur pour elle ; dès que « la liberté, » surtout, « n'est pas à la portée de tous les peuples, et que plus on médite ce principe établi par Montesquieu, plus on en sent la vérité (1), » on ne conçoit plus ce que signifient les dissertations sur les vices du gouvernement monarchique. Si elles ont pour but de faire sentir plus vivement ces abus aux malheureux destinés à les supporter, c'est un passe-temps bien barbare ; si c'est pour les engager à se révolter contre un gouvernement fait pour eux, c'est un crime qui n'a point de nom.

Mais les sujets des monarchies n'en sont point réduits à se sauver du désespoir par des méditations philosophiques ; ils ont quelque chose de mieux à faire, c'est de se pénétrer de l'excellence de ce gouvernement, et d'apprendre à ne rien envier aux autres.

Rousseau, qui n'a pu de sa vie pardonner à Dieu de ne l'avoir pas fait naître duc et pair, a montré beaucoup de colère contre un gouvernement qui ne vit que de distinctions. Il se plaint surtout de la succession héréditaire qui expose les peuples « à se donner pour chefs des enfants, des monstres, des imbéciles, pour

---

(1) *Contrat social*, liv. III, ch. VIII.

éviter l'inconvénient d'avoir à disputer sur le choix des bons rois (1). »

On ne répond plus à cette objection de femme de chambre ; mais il est utile d'observer à quel point cet homme était infatué de ses fausses idées sur l'action humaine. « Un roi mort, » dit-il, « il en faut un autre ; les élections laissent des intervalles dangereux ; elles sont orageuses... La brigue et la corruption s'en mêlent. Il est difficile que celui à qui l'état s'est vendu ne le vende pas à son tour, etc... Qu'a-t-on fait pour prévenir ces maux ? On a rendu les couronnes héréditaires dans certaines familles, etc. »

Ne dirait-on pas que toutes les monarchies furent d'abord électives, et que les peuples, *considérant* les inconvénients infinis de ce gouvernement, s'étaient déterminés ensuite *dans leur sagesse* pour la monarchie héréditaire ?

On sait comme cette supposition s'accorde avec l'histoire ; mais ce n'est pas de quoi il s'agit. Ce qu'il importe de répéter, c'est que jamais un peuple ne s'est donné un gouvernement ; que toute idée de convention et de délibération est chimérique, et que toute souveraineté est une création.

Certaines nations sont destinées, peut-être *condamnées* à la monarchie élective : la Pologne, par exemple, était soumise à ce mode de souveraineté. Elle a fait un effort

---

(1) *Contrat social*, liv. III, ch. vi.

en 1791 pour changer sa constitution en mieux. Voyez ce qu'il a produit: on pouvait en prédire l'issue à coup sûr. La nation était trop d'accord ; il y avait trop de raisonnement, de prudence, trop de philosophie dans cette grande entreprise ; la noblesse, par un généreux dévouement, renonçait au droit qu'elle avait à la couronne. Le tiers-état entrait dans l'administration ; le peuple était soulagé, il acquérait des droits sans insurrection ; l'immense majorité de la nation et même de la noblesse donnait les mains au nouveau projet : un roi humain et philosophe l'appuyait de toute son influence ; la couronne était fixée dans une maison illustre déjà *parente* de la Pologne et que les qualités personnelles de son chef recommandaient à la vénération de l'Europe. Y pense-t-on ? Rien n'était plus *raisonnable :* c'était l'impossibilité même. Plus une nation sera d'accord sur une nouvelle constitution, plus il y aura de volontés réunies pour sanctionner le changement, plus il y aura d'ouvriers unis de sentiments pour élever le nouvel édifice, plus surtout il y aura de lois écrites calculées *à priori*, et plus il sera prouvé que ce que la multitude veut n'arrivera pas. Ce sont les armes de la Russie, dira-t-on, qui ont renversé la nouvelle constitution polonaise. Eh ! sans doute, il faut bien toujours qu'il y ait une cause, celle-là ou une autre, qu'importe ?

Si un palefrenier polonais ou une servante de cabaret se disant envoyés du ciel avaient entrepris ce même ouvrage, il eût pu sans doute ne pas réussir ; mais enfin il eût été au rang des choses possibles, car dans ce cas il n'y aurait eu aucune proportion entre la cause et l'effet, condition invariable dans les créations politiques, afin que l'homme sente qu'il ne peut y concourir que comme instrument, et que la masse des hommes née pour obéir ne stipule jamais les conditions de son obéissance.

Si quelque philosophe s'attriste sur cette dure condition de la nature humaine, le père de la poésie italienne pourra le consoler (1).

Passons à l'examen des caractères principaux du gouvernement monarchique.

Mirabeau a dit quelque part, dans son livre sur la monarchie prussienne : « Un roi est une idole qu'on met là, etc. » Mettant à part *la forme répréhensible de cette pensée*, il est certain qu'il a raison. Oui, sans doute, le roi est là, au milieu de tous les pouvoirs, comme le soleil est là au milieu des planètes : il régit et il anime.

La monarchie est une aristocratie *centralisée*. Dans tous les temps et dans tous les lieux l'aristocratie commande. Quelque forme qu'on donne aux gouvernements, toujours la naissance et les richesses se placent au premier rang, et nulle part elles ne règnent plus durement que là où leur empire n'est pas fondé sur la loi. Mais,

---

(1)   « Vuolsi cosi cola dove si puote
       « Cio che si vuole e piu non dimandare. »
                          (DANTE. *Enfer*, ch. III.)

Homme, veux-tu dormir tranquille ? Pose ta folle tête sur cet oreiller.

dans la monarchie, le roi est le centre de cette aristocratie : c'est bien elle qui commande comme partout ; mais elle commande au nom du roi, ou, si l'on veut, c'est le roi éclairé par les lumières de l'aristocratie.

« C'est un sophisme très-familier aux politiques royaux, » dit encore Rousseau, « de donner libéralement à ce magistrat (le roi) toutes les vertus dont il aurait besoin, et de supposer toujours que le prince est ce qu'il devrait être (1). »

Je ne sais quel politique royal a fait cette supposition étrange : Rousseau aurait bien dû le citer. Comme il lisait fort peu, il est probable qu'il a supposé cette assertion, ou qu'il l'a prise dans quelque épitre dédicatoire.

Mais, en évitant toujours les exagérations, on peut assurer que le gouvernement d'un seul est celui où les vices du souverain influent le moins sur les peuples gouvernés.

On a dit dernièrement, à l'ouverture du Lycée républicain de Paris, une vérité bien remarquable :

« Dans les gouvernements absolus (2), les fautes du maître ne peuvent guère tout perdre à la fois, parce que sa volonté seule ne peut pas tout faire ; mais un gouvernement républicain est obligé d'être essentielle-

---

(1) *Contrat social*, liv. III, ch. vi.

(2) Il fallait dire *arbitraires :* car tout gouvernement est absolu.

ment raisonnable et juste, parce que la volonté générale, une fois égarée, entraîne tout (1). »

Cette observation est de la plus grande justesse : il s'en faut infiniment que la volonté du roi fasse tout dans la monarchie. Elle est censée tout faire, et c'est le grand avantage de ce gouvernement ; mais, dans le fait, elle ne sert guère qu'à centraliser les conseils et les lumières. La religion, les lois, les coutumes, l'opinion, les privilèges des ordres et des corps contiennent le souverain et l'empêchent d'abuser de sa puissance ; il est même bien remarquable que les rois sont accusés bien plus souvent de manquer de volonté que d'en abuser. C'est toujours le conseil du prince qui régit.

Mais l'aristocratie *pyramidale* qui administre l'Etat dans les monarchies a des caractères particuliers qui méritent toute notre attention.

Dans tous les pays et dans tous les gouvernements possibles, les grands emplois appartiendront toujours (sauf exception) à l'aristocratie, c'est-à-dire à la noblesse et à la richesse le plus souvent réunies. Aristote, en disant que la chose *doit être ainsi*, énonce un axiome politique dont le simple bon sens et l'expérience de tous les âges

---

(1) Discours prononcé à l'ouverture du Lycée républicain, le 31 décembre 1794, par M. de la Harpe. (*Journal de Paris*, 1795, n° 114, p. 461.)

Dans le morceau qu'on vient de lire, le professeur du Lycée dit une terrible vérité à la République, et il ressemble fort à un homme d'esprit converti.

ne permettent pas de douter. Ce privilège de l'aristocratie est réellement une loi naturelle (1).

Or c'est un des grands avantages du gouvernement monarchique que l'aristocratie y perd, autant que la nature des choses le permet, tout ce qu'elle peut avoir d'offensant pour les classes inférieures. Il est important d'en pénétrer les raisons.

1° Cette espèce d'aristocratie est légale ; c'est une pièce intégrante du gouvernement, tout le monde le sait, et elle n'éveille dans l'esprit de personne l'idée de l'usurpation et de l'injustice. Dans les républiques au contraire, la distinction des personnes existe comme dans les monarchies ; mais elle est plus dure et plus insultante, parce qu'elle n'est point l'ouvrage de la loi, et que l'opinion du peuple la regarde comme une insurrection habituelle contre le principe de l'égalité admis par la Constitution.

Il y avait peut-être autant de distinction de personnes, de morgue, d'*aristocratie* proprement dite à Genève qu'à Vienne. Mais quelle différence dans la cause et dans l'effet !

---

(1) Ἀριστίνδην καὶ πλουτίνδην δεῖ αἱρεῖσθαι τοὺς ἄρχοντας. « Les grandes magistratures appartiennent à la noblesse et à la richesse. » (Arist., *Polit.*, 2.) — « Optimam rempublicam esse duco,... quæ sit in potestatem optimorum ». (Cicer., *de Leg.*, 3, 17.) — « Les principaux du peuple, ceux qu'on appelle aux assemblées ET QUI ONT UN NOM. » (*Nombres*, 16, 2.)

2° Dès que l'influence de l'aristocratie héréditaire est inévitable (l'expérience de tous les siècles ne laisse aucun doute sur ce point), ce qu'on peut imaginer de mieux, pour ôter à cette influence ce qu'elle peut avoir de trop fatigant pour l'orgueil des classes inférieures, c'est qu'elle n'établisse point une barrière insurmontable entre les familles de l'Etat, et qu'aucune d'elles ne soit humiliée par une distinction dont elle ne peut jamais jouir.

Or c'est précisément le cas d'une monarchie assise sur de bonnes lois. Il n'y a point de famille que le mérite de son chef ne puisse faire passer du second ordre dans le premier, indépendamment même de cette agrégation flatteuse, où, avant qu'elle n'ait acquis par le temps l'influence qui en fait le prix, tous les emplois de l'Etat, ou du moins une foule d'emplois, sont placés sur la route du mérite, pour lui tenir lieu des distinctions héréditaires et pour l'en rapprocher (1).

Ce mouvement d'ascension général qui pousse toutes les familles vers le souverain et qui remplit constamment tous les vides que laissent celles qui s'éteignent; ce mouvement, dis-je, entretient une émulation salutaire, anime la flamme de l'honneur, et tourne toutes les ambitions particulières vers le bien de l'Etat.

3° Et cet ordre de choses paraîtra encore plus parfait, si l'on songe que l'aristocratie de la naissance et

---

(1) *Lettres d'un royaliste savoisien*, lettre 4, p. 193.

des emplois, déjà rendue très-douce par le droit qui appartient à toute famille et à tout individu de jouir à son tour des mêmes distinctions, perd encore tout ce qu'elle pourrait avoir de trop offensant pour les conditions inférieures, par la suprématie universelle du monarque devant laquelle nul citoyen n'est plus puissant que l'autre ; l'homme du peuple, qui se trouve trop petit lorsqu'il se compare à un grand seigneur, se compare lui-même au souverain, et ce titre de *sujet* qui les soumet l'un et l'autre à la même puissance et à la même justice est une espèce d'égalité qui endort les souffrances inévitables de l'amour-propre.

Sous ces deux derniers rapports, le gouvernement aristocratique le cède au monarchique. Dans celui-ci une famille unique est séparée de toutes les autres par l'opinion, et considérée, ou peut s'en faut, comme appartenant à une autre nature. La grandeur de cette famille n'humilie personne, parce que personne ne se compare à elle. Dans le premier cas, au contraire, la souveraineté résidant sur la tête de plusieurs hommes ne fait plus la même impression sur les esprits, et l'individu que le hasard a fait membre du souverain est assez grand pour exciter l'envie, mais pas assez pour l'étouffer.

Dans le gouvernement de plusieurs la souveraineté n'est point UNE UNITÉ ; et quoique les fractions qui la composent représentent théoriquement L'UNITÉ, il s'en faut de beaucoup qu'elles fassent la même impression sur l'esprit. L'imagination humaine ne saisit point cet ensemble qui n'est qu'un être métaphysique ; elle se plait au contraire à détailler chaque unité de la fraction générale, et le sujet respecte moins la souveraineté dont les éléments pris à part ne sont pas assez au-dessus de lui.

De là vient que la souveraineté, dans ces sortes de gouvernements, n'a point la même *intensité*, ni par conséquent la même force morale.

De là vient encore que les emplois, c'est-à-dire le pouvoir délégué par le souverain, obtiennent dans le gouvernement d'un seul une considération extraordinaire et tout à fait particulière à la monarchie.

Dans le gouvernement de plusieurs, les emplois occupés par les *membres du souverain* jouissent de la considération attachée à cette qualité. C'est l'homme qui honore l'emploi ; mais, parmi les sujets de ces gouvernements, les emplois élèvent très-peu celui qui en est revêtu au-dessus de ses semblables, et ne le rapprochent point des membres du gouvernement.

Dans la monarchie, les emplois, réfléchissant sur le peuple une lumière plus vive, l'éblouissent davantage : ils fournissent une carrière immense à tous les genres de talents et comblent le vide qui se trouverait sans eux entre la noblesse et le peuple. En général, l'exercice du pouvoir délégué fait toujours sortir le fonctionnaire de la classe où l'avait fixé la naissance ; mais l'exercice des grands emplois en particulier rapproche l'homme nouveau du premier ordre et le prépare à la noblesse.

Si l'individu placé par le caprice de la naissance dans le second ordre ne veut pas se contenter de la possibilité de passer dans le premier, et du moyen que lui fournissent les emplois de suppléer, autant que le permet la nature des choses, à cette considération qui ne dépend que du temps, il est clair que cet homme est malade, et, par conséquent, on n'a rien à lui dire.

A tout prendre, on peut avancer sans exagération que la monarchie comporte *autant* et peut-être même *plus* de *liberté* et d'*égalité* que tout autre gouvernement : ce qui ne signifie point que la *polycratie* ne renferme pas un grand nombre d'hommes plus libres qu'on ne l'est, en général, dans les monarchies ; mais que la monarchie donne ou peut donner plus de liberté et d'égalité à un plus grand nombre d'hommes, ce qu'il faut bien remarquer.

Quant à la vigueur de ce gouvernement, personne ne l'a mieux reconnue que Rousseau. « Tout y répond, » dit-il, « au même mobile : tous les ressorts de la machine sont dans la même main ; tout marche au même but ; il n'y a point de mouvements opposés qui s'entre-détruisent, et l'on ne peut imaginer aucune sorte de constitution dans laquelle un moindre effort produise une action plus considérable. Archimède, assis tranquillement sur le rivage et tirant sans peine à flot un grand vaisseau, me représente un monarque habile, gouvernant de son cabinet ses vastes Etats, et faisant tout mouvoir en paraissant immobile. »

Le mot *habile* est de trop dans ce morceau. Le gouvernement monarchique est précisément celui qui se passe le mieux de l'habileté du souverain, et c'est peut-être même là le premier de ses avantages. On pourrait tirer plus de parti de la comparaison employée par

Rousseau, en la rendant plus exacte. La gloire d'Archimède ne fut pas de tirer à lui la galère d'Hiéron, mais d'avoir imaginé la machine capable d'exécuter ce mouvement : or la monarchie est précisément cette machine. Les hommes ne l'ont point faite, car ils ne créent rien ; elle est l'ouvrage de l' *éternel Géomètre* qui n'a pas besoin de notre consentement pour arranger ses plans ; et le plus grand mérite de l'engin est qu'un homme médiocre peut le mettre en jeu.

Ce mot de ROI est un talisman, une puissance magique qui donne à toutes les forces et à tous les talents une direction centrale. Si le souverain a de grands talents, et si son action individuelle peut concourir immédiatement au mouvement général, c'est un bien sans doute ; mais, à la place de *sa personne,* son *nom* suffit.

Tant que l'aristocratie est saine, que le nom de roi est sacré pour elle, et qu'elle aime la royauté avec passion, l'Etat est inébranlable, quelles que soient les qualités du roi. Mais dès qu'elle perd sa grandeur, sa fierté, son énergie, sa foi, l'esprit s'est retiré, la monarchie est morte, et son cadavre est aux *vers.*

Tacite a dit en parlant des gouvernements républicains : *Quelques nations ennuyées des rois leur préférèrent des lois* (1). » Il opposait ainsi le règne des lois à celui d'un homme, et comme si l'un excluait l'autre. Ce passage pourrait fournir une dissertation intéressante

---

(1) « Quidam... postquam regum pertæsum, leges maluerunt... » (Tacite, *Annales*, III, 26.)

sur les différences de la monarchie ancienne et moderne. Tacite, sans doute, irrité en secret contre le gouvernement d'un seul, a pu exagérer ; mais il est vrai aussi que toutes les monarchies qui se sont formées en Europe après la chute de l'Empire romain ont un caractère particulier qui les distingue des monarchies étrangères à l'Europe ; l'Asie surtout, éternellement la même, n'a jamais connu que le gouvernement d'un seul, modifié d'une manière bonne pour elle, mais qui ne nous convient point. La monarchie grecque même n'est point la nôtre, et le gouvernement des empereurs romains n'étant point une monarchie proprement dite, mais plutôt un despotisme militaire et électif, la plupart des réflexions faites sur ces sortes de gouvernements ne tombent point sur la monarchie européenne.

Peut-être serait-il possible d'exprimer par des raisons métaphysiques pourquoi les monarchies anciennes étaient autrement constituées que les nôtres ; mais ce serait tomber dans le défaut trop commun de parler de tout, à propos de tout. La différence dont je parle est un fait qu'il suffit de rappeler.

Sans insister sur les nuances, j'indiquerai seulement un trait caractéristique : c'est que l'antiquité ne disputait point aux rois le droit de condamner à mort ; toutes les pages de l'histoire présentent des jugements de cette nature que les historiens rapportent, sans aucun signe de désapprobation. C'est encore de même en Asie où personne ne dispute ce droit aux souverains.

Parmi nous, les idées sont différentes. Qu'un roi, de son autorité privée, fasse mourir un homme : la sagesse européenne ne conseillera point le talion ni la rébellion ; mais tout le monde dira : « *C'est un crime.* » A cet égard il n'y a pas deux manières de penser, et l'opinion est si forte qu'elle nous garde suffisamment.

En général, en convenant même que tous les pouvoirs résident éminemment sur la tête de ses rois, l'Européen ne croit point qu'ils aient droit d'exercer personnellement aucune branche du pouvoir judiciaire : et, en effet, ils ne s'en mêlent point. Les abus, à cet égard, ne prouvent rien : la conscience universelle a toujours protesté. C'est là le grand caractère, la physionomie de nos gouvernements. Chaque monarchie d'Europe a sans doute ses traits particuliers, et, par exemple, il ne serait point étonnant de trouver un peu d'*arabisme* en Espagne et en Portugal ; mais toutes ces monarchies ont cependant un air de famille qui les rapproche, et l'on peut dire d'elles avec la plus grande vérité :

. . . . . Facies non omnibus una ;
Nec diversa tamen, qualem decet esse sororum.

Je me garderai bien de nier que le christianisme n'ait modifié en bien tous les gouvernements, et que le droit public de l'Europe n'ait été infiniment perfectionné par cette loi salutaire ; mais il faut aussi avoir égard à notre origine commune et au caractère général des peuples septentrionaux qui ont pris la place de l'empire romain en Europe.

« Le gouvernement des Germains, » dit fort bien Hume « et celui de toutes les nations du Nord qui s'établirent sur les ruines de l'empire romain, fut toujours extrêmement libre... Le despotisme militaire de la domination romaine, lequel, avant l'irruption de ces conquérants, avait flétri les âmes et détruit tout principe généreux de science et de vertu, n'était pas capable de résister aux efforts vigoureux d'un peuple libre. Une nouvelle ère commença pour l'Europe : elle se débarrassa des liens de la servitude, et secoua le joug du pouvoir arbitraire sous lequel elle avait gémi si longtemps. Les constitutions libres qui s'établirent alors, quoique altérées, depuis peu, par les usurpations successives d'une longue suite de princes, conservent toujours un certain air de liberté et les traces d'une administration légale qui distinguent les nations d'Europe ; et si cette portion du globe se distingue des autres par des sentiments de liberté, d'honneur, de justice et de valeur, elle doit uniquement ces avantages aux germes plantés par ces généreux barbares (1). »

Ces réflexions sont d'une vérité frappante. C'est au milieu des forêts et des glaces du Nord que nos gouvernements ont pris naissance. C'est là qu'est né le caractère européen ; et, quelques modifications qu'il ait reçues depuis, sous les différentes parallèles de l'Europe, nous sommes encore tous frères, *durum genus*. La fièvre qui travaille dans ce moment toutes les nations de cette partie du globe est une grande leçon

---

(1) Hume's *History of England*, tome I, appendix I : *The anglo-saxons governement and manners*.

pour les hommes d'Etat : *et documenta damus quâ simus origine nati.*

C'est en Asie qu'on a dit : *Il vaut mieux mourir que vivre ; il vaut mieux dormir que veiller ; il vaut mieux être assis que marcher,* etc.

Renversez ces maximes : vous aurez le caractère européen. Le besoin d'agir et l'inquiétude éternelle sont nos deux traits caractéristiques. La fureur des entreprises, des découvertes et des voyages n'existe qu'en Europe (1). Je ne sais quelle force indéfinissable nous agite sans relâche. Le mouvement est la vie morale autant que la vie physique de l'Européen ; pour nous, le plus grand des maux n'est point la pauvreté, ni l'asservissement, ni la maladie, ni la mort même ; c'est le repos.

Un des plus grands résultats de ce caractère, c'est que l'Européen ne supporte qu'avec peine d'être absolument étranger au gouvernement. L'habitant de l'Asie ne cherche point à pénétrer ce nuage sombre qui enveloppe ou qui forme la majesté du monarque. Pour lui son maître est un dieu, et il n'a avec cet être supérieur d'autre rapport que celui de la prière. Les lois du monarque sont des oracles. Ses grâces sont des dons cé-

---

(1) Un théosophe moderne a remarqué, dans un ouvrage que tout le monde peut lire avec plaisir comme chef-d'œuvre d'élégance, que tous les grands *navigateurs ont été chrétiens* (*Homme de désir,* 1790, p. 70, § 40) ; il aurait pu dire de même ; *Européens.*

lestes, et sa colère est une calamité de l'invincible nature. Le sujet qui s'honore de s'appeler esclave reçoit de lui un bienfait comme une rosée, et le cordon comme un coup de tonnerre.

Voyez cependant comment la suprême sagesse a balancé ces terribles éléments du pouvoir oriental. Ce monarque absolu peut être déposé ; on ne lui dispute point le droit de demander la tête qui lui déplaît ; mais souvent on lui demande la sienne. Tantôt les lois le privent du sceptre et de la vie ; tantôt la sédition va le saisir sur ce trône élevé et le renverse dans la poudre. Comment donc se trouvent, dans les mêmes âmes, la faiblesse qui se prosterne et l'énergie qui étrangle ? Point d'autre réponse que celle de Dante.

Ainsi le veut Celui qui peut tout ce qu'il veut.

Mais il a voulu nous faire autrement. Les séditions sont pour nous des évènements rares ; et la plus sage des nations d'Europe, en faisant une loi fondamentale de l'inviolabilité de ses souverains, n'a fait que sanctionner l'opinion universelle de cette partie du monde. Nous ne voulons point qu'on juge les souverains, nous ne voulons point les juger. Les exceptions à cette règle sont rares ; elles n'ont lieu que dans des accès de fièvre, et dès que nous sommes guéris, nous les appelons *crimes*. La Providence a dit à tous les souverains de l'Europe : « *Vous ne serez point jugés* » ; mais tout de suite elle ajoute : « *Vous ne jugerez point* » : c'est le prix de ce privilége inestimable.

Tacite, en décrivant, avec son pinceau vigoureux, l'abattement des Romains sous le sceptre des empereurs, appuye sur cette insouciance universelle qui est le premier fruit de la servitude *et qui change la chose publique en chose étrangère* (1).

C'est précisément cette insouciance qui n'est point dans le caractère des Européens modernes. Toujours inquiets, toujours alarmés, le voile qui leur cache les ressorts du gouvernement les dépite ; sujets soumis, esclaves rebelles, ils veulent anoblir l'obéissance et, pour prix de leur soumission, ils demandent le droit de se plaindre et d'éclairer la puissance.

Sous le nom de *Champs de Mars* ou de *Mai*, de *Parlements*, d'*Etats*, de *Cortès*, d'*Etablissements*, de *Diètes*, de *Sénats*, de *Conseils*, etc., tous les peuples de l'Europe moderne se sont mêlés plus ou moins de l'administration sous l'empire de leurs rois.

Les Français, qui exagèrent tout, ont tiré de cette vérité de fait plusieurs conclusions théoriques également funestes, dont la première est « que le Conseil national des rois avait été jadis et devait être encore co-législateur (2) ».

Je ne veux point examiner ici si le Parlement de Charlemagne était réellement législateur ; de grands publicistes ont rendu la question très-problématique ; mais

---

(1) « Incuria reipublicæ velut alienæ. » (Tacite.)
(2) Je ne parle, comme on le voit assez, que des systèmes monarchiques qui s'écartaient plus ou moins de ce qu'on appelait l'*ancien régime*.

supposons l'affirmative prouvée : parce que les assemblées du temps de Charlemagne auraient été *co-législatrices*, faudrait-il en conclure qu'elles dussent l'être aujourd'hui ? Non sans doute, et la conclusion contraire serait bien plus sensée. En politique il faut constamment avoir égard à ce que les jurisconsultes appellent le dernier état, et quoiqu'il ne faille point prendre ce mot dans une acception trop restreinte, il ne faut pas non plus lui donner trop d'extension.

Lorsque les Francs conquirent les Gaules, ils formèrent par leur mélange avec les Gaulois un peuple hybride ; mais l'on conçoit assez que ce peuple fut d'abord plus Franc que Gaulois, et que l'action combinée du temps et du climat a dû le rendre chaque jour plus Gaulois que Franc, en sorte qu'il faut être tout à la fois très-imprudent et très-peu instruit pour chercher (du moins mot à mot) le droit public de la France moderne dans les capitulaires des Carlovingiens.

Qu'on se dépouille de tout préjugé et de tout esprit de parti ; qu'on renonce aux idées exagérées et à tous les rêves théoriques enfantés par la fièvre française, le bon sens européen conviendra des propositions suivantes :

1° Le roi est souverain, personne ne partage la souveraineté avec lui, et tous les pouvoirs émanent de lui.

2° Sa personne est inviolable ; nul n'a le droit de le déposer ni de le juger.

3° Il n'a pas le droit de condamner à mort, ni même à aucune peine corporelle. Le pouvoir qui punit vient de lui, et c'est assez.

4° S'il inflige l'exil ou la prison dans des cas dont la raison d'état peut interdire l'examen aux tribunaux, il ne saurait être trop réservé, ni trop agir de l'avis d'un conseil éclairé.

5° Le roi ne peut juger au civil ; les magistrats seuls, au nom du souverain, peuvent prononcer sur la propriété et sur les conventions.

6° Les sujets ont le droit, par le moyen de certains corps, conseils ou assemblées différemment composées, d'instruire le roi de leurs besoins, de lui dénoncer les abus, de lui faire passer légalement leurs *doléances* et leurs *très-humbles* remontrances.

C'est dans ces lois sacrées, d'autant plus véritablement constitutionnelles qu'elles ne sont écrites que dans les cœurs, c'est particulièrement dans la communication paternelle du prince et des sujets qu'on trouve le véritable caractère de la monarchie européenne.

Quoi qu'en dise l'orgueil exalté et aveugle du dix-huitième siècle, c'est tout ce qu'il nous faut. Ces éléments, combinés de différentes manières, produisent une infinité de nuances dans les gouvernements monarchiques : on conçoit, par exemple, que les hommes chargés de porter au pied du trône les représentations et les doléances des sujets peuvent former des *corps* ou des *assemblées* ; que les membres qui composent ces assemblées ou ces corps peuvent différer par le nombre, par la qualité, par le genre et l'étendue de leurs pouvoirs ; que le mode des élections, l'intervalle et la durée des sessions, etc., varient encore le nombre des combinaisons : *facies non omnibus una ;* mais toujours vous trouvez le caractère général, c'est-à-dire, toujours des hommes choisis, portant légalement au père les plaintes et les vœux de la famille : *nec diversa tamen*.

Récusons absolument le jugement des hommes passionnés ou trop systématiques, et ne nous adressons qu'à ce bon sens précieux qui fait et conserve tout ce qu'il y a de bon dans l'univers. Interrogez l'Européen le plus instruit, le plus sage, le plus religieux même, et le plus ami de la royauté, demandez-lui : « Est-il juste, est-il expédient que le roi gouverne uniquement par ses ministres ? que ses sujets n'aient aucun moyen légal de communiquer en corps avec lui, et que les abus durent jusqu'à ce qu'un individu soit assez éclairé et assez puissant pour y mettre ordre, ou qu'une insurrection en fasse justice? » Il vous répondra sans balancer : « Non ». Or, ce qui est vraiment constitutionnel dans tout gouvernement, ce n'est point ce qui est écrit sur le papier ; c'est ce qui l'est dans la conscience universelle. Ce qui nous déplaît généralement, ce qui ne s'accorde nullement avec notre caractère et nos usages anciens, incontestables, universels, c'est le gouvernement ministériel ou le Visirat. L'immobilité orientale s'accommode fort bien de ce gouvernement et se refuse même à tout autre ; mais la *race audacieuse de Japet* n'en veut point, parce qu'en effet cette forme ne lui convient point. De tout côté on crie au despotisme, mais souvent l'opinion publique se fourvoie, et prend une chose pour l'autre. On se plaint de l'excès du pouvoir ; il me semble que c'est plutôt de son déplacement et de son affaiblissement qu'on est blessé. Dès que la nation est condamnée au silence et que l'individu seul peut parler, il est clair que chaque individu pris à part est moins fort que les gens en place ; et, comme la première ambition de l'homme est d'obtenir la puissance, et que son plus grand défaut est d'en abuser, il s'ensuit que tous les dépositaires du pouvoir délégué n'étant comprimés par rien, et ne relevant point assez directement de l'opinion, s'emparent du sceptre et se le divisent en petits fragments proportionnels à l'importance de leurs places, de manière que tout le monde est roi, excepté le roi. Ces réflexions expliquent comment, dans la plupart des monarchies, on peut se plaindre tout à la fois et du despotisme et de la faiblesse du gouvernement. Ces deux plaintes ne se contredisent qu'en apparence. Le peuple se plaint du despotisme, parce qu'il n'est pas assez fort contre l'action désordonnée du pouvoir délégué ; et il se plaint de la faiblesse du gouvernement, parce qu'il ne voit plus de centre ; parce que le roi n'est pas assez roi ; parce que la monarchie s'est changée en une aristocratie fatigante; parce que tout sujet qui ne participe pas, ou qui participe peu à cette aristocratie, voit toujours un roi à côté de lui, et se dépite de sa nullité, en sorte que le gouvernement est tout à la fois haï comme despotisme et méprisé comme faible.

Le remède à de si grands maux n'est pas difficile à trouver : il ne s'agit que de renforcer l'autorité du roi et de lui rendre sa qualité de père en rétablissant la correspondance antique et légitime entre lui et la grande famille. Dès que la nation possèdera un moyen quelconque de faire entendre sa voix légalement, il devient impossible au vice et à l'incapacité de s'emparer des places, ou de les retenir longtemps, et la correspondance directe avec le roi rend au gouvernement monarchique ce caractère paternel nécessaire à la monarchie en Europe.

Combien le pouvoir a commis de fautes ! et combien il ignore les moyens de se conserver ! L'homme est insatiable de pouvoir ; il est infini dans ses désirs, et, toujours mécontent de ce qu'il a, il n'aime que ce qu'il n'a pas. On se plaint du despotisme des princes ; il faut se plaindre de celui de l'*homme*. Nous naissons tous despotes, depuis le monarque le plus absolu de l'Asie, jusqu'à l'enfant qui étouffe un oiseau dans sa main pour le plaisir de voir qu'il existe dans l'univers un être plus faible que lui. Il n'est point d'homme qui n'abuse du pouvoir, et l'expérience prouve que les plus abominables despotes, s'ils venaient à s'emparer du sceptre, seraient précisément ceux qui rugissent contre le despotisme. Mais l'auteur de la nature a mis des bornes à l'abus de la puissance : il a voulu qu'elle se détruise elle-même dès qu'elle passe ces limites naturelles. De tout côté il a gravé cette loi ; et, dans le monde physique comme dans le monde moral, elle nous environne et nous parle à chaque instant. Voyez cette arme à feu : jusqu'à un certain point, plus vous l'allongerez, et plus vous en augmenterez l'effet : mais si vous passez cette limite d'une ligne, vous le verrez diminuer. Voyez ce télescope : jusqu'à un certain point, plus vous en augmenterez les dimensions, et plus il produira d'effet ; mais au delà, l'invincible nature tourne contre vous les efforts que vous faites pour perfectionner l'instrument. C'est l'image naïve de la puissance. Pour se conserver elle doit se restreindre, et toujours elle doit se tenir éloignée de ce point où son dernier effort amène son dernier moment.

Assurément je n'aime pas plus qu'un autre les assemblées *populaires* ; mais les folies françaises ne doivent pas nous dégoûter de la vérité et de la sagesse qui se trouvent dans les sages milieux. S'il y a une maxime incontestable, c'est que, dans toutes les séditions, dans toutes les insurrections, dans toutes les révolutions, *le peuple commence toujours par avoir raison, et finit toujours par avoir tort*. Il est faux que tout peuple doive avoir son *assemblée nationale* dans le sens français ; il est faux que tout individu soit éligible au conseil national; il est faux même qu'il puisse être électeur sans distinction de rang ni de fortune ; il est faux que ce conseil doive être co-législateur; il est faux enfin qu'il doive être composé de la même manière dans les différents pays. Mais parce que ces propositions exagérées sont fausses, s'ensuit-il que personne n'ait le droit de parler pour le bien commun au nom de la communauté, et qu'il nous soit défendu d'avoir de la raison parce que les Français ont fait un grand acte de folie? Je ne comprends pas cette conséquence. Quel observateur ne serait effrayé de l'état actuel des esprits dans toute l'Europe? Quelle que soit la cause d'une impulsion aussi générale, elle existe, elle menace toutes les souverainetés.

Certainement c'est le devoir des hommes d'État de chercher à conjurer l'orage ; et certainement aussi on n'y parviendra pas par l'immobilité de la peur ou de l'insouciance. C'est aux sages de toutes les nations à réfléchir profondément sur les lois antiques des monarchies, sur les *bonnes coutumes* de chaque nation, et sur le caractère général des peuples de l'Europe. C'est dans ces sources sacrées qu'ils trouveront des remèdes appropriés à nos maux, et des moyens sages de régénération infiniment éloignés des théories absurdes et des idées exagérées qui nous ont fait tant de mal.

La première et peut-être l'unique source de tous les maux que nous éprouvons, c'est le mépris de l'antiquité, ou, ce qui revient au même, le mépris de l'expérience : tandis *qu'il n'y a rien de mieux que ce qui est éprouvé*, comme l'a très-bien dit Bossuet. La paresse et l'ignorance orgueilleuse de ce siècle s'accommodent bien mieux des théories qui ne coûtent rien et qui flattent l'orgueil, que des leçons de modération et d'obéissance qu'il faut demander péniblement à l'histoire. Dans toutes les sciences, mais surtout dans la politique, dont les évènements nombreux et changeants sont si difficiles à saisir dans leur ensemble, presque toujours la théorie est contredite par l'expérience. Puisse l'éternelle Sagesse faire descendre ses rayons sur les hommes destinés à régler le sort des autres ! Puissent aussi les peuples de l'Europe fermer l'oreille à la voix des sophistes, et, détournant les yeux de toutes les illusions théoriques, ne les fixer que sur ces lois vénérables qui sont rarement écrites, dont il n'est possible d'assigner ni les époques ni les auteurs, et que les peuples n'ont pas faites, mais qui ont fait les peuples.

Ces lois viennent de Dieu : le reste est des humains !

CHAPITRE III.

DE L'ARISTOCRATIE.

Le gouvernement aristocratique est une monarchie dont le trône est vacant. *La souveraineté y est en régence.*

Les régents qui administrent la souveraineté étant héréditaires, elle est parfaitement séparée du peuple, et en cela le gouvernement aristocratique se rapproche du monarchique. Il ne peut cependant en atteindre la vigueur ; mais du côté de la sagesse il n'a point d'égal.

L'antiquité ne nous a point laissé de modèle de ce gouvernement. A Rome, à Sparte, l'aristocratie jouait sans doute un très-grand rôle comme dans tous les gouvernements, mais elle ne régnait point seule.

On peut dire en général que tous les gouvernements non monarchiques sont aristocratiques, car la démocratie n'est qu'une aristocratie élective.

« Les premières sociétés », dit Rousseau, « se gouvernèrent aristocratiquement (1) ». Cela est faux, si, par ces mots de *premières sociétés*, Rousseau entend *les*

---

(1) *Contrat social,* liv. III, ch. v.

premiers peuples, *les premières nations* proprement dites, qui furent toutes gouvernées par des rois. Tous les observateurs ont remarqué que la monarchie était le plus ancien gouvernement connu.

Et s'il entend parler des premiers rassemblements qui précédèrent la formation des peuples en corps de nations, il parle de ce qu'il ne sait pas et de ce que personne ne peut savoir. D'ailleurs à cette époque il n'y avait point encore de gouvernement proprement dit : l'homme n'était point encore ce qu'il devait être ; ce point a été suffisamment discuté dans le premier livre.

« Les sauvages de l'Amérique septentrionale », dit-il encore, « se gouvernent encore ainsi de nos jours (aristocratiquement) et *sont très-bien gouvernés* (1). »

Les sauvages de l'Amérique ne sont pas tout à fait *hommes*, précisément parce qu'ils sont *sauvages*; ce sont de plus des êtres visiblement dégradés au physique et au moral ; et, sur cet article au moins, je ne vois pas qu'on ait répondu à l'ingénieux auteur des *Recherches philosophiques sur les Américains*.

Il est encore faux que ces sauvages soient gouvernés aristocratiquement. Tacite a fait l'histoire de tous les peuples sauvages lorsqu'il a dit : « Chez eux le plus noble est roi, et le plus vaillant est général ; mais le roi ne jouit point d'un pouvoir illimité (2) ». Le livre de Tacite

---

(1) *Contrat social*, liv. III, ch. v.
(2) « Reges ex nobilitate, duces ex virtute sumunt : nec

sur les mœurs des Germains et le Journal historique d'un voyage en Amérique par le P. de Charlevoix présentent une foule d'analogies (1). On trouve chez ces peuples non le gouvernement aristocratique, mais les rudiments d'une monarchie modérée.

En faisant abstraction de l'aristocratie naturelle qui résulte de la force physique et des talents, et dont il est fort inutile de s'occuper, il n'y a que deux sortes d'aristocraties, l'élective et l'héréditaire, comme l'observe Rousseau ; mais les mêmes notions étroites, les mêmes préjugés enfantins qui l'ont égaré sur la monarchie, l'ont fait déraisonner de même sur le gouvernement aristocratique.

« L'aristocratie élective », dit-il, « est la meilleure : c'est l'aristocratie proprement dite (2). »

Ceci n'est point une erreur, une méprise, une distraction ; c'est un défaut absolu de raisonnement ; c'est une bévue honteuse.

La monarchie est la souveraineté dévolue à un seul homme ; et l'aristocratie est cette même souveraineté dévolue à quelques hommes (plus ou moins).

---

regibus infinita aut libera potestas. » (*Tacite, de Mor. Germ.*, VII.)

(1) « Si Germanorum Canadensiumque principum potestatem conferas, eamdem omnino reperies. » (Voir le P. de Charlevoix, lettre 18ᵉ ; Brottier, ad *Tac. de Mor. Germ.* VII et *passim*.)

(2) *Contrat social*, liv. III, ch. v.

Mais puisque la monarchie élective est le plus faible et le moins tranquille des gouvernements, et que l'expérience a montré évidemment la supériorité de la monarchie héréditaire, il s'ensuit, par une analogie incontestable, que l'aristocratie héréditaire est préférable à l'élective. Répétons avec Tacite qu'*il vaut mieux recevoir un souverain que le chercher* (1).

« L'élection est le moyen par lequel la probité, les lumières, l'expérience, et toutes les autres raisons de préférence et d'estime publique, sont autant de nouveaux *garants* qu'on sera sagement gouverné (2). »

Cet argument tombe à plomb sur la monarchie héréditaire, et nous l'avons tous fait avant d'être parvenus à l'âge de raison.

« La puissance transmise avec les biens du père aux enfants, rend le gouvernement héréditaire, et l'on voit des sénateurs de vingt ans (3). »

Plus bas, il dira, en parlant de la monarchie héréditaire : *On risque d'avoir pour chefs des enfants* (4). »

C'est toujours la même sagacité ; il faut cependant observer que l'argument est plus mauvais à l'égard de l'aristocratie héréditaire, attendu que l'inexpérience des

---

(1) « Minore discrimine sumitur princeps quam quæritur. » (Tacite.)

(2) *Contrat social*, liv. III, ch. v.

(3) *Ibid.*

(4) *Ibid.*, ch. vi : *de la Monarchie*.

sénateurs de vingt ans est compensée amplement par la sagesse des anciens.

Et puisque l'occasion s'en présente naturellement, j'observerai que le mélange des enfants et des hommes est précisément un des beaux côtés du gouvernement aristocratique ; tous les rôles sont distribués avec sagesse dans l'univers : celui de la jeunesse est de faire le bien, et celui de la vieillesse d'empêcher le mal ; l'impétuosité des jeunes gens, qui ne demande qu'action et création, est fort utile à l'Etat ; mais ils sont trop portés à innover, à démolir, et ils feraient beaucoup de mal sans la vieillesse qui est là pour les arrêter : celle-ci à son tour s'oppose aux réformes même utiles, elle est trop raide, elle ne sait pas s'accommoder aux circonstances, et quelquefois un *sénateur de vingt ans* peut être placé fort à propos à côté d'un autre de quatre-vingts.

A tout prendre, le gouvernement aristocratique héréditaire est peut-être le plus avantageux à ce qu'on appelle le *peuple;* la souveraineté est assez concentrée pour lui en imposer ; mais comme elle a moins de besoins et moins de splendeur, elle lui demande moins : si quelquefois elle est timide, c'est parce qu'elle n'est jamais imprudente ; entre le peuple et le souverain il peut se trouver des mécontents, mais leurs souffrances ne sont point l'ouvrage du gouvernement ; elles ne sont que dans l'opinion, et c'est un avantage inestimable pour la masse dont le bonheur est une caution.

L'ennemi mortel de l'expérience pense bien autrement ; suivant lui, l'aristocratie héréditaire « *est le pire de tous les gouvernements* (1). »

Le sentiment qui domine dans tous les ouvrages de Rousseau est une certaine colère plébéienne qui s'irrite contre toute espèce de supériorité. L'énergique soumission du sage plie noblement sous l'empire indispensable des distinctions sociales, et jamais il ne paraît plus grand que lorsqu'il s'incline ; mais Rousseau n'avait point cette élévation ; faible et hargneux, il a passé sa vie à dire des injures aux grands, comme il en aurait dit au peuple s'il était né grand seigneur.

Ce caractère explique ses hérésies politiques : ce n'est point la vérité qui l'inspire, c'est l'humeur ; partout où il voit la grandeur, et surtout la grandeur héréditaire, il écume et perd la faculté de raisonner : c'est ce qui lui arrive surtout en parlant du gouvernement aristocratique.

Dire que cette espèce de gouvernement est la pire de toutes, c'est ne rien dire : il faut prouver. Venise et Berne se présentent d'abord à l'esprit, et l'on n'est pas peu surpris d'apprendre qu'il n'y a pas de pire gouvernement que celui de ces deux Etats.

Mais l'histoire et l'expérience n'embarrassent jamais Rousseau. Il commence à poser des maximes générales qu'il ne prouve point ; ensuite il dit : *J'ai prouvé*. Si l'expérience le contredit, il s'en inquiète peu, ou il s'en

---

(1) *Contrat social*, liv. III, ch. v.

tire par une gambade. Berne, par exemple, ne l'embarrasse point. Veut-on savoir pourquoi? « C'est qu'elle ne se tient que par l'extrême sagesse de son sénat : c'est une exception bien honorable et bien flatteuse (1). »

Mais le sénat de Berne forme précisément l'essence du gouvernement de Berne. C'est la tête du corps politique ; c'est la pièce principale sans laquelle ce gouvernement ne serait pas ce qu'il est : c'est donc tout comme si Rousseau avait dit :

Le gouvernement aristocratique héréditaire est détestable ; l'estime de l'univers accordée depuis plusieurs siècles à celui de Berne ne contredit point ma théorie, car ce qui fait que ce gouvernement n'est pas mauvais, c'est qu'il est excellent. — O profondeur (2) !

Le jugement sur Venise n'est pas moins curieux ; « Venise, » dit-il, « est tombée dans l'aristocratie hé-

---

(1) *Contrat social*, liv. III, ch. v.

(2) Montesquieu a rendu un hommage particulier au gouvernement de Berne. « Il y a à présent, » dit-il, « dans le monde une république que personne ne connaît, et qui dans le secret et le silence augmente ses forces chaque jour. Il est certain que si elle parvient jamais à l'état de grandeur où sa sagesse la destine, elle changera nécessairement ses lois, etc. » (*Grandeur et décadence des Romains*, ch. x.) Laissons là les prophéties ; je ne crois qu'à celles de la Bible. Mais il me semble qu'on doit un compliment au gouvernement assez sage pour se faire louer tout à la fois par la sagesse et par la folie.

réditaire : aussi est-elle depuis longtemps un Etat dissous (1). »

Assurément l'Europe n'en savait rien ; mais ce que tout le monde sait, c'est que Venise avait subsisté mille ans, et que sa puissance faisait ombrage à tous ses voisins, lorsqu'elle fut ébranlée par la ligue de Cambrai et qu'elle eut l'art d'échapper à ce péril, au commencement du xvie siècle.

Le gouvernement vénitien a vieilli sans doute, comme tous les gouvernements d'Europe ; mais la jeunesse de Milon de Crotone rend sa vieillesse vénérable, et personne n'a droit de l'insulter.

Venise a brillé de tous les genres d'éclat : par les lois, par le commerce, par les armes, par les arts et par les lettres ; son système monétaire est l'exemple de l'Europe. Elle a joué dans le moyen âge un rôle éblouissant (2). Si Vasco de Gama a doublé le cap des Tempêtes ; si le commerce a pris une autre route, ce n'est pas la faute du sénat ; et si dans ce moment Venise est obligée de mettre la prudence à la place de la force, encore une fois, respectons sa vieillesse : après treize

---

(1) *Contrat social*, liv. III, ch. v, note cité.

(2) M. le comte Carli, l'un des ornements de l'Italie, a dit des choses curieuses sur l'ancienne splendeur de Venise : on peut consulter ses œuvres remplies d'une érudition ÉTOURDISSANTE, *sed Græcis incognitas qui sua tantum mirantur.*

cents ans de vie et de santé, on peut être malade, on peut mourir même avec honneur (1).

Les déclamations sur l'inquisition d'Etat, que Rousseau appelle *un tribunal de sang* (2), sont des épouvantails de femmelettes. Ne dirait-on pas que les inquisiteurs d'Etat versent le sang humain pour s'amuser ? Cette magistrature imposante est nécessaire puisqu'elle existe, et il faut bien qu'elle ne soit pas si terrible puisqu'elle appartient à l'un des peuples les plus doux, les plus enjoués et les plus aimables de l'Europe. Les malveillants et les étourdis ne peuvent se plaindre que d'eux-mêmes, lorsqu'il leur mésarrive ; mais c'est un fait constant, attesté par tous les voyageurs sensés, qu'il n'existe peut-être pas de pays où le peuple soit plus heureux, plus tranquille, plus libre qu'à Venise : l'étranger partage cette liberté, et dans ce moment, c'est sous les lois de ce gouvernement paisible que les honorables victimes de la Révolution française jouissent de l'hospitalité la plus douce et la plus généreuse.

Si quelquefois les inquisiteurs d'Etat ont commandé des exécutions sévères, la sévérité n'exclut point la justice, et c'est souvent pour épargner le sang qu'on le

---

(1) « Sola Veneta est (respublica) quæ ævum millenarium jactet : felix fati, sed et legum atque institutorum felix quibus velut vinculis firmata est adhuc contra lapsum. Maneat, floreat, favemus, et vovemus. » (J. Lipsii *Mon. et ex. polit.*, liv. II, ch. I.)

(2) *Contrat social*, liv. IV, ch. v.

verse. Quant aux erreurs et aux injustices, il y en a partout; mais les inquisiteurs d'Etat n'envoyèrent point la ciguë à Morosini, à son retour du Péloponèse.

Rousseau, en disant que Venise est *tombée* dans l'aristocratie héréditaire, prouve qu'il connaissait bien mal la végétation des empires. S'il l'avait connue, au lieu de *tombée*, il aurait dit *parvenue*. Pendant que les Vénitiens n'étaient que de malheureux réfugiés, habitant des cabanes sur ces îlots destinés à supporter un jour tant de palais, il est bien visible que leur constitution n'était pas mûre; à proprement parler même, ils n'en avaient point, puisqu'ils ne jouissaient point encore d'une indépendance absolue, qu'on leur a disputée si longtemps. Mais en 697 ils eurent déjà un chef assez puissant pour avoir donné lieu, depuis, de soutenir qu'il était souverain : or, partout où il y a un chef, du moins un chef non despotique, il y a une aristocratie héréditaire entre ce chef et le peuple; cette aristocratie se formait insensiblement comme la langue et mûrissait en silence. Enfin, au commencement du XIIe siècle, elle prit une forme légale, et le gouvernement fut ce qu'il devait être. Sous cette forme de souveraineté, Venise remplit l'univers de sa renommée. Dire que ce gouvernement *dégénéra* (1) en achevant ainsi de prendre ses dimensions naturelles, c'est dire que le gouvernement de Rome *dégénéra* lorsque l'institution des tribuns,

---

(1) *Contrat social*, liv. III, ch. x, note 1re.

comme je l'ai remarqué d'après Cicéron, donna une forme légale au pouvoir constitutionnel mais désordonné du peuple.

Au reste, si nous en croyons Rousseau, ce n'est point Venise seulement qui est *tombée* dans l'aristocratie héréditaire. Berne a éprouvé le même sort ; son gouvernement s'est *resserré* de même, et par conséquent il a *dégénéré*, le jour que le peuple fit la folie d'abandonner *au prince* l'élection des magistrats (1). Si l'on demande dans quelles annales se trouve ce fait important, et comment Berne est *tombée* de la démocratie ou de l'aristocratie élective dans l'aristocratie héréditaire, personne ne peut répondre ; personne n'a entendu parler de cette *chute* révélée à la fin des temps dans le *Contrat social*. C'est un étrange homme que ce Rousseau ! tantôt il contredit l'histoire et tantôt il la fait.

En traitant des gouvernements aristocratiques héréditaires, on ne doit point passer Gênes sous silence. Il

---

(1) *Contrat social*, liv. III, ch. v, note 2e. Quand Rousseau voit la vérité, il ne la voit jamais tout entière, et dans ce cas ses décisions sont plus dangereuses, pour les quatre cinquièmes des lecteurs, que des bévues parfaites : par exemple, lorsqu'il dit que le gouvernement *qui se resserre, se corrompt*, il a tort et il a raison : il a raison à l'égard du gouvernement démocratique qui s'écarte de sa nature ; il a tort à l'égard du gouvernement aristocratique qui s'en rapproche : dans ce dernier cas, c'est un mouvement d'organisation ; dans le premier, c'est un mouvement de dissolution.

se peut faire que, sous certains points de vue, elle ne puisse soutenir le parallèle avec d'autres gouvernements de la même classe ; il peut se faire que le peuple y soit moins heureux qu'à Venise ou à Berne ; cependant Gênes a eu ses beaux moments et ses grands hommes ; et pour le surplus, tout peuple a toujours le gouvernement et le bonheur qu'il mérite.

Après avoir examiné l'action de l'aristocratie héréditaire sur des pays d'une certaine étendue, il est bon de la voir agir sur un théâtre plus resserré et de l'étudier dans les murs d'une ville. Lucques et Raguse se présentent d'abord à l'observateur. On a dit que la démocratie convenait surtout aux petits Etats ; on s'exprimerait plus exactement si l'on disait que les petits Etats seuls peuvent la supporter ; mais l'aristocratie héréditaire leur convient parfaitement : voilà deux petits Etats, deux villes isolées au milieu d'un territoire imperceptible, paisibles, heureuses et distinguées par une foule de talents. Genève, avec sa démocratie turbulente, présente un objet intéressant de comparaison. Jetons ces *grains* politiques dans la balance, et voyons sans préjugé de quel côté se trouve plus de sagesse et de stabilité.

Il est prouvé, par la théorie et encore plus par l'expérience, que le gouvernement aristocratique héréditaire est peut-être le plus favorable à la masse du peuple ; qu'il a beaucoup de consistance, de sagesse et de stabilité, et qu'il s'adapte à des pays d'une étendue très-différente. Comme tous les gouvernements, il est bon partout où il est établi, et c'est un crime d'en dégoûter les sujets.

CHAPITRE IV.

DE LA DÉMOCRATIE.

La démocratie pure n'existe pas plus que le despotisme absolu. « A prendre le terme dans la rigueur de l'acception », dit très-bien Rousseau, « il n'a jamais existé de véritable démocratie, et il n'en existera jamais. Il est contre l'ordre naturel que le grand nombre gouverne et que le petit soit gouverné (1). »

L'idée d'un peuple entier souverain et législateur choque si fort le bon sens, que les politiques grecs, qui devaient s'entendre un peu en liberté, n'ont jamais parlé de la démocratie comme d'un gouvernement légitime, du moins lorsqu'ils veulent s'exprimer exactement. Aristote surtout définit la démocratie l'*excès de la république* (*politia*), comme le despotisme est l'excès de la monarchie (2).

S'il n'y a pas de démocratie proprement dite, on en peut dire autant du despotisme parfait, qui est de même

---

(1) *Contrat social*, liv. III, ch. IV.
(2) C'est la remarque d'un auteur anglais qui a recueilli de bons matériaux pour une histoire d'Athènes. Voir Young's *History of Athens*.

un être de raison. « C'est une erreur de croire qu'il y ait dans le monde une autorité unique, à tous égards despotique ; il n'y en a jamais eu et il n'y en aura jamais : le pouvoir le plus immense est toujours borné par quelque coin (1). »

Mais rien n'empêche que, pour se former des idées nettes, on ne considère ces deux formes de gouvernement comme deux extrêmes théoriques dont tous les gouvernements possibles s'approchent plus ou moins.

Dans ce sens strict, je crois pouvoir définir la démocratie : *une association d'hommes sans souveraineté.*

« Quand tout le peuple », dit Rousseau, « statue sur tout le peuple, il ne considère que lui-même... Alors la matière sur laquelle on statue est générale comme la volonté qui statue : c'est cet acte que j'appelle une LOI (2). »

Ce que Rousseau appelle éminemment *loi*, est précisément ce qui cesse de pouvoir en porter le nom.

Il y a sur l'origine des gouvernements un passage de Tacite qui mérite attention. Après avoir fait, comme un autre, l'histoire du siècle d'or et répété que le vice, en s'introduisant dans le monde, nécessita l'établissement d'une force publique, il ajoute : « Alors les souverainetés naquirent, et, pour une foule de peuples, elles n'ont point eu de fin. D'autres nations préférèrent des lois, ou

---

(1) Montesquieu, *Grandeur et décadence des Romains*, ch. XXII.

(2) *Contrat social*, liv. II, ch. VI.

d'abord, ou après qu'elles se furent dégoûtées des rois (1) ».

J'ai parlé ailleurs de l'opposition des rois et des lois : ce que j'observe ici, c'est qu'en opposant ainsi les souverainetés aux républiques, Tacite fait entendre qu'il n'y a pas de *souveraineté* dans les républiques. Son sujet ne le conduisait point à suivre cette idée, qui est très-juste.

Nul peuple comme nul individu ne pouvant posséder une puissance coercitive sur lui-même, s'il existait une démocratie dans sa pureté théorique, il est clair qu'il n'y aurait point de souveraineté dans cet Etat : car il est impossible d'entendre par ce mot autre chose qu'un pouvoir réprimant qui agit sur le *sujet* et qui, lui, est placé hors de lui. De là vient que ce mot de *sujet*, qui est un terme relatif, est étranger aux républiques, parce qu'il n'y a point de souverain proprement dit dans une république, et qu'il ne peut y avoir de *sujet* sans *souverain*, comme il ne peut y avoir de *fils* sans *père*.

Dans les gouvernements aristocratiques même, où la souveraineté est bien plus palpable que dans les démocraties, on évite cependant le mot *sujet*; et l'oreille trouve des mots plus légers qui ne renferment aucune exagération

---

(1) « Postquam exui æqualitas, et, pro modestia ac pudore, ambitio et vis incedebat, provenere dominationes, multosque apud populos æternum mansere. Quidam statim, aut postquam regum pertæsum, leges maluere. » (Tac., *Ann.*, III, 26.)

On trouve dans tous les pays du monde des associations volontaires d'hommes qui se sont réunis pour quelques vues d'intérêt ou de bienfaisance. Ces hommes se sont soumis volontairement à certaines règles qu'ils observent tant qu'ils le trouvent bon : ils se sont même soumis à certaines peines qu'ils subissent lorsqu'ils ont contrevenu aux statuts de l'association : mais ces statuts n'ont d'autre sanction que la volonté même de ceux qui les ont formés ; et dès qu'il se trouve des dissidents, il n'y a point parmi eux de force coercitive pour les contraindre

Il suffit de grossir l'idée de ces corporations pour se faire une idée juste de la véritable démocratie. Les ordonnances qui émaneraient d'un peuple constitué de cette manière seraient des règlements, et non des lois. La loi est si peu la volonté de tous, que *plus* elle est la volonté de *tous*, et *moins* elle est la *loi* : en sorte qu'elle cesserait d'être *loi*, si elle était, sans exception, l'ouvrage de *tous* ceux qui devraient lui obéir.

Mais comme la démocratie pure n'existe pas, l'état d'association purement volontaire n'existe pas non plus. On part seulement de ce pouvoir théorique pour s'entendre ; et c'est dans ce sens qu'on peut affirmer que la souveraineté naît au moment où le souverain commence à n'être pas *tout le peuple*, et qu'elle se renforce à mesure qu'elle est moins *tout le peuple*.

Cet esprit d'association volontaire est le principe constitutif des républiques ; il a nécessairement un germe primitif : il est *divin*, et personne ne peut le produire. Mêlé en plus ou en moins avec la souveraineté, base commune de tous les gouvernements, ce *plus* et ce *moins* forment les différentes *physionomies* des gouvernements non monarchiques.

L'observateur, et surtout l'observateur étranger qui vit dans les pays républicains, distingue fort bien l'action de ces deux principes. Tantôt il sent la souveraineté, et tantôt l'esprit de communauté qui lui sert de supplément ; la force publique agit moins et surtout se montre moins que dans les monarchies ; on dirait qu'elle se défie d'elle-même. Un certain esprit de famille, qu'il est plus aisé de sentir que d'exprimer, dispense la souveraineté d'agir dans une foule de circonstances où elle interviendrait ailleurs ; mille petites choses vont d'elles-mêmes, et, comme dit la phrase vulgaire, *sans savoir comment*, l'ordre et l'arrangement se montrent de toute part ; les propriétés communes sont respectées même par la pauvreté, et jusqu'à la propriété générale, tout donne à penser à l'observateur.

Un peuple républicain étant donc un peuple moins gouverné qu'un autre, on conçoit que l'action de la souveraineté doit être suppléée par l'esprit public, en sorte que, moins un peuple a de sagacité pour apercevoir ce qui est bon, et de vertu pour s'y porter de lui-même, moins il est fait pour la république.

On voit d'un coup d'œil tous les avantages et les désavantages de ce gouvernement ; dans ses beaux jours, il éclipse tout, et les merveilles qu'il enfante séduisent jusqu'à l'observateur de sang-froid qui pèse tout. Mais, d'abord, il n'est fait que pour de très-petits peuples, car la formation et la durée de l'esprit d'association sont difficiles, en raison directe du nombre des associés, ce qui n'a pas besoin de preuve.

En second lieu, la justice n'y a point cette marche calme et impassible que nous lui voyons communément dans la monarchie. La justice, dans les démocraties, est tantôt faible et tantôt passionnée ; on dit que, dans ces gouvernements, nulle tête ne peut braver le glaive de la loi. Cela signifie que la punition d'un coupable ou d'un accusé illustre étant une véritable jouissance pour la *plèbe*, qui se console ainsi de l'inévitable supériorité de l'aristocratie, l'opinion publique favorise puissamment ces sortes de jugements ; mais si le coupable est obscur, ou en général si le crime ne blesse ni l'orgueil ni l'intérêt immédiat de la majorité des individus du peuple, cette même opinion résiste à l'action de la justice et la paralyse.

Dans la monarchie, la noblesse n'étant qu'un prolongement de l'autorité royale, elle participe jusqu'à un certain point à l'inviolabilité du monarque, et cette immunité (toujours infiniment au-dessous de celle qui appartient au souverain) est graduée de manière qu'elle appartient à moins de personnes à mesure qu'elle est plus sensible (1).

---

(1) Ces nuances infinies, ces combinaisons admirables si fort au-dessus de tous les calculs humains, sont faites pour nous ramener constamment à la contemplation de cette force cachée qui a mis partout le *nombre*, le *poids* et la *mesure*. Dans

Dans la monarchie, l'immunité, différemment graduée, est pour le petit nombre ; dans la démocratie, elle est pour le grand.

Dans le premier cas, elle scandalise la plèbe ; dans le second cas, elle la rend heureuse. Je la crois bonne de part et d'autre : c'est-à-dire que je la crois un élément nécessaire de chaque gouvernement, ce qui revient au même, car ce qui constitue un gouvernement est toujours bon, du moins dans un sens absolu.

Mais lorsqu'on compare gouvernement à gouvernement, c'est autre chose. Il s'agit alors de mettre dans la balance les biens et les inconvénients qui résultent pour l'espèce humaine des différentes formes sociales.

C'est sous ce point de vue que je crois la monarchie supérieure à la démocratie dans l'administration de la justice, et je ne parle point seulement de la justice criminelle, mais de la justice civile. On remarque dans celle-ci la même faiblesse que dans l'autre.

---

le monde physique, nous sommes sans doute entourés de merveilles, mais les ressorts sont aveugles, et les lois raides. Dans le monde moral ou politique, l'admiration s'exalte jusqu'au ravissement, lorsqu'on réfléchit que les lois de cet ordre, non moins sûres que les lois physiques, ont en même temps une souplesse qui leur permet de se combiner avec l'action des agents libres qui opèrent dans cet ordre de choses. C'est une montre, dont toutes les pièces varient continuellement dans leurs forces et leurs dimensions, et qui marque toujours l'heure exactement.

Le magistrat n'est pas assez supérieur au citoyen ; il a l'air d'un arbitre plutôt que d'un juge ; et, forcé de garder des ménagements même lorsqu'il fait parler des lois, on voit qu'il ne croit pas à sa propre puissance; il n'est fort que de l'adhésion de ses égaux, parce qu'il n'y a point de souverain, ou que le souverain ne l'est pas assez.

De là vient en particulier que la monarchie est le seul gouvernement où l'étranger soit l'égal du citoyen devant les tribunaux. Dans les républiques, rien n'égale l'iniquité, ou, si l'on veut, l'impuissance des tribunaux, lorsqu'il s'agit de décider entre l'étranger et le citoyen ; plus la république est démocratique, plus cette impuissance est frappante. Quel homme voisin d'un de ces Etats n'a pas dit mille fois : « *Il est impossible d'obtenir justice contre ces gens-là !* » C'est que moins la souveraineté est séparée du peuple, et moins elle existe, s'il est permis de s'exprimer ainsi ; c'est que les associés souffrent bien qu'on fasse justice entre eux, du moins autant que l'intérêt de chaque individu l'exige rigoureusement ; mais ils la refusent impunément à l'étranger, celui-ci ne pouvant la demander au souverain qui n'existe pas, ou qui n'existe pas tout entier.

Ce qui trompe un grand nombre d'observateurs superficiels, c'est qu'on prend souvent la *police* pour la *justice*. Il ne faut point être la dupe d'une certaine pédanterie règlementaire dont le peuple est fou, parce qu'elle lui sert à impatienter les riches. Dans une ville où on est mis à l'amende pour avoir mené un cheval au trot, on peut tuer un homme impunément, pourvu que l'assassin soit né dans une boutique.

« Cromwell », dit Rousseau, « eût été mis aux sonnettes par le peuple de Berne, et le duc de Beaufort à la discipline par les Génevois (1). »

Rousseau se trompe de deux manières : s'il naissait un Cromwell à Berne, il serait mis aux sonnettes, non par le *peuple*, mais par *leurs Excellences les souverains seigneurs du Canton*, ce qui n'est pas tout à fait synonyme.

Quant à Genève, une poignée d'hommes qui ne sont pas des *ducs de Beaufort*, mais de vils scélérats, la honte et le rebut de l'espèce humaine, viennent d'y mettre *à la discipline*, au pied de la lettre, les honnêtes gens qu'ils n'ont pas égorgés ; et la preuve que les brouillons et les *roi de la halle* n'ont jamais pu y être réprimés aussi aisément que l'assure Rousseau, c'est que lui, Rousseau, n'a jamais été mis *à la discipline*, et qu'il a pu toujours, sain et sauf, être, à Genève, un détestable citoyen et perdre sa patrie impunément.

En général, la justice est toujours faible dans les démocraties lorsqu'elle marche seule, et toujours cruelle ou étourdie lorsqu'elle s'appuie sur le peuple.

Quelques politiques ont prétendu qu'un des beaux côtés du gouvernement républicain était la sagacité que possède le peuple pour ne confier l'exercice de son autorité qu'à des hommes qui en sont dignes. Personne, disent-ils, ne choisit mieux que le peuple : lorsqu'il

---

(1) *Contrat social*, l. IV, ch. 1.

s'agit de ses intérêts, rien ne peut le séduire, le mérite seul le détermine.

Je ne sais s'il n'y a pas beaucoup d'illusion dans cette idée ; la démocratie ne pourrait subsister un instant si elle n'était tempérée par l'aristocratie, et surtout par l'aristocratie héréditaire, plus indispensable peut-être dans ce gouvernement que dans le monarchique. Le simple droit de voter dans une république ne donne ni lustre ni puissance. Lorsque Rousseau nous fait part, dans le préambule du *Contrat social*, que, en sa qualité de citoyen d'un Etat libre, il est *souverain* pour sa part, une contraction subite dans les muscles ricaneurs se fait d'abord sentir au lecteur le plus bénévole ; on ne compte dans une république qu'à mesure que la naissance, les alliances et les grands talents vous donnent de l'influence ; celui qui n'est que simple citoyen n'est réellement rien. Les hommes de cette classe à Athènes étaient si nuls, qu'ils refusaient de se trouver au Conseil ; il fallut menacer d'une amende ceux qui s'en dispensaient ; il fallut enfin leur promettre un salaire, ou, pour mieux dire, une *aumône* de trois oboles, pour les engager à venir compléter sur la place le nombre de citoyens prescrit par la loi, ce qui devait amuser infiniment les *Pentacosiomédimnes* (1). On rencontre souvent, dans les comé-

---

(1) « Solon voulant que les offices et magistratures demeurassent entre les mains des riches citoyens... il fit une générale estimation des biens de chaque particulier ; et de ceux

dies d'Aristophane, des plaisanteries sur ces souverains à tant par séance, et rien n'est plus connu dans l'histoire que le *Triobolon dicasticon*.

La masse du peuple influe donc très-peu sur les élections, comme sur les autres affaires. C'est l'aristocratie qui choisit, et, comme on sait, elle choisit fort bien. Lorsque la foule se mêlait des affaires, c'était par une espèce d'insurrection, nécessaire quelquefois pour arrêter l'action trop rapide de l'aristocratie, mais toujours très-dangereuse et produisant les effets les plus terribles. « Qu'on juge », dit Rousseau, « de l'embarras que causait quelquefois la foule, par ce qui arriva du temps des Gracques, où une partie des citoyens donnait son suffrage de dessus les toits (1). » Il aurait dû remarquer que, lorsqu'on opine sur les toits, on s'égorge dans les rues, et qu'à l'époque des Gracques la République romaine n'existait plus. Dans les temps calmes, le peuple se laisse mener par ses chefs : c'est alors qu'il est sage, parce qu'il agit peu ; c'est alors qu'il choisit fort bien, parce qu'on choisit pour lui. Lorsqu'il se contente de la puissance qu'il tient de la Constitution, et que, sans oser, pour ainsi dire, la mettre en usage, il s'en repose sur les lumières et la sagesse de l'aristocratie ; lorsque,

---

qui se trouvèrent avoir de revenu annuel jusqu'à la quantité de 500 minots et au-dessus, tant en grains qu'en fruits liquides, il en fit le premier ordre et les appela les *Pentacosiomédimnes*. » (Plutarque, *in Sol.*)

(1) *Contrat social*, liv. III, ch. xv.

d'un autre côté, les chefs, suffisamment contenus par la crainte de se voir privés de l'exercice du pouvoir, en usent avec une sagesse qui justifie la confiance, c'est alors que les républiques brillent. Mais lorsqu'on perd ce respect d'un côté, et cette crainte de l'autre, l'Etat marche à grands pas vers sa ruine.

Rousseau, en balançant les avantages des gouvernements monarchique et républicain, n'a pas manqué de saisir et d'exagérer à sa manière la supériorité de ce dernier, quant aux choix des personnes qui occupent les places.

« Un défaut essentiel et inévitable », disait-il, « qui mettra toujours le gouvernement monarchique au-dessous du républicain, est que dans celui-ci la voix publique n'élève presque jamais aux premières places que des hommes éclairés et capables, qui les remplissent avec honneur; au lieu que ceux qui parviennent dans les monarchies ne sont le plus souvent que de petits brouillons, de petits fripons, de petits intrigants, à qui les petits talents, qui font dans les cours parvenir aux grandes places, ne servent qu'à montrer au public leur ineptie, aussitôt qu'ils y sont parvenus (1). »

Je ne doute pas que, dans une république, on ne fît mettre au carcan un garçon horloger qui sortirait de son *échoppe* pour traiter les premiers hommes de l'Etat, de *petits brouillons*, de *petits intrigants*, de *petits fripons*, etc.

---

(1) *Contrat social*, liv. III, ch. vi.

Mais dans une monarchie on est moins susceptible : on s'amuse d'une espèce pareille comme d'un saltimbanque ou d'un singe ; on peut même lui permettre d'imprimer ses livres dans la capitale, mais c'est pousser l'indulgence trop loin (1).

Voyons cependant ce qu'il peut y avoir de vrai dans cette diatribe ; car enfin si le fond était vrai, la forme serait moins répréhensible.

Le plus ancien des historiens profanes s'est montré plus loyal que Rousseau à l'égard d'une monarchie qu'il ne devait pas aimer.

« Les Perses », dit-il, « estiment beaucoup les belles actions ; et chez eux c'est le plus sûr moyen de parvenir aux plus grands honneurs (2). »

On voit qu'à la cour même du GRAND ROI, les petits fripons n'excluaient point les hommes de mérite ; mais, pour généraliser la thèse, je voudrais d'abord qu'on expliquât par quelle magie ces réunions prodi-

---

(1) Le gouvernement français s'est donné de grands torts en fermant trop les yeux sur de pareils excès : il en a coûté le trône et la vie à l'infortuné Louis XVI. « Les livres ont tout fait, » dit Voltaire. Sans doute parce qu'on a laissé faire tous les livres.

(2) Hérodote, liv. III, § 154, trad. de M. Larcher. Ailleurs encore il dit : « De tous les hommes que je connais, il n'y en a point qui soient plus dans l'usage d'honorer ceux qui se distinguent par leur valeur que les Perses. (*Ibid.*, liv. VII, § 238.)

gieuses de talents qui ont illustré différents siècles, ont toujours jeté leur éclat sous l'influence d'un seul homme.

Alexandre, Auguste, Léon X, les Médicis, François Ier, Louis XIV, la reine Anne, ont recherché, employé, récompensé plus de grands hommes dans tous les genres, que toutes les républiques de l'univers ensemble.

C'est toujours un homme qui a donné son nom à son siècle ; et ce n'est que par le choix des hommes qu'il a pu mériter cet honneur.

Quel spectacle est comparable à celui du siècle de Louis XIV ? Souverain absolu et presque adoré, personne sans doute ne le gênait dans la distribution des grâces ; et quel homme choisit mieux les hommes ?

Colbert régissait ses finances ; les talents terribles de Louvois présidaient à la guerre ; Turenne, Condé, Catinat, Luxembourg, Berwick, Créqui, Vendôme, Villars, conduisaient ses armées de terre ; Vauban ceignait la France ; Dugay-Trouin, Tourville, Jean Bart, Duquesne, Forbin d'Oppède, d'Estrées, Renaud commandaient ses flottes ; Talon, Lamoignon, d'Aguesseau étaient assis sur ses tribunaux ; Bourdaloue et Massillon prêchaient devant lui ; l'épiscopat reçut de sa main ce même Massillon, Fléchier, Bossuet, et ce grand Fénelon, l'honneur de la France, l'honneur de son siècle, l'honneur de l'humanité. Dans ses académies *royales*, les talents rassemblés sous sa protection brillaient d'un éclat unique ; c'est lui qui rendit la France la véritable patrie des talents dans tous les genres, l'arbitre de la renommée, la distributrice de la gloire.

On dira peut-être que le hasard ayant placé sous sa main une foule de grands hommes, il n'eut pas même le mérite du choix. Quoi donc ? est-ce qu'on imagine que son siècle manqua d'hommes médiocres, se croyant propres à tout, et demandant tout ? Cette espèce pullule de toutes parts et à toutes les époques . . . . . .

. . . .

Rousseau vivait à Paris sous le règne déplorable de Louis XV : il assistait, pour ainsi dire, à l'agonie de la France. Sur quelques brevets distribués par Mme de Pompadour, il se dépêcha d'écrire que, *dans les monarchies*, on ne voyait arriver aux grandes places que de *petits brouillons*, de *petits fripons*, de *petits intrigants*. Il ne faut pas s'en étonner : cet homme ne voyait jamais qu'un point.

Je ne veux point nier cependant que le gouvernement monarchique ne soit plus exposé qu'un autre à se tromper sur le choix des personnes ; mais les déclamations éternelles sur les erreurs de l'aveugle protection sont bien moins fondées qu'on ne l'imagine communément. D'abord, si vous écoutez l'orgueil, les rois choisissent toujours mal, car il n'y a pas de mécontent qui ne se préfère sans façon à l'heureux élu ; d'ailleurs, on accuse trop souvent les princes lorsqu'il ne faudrait accuser que les peuples. Dans des temps de dégradation universelle, on se plaint que le mérite ne parvient pas ; mais où est-il donc, ce mérite oublié ? On est tenu de le montrer avant d'accuser le gouvernement. Sous les deux derniers règnes français, on a vu certainement des hommes fort médiocres revêtus de charges importantes; mais à quels hommes de mérite étaient-ils donc préférés? Aujourd'hui qu'une révolution, la plus complète qui fut jamais, a brisé toutes les chaînes qui pouvaient tenir les talents captifs, où sont-ils? Vous les trouverez peut-être, joints à la profonde immoralité; mais les talents de cette espèce, c'est l'esprit même conservateur des empires qui les éloignait des grandes places. D'ailleurs, comme l'a fort bien dit un écrivain sacré, « *il y a une certaine habileté qui n'est que pour le mal* (1). » C'est ce talent qui brûle la France depuis cinq ans (2). Parmi les hommes même les plus marquants, qui ont paru sur ce théâtre baigné de sang et de pleurs, si l'on examine bien, on ne trouvera point ou l'on trouvera peu de véritables talents politiques. Ils ont très-bien fait le mal, c'est tout l'éloge qu'on peut faire d'eux! Heureusement les plus fameux ont écrit, et lorsque toutes les passions se seront endormies dans la tombe, la postérité lira, dans ces pages indiscrètement tracées, que les erreurs les plus monstrueuses dominèrent ces hommes orgueilleux, et que le gouvernement antérieur, qui les repoussait, qui les enchaînait, qui les punissait, combattait sans le savoir pour sa conservation.

C'est donc parce que la France dégénérait, c'est parce que les talents y manquaient, que les rois semblaient

---

(1) *Eccli.* XXI, 15.
(2) Cette date fixe celle de cet ouvrage. (*Note de l'édit.*)

trop accueillir la médiocrité présentée par l'intrigue. Il y a une erreur bien grossière, dans laquelle néanmoins nous tombons journellement sans nous en apercevoir. Quoique nous reconnaissions la main cachée qui conduit tout, telle est cependant l'illusion qui résulte de l'action des causes secondes, que nous raisonnons assez communément comme si elle n'existait pas. Lorsque nous contemplons les jeux de l'intrigue autour des trônes, les mots de *hasard*, de *bonheur*, de *malheur*, de *chance*, etc., se présentent assez naturellement, et nous les prononçons un peu vite sans nous apercevoir qu'ils n'ont point de sens.

L'homme est libre sans doute; l'homme peut se tromper, mais pas assez pour déranger les plans généraux. Nous sommes tous attachés au trône de l'Éternel par une chaîne souple qui accorde l'*automatie* des agents libres avec la suprématie divine. Un tel roi peut, sans contredit, éloigner à une telle époque un véritable talent d'une place faite pour lui, et cette faculté malheureuse peut s'étendre plus ou moins ; mais, en général, il y a une force secrète qui porte chaque *individu* a sa place : autrement l'État ne pourrait subsister. Nous reconnaissons dans la plante une puissance inconnue, une force plastique, essentiellement *une*, qui produit et qui conserve, qui marche invariablement à son but, qui s'approprie ce qui lui sert, qui rejette ce qui lui nuit, qui porte jusque dans la dernière fibrille de la dernière feuille le suc dont elle a besoin, et combat de toutes ses forces les maladies du corps végétal. Cette force est plus visible encore et plus admirable dans le régime animal !

Aveugles que nous sommes ! comment pouvons-nous croire que le corps politique n'a pas aussi sa loi, son âme, sa force plastique, et que tout flotte au gré des écarts de l'ignorance humaine ? Si le mécanisme moral des empires se manifestait à nos yeux, nous serions détrompés d'une foule d'erreurs : nous verrions, par exemple, que tel homme qui nous paraît fait pour telle place est une *maladie* que la force vitale repousse à la surface, tandis que nous déplorons le *malheur* qui l'empêche de s'insinuer dans les sources de la vie. Ces mots de *talent* et de *génie* nous trompent tous les jours ; souvent ces qualités ne sont pas où nous croyons les voir, et souvent aussi elles appartiennent à des hommes dangereux.

Quant à ces rares époques où les empires doivent périr, elles sortent visiblement du cercle ordinaire des évènements. Alors toutes les règles ordinaires étant suspendues, les fautes du gouvernement qui va se dissoudre ne prouvent rien contre ce genre de gouvernement. Ce sont simplement des symptômes de mort, et rien de plus : tout doit périr pour faire place à de nouvelles créations ;

> Et rien, afin que tout dure,
> Ne dure éternellement. (MALHERBE.)

Il faut se soumettre ; mais dans le cours ordinaire des choses, j'invite les sujets des monarchies à mettre la main sur la conscience, et à se demander s'ils connaissent beaucoup de véritables talents, et de talents purs, méconnus ou repoussés par le souverain. S'ils veulent écouter la réponse de leur conscience, ils apprendront à se contenter des biens qu'ils possèdent, au lieu d'envier les perfections imaginaires des autres gouvernements.

Ne dirait-on pas, à entendre parler les fauteurs de la démocratie, que le peuple délibère comme un sénat de sages, tandis que les meurtres juridiques, les entreprises hasardées, les choix extravagants, et surtout les guerres folles et désastreuses sont éminemment l'apanage de cette espèce de gouvernement.

Mais qui jamais a dit plus de mal de la démocratie que Rousseau, qui décide nettement qu'elle n'est faite que pour un peuple de dieux (1)?

Reste à savoir comment un gouvernement, qui n'est fait que pour *des dieux*, est cependant proposé à *des hommes* comme seul gouvernement légitime : car si ce n'est pas le sens du contrat social, le contrat social n'a point de sens (2).

---

(1) *Contrat social*, liv. III, ch. IV.

(2) Qu'on ne dise point que Rousseau reconnaît expressément d'autres gouvernements pour légitimes : il ne faut point être la dupe des mots ; lui-même a pris la peine de nous tracer sa profession de foi. « Tout gouvernement légitime, » dit-il, « est républicain. » (Liv. II, ch. VI.) Et, pour éviter toute équivoque, voici la note : « Je n'entends pas seulement par ce mot de *gouvernement* une aristocratie ou une démocratie, mais en général tout gouvernement guidé par la volonté générale qui est la loi. Pour être légitime, il ne faut pas que le gouvernement se confonde avec le souverain, mais

Mais ce n'est pas tout. « Que de choses, » dit-il, « difficiles à réunir ne suppose pas ce gouvernement ! Premièrement, un Etat très-petit, où le peuple soit facile à rassembler, et où chaque citoyen puisse aisément connaître tous les autres ; secondement une grande simplicité de mœurs qui prévienne la multitude d'affaires et de discussions épineuses ; ensuite beaucoup d'égalité dans les rangs et dans les fortunes, sans quoi l'égalité ne saurait subsister longtemps dans les droits et l'autorité ; enfin, peu ou point de luxe (1). »

Je ne considère dans ce moment que la première de ces conditions : si la démocratie ne convient qu'à de très-petits Etats, comment cette forme de gouvernement peut-elle être proposée comme l'unique forme de gouvernement légitime, et, s'il est permis de s'exprimer ainsi, comme une *formule* qui doit résoudre toutes les questions politiques ?

Rousseau n'est point embarrassé de cette difficulté. « Il ne faut point, » dit-il, « objecter l'abus des grands Etats à celui qui n'en veut que de petits, » c'est-à-dire :

« Moi Jean-Jacques Rousseau, je déclare solennellement, afin que personne ne puisse l'ignorer, que JE NE VEUX point de grand empire. S'il y a eu, dans l'uni-

---

qu'il en soit le ministre. Alors la monarchie elle-même est république. » (*Ibid.*) Ainsi partout où la loi n'est pas l'expression de la volonté de *tout* le *peuple*, le gouvernement n'est pas légitime... Il faut s'en souvenir.

(1) *Contrat social*, liv. III, ch. XIII.

vers, des Babyloniens, des Mèdes, des Perses, des Macédoniens, des Romains, des Tartares, etc., tous ces peuples furent des abus, qui n'eurent lieu que parce que je n'y étais pas. *Je ne veux point* de ces peuples *si difficiles à rassembler.* En vain l'unité de langue démontre l'unité naturelle de ces grandes familles ; en vain la disposition des côtes maritimes, des fleuves et des montagnes forme de vastes bassins visiblement destinés à contenir ces nations ; en vain l'expérience de tous les siècles achève de démontrer l'intention du Créateur. Je ne m'embarrasse ni de la métaphysique, ni de la géographie, ni de l'histoire. *Je ne veux point de grands Etats.* J'étends mon cordeau philosophique sur la surface du globe ; je la divise comme un échiquier, et, au milieu de chaque carreau de 2,000 toises en tous sens, je bâtis une jolie ville de Genève que je remplis de *dieux* pour plus de sûreté. »

Ce ton est permis, sans doute, lorsqu'on s'élève contre des erreurs si fort au-dessus d'une réfutation sérieuse. Je ne sais pourquoi, au reste, Rousseau a bien voulu convenir que le gouvernement démocratique entraîne quelques petits abus ; il avait trouvé un moyen bien simple de le justifier : c'est de n'en juger que par ses perfections théoriques, et de regarder les maux qu'il produit comme de petites anomalies sans conséquences, qui ne méritent point de fixer l'œil de l'observateur.

« La volonté générale, » dit-il, « est toujours droite et tend toujours à l'utilité publique ; mais les délibérations du peuple n'ont pas toujours la même rectitude... Jamais on ne corrompt le peuple ; mais souvent on le trompe, et c'est alors seulement qu'il paraît vouloir ce qui est mal (1). »

Bois, Socrate, bois ! et console-toi avec ces distinctions : le bon peuple d'Athènes *paraît* seulement vouloir ce qui est mal.

Tel est l'esprit de parti : il ne veut pas voir, où il ne veut voir qu'un côté. Ce ridicule se montre surtout d'une manière frappante dans les éloges outrés que Rousseau et ses disciples ont faits de la démocratie et surtout de la démocratie antique.

Je me rappelle avoir lu, dans un de ces panégyriques, que « la supériorité du gouvernement populaire sur celui d'un seul est décidée par la supériorité seule de l'intérêt qu'inspire l'histoire des républiques, comparée à celle des monarchies. »

C'est toujours la même illusion. La démocratie ne pouvant subsister qu'à force de vertus, d'énergie et d'esprit public, si une nation a reçu du Créateur l'aptitude à ce gouvernement, il est certain que, dans les temps de sa vigueur, elle doit, par la nature même des choses, enfanter un groupe éblouissant de grands hommes dont les hauts faits donnent à l'histoire un charme et un intérêt inexprimables.

Il y a d'ailleurs dans les gouvernements populaires plus d'action, plus de mouvement, et le mouvement est la vie de l'histoire.

---

(1) *Contrat social*, liv. II, chap. III.

Malheureusement le bonheur des peuples est dans le repos, et presque toujours le plaisir du lecteur est fondé sur leurs souffrances.

Répétons-le, parce que rien n'est plus vrai : rien n'égale les beaux jours des républiques ; mais c'est un éclair. D'ailleurs, en admirant les beaux effets de ce gouvernement, il faut aussi tenir compte des crimes et des folies qu'il a enfantés, même dans ses temps heureux, car l'influence des sages ne suffit pas toujours, à beaucoup près, pour y comprimer l'action désordonnée du peuple.

Ne vaut-il pas mieux être Miltiade que le favori du plus grand monarque de l'univers ? Oui, sans doute, le jour de la bataille de Marathon. Mais, un an après, le jour où ce grand homme fut jeté en prison pour y finir ses jours, la question devient douteuse.

Aristide et Cimon furent bannis ; Thémistocle et Timothée moururent dans l'exil ; Socrate et Phocion burent la ciguë. Athènes n'épargna pas un de ses grands hommes.

Je ne veux point nier que les Athéniens n'aient été admirables à certains égards ; mais je crois aussi, avec un ancien, qu'on les a trop admirés (1). Quand je lis

---

(1) « Atheniensium res gestæ sicut ego existimo satis amplæ magnificæque fuere ; verum aliquanto minores tamen quam fama feruntur. » (Sall., *Cat. VIII.*) Par exemple, en admirant les héros de Platée, des Thermopyles et de Salamine, il est permis de se rappeler l'exclamation de César sur le

l'histoire de ce « peuple léger, soupçonneux, violent, haineux, jaloux du pouvoir (1), » et ne sachant presque jamais s'en servir, je penche beaucoup pour le sentiment de Voltaire qui appelait la démocratie athénienne : *le gouvernement de la canaille* (2).

Condorcet n'était pas moins ennemi de ce gouvernement et de tous ceux qui lui ressemblaient. Il s'est plaint du « pédant Mably qui allait toujours chercher

---

champ de bataille où il venait d'écraser en se jouant les hordes de l'Asie : « Heureux Pompée ! quels ennemis tu as eu à combattre ! »

(1) « Populus acer, suspicax, mobilis, adversarius, invidus potentiæ. » (Corn. Nep., in Timoth. III.)

(2) « Quand je vous suppliais d'être le restaurateur des beaux-arts de la Grèce, ma prière n'allait pas jusqu'à vous conjurer de rétablir la démocratie athénienne : *je n'aime point le gouvernement de la canaille*. Vous auriez donné le gouvernement de la Grèce à M. de Lentulus, ou à quelque autre général qui aurait empêché les nouveaux Grecs de faire autant de sottises que leurs ancêtres. » (Voltaire au roi de Prusse, 28 octobre 1773. *Œuvres de Voltaire*, in-12, t. 86, p. 51.)

Pour le dire en passant, je ne sais pourquoi on s'est obstiné à faire de cet homme un des saints de la Révolution française, dont il n'aurait aimé que le côté irréligieux. Il l'a faite en grande partie, et cependant il l'aurait abhorrée. Jamais il n'existera d'hommes, je ne dis pas seulement plus orgueilleux, mais plus vaniteux et plus ennemi de toute espèce d'égalité.

ses exemples dans les anarchies despotiques de la Grèce (1). »

Et véritablement c'est une grande erreur que de raisonner trop en politique par les exemples que nous a laissés l'antiquité. C'est en vain qu'on voudrait faire de nous des Athéniens, des Lacédémoniens ou des Romains. Peut-être faut-il dire : « *Nos sumus argillæ deterioris opus ;* » tout au moins s'ils n'étaient pas meilleurs, ils étaient différents. *L'homme est toujours le même,* dit-on souvent. C'est bientôt dit ; mais le politique réfléchi ne se décide pas par ces beaux axiomes dont on connaît le néant, lorsqu'on en vient à l'examen des cas particuliers. Mably dit quelque part : « *C'est Tite-Live qui m'a appris tout ce que je sais en politique.* » C'est assurément beaucoup d'honneur pour Tite-Live ; mais j'en suis fâché pour Mably.

---

(1) Condorcet, *Vie de Voltaire*. Paris, in-16, 1791, p. 299. — Mably étant aussi un des oracles du jour, il est bon de le faire juger *par ses pairs*.

CHAPITRE V.

DE LA MEILLEURE ESPÈCE DE SOUVERAINETÉ.

« Quand on demande absolument quel est le meilleur gouvernement, on fait une question insoluble comme indéterminée ; ou, si l'on veut, elle a autant de bonnes solutions qu'il y a de combinaisons possibles dans les positions absolues et relatives des peuples (1). »

Cette observation de Rousseau ne souffre pas de réplique, il a consacré la moitié de son livre à réfuter l'autre ; mais, en vérité, il s'est donné trop de peine, ce peu de lignes suffisaient.

Il a fort bien vu qu'il ne fallait jamais demander quel est le meilleur gouvernement en général, puisqu'il n'y en a pas qui convienne à tous les peuples. Chaque nation a le sien, comme elle a sa langue et son caractère, et ce gouvernement est le meilleur pour elle.

D'où il suit évidemment que toute la théorie du contrat social est un rêve de collège.

On ne l'aura jamais assez répété : « Il y a autant de bons gouvernements qu'il y a de combinaisons possi-

---

(1) *Contrat social*, liv. III, ch. IX.

bles dans les positions absolues et relatives des peuples. »

Comme aucune de ces combinaisons ne dépend des hommes, il s'ensuit que le consentement des peuples n'entre pour rien dans la formation des gouvernements.

« Mais si l'on demandait à quel signe on peut connaitre qu'un peuple donné est bien ou mal gouverné, ce serait une autre chose, et la question de fait pourrait se résoudre (1). »

On ne saurait mieux dire : la question n'est jamais de savoir quel est le meilleur gouvernement, mais quel est le peuple le mieux gouverné suivant les principes de son gouvernement.

C'est précisément cette question, l'unique raisonnable, que Rousseau a traitée avec sa légèreté ordinaire.

« Quelle est, » dit-il, « la fin de l'association politique ? — C'est la conservation et la prospérité de ses membres. »

Jusque-là, fort bien.

« Et quel est, » continue-t-il, « le signe le plus sûr qu'ils » — les membres du corps politique — « se conservent et prospèrent ? C'est leur nombre et leur population. Le gouvernement sous lequel....., les citoyens peuplent et multiplient davantage est infailliblement le meilleur ; celui sous lequel un peuple diminue et dépérit

---

(1) *Contrat social*, liv. III, ch. IX.

est le pire. Calculateurs, c'est maintenant votre affaire ; comptez, mesurez, comparez (1). »

Rien de si superficiel, rien de si louche, rien de plus mal raisonné que tout ce morceau.

Rousseau vient de dire qu'on ne peut demander : « Quel est le meilleur gouvernement ; » que cette question est *insoluble* comme *indéterminée*. Et maintenant, dans le même chapitre, le voilà qui nous dit que le *meilleur gouvernement* est celui qui *peuple* le plus, et que le *pire* est celui sous lequel un peuple *diminue* et *dépérit*; il y a donc un *bon* et un *mauvais* gouvernement absolu. Qu'on accorde, si l'on peut, Rousseau avec lui-même.

Dira-t-on que, dans la seconde partie du chapitre, il ne compare point une nation à une autre nation, mais une nation à elle-même, en la considérant à différentes époques ?

Dans cette supposition, Rousseau veut dire que lorsqu'un peuple se multiplie, c'est une marque qu'il est *bien* gouverné, et que si ce peuple *dépérit*, c'est une marque qu'il est *mal* gouverné : c'est-à-dire que dans le premier cas on *suit*, et que dans le second on *viole* les principes du gouvernement, qui est le meilleur pour ce peuple donné. A la bonne heure ! Mais dans ce cas, il faut avouer que l'énoncé d'une vérité aussi triviale est d'un ridicule rare ; et ce ridicule devient réellement

---

(1) *Ibid.*

ineffable lorsqu'on songe que cette belle découverte est précédée d'un reproche hautain adressé à tous les publicistes qui n'ont pas voulu convenir de cette règle infaillible pour juger les gouvernements (1).

En un mot, si Rousseau veut dire qu'il y a des gouvernements essentiellement *mauvais* qui tuent les hommes, et d'autres essentiellement *bons* qui les multiplient, il dit une absurdité, et il se contredit de plus, évidemment. S'il entend qu'un peuple donné est mal gouverné lorsqu'il dépérit ou qu'il languit au degré le plus bas de la population, et qu'il est bien gouverné, au contraire, lorsque sa population augmente ou se soutient au plus haut terme, il dit une niaiserie : on n'a qu'à choisir.

On peut conclure, au reste, de ce que Rousseau avance sur la population, qu'il était aussi profond en économie politique, qu'en métaphysique, en histoire et en morale.

La population n'est pas le thermomètre unique de la prospérité des états ; il faut qu'elle soit jointe au bien-être et à la richesse du peuple, il faut que la population soit *riche* et *disponible*. Un peuple dont la population serait portée au plus haut degré possible, et dont chaque individu ne possèderait par conséquent que le nécessaire rigoureux, serait un peuple faible et malheu-

---

(1) « Pour moi je m'étonne toujours qu'on méconnaisse un signe aussi simple, ou qu'on ait la mauvaise foi de n'en pas convenir... N'allez pas chercher ailleurs ce signe tant disputé, » (*Contrat social, ibid.*)

reux; la moindre secousse politique l'accablerait de calamités. Une nation de quinze millions d'hommes peut être non-seulement plus heureuse, ce qui n'a pas besoin de preuve, mais plus puissante qu'une autre nation de vingt millions : c'est ce que les économistes ont parfaitement prouvé, et M. Young vient de le confirmer par de nouvelles observations, dans un ouvrage également précieux par les vérités qu'il établit et par les erreurs qu'il rétracte (1).

---

(1) *Voyage agronomique de France.*

CHAPITRE VI.

CONTINUATION DU MÊME SUJET.

Le meilleur gouvernement pour chaque nation est celui qui, dans l'espace de terrain occupé par cette nation, est capable de procurer la plus grande somme de bonheur et de force possible, au plus grand nombre d'hommes possible, pendant le plus longtemps possible. J'ose croire qu'on ne peut se refuser à la justesse de cette définition; et c'est en la suivant qu'il est possible de comparer les nations sous le rapport de leurs gouvernements. En effet, quoiqu'on ne puisse demander absolument : *Quel est le meilleur gouvernement*, rien n'empêche de demander *quel est le peuple relativement le plus nombreux, le plus fort, le plus heureux, depuis plus longtemps, par l'influence du gouvernement qui lui convient.*

Par quelle bizarrerie ne veut-on point employer, dans l'étude de la politique, la même manière de raisonner et les mêmes analogies générales qui nous conduisent dans l'étude des autres sciences ?

Toutes les fois qu'il s'agit, dans les recherches physiques, d'estimer une force variable, on la ramène à une quantité moyenne. Dans l'astronomie, en particulier, on parle toujours de *distance moyenne* et de *temps moyen*.

Pour juger le mérite d'un gouvernement, il faut opérer de même.

Un gouvernement quelconque est une force variable, qui produit des effets variables comme elle, dans l'étendue de certaines limites ; pour en juger, il ne faut point l'envisager dans un moment donné ; il faut l'embrasser dans sa période entière. Ainsi, pour juger sainement la monarchie française, il faut faire une somme des vertus et des vices de tous les rois de France, et diviser par 66 : le résultat est un *roi moyen ;* et il en faut dire autant de toutes les autres monarchies.

La démocratie a un moment brillant, mais c'est un moment, et il faut le payer cher. Les beaux jours d'Athènes peuvent, j'en conviens, inspirer des désirs au sujet d'une monarchie, languissant à telle ou telle époque sous le sceptre d'un roi inepte ou méchant : on se tromperait néanmoins prodigieusement, si, en comparant moment à moment, on prétendait établir la supériorité de la démocratie sur la monarchie, parce que, dans ce jugement, on néglige, entre autres, la considération de la durée, qui est un élément nécessaire de ces sortes d'estimations.

En général, tous les gouvernements démocratiques ne sont que des météores passagers, dont le brillant exclut la durée.

Les républiques aristocratiques ont plus de consistance parce qu'elles se rapprochent de la monarchie, et que la masse du peuple n'y joue aucun rôle. Sparte fut dans ce genre un phénomène admirable. Cependant, avec des institutions uniques, à la portée seulement d'un peuple extraordinaire, avec une certaine royauté, avec une aristocratie forte et imposante, avec un territoire très-resserré, avec l'esclavage le plus dur, admis comme un élément du gouvernement, celui de Sparte ne dura que la moitié du temps, à peu près, qu'a duré le royaume de France jusqu'à nos jours.

Examinons encore, avant de quitter les anciens, le gouvernement le plus fameux de l'univers, celui de Rome.

Comptons, en nombres ronds, 700 ans de la fondation de Rome à la bataille d'Actium : les sept rois occupent d'abord 244 ans de cette période ; restent 456 ans pour la république. Mais sa vieillesse fut affreuse : quel homme aurait le front d'appeler libre le gouvernement qui vit les Gracques, les triumvirs et les proscriptions ? Ferguson, dans son Histoire romaine, observe, avec raison, que le siècle des Gracques produisit seul plus d'horreurs que l'histoire d'aucune autre nation de l'univers n'en présente dans un pareil espace de temps. — (Il n'avait pas vu la Révolution française !...)

La sédition des Gracques se place l'an 621 de la fondation de Rome ; restent donc 377 ans pour le gouvernement qui pourrait s'appeler *République :* c'est un instant, et néanmoins il s'en fallait de beaucoup que ce gouvernement fût une démocratie. Le premier mérite d'une constitution politique consiste dans l'étendue de sa durée possible : c'est donc mal raisonner que de la juger par ses effets à une époque déterminée. Qu'un mécanisme simple et même grossier produise quatre pouces d'eau pour l'irrigation d'une prairie ou pour tout autre objet intéressant, et que le mécanicien le plus habile vienne proposer une autre machine qui fournira le double, cet homme ne doit pas être écouté tout de suite : car si la nouvelle machine est fragile, si l'entretien en est dispendieux, si elle coûte dix fois plus et qu'elle doive durer dix fois moins que l'autre, le père de famille doit la rejeter.

Sur ce principe, qu'il n'est pas possible de contester, si l'on demandait, par exemple, ce qu'il faut penser de la constitution d'Angleterre qui est cependant, à ce qu'il paraît, ce qu'on peut imaginer de plus parfait, du moins pour un grand peuple, le véritable politique ne saura que répondre. Cette constitution, telle qu'elle existe depuis qu'elle a reçu sa dernière forme, ne date que de l'année 1688 : elle n'a donc en sa faveur qu'un siècle de durée, c'est-à-dire un moment ; mais qui nous répond de l'avenir ? Non-seulement nous n'avons à cet égard aucune certitude morale, mais il y a de fortes raisons de craindre que ce bel ouvrage ne soit pas durable. « Tout gouvernement, » dit Tacite, « est démocratique, aristocratique ou monarchique : il serait plus aisé d'admirer que de trouver une constitution formée de ces trois pouvoirs mêlés et tempérés l'un par l'autre ; ou, si jamais elle existe, ELLE NE SAURAIT DURER (1). »

---

(1) « Cunctas nationes et urbes populus aut primores aut singuli regunt : delecta ex his et consociata reipublicæ forma

Voilà la constitution anglaise condamnée d'avance en termes exprès, et par un excellent juge.

Si nous consultions même les Anglais éclairés, combien ne recevrions-nous pas de réponses alarmantes ! Un écrivain de cette nation, profondément instruit dans les finances de son pays, et qui en a écrit l'histoire ; un écrivain nullement suspect, puisqu'il se montre partout attaché au gouvernement, et qu'il a écrit exprès pour tranquilliser les esprits et les raffermir contre le système d'une banqueroute inévitable ; cet homme, dis-je, décide néanmoins sans balancer qu' « il est impossible d'établir l'ordre, l'économie et la probité dans l'administration des finances, jusqu'à ce que le gouvernement d'Angleterre ait subi une révolution politique (1). »

Dernièrement encore, dans un procès fameux sous plus d'un rapport, on a entendu en Angleterre un des premiers magistrats de la couronne, le solliciteur général, dire à la face de la nation et de l'Europe qu' « il n'entendait point déguiser qu'il existait des abus dans le gouvernement anglais ; même, comme il consentait à le supposer, des abus abominables ; et que si le mo-

---

laudari facilius quam evenire ; vel si evenit, haud diuturna esse potest. » (Tacit., *Ann. IV*, 33.)

(1) « Frugality, integrity, and propriety are not therefore to be expected in the expenditure of public money, till a political revolution shall take place in the administration of this country. « (*The History of public revenue of the British Empire*, by sir John Sinclair, Bar., Part. III.)

ment était propice, il serait le premier à proposer les moyens d'y mettre ordre (1). »

Enfin, pour nous renfermer dans l'époque présente, le premier ministre de cette grande et illustre nation a-t-il pu s'empêcher de se plaindre, en plein Sénat, des membres de l'opposition qui fatiguaient l'administration, « dans ce moment d'irritation et d'inquiétude, au milieu des difficultés et des embarras inséparables d'une crise extraordinaire (2)? »

---

(1) « He would not disguise but that there were abuses in our governement; nay, he would suppose, abominable abuses : and if season were proper, he would himself bring forward some such propositions tended to correct them. » (Discours du solliciteur général dans le procès de Thomas Hardy et autres, accusés de haute trahison, 4 novembre 1794. *London-Chronicle*, n° 5973, page 447.)

On donnera la force qu'on voudra à l'expression hypothétique : *he would suppose*; au reste, pour le dire en passant, ce grand procès a fait craindre à des jurisconsultes désintéressés que l'Angleterre n'ait prouvé, dans cette occasion, qu'elle manquait de *lois* ou de *justice;* mais il vaut mieux suspendre son jugement et croire qu'on penserait autrement si l'on voyait les choses de près.

(2) « The difficulty and embarrassment of a particular crisis... a moment of embarrassment, irritation and disquietude. « (Discours de M. Pitt en réponse à celui de M. Fox, dans la Chambre des Communes, séance du 24 mars 1795. *Morning-Chronicle*, n° 7939.)

La formation parfaite, le complément, la consolidation de la constitution anglaise telle qu'elle existe de nos jours, a coûté aux Anglais des torrents de sang : ils ne l'auront pas trop payée si elle doit durer ; mais si jamais (*et omen quidem dii prohibeant !*) si jamais cette belle constitution devait se dissoudre ; si cette dissolution n'était éloignée que d'un siècle ou deux, et si la destruction de cette superbe machine devait soumettre l'empire à tous les déchirements qui ont précédé l'expulsion des Stuarts, il serait prouvé que cette constitution si vantée, et si digne de l'être dans ses beaux jours, était cependant mauvaise, parce qu'elle n'était pas durable.

Heureusement, il est permis de supposer le contraire, parce que la liberté n'est point nouvelle chez les Anglais, comme je l'ai observé plus haut : en sorte que l'état où ils se trouvent aujourd'hui n'est point un état forcé, et encore parce que le balancement des trois pouvoirs semble promettre à ce gouvernement, du moins pour longtemps, la force de se remonter lui-même ; mais il s'en faut de beaucoup que nous ayons aucune certitude à cet égard. Le seul point incontestable, c'est que la constitution anglaise ne peut être jugée définitivement, parce qu'elle n'a point subi l'épreuve du temps ; et si un Français, en convenant de la supériorité de cette constitution considérée d'une manière absolue, avançait néanmoins que le gouvernement de son pays était un meilleur gouvernement moyen que celui d'Angleterre, les juges légitimes de cette assertion ne sont pas nés.

La considération de la durée des gouvernements nous conduit naturellement à celle du plus grand bonheur des peuples : en effet, comme toutes les révolutions politiques entraînent nécessairement de grands maux, le plus grand intérêt des peuples est la stabilité des gouvernements. Mais il ne suffit pas d'examiner ces cas particuliers ; il faut encore mettre dans la balance les biens et les maux qui résultent, pour le plus grand nombre d'hommes, des différentes formes de souverainetés, pendant leur durée.

En raisonnant sur les diverses espèces de gouvernement, on n'appuie point assez sur la considération tirée du bonheur général, laquelle cependant devrait être notre unique règle. Il faudrait avoir le courage de nous avouer une vérité incontestable qui refroidirait un peu l'enthousiasme pour les constitutions libres : c'est que, dans toute république d'une certaine étendue, ce qu'on appelle *liberté* n'est que le sacrifice absolu d'un grand nombre d'hommes fait à l'indépendance et à l'orgueil du petit nombre. C'est ce qu'il est surtout important de ne jamais perdre de vue lorsqu'il s'agit de juger les républiques anciennes, dont un grand nombre d'écrivains, nommément Rousseau et Mably, se sont montrés infiniment trop engoués.

A proprement parler, tous les gouvernements sont des monarchies qui ne diffèrent qu'en ce que le monarque est à vie ou à temps, héréditaire ou éligible, individu ou corps ; ou, si l'on veut, car c'est la même idée en d'autres termes, tout gouvernement est aristocratique, composé de plus ou moins de têtes dominatrices, depuis la démocratie, où cette aristocratie est composée d'autant de têtes que le permet la nature des choses, jusqu'à la monarchie, où l'aristocratie, inévitable dans tout gouvernement, est dominée par une tête seule qui termine la pyramide, et forme sans contredit le gouvernement le plus naturel à l'homme.

Mais de tous les monarques, le plus dur, le plus despotique, le plus intolérable, c'est le monarque *peuple*. L'histoire dépose encore en faveur de cette grande vérité, que la liberté du petit nombre n'est fondée que sur l'esclavage de la multitude, et que les républiques n'ont jamais été que des souverains à plusieurs têtes, dont le despotisme, toujours plus dur et plus capricieux que celui des monarques, augmentait d'intensité à mesure que le nombre des sujets se multipliait.

Rome, surtout, pour régner sur ses vastes domaines, exerça ce despotisme dans toute sa plénitude, et nul pouvoir ne fut jamais plus absolu. Toute la puissance du gouvernement, concentrée au Capitole, ne présentait à l'univers tremblant qu'une seule tête, qu'une puissance unique devant laquelle tout devait fléchir. Tandis que, dans les temps modernes, aucune capitale d'un vaste État n'a pu lui donner son nom, Rome au contraire, *immensi caput orbis*, imprimait son nom sur tout ce qui dépendait d'elle, et ne permettait pas même au langage d'altérer l'idée exclusive de cette puissance : ainsi l'empire n'était pas *italien*, il était *romain*. L'armée était *romaine*. Il n'y avait dans les provinces aucun contre-poids, aucune force de résistance : Rome dirigeait tout, ébranlait tout, frappait partout. Le nom de

Rome était Roi, et l'imagination prosternée des peuples ne voyait que cette ville étonnante.

Quanta nec est nec erit nec visa prioribus annis.

Mais qui pourrait s'empêcher de gémir sur le sort du genre humain, lorsqu'on songe que ce pouvoir énorme était le patrimoine d'une poignée d'hommes, et que Rome avec ses douze cent mille habitants (1) comptait à peine dans ses murs deux mille propriétaires (2)?

---

(1) On a dit des folies sur la population de Rome antique; quelques exagérateurs l'ont portée à 4, à 8, et enfin à 14 millions. Brottier appelle justement ces calculs : *enormes et absurdas computationes* (de urbis Romæ Pomœrio et magnitudine, incolarumque numero ; *Notæ et Emend. in Tac.*, tom. II, p. 375, edit. in-4°). Cet habile commentateur porte la population à 1,200,000 habitants. (*Ibid.*) Gibbon est arrivé au même résultat par une autre voie. (*History of the decline and fall*, etc., Tom. I.) M. Byres, par un calcul tiré de l'étendue du grand cirque, a prétendu que la population de la ville et des faubourgs ne pouvait être au-dessous de 3 millions. Moor prétend que si la muraille de Bélisaire a réellement servi de borne à l'ancienne ville, elle n'a pu contenir, dans aucun temps, plus de 5 à 600,000 âmes, à moins que les maîtres du monde n'aient été bien mal logés ; mais il avoue que si l'on fait entrer les faubourgs dans le calcul, le nombre des habitants peut être porté aussi haut qu'on le jugera à propos. Au milieu de ces incertitudes, j'ai pu m'en tenir au calcul modéré et fondé en raison de Brottier et de Gibbon.

(2) C'est ce que le tribun Philippe, haranguant le peuple,

C'est à ce petit nombre d'hommes que le monde connu était sacrifié. Quelques lecteurs pourront peut-être voir avec plaisir comment la liberté française vient d'apprécier la liberté antique (1). C'est pour les satisfaire que je citerai ce passage d'un rapport fait à la Convention nationale au nom des trois Comités du gouvernement :

« Dans les républiques anciennes, » disait l'orateur, « l'exercice des droits politiques des citoyens était circonscrit dans un territoire très-resserré, ou dans les murs d'une seule ville. Hors de l'enceinte des gouvernements, on a vécu dans une sujétion insupportable ; et, dans leur enceinte, l'esclavage le plus dur s'est établi à côté d'une liberté tumultueuse. La dignité de quelques hommes s'est élevée sur la dégradation du plus grand nombre. Dans ces contrées dont on nous a tant vanté la liberté, parce qu'on a vu le peuple dans un

---

l'an 649 de la Fond. de Rome, lui disait, pour l'échauffer et le déterminer à la loi agraire : « Non esse in tanta civitate duo millia hominum qui rem habeant ; » et Cicéron, qui rapporte ce trait (*de Offic.*, II, 21), en blâmant l'intention du tribun, ne conteste pas la vérité du fait. On peut juger, pour le dire en passant, comment la multitude était influencée et comment l'or des aristocrates se moquait de la loi *Julia de Ambitu*.

(1) « Ut comparatione deterrima sibi gloriam quæreret. » (Tac., *Ann.*, I, 10.) Mais son effronterie tourne contre elle-même, car toute comparaison la diffame.

petit nombre d'habitants privilégiés, le nom de *liberté* n'a pu être prononcé sans exciter le frémissement d'une foule d'esclaves ; on n'a pu prononcer le nom d'*égalité* sans entendre le bruit de leurs chaines ; et la *fraternité* n'a jamais été connue dans les pays où quelques hommes libres ont tenu constamment sous leur domination une foule d'hommes condamnés à la servitude (1). »

On n'a pas toujours parlé aussi juste à la tribune de la Convention nationale ; au lieu de nous extasier sur la liberté romaine, il faudrait un peu plus réfléchir à ce qu'elle coûtait au monde, il faudrait se rappeler à quel point la hauteur et la morgue proconsulaire avilissaient les provinces. Un magistrat romain, au milieu des sujets de la République, était réellement une espèce de divinité, bonne ou malfaisante suivant les jeux du hasard. Il est impossible de décrire tout ce que les provinces avaient à souffrir de ces terribles magistrats, lorsqu'il leur plaisait de faire le mal ; il n'y avait pas moyen d'obtenir justice contre eux (2) ; et lors même que leur conduite était irréprochable, ils faisaient encore sentir leur supériorité de la manière la plus dure. Etaient-ils

---

(1) Séance du 12 janvier. (*Monit.*, n° 117, p. 482, 1795.)

(2) Verrès, simple préteur et portant un nom obscur, exerça impunément tous les crimes en Sicile ; de retour à Rome, l'éloquence de Cicéron, tonnant cinq jours de suite contre lui au nom d'une nation entière, obtint à peine de le faire exiler. Si on appelle cela *de la justice*, on n'est pas difficile.

dans l'exercice de leurs fonctions, il ne leur était pas permis de parler une autre langue que celle de Rome : on devait la savoir sur l'Euphrate comme sur le Guadalquivir ; ils ne daignaient pas supposer qu'il en existât d'autres. Il n'y avait pas même d'exception pour l'orgueilleuse Grèce. Les compatriotes de Démosthène et de Sophocle venaient balbutier devant le tribunal d'un proconsul, et s'étonnaient de recevoir des ordres en latin au milieu du Prytanée. L'homme le plus distingué de sa patrie, fût-il même roi, s'il n'était citoyen romain, n'osait prétendre à l'honneur d'embrasser un gouverneur de province, et l'histoire nous montre un roi des Parthes, demandant pour son frère, roi d'Arménie, qui allait à Rome, le privilége d'embrasser ces superbes magistrats (1).

---

(1) Tacit., *Ann.*, XV, 31. — Sur cet endroit de Tacite, Brottier rapporte une anecdote intéressante.

« Sévère, qui parvint depuis à l'empire, se rend en Afrique dont il avait obtenu le gouvernement. Marchant un jour, précédé de ses licteurs, il rencontre un habitant de Leptine, son concitoyen, dont il avait été l'hôte pendant longtemps. Celui-ci, ignorant ou ne se rappelant pas la loi qui défendait à tout provincial et même à tout plébéien, d'embrasser un gouverneur de province, ne voit dans Sévère qu'un ancien ami et l'embrasse sans réflexion. Sévère lui fait donner sur-le-champ la bastonnade ; et, pendant l'opération, un crieur public adresse au patient ces paroles consolantes : « Souviens-toi, plébéien, de ne pas embrasser inconsidérément un envoyé

Le pinceau le plus vigoureux de l'antiquité nous ayant transmis une peinture fidèle de la législation romaine sous le régime républicain, on me saura gré de la placer ici. C'est, dans le vrai, une histoire romaine, faite par l'homme qui abrégeait tout parce qu'il voyait tout.

« Tarquin, » dit-il, « ayant été proscrit, le peuple opposa un grand nombre de lois aux entreprises factieuses des patriciens, pour défendre la liberté et raffermir la concorde. On créa des décemvirs (1), et les Douze Tables se composèrent de tout ce que les pays étrangers offrirent de meilleur. Alors la justice cessa de produire : car les lois qui suivirent, quoique portées quelquefois pour réprimer le crime, furent cependant, en général, emportées par la violence au milieu de la lutte des partis, tantôt pour servir de coupables ambitions, tantôt pour bannir d'illustres citoyens, ou pour d'autres vues aussi criminelles. De là naquirent les Gracques et Saturnin, agitateurs du peuple, et ce Drusus, non moins

---

du peuple romain : LEGATUM POP. ROM., HOMO PLEBEIUS, TEMERE AMPLECTI NOLI ! Et, pour éviter de pareils inconvénients, il est décidé que les gouverneurs de province ne sortiront plus à pied. » (Spart., *in Sever.*, II.) Cette anecdote et celle du roi des Parthes sont de l'Empire, mais la coutume est de la République et n'aurait même pu commencer sous une monarchie.

(1) On peut être surpris que Tacite n'ait pas dit, en passant, à quel prix les Romains achetèrent les lois des XII Tables.

prodigue au nom du Sénat, qui fit briller l'espérance aux yeux de nos alliés, pour les jouer ensuite par un *veto* perfide. Même pendant la guerre sociale, et pendant la guerre civile qui suivit l'autre de près, on ne sut point cesser de faire des lois souvent contradictoires ; jusqu'à ce qu'enfin le dictateur Sylla, ayant aboli ou changé ce qui l'avait précédé, établit lui-même un grand nombre de nouveautés et produisit un repos dans la législature ; mais ce repos fut court. Bientôt Lépidus parut avec ses lois turbulentes ; les tribuns ressaisirent le pouvoir d'entraîner le peuple où ils voulaient ; on en vint à faire des lois criminelles non pour tous les cas, mais contre des particuliers ; et l'excès des lois prouva l'excès de la corruption.

« Alors Pompée, consul pour la troisième fois, fut choisi pour rétablir les mœurs ; mais il n'employa que des remèdes plus fatigants que les abus ; il viola ses propres lois, et perdit enfin par les armes le pouvoir qu'il défendait par les armes. Vingt ans d'une discorde opiniâtre suivirent cette époque ; plus de mœurs, plus de justice : les plus grands forfaits échappaient aux lois, et souvent les vertus conduisaient à la mort (1). »

Ce tableau n'est ni suspect, ni séduisant ; mais si les abus décrits par ce grand maître étaient si affreux dans les murs de Rome, quels maux devaient-ils produire dans les provinces ! Il est aisé de s'en former une idée.

---

(1) Tacit., *Ann.*, III, 27, 28.

Aussi, lorsqu'après la bataille d'Actium, le gouvernement tomba enfin dans la main d'un seul, ce fut un beau jour pour l'empire romain ; et Tacite, quoique très-amoureux de la République, comme on le voit par mille endroits de ses ouvrages, est forcé d'avouer que les provinces applaudirent à une révolution qui les soulageait infiniment. « Les divisions des hommes puissants, » dit-il, « et l'avarice des magistrats privaient le Sénat et le Peuple romain de la confiance publique. Les peuples ne trouvaient qu'un secours impuissant dans les lois dont la violence, l'intrigue et surtout l'or se jouaient sans cesse : en sorte que le nouvel ordre de choses ne déplut point aux provinces (1). »

Le même historien a peint d'une manière frappante, et probablement sans y penser, les souffrances des nations étrangères sous l'empire du peuple romain. On sait que lorsque Auguste s'empara du timon des affaires, rien ne changea à l'extérieur, et que les noms surtout furent toujours les mêmes (2). Le titre de prince dont il

---

(1) « Neque provinciæ illum rerum statum abnuebant, suspecto Senatus Populique imperio ob certamina potentium, et avaritiam magistratuum ; invalido legum auxilio, quæ vi, ambitu, postremo pecunia turbabantur. » (Tac., *Ann.*, I, 2.)

(2) « Domi res tranquillæ : eadem magistratuum vocabula. » (*Ibid.*, I, 3.) Tout le monde ne se fait pas une idée bien nette de ce changement. L'abbé de la Bletterie l'a parfaitement bien peint dans sa dissertation intitulée : L'*Empereur au milieu du Sénat ;* elle se trouve dans les Mémoires de l'Académie des inscriptions.

se contenta, loin de réveiller l'idée du roi, était, pour les Romains, au-dessous de celui de dictateur (1) : en sorte qu'Ovide, qui certainement n'avait pas envie de choquer l'oreille d'Auguste, put dire sans scrupule en terminant l'inimitable narration de la mort de Lucrèce et de l'expulsion des Tarquins :

> Ils partent : le peuple eut des consuls et des lois,
> Et ce jour fut pour nous le dernier jour des rois (2).

Une suite singulière de cet ordre de choses fut que le gouvernement des provinces ne passa point brusquement et en entier entre les mains de l'empereur. Seulement Auguste, pendant son septième consulat, divisa les provinces, par une espèce de transaction, entre le peuple et lui. Les gouverneurs pour le peuple s'appelaient *proconsuls* et étaient nommés par le sort, suivant les formes républicaines ; ceux de l'empereur se nommaient légats ou préteurs, et tenaient leurs charges de son choix. Or, quoique le despote de Rome n'envoyât dans les provinces, comme on l'imagine assez, que de *petits fripons* et de *petits intrigants*, il y eut néanmoins en très-peu de temps une telle différence dans l'état des provinces soumises aux deux régimes, et les sujets du

---

(1) « Non regno tamen, neque dictatura, sed Principis nomine constitutam Rempublicam. » (*Ibid.*, I, 9.)

(2) « Tarquinius cum prole fugit : capit annua consul
        Jura ; dies regnis illa suprema fuit.

(Ovid., *Fast.*, II.)

peuple se trouvèrent si malheureux comparés aux sujets du *prince*, que lorsque, sous Tibère, l'Achaïe et la Macédoine demandèrent d'être soulagées des charges qui les accablaient, on n'imagina rien de mieux, pour adoucir leur sort, sans nuire au trésor public, que de les délivrer pour le moment du régime proconsulaire et de les donner à l'empereur (1).

Le grand malheur des Romains et de la plus grande partie du monde connu qui leur était soumis, fut qu'à l'accession d'Auguste la révolution ne s'opéra point d'une manière assez complète. Que de larmes et de crimes une monarchie héréditaire eut épargnés au monde ! Mais toutes les formes antiques furent conservées : on eut un sénat, des consuls, des tribuns, des comices et des gouverneurs de provinces *pour le peuple romain*. La prérogative des empereurs était plutôt une puissance de fait qu'une puissance de droit ; la famille Claudienne qui régnait sur l'opinion s'éteignit après avoir produit quelques monstres ; il n'y eut point de succession légale. Bientôt les légions révélèrent *le secret de l'empire*, et l'on fit des empereurs hors de Rome. De toutes ces circonstances réunies il résulta enfin un despotisme militaire et électif, c'est-à-dire la peste en permanence.

Mais le gouvernement des empereurs, comme tous les

---

(1) « Achaiam ac Macedoniam, onera deprecantes, levari in præsens proconsulari imperio, tradique Cæsari placuit. » (Tac., *Ann.*, I, 76.)

autres, ne se dégrada que par nuances. Souvent l'empire fut possédé par de grands hommes, ou par des hommes d'un grand mérite : je ne crois pas que le nom romain ait jamais été plus grand, et que le monde, en général, ait joui d'une plus grande somme de bonheur que sous le règne de Trajan et des Antonins.

Qu'on réunisse les règnes d'Auguste, de Vespasien, de Titus, de Nerva, des Antonins, de Trajan, des Sévères, etc. Durant cette période, 150 millions d'hommes, qui auraient gémi sous la verge des proconsuls républicains, jouissaient d'une existence heureuse ; et à Rome même, au lieu des jouissances tumultueuses de la liberté, on avait le repos. Je sais tout ce que les écrivains de ce siècle ont écrit à Paris, *avec approbation* et *privilége du roi*, pour établir comme quoi la liberté, avec ses poignards, ses guerres, ses divisions intestines, ses séditions et son ivresse sublime, était préférable au repos honteux de la servitude : j'admire beaucoup cette poésie, mais je soutiendrai toujours que Newton avait raison en prose lorsqu'il appelait le repos *rem prorsus substantialem*.

Eh! pourquoi ne regarder qu'un point? Le genre humain est-il donc tout entier dans les capitales ? On parle toujours du peuple, et on le compte pour rien : c'est dans les chaumières qu'il faudrait mettre aux voix la plupart des questions politiques ; mais en parlant toujours d'*humanité*, de *philanthropie*, de *bonheur général*, c'est toujours l'orgueil qui parle pour lui et qui ne regarde que lui. En feuilletant Tite-Live, dans sa demeure aérienne, le jeune écrivain fatigué de son obscurité s'investit par la pensée du rôle d'un citoyen romain ; il est le consul Popilius ; il tient la baguette fameuse et trace autour du monarque le cercle redoutable ; les nations tremblent ; les rois s'inclinent devant lui ; bientôt, son enthousiasme ne connaissant plus de bornes, son imagination débauchée par la vanité le conduit au Capitole sur le char des triomphateurs ; les rois enchaînés le suivent, les légions applaudissent, l'envie expire : il est dieu. Alors il s'écrie : « O divine liberté ; ô sainte égalité ! » Croit-on qu'il s'embarrasse du *peuple* et de tout ce que la grandeur *romaine* coûtait aux nations sujettes ? Ces petites considérations ne l'arrêtent point, et l'œil stupidement fixé sur le Capitole, il ne sait pas voir ce que Verrès fait en Sicile.

Non-seulement de bons empereurs valaient mieux que la République pour la masse des hommes, mais je suis persuadé que, sous les empereurs vicieux et même détestables, les sujets furent plus heureux que sous la République.

Le prince le plus vicieux n'est pas toujours le plus dangereux pour les peuples. Louis XV, avec sa bonté, leur fait bien plus de mal que Louis XI. En général, les sujets n'ont à redouter dans leurs souverains que les vices gangreneux produits par la faiblesse. Ceux qui tiennent à un caractère sombre et cruel déshonorent beaucoup plus le souverain, mais ne pèsent guère que sur les capitales, et même sur les premières classes des capitales.

L'historien Dion a fait sur l'exécrable Tibère une de ces phrases qu'on n'oublie jamais. « Il avait, » dit-il,

« un grand nombre de bonnes et de mauvaises qualités;
et il s'en servait alternativement comme s'il n'en eût
possédé que d'une espèce (1). »

Mais ce qu'il est important d'observer, c'est que le
peuple ne ressentit guère que les premières. Tibère
maintenait une économie sévère dans l'administration
des revenus publics ; il ne permettait point aux gouverneurs des provinces de fouler les sujets, et, comme tous
les tyrans de son espèce, il s'arrogeait le privilége exclusif des crimes. Sous son règne, l'empire fut tranquille,
et les armes romaines ne furent humiliées nulle part.
Varus fut vengé. Tibère eut l'honneur de donner un roi
aux Parthes et aux Arméniens (2); celui des Thraces fut
conduit enchaîné à Rome (3) ; les Gaules furent châtiées et rentrèrent dans le devoir (4). Le caractère distinctif de son administration était l'éloignement pour les
nouveautés, et sa première maxime était de laisser toutes
les choses à leur place, de peur de les gâter. Il avait en
horreur tout ce qui pouvait troubler le repos public (5).

---

(1) Liv. LVIII. Voilà bien Tibère, et Tibère tout entier. Ce
trait est digne du plus grand maître : il appartient à Tacite
qui l'a laissé échapper par distraction.

(2) Tac., *Ann.*, II, 56 ; VI, 32.

(3) *Ibid.*, II, 66.

(4) *Ibid.*, III, 40.

(5) « Nihil æque Tiberium anxium habebat, quam ne composita turbarentur. » (*Ibid.*, II, 65.)

L'or ne pouvait rien sur lui (1), et jamais il ne s'en procura par des crimes ; on le vit répudier de riches héritages, pour les laisser à ceux que la nature appelait à la succession (2), et jamais il ne voulut accepter d'autres legs que ceux de l'amitié (3) : il permit à des généraux d'armée d'appliquer à des monuments publics les richesses qu'ils avaient enlevées aux ennemis de l'Etat (4). Sans pitié pour cette pauvreté honteuse qui est fille d'une prodigalité immorale, souvent il venait au secours de la vertu indigente (5) ; il repoussa durement les prières d'un noble ruiné qui demandait de quoi soutenir un grand nom (6) ; mais lorsqu'un tremblement de terre renversa dans une nuit douze villes de l'Asie Mineure, Tibère n'oublia rien pour consoler les malheureux habitants, et par des dons magnifiques et par des exemptions d'impôts (7). Un incendie affreux

---

(1) « Satis firmus, ut sæpe memoravi, adversum pecuniam. (*Ibid.*, V, 18.)

(2) *Ibid.*, II, 48.

(3) « Neque hæreditatem cujusquam adiit, nisi cum amicitia meruisset; ignotos et aliis infensos eoque Principem nuncupantes, procul arcebat. » (*Ibid.*)

(4) *Ibid.*, III, 72.

(5) « Ut honestam innocentium paupertatem levavit; ita prodigos et ob flagitia egentes... movit senatu, aut sponte cedere passus est. » (*Ibid.*, II, 48.)

(6) *Ibid.*, II, 38.

(7) *Ibid.*, II, 47.

ayant consumé, à Rome, tout le mont *Celius*, il ouvrit ses trésors et distribua ses bienfaits avec tant d'impartialité, il eut si bien l'art de découvrir l'infortune isolée et timide pour l'appeler au partage de ses dons, que les grands et le peuple lui accordèrent également leur admiration et leur reconnaissance (1).

Si les provinces portaient des demandes à Rome, il les portait lui-même au Sénat; et, sans laisser échapper le pouvoir, il aimait à s'éclairer par la discussion (2). Chose singulière! la bassesse toujours prosternée semblait irriter ce caractère atroce plus que la vertu austère et l'intrépide franchise. Tout le monde connaît son exclamation sortant du Sénat : « *O hommes nés pour l'esclavage!* » Le véritable mérite pouvait le désarmer.

Pison, revêtu des plus grandes charges, fut honnête homme impunément jusqu'à l'âge de 80 ans, et mourut dans son lit sans s'être dégradé une seule fois par une opinion servile (3). Térentius fut encore plus heureux : et non-seulement sa noble et incroyable hardiesse ne lui coûta ni la vie, ni la liberté; mais Tibère laissa le

---

(1) « Actæque ei grates, apud senatum ab inlustribus, famaque apud populum, quia sine ambitione, aut proximorum precibus, ignotos etiam, et ultro accitos, munificentia juverat. » (*Ibid.*, IV, 64.)

(2) « Postulata provinciarium ad disquisitionem patrum mittendo. » (*Ibid.*, III, 60.)

(3) Tacite, *Annal.*, VI, 10.

Sénat punir à son aise par l'exil et par la mort les vils accusateurs de ce brave chevalier romain (1).

Si l'histoire ancienne n'était pas, en grande partie, l'histoire de cinq ou six capitales, on raisonnerait mieux sur la véritable politique ; mais il est aisé d'imaginer que les peuples soumis à Tibère dans l'étendue de son empire se trouvaient très-heureux ; que le laboureur, guidant tranquillement sa charrue, au sein de la paix la plus profonde, rappelait avec horreur à ses enfants les proconsuls et les triumvirs de la République, et s'inquiétait fort peu des têtes de sénateurs qui tombaient à Rome.

---

(1) *Ibid.*, VI, 8.

CHAPITRE VII.

RÉSUMÉ DES JUGEMENTS DE ROUSSEAU SUR LES DIFFÉ-
RENTES SORTES DE GOUVERNEMENTS. — AUTRES JUGE-
MENTS DE MÊME NATURE. — RÉFLEXIONS SUR CE
SUJET.

Dans la monarchie héréditaire, tout marche au même but ; mais ce but n'est point celui de la félicité publique, et la force même de l'administration tourne sans cesse (1) au préjudice de l'état. Les rois veulent être absolus... La puissance qui vient de l'amour des peuples... ne leur suffit point... Les meilleurs rois veulent être méchants s'il leur plait... Leur intérêt personnel est premièrement que le peuple soit faible et misérable... Ceux qui parviennent aux premières places dans les monarchies ne sont, le plus souvent, que de petits brouillons, de petits

---

(1) Voilà encore une de ces conceptions louches qui fourmillent dans les ouvrages philosophiques de Rousseau : veut-il dire que le principe d'un gouvernement est contraire à ce gouvernement ? Cette proposition est digne d'un *bedlam*. Veut-il dire seulement que la monarchie, comme toutes les institutions humaines, porte en elle-même des principes de destruction ? C'est une de ces vérités qu'on lit sur les écrans.

fripons, de petits intrigants, à qui les petits talents qui font, dans les cours, parvenir aux grandes places, ne servent qu'à montrer leur ineptie au public. Lors même que le souverain a des talents, il oublie les intérêts des peuples et ne les rend pas moins malheureux par l'abus des talents qu'il a..., qu'un chef borné par le défaut de ceux qu'il n'a pas.

« Dans la monarchie élective, celui à qui l'état s'est vendu le vend à son tour. Il se dédommage sur les faibles, de l'argent que les puissants lui ont extorqué... La paix dont on jouit sous ces rois est pire que le désordre des interrègnes. Dans la monarchie héréditaire on a préféré une apparente tranquillité à une administration sage ; on risque d'avoir pour chefs des enfants, des monstres, des imbéciles, plutôt que d'avoir à disputer sur le choix des bons rois. On n'a pas considéré qu'en s'exposant ainsi aux risques de l'alternative, on met presque toutes les chances contre soi... Tout concourt à priver de justice et de raison un homme élevé pour commander aux autres... Le défaut de cohérence produit l'inconstance du gouvernement royal... qui flotte toujours de maxime en maxime et de projet en projet... L'éducation royale corrompant nécessairement ceux qui la reçoivent... ce serait s'abuser que de compter sur de bons rois. Pour voir ce qu'est ce gouvernement en lui-même, il faut le considérer sous des princes bornés ou méchants, car ils arriveveront tels au trône, ou le trône les rendra tels (1). »

---

(1) *Contrat social*, liv. III, ch. VI. N'oublions pas que

L'aristocratie héréditaire est vité jugée. « C'est le pire de tous les gouvernements (1). »

La démocratie « suppose trop de choses difficiles à réunir... Il n'y a pas de gouvernement si sujet aux guerres civiles et aux agitations intestines... parce qu'il n'y en a aucun qui tende si fortement et si continuellement à changer de forme ni qui demande plus de vigilance et de courage pour être maintenu dans la sienne... S'il y avait un peuple de dieux, il se gouvernerait démocratiquement. Un gouvernement si parfait (2) ne convient pas à des hommes. »

---

l'homme qui écrivait ces choses a presque toujours vécu par choix dans les états monarchiques, et qu'il a employé les instants qu'il a passés dans sa patrie à souffler l'incendie qui la brûle encore dans ce moment.

(1) *Ibid.*, ch. v. Je ne dis rien de l'aristocratie élective que Rousseau appelle courageusement l'*aristocratie proprement dite*. Il oublie d'expliquer ce qu'il entend par ce gouvernement, et j'avoue que si ce n'est pas la démocratie, je ne sais ce que c'est.

(2) Cette épithète *emphatisée* ne s'applique pas sans doute à la démocratie telle qu'on peut la voir ou l'avoir vue sur la terre, car Rousseau vient d'en dire tout le mal possible. S'applique-t-elle au moins à la démocratie théorique ? Pas davantage, car dans la théorie tous les gouvernements sont parfaits, et il en coûte même beaucoup moins à l'imagination de créer un excellent roi qu'un excellent peuple. Que signifie donc : *un gouvernement si parfait ?* Rien. A toutes les pages des

Ce qui résulte de ces doctes invectives, c'est que chacun des trois gouvernements est le pire des trois : c'est une fort belle découverte.

Il s'en faut de beaucoup que ce ridicule soit perdu pour la morale universelle, et pour la politique qui en est une branche. Il donne lieu aux réflexions les plus utiles : il fait connaître la principale maladie de ce siècle et le caractère des hommes dangereux qui nous ont fait tant de mal.

Voilà Rousseau qui ne veut d'aucun gouvernement, et qui les insulte tous. La monarchie est détestable ; l'aristocratie est détestable ; la démocratie ne vaut pas mieux : il ne peut supporter aucune forme de gouvernement ; l'Angleterre n'a pas les premières notions de la liberté. « Le peuple anglais pense être libre : il se trompe fort ; il ne l'est que durant l'élection des membres du Parlement. Sitôt qu'ils sont élus, il est *esclave*, il n'est rien. Dans les courts moments de sa liberté, l'usage qu'il en fait mérite bien qu'il la perde (1). »

La durée même de la République de Venise prouve qu'elle ne vaut rien. « Le simulacre de cette République

---

écrits philosophiques de Rousseau on rencontre des expressions qui n'ont point de sens, ni pour lui ni pour nous ; souvent, il n'achève pas de penser. Ses conceptions équivoques tiennent de la magie du style une existence apparente ; mais si l'analyse arrive avec son scalpel, elle ne trouve rien.

(1) *Contrat social*, liv. III, ch. xv.

dure encore, uniquement parce que ses lois ne conviennent qu'à de méchants hommes (1). »

La liberté batave déplaît à Mably. « Le gouvernement de cette République se déforme depuis qu'elle a changé en magistrature ordinaire une dictature qui devait être réservée pour des temps courts et difficiles. Le stathouder n'est encore qu'un lionceau qu'on tient à la chaîne ; mais il ne peut la rompre et devenir un lion ; parlons sans figure : tout invite ce prince à ruiner sa patrie. »

Voltaire ne veut point de la liberté antique : il l'appelle *le gouvernement de la canaille*. Mais il aime encore moins la monarchie, et il s'écrie pour l'instruction civile et religieuse des peuples :

O sagesse du Ciel ! je te crois très-profonde ;
Mais à quels plats tyrans as-tu livré le monde !

Un orateur de la Convention nationale maudissait encore, l'année dernière, la cendre des Girondins, pour avoir voulu ravaler la nation française au niveau des Grecs et des Romains. « Ils voulaient aussi la liberté », disaient-ils, « mais comme à Lacédémone et à Rome » — les monstres !... — « c'est-à-dire la liberté subordonnée à l'aristocratie des talents, des richesses et de l'orgueil (2). »

---

(1) *Contrat social*, liv. IV, ch. IV.
(2) Garnier de Saintes. Séance du 21 septembre 1794. (*Moniteur*, n° 5, p. 22.)

Condorcet ne pense pas plus avantageusement sur les anciens. « Ces hommes que nous avions la bonhomie d'admirer, n'ont jamais su établir *que des anarchies despotiques;* et ceux qui cherchent des leçons chez eux sont des pédants. »

Cependant il veut la liberté : ira-t-il peut-être la chercher dans la sage et paisible Helvétie ? Encore moins.

« Les gouvernements de ce pays y conservent seulement l'apparence et le langage des constitutions républicaines ; et, en y gardant soigneusement toutes les formes de l'égalité, les distinctions n'y sont pas moins réelles que celles qui séparent les premiers esclaves d'un despote, du dernier de ses sujets (1). »

Un philosophe suisse, disciple sans doute de ces grands hommes, juge son pays encore plus sévèrement. « Dans les états démocratiques de la Suisse », dit-il, « si l'on excepte les intrigants, les chercheurs de place, les hommes vils, vains et méchants, les ivrognes et les fainéants, il n'y a pas dans la République un seul homme heureux et content (2). »

Mais ce Condorcet, qui voulait absolument la liberté et qui voulait l'établir sur les débris de tous les trônes, l'avait-il vue au moins quelque part sur la terre ? Non,

---

(1) Condorcet, *Éloge d'Euler.*
(2) « Moyen de faire de la République française un tout à jamais indivisible. » (Brochure in-4°, par un Suisse. *Courr. républic.*, 1795, n° 558, p. 128.)

« jamais il n'a vu de constitution vraiment républicaine »
et telle qu'il la désirait (1).

Que voulait-il donc, grand Dieu ! Et que veulent tous les philosophes, puisque rien de ce qui existe ou de ce qui a existé ne peut avoir le bonheur de leur plaire ? Ils ne veulent aucun gouvernement, parce qu'il n'en est point qui n'ait la prétention de se faire obéir ; ce n'est pas *cette* autorité qu'ils détestent, c'est l'*autorité* : ils n'en peuvent supporter aucune. Mais si vous les pressez, ils vous diront qu'ils veulent, comme Turgot, une grande démocratie (2) ; déjà même Condorcet avait dessiné de sa main savante ce *grand* cercle carré ; mais, comme on sait, ce plan n'a pas fait fortune.

Il serait inutile de multiplier ces folles citations : c'en est assez pour nous ramener à l'excellent mot de Rousseau qui a toujours raison lorsqu'il parle contre lui-même : « Si je consulte les philosophes, chacun n'a que sa voix. » Ennemis mortels de toute espèce d'association, possédés d'un orgueil repoussant et solitaire, ils ne s'accordent que sur un point : la fureur de détruire ; et, chacun voulant substituer à ce qui lui déplaît ses propres conceptions qui ne sont approuvées que par lui, il en résulte que toute leur puissance est négative, et que tous leurs efforts pour édifier sont impuissants et ridicules. O hommes égarés ! apprenez une fois enfin à connaître

---

(1) Vie de Turgot, p. 106.
(2) *Ibid.*

ces jongleurs dangereux ; laissez-les s'admirer tout seuls et ralliez-vous à la raison nationale qui ne trompe jamais. Souvenez-vous que chaque nation a, dans ses lois et dans ses coutumes anciennes, tout ce qu'il lui faut pour être heureuse autant qu'elle peut l'être, et qu'en prenant ces lois vénérables pour les bases de tous vos travaux régénérateurs, vous pouvez déployer toute votre perfectibilité sans vous livrer à de funestes innovations.

Elevez-vous encore à de plus hautes pensées. L'éternelle raison a parlé, et ses oracles infaillibles nous ont montré dans l'orgueil « le commencement de tous les crimes » ; ce principe terrible est déchaîné sur l'Europe, depuis que ces mêmes philosophes vous ont débarrassés de la foi de vos pères. La haine de l'autorité est le fléau de nos jours : il n'y a de remède à ce mal que dans les maximes sacrées qu'on vous a fait oublier. Archimède savait bien que, pour soulever le monde, il lui fallait un point d'appui hors du monde.

Les ennemis de tout ordre ont trouvé ce point d'appui, pour bouleverser le monde moral. L'athéisme et l'immoralité soufflent la révolte et l'insurrection. Voyez ce qui se passe sous vos yeux : au premier signal des révolutions, la vertu se cache, et l'on ne voit plus agir que le crime. Qu'est-ce donc que cette liberté dont les fondateurs, les fauteurs et les apôtres sont des scélérats ? Ah ! vous avez un moyen sûr d'opérer de grandes et salutaires révolutions. Au lieu d'écouter les prédicateurs de la révolte, travaillez sur vous-mêmes : car c'est vous qui faites les gouvernements, et ils ne peuvent être mauvais si vous êtes bons (1).

La sagesse humaine, avec moins de motifs et moins de lumières, tient cependant le même langage, et vous pouvez l'en croire lorsqu'elle vous dit que « le premier bien pour un empire, pour une armée et pour une famille, c'est l'obéissance (2) ».

Marchamont Needham, faible précurseur de Rousseau, qui raisonnait aussi mal que le citoyen de Genève, mais qui était, en outre, plat et verbeux, dit que « *dans un gouvernement populaire* la porte des dignités est ouverte au mérite et à la vertu, et que c'est ce qui produit dans les états libres cette noble et généreuse émulation qui nous fait concevoir les plus beaux desseins et nous porte aux actions les plus héroïques (3). »

Son traducteur français ajoute d'après Shaftesbury : « Un gouvernement libre est pour les arts ce que la bonté du sol est pour des plants vigoureux. C'est ce qui fait que les nations libres les ont portés, en peu de temps, à un si haut point de perfection ; tandis que les empires

---

(1) Un prédicateur anglais prononça, en 1793, un jour de jeûne solennel, un sermon sous ce titre : *Fautes du gouvernement, fautes du peuple :* « Sins of governement, sins of the nation. » (*London-Chronicle*, 1793, n° 5747, p. 58.) J'ignore si le titre fut rempli comme il pouvait l'être ; mais ce titre seul est une grande vérité et vaut un livre.

(2) Xenoph., *Laced. polit.*, c. VIII, § 3.

(3) *De la souveraineté du peuple et de l'excellence d'un état libre.* Trad. franç., Tom. I, p. 57.

les plus vastes et les plus puissants, lorsqu'ils sont sous le joug du despotisme, ne produisent, après des siècles de loisir, que des essais informes et barbares (1). »

Et d'après Ceruti, auteur un peu moins respectable : « Semblables à ces plantes qui demandent, pour croître, le sol le plus fécond et le climat le plus favorable, ce n'est que sous le climat fortuné de la gloire, sur le sol bienfaisant des honneurs, qu'on peut espérer de voir l'éloquence germer et fructifier (2). »

Hume était d'un avis bien différent lorsqu'il disait : « J'ai honte d'avouer que Patru plaidant pour la restitution d'un cheval est plus éloquent que nos orateurs agitant les plus grands intérêts dans les assemblées du Parlement (3). »

En effet, la nation française est la plus éloquente de toutes, non-seulement parce que ses orateurs proprement dits sont au-dessus de tous les autres, mais parce qu'elle a porté l'éloquence dans tous les genres de compositions, et que nulle nation n'a mieux parlé sur tout. L'influence qu'elle a sur l'Europe tient en premier lieu à ce talent, malheureusement trop démontré au moment où j'écris (4).

---

(1) *Ibid.*, préf., p. v.
(2) *Ibid.*, p. 57.
(3) *Essais.*
(4) Mais ce talent, comme la lance d'Achille, peut guérir les maux qu'il a faits. Les nations, ainsi que les individus, ont une mission dans ce monde; il est probable que celle de la

Il faut donc avouer que la nation française était libre sous ses rois, ou que la liberté n'est pas nécessaire à l'éloquence. Je laisse le choix à ces grands philosophes. Ce que je dis de l'éloquence, il faut le dire de tous les arts et de toutes les sciences : il est si faux qu'ils aient besoin de la liberté que, dans les états libres, ils ne brillent jamais qu'au déclin de la liberté.

Les plus beaux monuments d'Athènes appartiennent au siècle de Périclès. A Rome quels écrivains a produits la République? Plaute et Térence seuls. Lucrèce, Salluste et Cicéron l'ont vue mourir. Vient ensuite le siècle d'Auguste où la nation fut tout ce qu'elle pouvait être en fait de talents. Les arts, en général, ont besoin d'un roi : ils ne brillent que sous l'influence des sceptres. En Grèce même, le seul pays où ils aient fleuri au milieu d'une république, Lysippe et Apelles travaillaient pour Alexandre. Aristote tenait de sa générosité les moyens de composer son histoire des animaux; et, depuis la mort de ce monarque, les poëtes, les savants, les artistes

---

nation française n'est pas achevée ; et comme la France, pour remplir les vues auxquelles elle est destinée, avait besoin de conserver son intégrité, elle l'a conservée contre toutes les probabilités humaines. *Populi meditati sunt inania.* Réduits par notre faible nature à nous attacher aux probabilités, songeons au moins qu'il y a des probabilités fécondes comme il y a des vérités stériles.

allaient chercher la protection et les récompenses dans les cours de ses successeurs (1).

Que veut dire Needham lorsqu'il avance que les gouvernements populaires seuls produisent cette noble émulation qui fait concevoir les plus beaux desseins?

Que veut dire Shaftesbury lorsqu'il soutient que « les nations libres ont porté les arts en peu de temps au plus haut point de perfection, et que les empires les plus vastes et les plus puissants, lorsqu'ils sont sous le joug du despotisme, ne produisent, après des siècles de loisirs, que des essais informes ou barbares » ?

On serait tenté de croire que c'est une plaisanterie. Sparte et Rome libres n'ont jamais pu enfanter un poëme ni tailler une colonne (2). Et ce n'était pas sous le régime de la liberté qu'Horace s'écriait :

Non, jamais il ne fut de mortels plus heureux !
Nous chantons, nous peignons mieux que ces Grecs
[fameux.

---

(1) « Nec sacra fert quisquam sese ad certamina Bacchi,
Suaviloquo doctus modulari gutture carmen,
Quin pretium referat dignum arte. Hinc tollere cœlo
Musarum interpres vatum chorus omnis eumdem
Adproperat; neque enim diti præclarior ulla
Res homini, quam tuta insigni gloria cantu.

Theocr. Idyll. XVII. Encomium Ptolemæi. Je me sers de l'élégante traduction de M. Zamagna.

(2) « Nos etiam qui rerum istarum rudes sumus. » (Cic., in Verrem.)

L'*Énéide* fut faite pour Auguste ; le frontispice de la *Pharsale* est décoré d'un bel éloge de Néron. L'Arioste et le Tasse flattèrent de plus petits princes, à la vérité ; mais cependant c'étaient des princes. Voltaire, né à Paris, dédia la *Henriade* à une reine d'Angleterre. Enfin, si l'on excepte Milton, qui brilla dans un moment de frénésie universelle et qui semble n'avoir écrit, dit Voltaire, que pour les anges, pour les diables et pour les fous, tous les poëtes épiques ont chanté des rois pour amuser des rois.

Un regard de Louis XIV payait l'auteur de *Cinna* ; c'était pour Louis que Racine enfantait ses miracles ; Tartufe et Armide le distrayaient des affaires ; et *Télémaque*, qu'il n'étudia pas assez, fut cependant une production de son règne.

De nos jours, nous avons vu Métastase, abandonnant son pays trop morcelé pour son génie, venir chercher à Vienne l'aisance et la protection dont il avait besoin.

Quant aux grands mouvements et aux grandes entreprises, elles n'appartiennent qu'aux monarchies, par la raison toute simple que les républiques étant toujours petites et pauvres, ce qu'elles font est petit comme elles.

La plus fameuse de toutes fut Athènes ; mais que pouvait faire une République qui n'avait que 20,000 citoyens, dont les revenus n'excédaient guère trois millions de notre monnaie (1) ; qui donnait à ses ambassa-

---

(1) Xénophon, sur les revenus d'Athènes, à l'endroit, si je ne me trompe, où il parle des mines.

deurs deux drachmes, c'est-à-dire 40 sous de cette même monnaie par jour (1); à qui Démosthène disait dans le moment du plus grand danger : « Je dis donc qu'en tout il vous faut 2,000 hommes de pied, tous étrangers ; je ne m'y oppose pas, hors 500 Athéniens.... Joignons-y 200 cavaliers, dont 50 au moins soient Athéniens (2). »

Que peuvent faire de pareilles puissances en fait d'entreprises et de monuments? Fortifier une ville médiocre et la décorer.

Mais les pyramides, les temples, les canaux, les réservoirs d'Egypte, les jardins, les palais et les murs de Babylone, etc., n'appartiennent qu'à des pays immenses, c'est-à-dire à des monarchies.

Est-ce une main républicaine qui pesa l'air? qui traça les méridiennes d'Uranisbourg, de Bologne et de Paris? qui porta le pendule à Cayenne? qui mesura les degrés du méridien à Quito, à Torneo, à Paris, à Rome, à Turin, à Vienne? Est-ce dans le sein d'une république que naquirent les quatre géants Copernic, Képler, Galilée et Descartes, qui renversèrent l'édifice des préjugés et firent place à Newton?

---

(1) « Athènes dans le temps de sa plus grande splendeur ne donnait à ses ambassadeurs que deux drachmes par jour. » (Note de M. Larcher sur *Hérodote*, liv. III, § 131.) — A la place des originaux qui me manquent, je puis citer un moderne, savant et exact.

(2) Démosth., *Phil.* I, trad. d'Olivet.

Ces navigateurs intrépides, qui ont découvert de nouvelles contrées, rapproché tous les hommes, et si fort perfectionné l'astronomie, la géographie et toutes les parties de l'histoire naturelle, depuis Christophe Colomb jusqu'à Cook, n'ont-ils pas tous porté une couronne dans leur pavillon ?

Quant aux arts, la Grèce a brillé dans ce genre, non parce que la liberté leur est nécessaire, ce qui est une grande erreur, mais parce que les Grecs étaient destinés au gouvernement républicain, et que nulle nation ne déploie tous ses talents que sous le gouvernement qui lui convient.

Mais si les édifices de Palmyre et de Rome antique (1), si la mosquée de Cordoue et le palais de l'Alhambra, si l'église de Saint-Pierre, les fontaines, les palais, les musées, les bibliothèques de Rome chrétienne, si la colonnade du Louvre, les jardins de Versailles, l'arsenal de Brest, de Toulon et de Turin; si les tableaux de Michel-Ange, de Raphaël, de Corrége, du Poussin et de Lesueur ; si les statues de Girardon, de Puget ; si la musique de Pergolèse, de Jomelli, de Gluck et de Cimarosa ; si toutes ces choses, dis-je, qui sont cependant des productions du génie humain courbé *sous le joug du despotisme*, ne paraissent à

---

(1) Les monuments antiques qu'on va admirer à Rome sont presque tous postérieurs à la République qui ne se piquait nullement de goût. *Tu regere imperio*, etc.

Shaftesbury et à ceux qui pensent comme lui, *que des essais informes ou barbares*, il faut avouer que les philosophes sont bien difficiles à contenter.

Ce qu'il y a de curieux, c'est que, tandis que ces censeurs du *despotisme* l'accusent de *stupéfier* les hommes et de les rendre inhabiles aux grandes productions du génie, d'autres l'accusent au contraire de corrompre et d'enchaîner les hommes en les tournant trop vers les jouissances de ce genre. « On a trop admiré, » dit Rousseau, « les siècles où l'on a vu fleurir les lettres et les arts, sans pénétrer l'objet secret de leur culture, sans en considérer le funeste effet, *idque apud imperitos humanitas vocabatur quum pars servitutis esset* (1). » Pauvre monarchie! on l'accuse tout à la fois d'abrutir les peuples et de leur donner trop d'esprit.

Considérons encore les gouvernements du côté de la population. « Le meilleur, » dit encore Rousseau, « est celui qui peuple le plus. » Il ne s'est pas compris lui-même, comme on l'a vu plus haut, en avançant cette maxime; il fallait dire qu' « un peuple est bien gouverné lorsque, sous l'influence de son gouvernement particulier, sa population se tient au plus haut point possible, relativement à l'étendue de son territoire, ou s'en approche graduellement. »

Mais ce plus haut point possible ne dépend nullement de telle ou telle forme de gouvernement. Un poète

---

(1) *Contrat social*, liv. III, ch. ix, dans la note.

ancien disait dans un éloge du premier des Ptolémées :
« Nulle terre dans l'univers n'est plus féconde que celle de l'Egypte. On y compte 33,339 villes qui obéissent au sceptre de Ptolémée... Parlerai-je de l'immensité de ses forces militaires ? Ses richesses effacent celles de tous les rois. Chaque jour et de toute part elles affluent dans son palais. Son peuple industrieux travaille sans crainte au sein de la paix. Nul étranger n'oserait envahir le Nil et troubler les travaux du paisible agriculteur (1) », etc.

---

(1) ... Sunt scilicet omnes
   Ter centum, ter denæ olli, terque ordine ternæ
   Triginta supra tria millia, quas regit unus.
   Tot populis sceptrisque potens Ptolemæus...
   Quid memorem turmasque equitum, protectaque scutis
   Agmina quæ densa fremunt, atque ære corusca
   Solis inardescunt radiis ? Longe anteit omnes
   Divitiis reges ingentibus : undique rerum
   Quotidie aggeritur vis tanta in tecta, nec ullum
   Interea populis sollerti in pace beatis
   Cessat opus. Nemo piscosum invadere Nilum
   Scilicet, ac trepidis acies inferre pedestres
   Agricolis audet...
(Theocr. Ptolem. Encom. Idyll. 17, v. 94, 99, traduction de M. Zamagna.)
On peut reprocher à cette traduction, d'ailleurs si exacte, et dont les premiers vers surtout sont un tour de force, de laisser douter si les 33,339 villes se trouvaient dans l'Egypte seule, ou dans l'ensemble des pays qui obéissaient à Ptolémée. Le texte ne permet pas le moindre doute sur ce point.

Supposons, si l'on veut, quelque exagération dans le nombre des villes, quoiqu'il soit exprimé d'une manière si précise ; supposons encore que la poésie ait abusé jusqu'à un certain point du mot de *ville* : il nous restera toujours l'idée d'une richesse et d'une population relative vraiment extraordinaires.

On assure, dit Hérodote, que « l'Egypte ne fut jamais plus heureuse ni plus florissante que sous Amasis... *Ce pays* contenait alors 20,000 villes toutes bien peuplées (1). »

« L'Egypte, » dit un autre historien, « était autrefois le pays le plus peuplé de l'univers ; et de nos jours encore, je ne le crois inférieur à aucun autre. Dans les temps anciens, il possédait plus de 18,000 villes ou bourgades considérables, comme l'attestent les registres sacrés ; et, sous le règne de Ptolémée, fils de Lagus, on en comptait plus de 30,000 (2). »

« Calculateurs, c'est maintenant votre affaire ; comp-

---

(1) Hérod., l. II, § 77. *V.* la note de M. Larcher sur cet endroit.

(2) Diod. Sic., l. I, § 31. — M. Larcher ne veut point lire ici, avec quelques manuscrits, trente mille (τρισμυρίων). Cette leçon lui paraissant pécher contre la vraisemblance. Elle s'accorde cependant avec le témoignage de Théocrite et des autres anciens, beaucoup mieux que celle de trois mille (τρισχιλίων) qu'il adopte et qui parait absolument inadmissible, si l'on observe seulement la marche des idées dans le texte de Diodore.

tez, mesurez, comparez (1). » Voyez comment en Egypte, non-seulement sous le règne des Ptolémées, mais encore sous le despotisme théocratique de ses anciens rois, « les citoyens, sans moyens étrangers, sans naturalisation, sans colonies, peuplaient et multipliaient plus qu'en aucun autre lieu de l'univers (2). »

Dans la séance de la Convention nationale du 25 décembre 1794, on lui disait, au nom du Comité de commerce, que « l'Espagne, avant l'expulsion des Maures, avait quatre-vingts villes du premier rang et cinquante millions d'habitants (3). »

Le rapporteur, qui copiait, à ce qu'il semble, le *Précis historique sur les Maures*, aurait dû dire que ces quatre-vingts villes du premier ordre se trouvaient dans les états seuls du calife de Cordoue (4) qui en contenaient encore trois cents du second ordre et un nombre infini de bourgs. Cordoue seule renfermait dans ses murs deux cent mille maisons. Les ambassadeurs de l'empereur grec venaient, dans cette immense cité, se prosterner devant le calife pour en obtenir des secours contre les califes de Bagdad qui pressaient l'empire de Constantinople.

---

(1) *Contrat social*, l. III, ch. IX.
(2) *Ibid.*
(3) *Moniteur*, n° 96, p. 367, décembre 1794.
(4) Ces états ne comprenaient que le Portugal, l'Andalousie, les royaumes de Grenade, de Murcie, de Valence et la plus grande partie de la Nouvelle-Castille.

Les rois maures de Grenade, dans un état de quatre-vingts lieues de long sur trente de large, possédaient quatorze grandes cités, plus de cent petites villes et un nombre prodigieux de bourgs. Ils avaient cent mille hommes de troupes réglées, et cette armée dans un besoin pouvait aisément se doubler. La seule ville de Grenade fournissait cinquante mille guerriers (1).

Et ces Maures, si redoutables les armes à la main, étaient encore les meilleurs agriculteurs, les plus excellents artistes, les négociants les plus actifs et les premiers hommes de l'univers dans tous les genres de science.

Aujourd'hui l'Espagne entière, réunie sous le sceptre du même souverain, n'a que dix millions et demi d'habitants (2).

Cependant il n'a jamais existé de despotisme plus fort que celui des califes. Rousseau, qui avait tant lu de romans, se rappelait sans doute avoir lu dans les *Mille et une nuits* cet endroit où le vizir dit à sa fille Dinazarde : « Vous sentez, ma fille, *que si le sultan m'ordonnait de vous tuer, je serais obligé d'obéir.* »

Le despotisme civil et religieux des califes est donc

---

(1) Florian, *Précis historique sur les Maures*, p. 51, 57, 113.

(2) Suivant le *censo* fait par M. le comte de Florida Blanca avec toute l'exactitude possible, et publié à Madrid par ordre du roi, in-4º, 1787. — *N. B.* La population avait augmenté d'un million depuis dix-huit ans. (*European Magazine*, déc. 1790, p. 403.)

« infailliblement le meilleur gouvernement (1), » ou, du moins, il vaut mieux que la monarchie tempérée, puisque, sous le même ciel, sur le même territoire, et au milieu des guerres les plus opiniâtres et les plus cruelles dont l'histoire fasse mention, la population générale et partielle s'élevait à un point qui semble incroyable, comparé à ce que nous voyons de nos jours.

Et ce qu'il est bien essentiel d'observer, c'est que les peuples ne paraissent jamais à ce point de population sans une grande énergie morale, que toutes les nations ont possédée, plus ou moins, à une certaine époque de leur vie politique. Tous les précepteurs modernes de la révolte, depuis le cèdre jusqu'à l'hyssope, répètent à l'envi que le despotisme avilit les âmes : c'est encore une erreur; le despotisme n'est mauvais que lorsqu'il s'introduit dans un pays fait pour un autre gouvernement, ou lorsqu'il se corrompt dans un pays où il est à sa place. Mais, tandis que ce gouvernement est dans sa vigueur, le peuple est grand et énergique à sa manière, autant et plus peut-être que dans les républiques.

Étaient-ce donc des hommes vils et efféminés que ces étonnants Arabes (2), qui parcoururent la moitié du globe, l'alcoran d'une main et le glaive dans l'autre, et

---

(1) Rousseau, à l'endroit cité.

(2) Si les Arabes n'avaient pas eu de grandes qualités naturelles, ils n'auraient pas accompli les grandes choses qu'ils ont faites, et Dieu ne les aurait pas pris pour châtier les chrétiens dégénérés. (*Note de l'éditeur.*)

criant : « *Victoire et paradis ?* » Transportons-nous au siècle d'Omar. « L'Asie tremble devant lui, et les terribles Musulmans, modestes dans leurs victoires, rapportant leurs succès à Dieu seul, conservent au milieu des pays les plus beaux, les plus riches, les plus délicieux de la terre, au sein des peuples les plus corrompus, leurs mœurs austères, frugales, leur discipline sévère, leur respect pour la pauvreté. On voit les derniers des soldats s'arrêter tout à coup dans le sac d'une ville, au premier ordre de leur chef, lui rapporter fidèlement l'or et l'argent qu'ils ont enlevé, pour le déposer dans le trésor public. On voit ces capitaines si braves, si superbes avec les rois, quitter, reprendre le commandement d'après un billet du calife, devenir tour à tour généraux, simples soldats, ambassadeurs, à la moindre de ses volontés. On voit encore Omar lui-même, Omar le plus puissant souverain, le plus riche, le plus grand des rois de l'Asie, se rendre à Jérusalem monté sur un chameau roux, chargé d'un sac d'orge et de riz, d'une outre pleine d'eau et d'un vase de bois. Il marche dans cet équipage à travers les peuples vaincus qui se pressent sur son passage, qui lui demandent de les bénir et de juger leurs différends. Il arrive à son armée, lui prêche la simplicité, la valeur, la modestie ; il entre dans Jérusalem, pardonne aux chrétiens, conserve les églises, et, remonté sur son chameau, le calife retourne à Médine faire la prière à son peuple (1). »

---

(1) Florian, *Précis historique sur les Maures*, 1re époque,

Les Turcs (1), sous Soliman II, étaient tout ce qu'ils pouvaient être et tout ce qu'ils devaient être ; l'Europe et l'Asie tremblaient devant eux. Le célèbre Busbeck les observa à cette époque, et nous avons la relation de son ambassade. Il existe peu de monuments aussi curieux. Cet homme avait le coup d'œil juste, et son caractère public le mettait à même de tout voir et de tout examiner. Il est intéressant de voir comment il jugea ce gouvernement. Une des choses qui l'étonna le plus, ce fut la discipline militaire : il vit un camp ; la description qu'il nous en a laissée fait encore passer dans nos âmes les sentiments et l'émotion qu'éprouva la sienne. Au milieu de ces innombrables légions de turbans, il n'entendit pas le moindre bruit. C'était partout le silence terrible de la discipline (2) ; nulle part on n'apercevait le moindre désordre, la moindre agitation. Chacun se tenait à sa place dans le plus grand repos ; les officiers généraux assis, et tout le reste debout (3).

---

in-12, 1792, p. 21. — Les personnes qui connaissent l'histoire des Arabes n'accuseront point cet écrivain d'avoir peint d'imagination.

(1) Ce que nous avons dit des Arabes s'applique également aux Turcs dont la mission ne fut pas moins formidable. (*Note de l'éditeur.*)

(2) Nunc ades et mecum maximam multitudinem turbinatorum capitum specta... Imprimis vero in tanta multitudine silentium et modestia... nullæ ibi voces ; nullum murmur. » (Gisl. Busbeckii legatio turcica, Ep. 1.)

(3) « Nulla concursatio ; summa quiete quisque sui ordi-

Mais rien n'attirait l'attention comme l'aspect imposant de quelques milliers de janissaires qu'on voyait dans l'éloignement. Busbeck, averti que l'étiquette exigeait le salut de sa part, salua les janissaires qui tous ensemble lui rendirent le salut en silence. *Jusque-là,* dit-il, *j'aurais pu douter si je voyais des hommes ou des statues* (1). Les armes et les équipages étaient magnifiques ; mais, au milieu de ce luxe militaire, on voyait briller le goût de la simplicité et de l'économie (2).

Comme il méprise la mollesse de nos armées, lorsqu'il la compare à la sobriété, à la modération, à l'invincible patience du soldat turc (3) !

On voit briller sous sa plume l'enthousiasme national des Turcs et cette vigueur morale qui fait les grandes choses. Il nous fait voir, il nous fait entendre ce soldat expirant sur le champ de bataille, qui dit à ceux qui l'entourent : *Allez dire à ma patrie que je suis mort pour*

---

nis locum tuebatur. Sedebant summa capita quæ ipsi *Aga* vocant... Vulgus stabat. » (*Ibid.*)

(1) « Digna erant præcipue quæ spectarentur aliquot Gionizarorum millia, qui longo ordine sejuncti a reliquis, tam immoti stabant ut me diu judicii incertum redderent, hominesne essent an statuæ. » (*Ibid.*, Ep. I.)

(2) « In tanto tamen luxu magna simplicitas et parcimonia. (*Ibid.*)

(3) « Turcæ cum extremis difficultatibus patientia, sobrietate victus et parcimonia pugnant et se rebus melioribus servant, longe aliter quam milites nostri. » (*Ibid.*)

sa gloire et pour l'avancement de ma religion (1) ; il nous rend le cri de ses compagnons exaltés qui s'écrient : *O le plus heureux des hommes !* qui ne pourrait pas envier ton sort (2) ? »

Mais lorsque ce même observateur passe de l'examen du régime militaire à celui de la constitution civile des Turcs, on voit clairement qu'il nous trouva aussi inférieurs, sous ce point de vue général, que nous l'étions sous le rapport particulier des armes. Ce qu'il dit sur la noblesse mérite surtout attention. Il est choqué des priviléges exclusifs de cet ordre dans les états chrétiens ; et les Turcs lui paraissent bien plus sages. Ici, dit-il, « les grandes actions obtiennent les honneurs et la puissance ; parmi nous, c'est autre chose : la naissance obtient tout et le mérite rien (3). »

Ailleurs il s'étend davantage. « C'est le prince, » dit-il, « qui distribue les emplois, et son choix n'est point

---

(1) Ce beau mouvement rappelle l'épitaphe si connue des 300 Spartiates tués aux Thermopyles :

Dic, hospes, patriæ, nos te hic vidisse jacentes
Dum sanctis patriæ legibus obsequimur.

Mais ici c'est le héros mourant qui donne la commission ; au lieu qu'aux Thermopyles, c'est le marbre qui parle pour les morts.

(2) O te ter felicem ! etc. (*Ibid.*, Ep. III.)

(3) « Illi rebus gestis florent, dominantur... Apud nos aliis vivitur moribus : virtuti nihil est relictum loci ; omnia natalibus deferuntur. » (*Ibid.* Ep. II.)

déterminé par les richesses, par la chimère de la naissance, par la protection d'un individu, ou par le jugement de la multitude. Les vertus seules, la conduite, le caractère, les talents sont pris en considération ; et chacun est récompensé en proportion de son mérite (1).

Enfin Busbeck, en nous comparant aux Turcs, ne put s'empêcher de voir d'un côté *toutes les vertus qui font briller les empires, et de l'autre tous les vices qui en amènent la ruine* (2). Le courage l'abandonna, et il fut sur le point de désespérer du salut de la chrétienté (3).

---

(1) « Munera et officia princeps ipse distribuit in quo non divitias, non fumum nobilitatis pendit; non gratiam cujusquam, aut multitudinis judicium moratur, sed merita considerat, sed mores ingeniumque atque indolem intuetur. Ex sua virtute unusquisque ornatur. » (*Ibid.*)

(2) Il n'est pas surprenant qu'à l'instant de leur progrès, les Turcs, en dépit de leur fausse religion, aient possédé des vertus civiles, et que, au même temps, des nations chrétiennes en décadence aient eu, malgré la vraie religion, des vices qui amenaient leur ruine. D'ailleurs, *corruptio optimi pessima.* — (*Note de l'éditeur.*)

(3) « Quæ cogitantem horror corripit quid postremo futurum sit cum hanc nostram rationem cum eorum comparo : superare alteros, alteros interire necesse est; ambo certe incolumes esse non possunt. Ab illa parte stant immensæ imperii opes, vires integræ, armorum usus et exercitatio, miles veteranus, victoriarum assiduitas, laborum patientia, concordia, ordo, disciplina, frugalitas, vigilantia : ab hac nostra, publica egestas, privatus luxus, deminutæ vires, infracti animi,

Mably, à la place de Busbeck, n'aurait pas manifesté de préoccupations : il savait que pour les « sujets des princes despotiques, et surtout pour les Turcs, il n'y a d'autre vertu que la patience, et quelques qualités utiles des esclaves compatibles avec la paresse et la crainte. »

Ces pauvretés de collége seraient bonnes (car tout ce qui amuse est bon) si elles n'avaient pas l'inconvénient d'agir sur les mauvaises têtes, et de les rendre toujours plus fausses et plus dangereuses.

Les Turcs sont faibles dans ce moment, et d'autres peuples les écrasent parce que ces disciples du Coran ont de l'esprit et des écoles de sciences, parce qu'ils savent le français, parce qu'ils font l'exercice à l'européenne : en un mot, parce qu'ils ne sont plus Turcs. Lorsqu'on parle de leur ignorance et de leur barbarie, on peut avoir raison ; mais si c'est dans la vue de blâmer leur gouvernement, on ne sait ce qu'on dit.

En général, nous n'entendons presque rien à l'ensemble des choses, et en cela nous sommes trop excusables, mais nous ne le sommes pas d'ignorer que cet ensem-

---

laborum et armorum insolentia, contumaces milites, duces avari, disciplinæ contemptus, licentia, temeritas, ebrietas, crapula; quodque est pessimum, illis vincere, nobis vinci solitum. » (*Ibid.*, Epist. III.)

« Quid nostra arma cum his collata valeant utinam nobis ignorare liceat! » (Ejusdem de re militari contra Turcas institut. concil. ad calcem legat. turcicæ.)

ble existe. Le monde imaginaire de Descartes représente assez bien la réalité du monde politique : chaque nation est un tourbillon particulier à la fois pressant et pressé ; le *tout* n'est que l'assemblage de ces tourbillons, et les nations sont entre elles comme les individus qui les composent. Chaque membre de ces grandes familles qu'on appelle *nations* a reçu un caractère, des facultés et une mission particulière. Les uns sont destinés à glisser en silence sur le chemin de la vie sans faire remarquer leur passage ; d'autres font du bruit en passant, et presque toujours ils ont la renommée à la place du bonheur. Les facultés individuelles sont diversifiées à l'infini avec une magnificence divine, et les plus brillantes ne sont pas les plus utiles ; mais tout sert, tout est à sa place ; tout fait partie de l'organisation générale, tout marche invariablement vers le but de l'association.

Parmi cette foule d'individus il en est qui semblent naître sous un anathème caché. Il y a des fous, des imbéciles, des êtres dégradés au physique et au moral ; tout ce qu'on sait d'eux, c'est qu'ils sont là. A quoi sert ce *crétin* des Alpes ? — Demandez-le à celui qui organisa le cerveau de Newton.

Il en est des nations comme des individus. Toutes ont un caractère et une mission qu'elles accomplissent sans savoir ce qu'elles font. Les unes sont savantes, et les autres conquérantes ; et les caractères généraux se diversifient encore à l'infini. Parmi les peuples conquérants, les uns sont purement destructeurs, et d'autres semblent ne détruire que pour faire place à des créations d'un nouveau genre. Les Orientaux ont toujours été contemplatifs ; l'intuition semble leur être plus naturelle que le raisonnement. Comme ils habitent beaucoup avec eux-mêmes et qu'ils travaillent moins que nous sur les objets extérieurs, leur âme est plus ouverte aux impressions spirituelles : aussi toutes les religions viennent d'Asie.

Parmi les nations savantes, il en est qui ne montrent que peu ou point de talent pour tel ou tel genre de connaissances ; d'autres semblent les cultiver toutes avec un succès à peu près égal ; d'autres enfin sont portées d'une manière frappante vers un certain genre de sciences, et alors elles en abusent presque toujours.

Ainsi les Arabes, qui avaient un talent prodigieux pour la médecine et la chimie, s'adonnèrent à la magie et à toutes les opérations théurgiques ; et les Chaldéens, qui furent de grands astronomes, donnèrent dans l'astrologie, au point que le nom de *chaldéen* devint dans la suite synonyme de celui d'*astrologue*. Paracelse et Képler même furent deux types de ces nations.

Les Français ont très-peu de talent pour la médecine ; et, si l'on excepte le livre de Sénac sur le cœur, qui même appartient plus à la physiologie qu'à la médecine proprement dite, je doute que la France ait produit un seul ouvrage original sur cette science.

Les Anglais, au contraire, se sont infiniment distingués dans ce genre ; et tandis que l'étude de la médecine a conduit dans d'autres pays une infinité d'hommes, même d'hommes habiles, au matérialisme, les médecins anglais au contraire présentent une *constellation* de noms aussi distingués par leur caractère moral et religieux que par leurs profondes connaissances (1).

Je sortirais de mon sujet si je poussais ces observations plus loin : c'est assez pour faire sentir combien nous sommes ridicules lorsque nous accusons tel ou tel gouvernement d'abrutir les peuples. Nulle nation ne doit son caractère à son gouvernement, pas plus que sa langue ; au contraire, elle doit son gouvernement à son caractère, qui, à la vérité, est toujours renforcé et perfectionné dans la suite par les institutions politiques. Si vous voyez languir une nation, ce n'est point parce que son gouvernement est mauvais ; c'est parce que ce gouvernement, qui est le meilleur pour elle, dépérit comme toutes les choses humaines, ou plutôt c'est parce que le caractère national est usé. Alors les nations subissent des palingénésies politiques, ou bien elles meurent. Il n'y a rien de moins fondé que nos discours éternels sur l'ignorance des Orientaux : ces hommes savent ce qu'ils doivent savoir, ils marchent vers un but général ; ils obéissent à la loi universelle, aussi bien que nous qui faisons des brochures. — L'ignorance d'ailleurs ne tient ni au climat, ni à la religion, ni au gouvernement : le caractère des nations a des racines plus profondes. On répète tous les jours que le mahométisme favorise l'ignorance ; point du tout. Le gouvernement repousse la

---

(1) C'est la remarque d'un anonyme dans l'*European Magazine*, 179..., nº ... (Cette note m'a échappé.)

science à Constantinople ; il l'appelait à Bagdad et à Cordoue, dans le moment où l'islamisme était dans son plus haut degré d'exaltation. Quelques saints personnages de l'Eglise chrétienne, qui firent jadis, contre les sciences, à peu près l'argument d'Omar, ne nous ont pas empêché d'être ce que nous sommes. Et puisqu'il s'agit de sciences, j'observerai que nous nous accoutumons trop, en Europe, à croire que les hommes ne sont créés que pour faire des livres. Voltaire avait ce ridicule au suprême degré : il croyait qu'une nation qui n'avait pas un théâtre et un observatoire n'était pas digne de respirer. Ses petites sciences humaines lui tournaient la tête, au point que, dans une ode qu'il composa à l'occasion du retour des académiciens qui étaient allés mesurer au pôle un degré du méridien, il adressa aux anges cette risible apostrophe :

Parlez ! Du grand Newton n'étiez-vous point jaloux ?

Pope était bien plus sage, plus profond, plus spirituel lorsqu'il disait en parlant aussi des anges :

Newton était pour eux ce qu'un singe est pour nous (1).

Il n'y a point de sciences devant Celui qui a fait les nations ; il n'est pas même permis au sage d'être orgueilleux sur ce qu'il sait, lorsqu'il songe à ce qu'il ignore ; en réfléchissant, d'ailleurs, sur les inconvénients des sciences, on pourrait dire d'elles, sans aller aussi

---

(1) Essay on man., epistle... V...

loin que Rousseau, ce que Tacite a dit des métaux précieux, en parlant d'un peuple simple qui ne les connaissait pas : « C'est une question de savoir si la divinité les refuse dans sa bonté ou dans sa colère (1). »

Les sciences sont bonnes si elles nous rendent meilleurs et plus heureux. Quoi qu'il en soit, soyons savants autant qu'on peut l'être sur cette planète encroûtée ; et puisque c'est notre lot, tirons-en parti, mais ne soyons pas toujours si disposés à nous préférer aux autres. Chaque peuple remplit sa mission ; nous méprisons les Orientaux, et ils nous méprisent : où est le juge entre nous ? Voyez ces pachas, ces vizirs disgraciés ! La mer leur offre une fuite assurée ; d'immenses richesses mobilières leur promettent l'aisance dans tous les pays ; ils connaissent notre hospitalité, et cette curiosité empressée qui nous fait accueillir avec transport tout ce que nous n'avions pas vu tous les jours. Nous leur offrons nos arts, notre liberté, notre politesse ; ils ne veulent ni de nos arts, ni de notre liberté, ni de notre politesse. Ils demeurent chez eux ; ils attendent le cordon, et leurs descendants disent fièrement : « Chez moi on ne meurt pas dans son lit (2). »

---

(1) « Argentum et aurum propitii, an irati dii negaverint dubito. » (Tacit., *de Mor. Germ.*, V.)

(2) Une dame turque fit cette réponse à mylady Wortley-Montagu. Elle avait le ton d'une Française qui aurait compté parmi ses ancêtres cinq ou six maréchaux de France tués sur le champ de bataille. (V. les lettres de cette spirituelle lady.)

Le comble de la folie serait de soutenir que le caractère des peuples est leur ouvrage ; mais, quand nous disons qu'ils ont fait leur gouvernement, c'est la même folie en d'autres termes.

Consultons l'histoire : nous verrons que chaque nation s'agite et tâtonne, pour ainsi dire, jusqu'à ce qu'une certaine réunion de circonstances la place précisément dans la situation qui lui convient : alors elle déploie tout à coup toutes ses facultés à la fois, elle brille de tous les genres d'éclat, elle est tout ce qu'elle peut être, et jamais on n'a vu une nation revenir à cet état, après en être déchue (1).

---

(1) Bolinbrocke a dit que les nations pouvaient se régénérer : il aurait bien dû le prouver. Voici ce qui me paraît plus vrai : c'est que les nations, en parcourant leur période de dégradation, peuvent avoir, de temps en temps, certains élans de force et de grandeur qui sont eux-mêmes en progression décroissante, comme les temps ordinaires. Ainsi, l'Empire romain, dans son déclin, fut grand sous Trajan, mais cependant moins que sous Auguste; il brilla sous Théodose, mais moins que sous Constantin; enfin, il eut de beaux moments jusque sous le pédant Julien et sous Héraclius, mais la progression décroissante allait son train et ne changeait point de loi. Le plus haut point pour une nation est celui où sa force intellectuelle arrive à son *maximum* en même temps que sa force physique; et ce point, déterminé par l'état de la langue, n'a jamais eu lieu qu'une fois pour chaque nation. Il est vrai que l'état dont je parle n'est pas un point indivisible, et qu'il

Ce point rayonnant fut, pour la France, le siècle de Louis XIV. Nul souverain dans l'univers ne fut plus roi que ce prince : l'obéissance, sous son règne, fut un véritable culte, et jamais les Français ne furent ni plus soumis ni plus grands. Alors on vit le type par excel-

---

est susceptible de plus et de moins. Ainsi, pour ne pas se perdre dans les subtilités, si l'on représente l'agrandissement et la décadence du peuple romain par une parabole, Auguste est au sommet, et son règne occupe une certaine portion du haut de la courbe ; on descend d'un côté jusqu'à Térence ou Plaute, de l'autre jusqu'à Tacite ; là finit le génie ; là commence la barbarie ; la force continue le long des deux branches, mais toujours en diminuant ; elle naît dans Romulus.

Considérons maintenant les phases de la nation française : elle a brillé surtout sous les règnes de Clovis Ier, de Charlemagne, de Philippe-Auguste, de Charles le Sage, de François Ier, d'Henri IV, de Louis XIII et de Louis XIV ; jusqu'à cette dernière époque elle n'a cessé de s'élever, et tout ce qu'elle a souffert sous les règnes malheureux doit être mis au rang de ces secousses douloureuses qui ne régénèrent pas les nations (car personne n'a prouvé qu'elles puissent être régénérées), mais qui les perfectionnent lorsqu'elles sont dans leur période progressive, et les poussent vers le plus haut point de leur grandeur.

Aujourd'hui il y a de belles questions à faire sur la France : par exemple, ce plus haut point, dont nous parlons, peut-il être déterminé par les contemporains, ou par leur postérité immédiate ? Un autre siècle pourra-t-il présenter encore le lence du caractère français; dans toute la perfection dont il est susceptible : c'était un mélange de religion, de chevalerie, de génie, d'amabilité, de galanterie ; c'était enfin un tout si éblouissant, que l'Europe s'inclina devant ce caractère unique, le proclama comme le modèle de la grandeur aimable et mit sa gloire à l'imiter.

La conclusion générale qu'il faut tirer de toutes ces observations, c'est qu'il est impossible qu'une nation ne soit pas faite pour le gouvernement sous lequel on la voit déployer à la fois toutes ses facultés morales : or,

---

même phénomène que le xviie : c'est-à-dire tous les talents réunis au plus haut degré, en France, par des Français, et à la même époque? la langue de cette nation peut-elle se perfectionner? Y a-t-il, peut-il y avoir des preuves que la nation a commencé sa période de dégradation? Les arguments qu'on ferait pour établir l'affirmative, aurait-on pu les faire du temps de la Jacquerie et de la Ligue? Toutes les nations que nous avons vues passer étant mortes de la même manière, c'est-à-dire par de nouvelles nations qui venaient se substituer aux autres sur le propre sol de ces dernières par voie de conquête, si ce moyen n'a pas lieu, et si la nation la plus corrompue qu'on pourrait imaginer demeure tranquille dans ses limites, peut-il se former sur le même sol une nouvelle nation, véritablement *autre*, quoiqu'elle parle la même langue?... L'examen de ces questions, sur lesquelles l'histoire paraît muette, me conduirait trop loin et passerait d'ailleurs mes forces; je me borne donc à les soulever, comme disait une fois le *Journal de Paris*.

comme toutes les nations sont parvenues à ce haut point de grandeur sous des gouvernements différents, il s'ensuit que tous les gouvernements sont bons, et, par une conséquence non moins certaine, qu'il n'y a point de contrat social, point de convention, point de délibération sur l'acceptation de la souveraineté en général, ni de telle ou telle souveraineté en particulier : car ce n'est point l'homme qui s'est fait sociable, et nul homme en particulier ne s'est fait propre à tel ou tel gouvernement. Les nations, comme les individus, ne sont donc, suivant l'expression de Thalès, que les *outils de Dieu*, qui les forme et qui s'en sert, suivant des desseins cachés, dont on peut tout au plus se douter. Lorsqu'elles commencent à se connaître et à réfléchir sur elles-mêmes, leur gouvernement est fait depuis des siècles. Nul n'en peut montrer les commencements, parce qu'ils précèdent toujours toutes les lois écrites, qui ne sont jamais que les déclarations de droits antérieurs gravés seulement dans la conscience universelle. Les grands législateurs, les législateurs par excellence, ne prouvent rien contre la thèse générale, et même ils la confirment. D'abord, par leur petit nombre ils sont des phénomènes, des miracles, qui attestent plus particulièrement et rendent palpable, au pied de la lettre, une action supérieure à l'action humaine. En second lieu, comme, pour former une machine, il faut deux choses, premièrement un artiste capable de l'exécuter, et secondement une matière qui réponde aux desseins de l'artiste ; de même le législateur ne produirait rien s'il n'avait sous la main une *matière*, c'est-à-dire un peuple fait pour obéir à son action, et ce peuple ne s'est pas fait tel. Le grand homme qui le façonne est déjà un prodige.

La souveraineté est donc étrangère au peuple de deux façons, puisqu'il n'a délibéré ni sur la souveraineté en général, ni sur la souveraineté particulière qui le régit. Dans un sens élevé, le peuple romain sur le Janicule est aussi passif que le pacha qui reçoit le cordon et le baise. Le soldat qui monte à l'assaut déploie certainement une très-grande activité ; cependant il ne fait qu'obéir à son général qui l'envoie à la victoire ou à la mort ; pareillement le peuple qui montre la plus grande énergie pour sa liberté, déploie les qualités qu'il a reçues et qui le rendent capable de tel gouvernement. Tout nous ramène donc à l'auteur de toutes choses. La puissance vient de lui, l'obéissance vient de lui ; tout vient de lui, excepté le mal . . . .

Cet ouvrage n'a pas été plus loin ; et ce n'est d'ailleurs qu'une esquisse qui n'a pas même été relue (NOTE DE L'AUTEUR).

FIN DU PREMIER VOLUME.

TABLE DES MATIÈRES

CONTENUES DANS CE PREMIER VOLUME.

                                                  Pages.

Notice biographique de Joseph de Maistre. . . .   v

CONSIDÉRATIONS SUR LA FRANCE

Avis de l'Editeur sur cette nouvelle Edition des *Considérations sur la France*   XLVII

Lettre   XLIX

Chapitre Ier. — Des Révolutions.   1

Chap. II. — Conjectures sur les voies de la Providence dans la Révolution française. .   8

Chap. III. — De la destruction violente de l'espèce humaine   28

Chap. IV. — La République française peut-elle durer ?   44

CHAP. V. — De la Révolution française considérée dans son caractère anti-religieux. — Digression sur le Christianisme . . . 55

CHAP. VI. — De l'influence divine dans les constitutions 67

CHAP. VII. — Signes de nullité dans le gouvernement français 76

CHAP. VIII. — De l'ancienne constitution française. — Digression sur le roi et sur sa déclaration aux Français, du mois de juillet 1795. 89

CHAP. IX. — Comment se fera la contre-révolution, si elle arrive ? 113

CHAP. X. — Des prétendus dangers d'une contre-révolution 121

§ I. — Considérations générales 121
§ II. — Des biens nationaux 137
§ III. — Des vengeances 140

CHAP. XI. — Fragment d'une histoire de la révolution anglaise, par David Hume. 158

Post-scriptum 182

FRAGMENTS SUR LA FRANCE

I. — Caractère et influence de la nation française.. 187
II. — De l'état moral de la société française dans les années qui précèdent la Révolution. 197
III. — De la République française et de ses législateurs 203

ESSAI SUR LE PRINCIPE GÉNÉRATEUR

DES CONSTITUTIONS POLITIQUES.

Avertissement de l'Editeur. . . . , . . . 223
Préface. 225
Essai sur le Principe générateur des Constitutions politiques et des autres Institutions humaines. 235

ÉTUDE SUR LA SOUVERAINETÉ

Livre 1er. — Des origines de la souveraineté. . 311

Chap. I. — De la souveraineté du peuple . . . 311
Chap. II. — Origine de la société 315
Chap. III. — De la souveraineté en général . . 323
Chap. IV. — Des souverainetés particulières et des nations. 325
Chap. V. — Examen de quelques idées de Rousseau sur le législateur 333
Chap. VI. — Continuation du même sujet. . . 338
Chap. VII. — Des fondateurs et de la constitution politique des peuples 342
Chap. VIII. — Faiblesse du pouvoir humain. . 356
Chap. IX. — Continuation du même sujet. . . 368
Chap. X. — De l'âme nationale 375
Chap. XI. — Application des principes précédents à un objet particulier. . 379
Chap. XII. — Continuation du même sujet. . . 399
Chap. XIII. — Eclaircissement nécessaire. . . 411

Livre II. — De la nature de la souveraineté. . 417

Chap. 1er. — De la nature de la souveraineté en général 417
Chap. II. — De la monarchie. 424
Chap. III. — De l'aristocratie. 452
Chap. IV. — De la démocratie. 464
Chap. V. — De la meilleure espèce de souveraineté 489
Chap. VI. — Continuation du même sujet. . . 494
Chap. VII. — Résumé des jugements de Rousseau sur les différentes sortes de gouvernements 518

ŒUVRES

DU COMTE

J. DE MAISTRE

IMPRIMERIE Vᵗᵉ P. LAROUSSE ET Cⁱᵉ
19, RUE MONTPARNASSE, 19

ŒUVRES

DU COMTE

J. DE MAISTRE

ÉDITION RENFERMANT

CONSIDÉRATIONS SUR LA FRANCE. — ESSAI SUR LE PRINCIPE GÉNÉRATEUR
DES CONSTITUTIONS POLITIQUES.
SUR LES DÉLAIS DE LA JUSTICE DIVINE DANS LA PUNITION DES COUPABLES.
DU PAPE. — DE L'ÉGLISE GALLICANE DANS SON RAPPORT
AVEC LE SOUVERAIN PONTIFE.

TOME PREMIER

NOUVELLE ÉDITION

PARIS
LOUIS VIVÈS, LIBRAIRE-ÉDITEUR
13, RUE DELAMBRE, 13

1888